RESPONSABILIDADE CIVIL DOS PRESTADORES DE SERVIÇOS NO CÓDIGO CIVIL E NO CÓDIGO DE DEFESA DO CONSUMIDOR

O GEN | Grupo Editorial Nacional reúne as editoras Guanabara Koogan, Santos, Roca, AC Farmacêutica, Forense, Método, LTC, E.P.U. e Forense Universitária, que publicam nas áreas científica, técnica e profissional.

Essas empresas, respeitadas no mercado editorial, construíram catálogos inigualáveis, com obras que têm sido decisivas na formação acadêmica e no aperfeiçoamento de várias gerações de profissionais e de estudantes de Administração, Direito, Enfermagem, Engenharia, Fisioterapia, Medicina, Odontologia, Educação Física e muitas outras ciências, tendo se tornado sinônimo de seriedade e respeito.

Nossa missão é prover o melhor conteúdo científico e distribuí-lo de maneira flexível e conveniente, a preços justos, gerando benefícios e servindo a autores, docentes, livreiros, funcionários, colaboradores e acionistas.

Nosso comportamento ético incondicional e nossa responsabilidade social e ambiental são reforçados pela natureza educacional de nossa atividade, sem comprometer o crescimento contínuo e a rentabilidade do grupo.

Silvano Andrade do Bomfim

RESPONSABILIDADE CIVIL DOS PRESTADORES DE SERVIÇOS NO CÓDIGO CIVIL E NO CÓDIGO DE DEFESA DO CONSUMIDOR

12

SÃO PAULO

- A EDITORA MÉTODO se responsabiliza pelos vícios do produto no que concerne à sua edição (impressão e apresentação a fim de possibilitar ao consumidor bem manuseá-lo e lê-lo). Os vícios relacionados à atualização da obra, aos conceitos doutrinários, às concepções ideológicas e referências indevidas são de responsabilidade do autor e/ou atualizador.

  Todos os direitos reservados. Nos termos da Lei que resguarda os direitos autorais, é proibida a reprodução total ou parcial de qualquer forma ou por qualquer meio, eletrônico ou mecânico, inclusive através de processos xerográficos, fotocópia e gravação, sem permissão por escrito do autor e do editor.

  Impresso no Brasil – *Printed in Brazil*

- Direitos exclusivos para o Brasil na língua portuguesa
  Copyright © 2013 *by*
  EDITORA MÉTODO LTDA.
  Uma editora integrante do GEN | Grupo Editorial Nacional
  Rua Dona Brígida, 701, Vila Mariana – 04111-081 – São Paulo – SP
  Tel.: (11) 5080-0770 / (21) 3543-0770 – Fax: (11) 5080-0714
  metodo@grupogen.com.br | www.editorametodo.com.br

- Capa: Marcelo S. Brandão

- CIP – Brasil. Catalogação-na-fonte.
  Sindicato Nacional dos Editores de Livros, RJ.

  B683r

  Bomfim, Silvano Andrade do

  Responsabilidade civil dos prestadores de serviços no código civil e no código de defesa do consumidor / Silvano Andrade do Bomfim. – Rio de Janeiro: Forense; São Paulo: MÉTODO, 2013.

  ISBN 978-85-309-4652-4

  1. Código civil - Brasil. 2. Brasil. [Código de defesa do consumidor (1990)]. 3. Defesa do consumidor - Brasil. I. Título. II. Série.

  12-8750.   CDU: 34:366(81)(094.46)

coleção professor RUBENS LIMONGI FRANÇA

Coordenação

Giselda Maria Fernandes Novaes Hironaka
Flávio Tartuce

Títulos

Vol. 1 – Direito sucessório do cônjuge e do companheiro
Inacio de Carvalho Neto

Vol. 2 – Função social dos contratos – do CDC ao Código Civil de 2002
Flávio Tartuce

Vol. 3 – Revisão judicial dos contratos – do CDC ao Código Civil de 2002
Wladimir Alcibíades Marinho Falcão Cunha

Vol. 4 – Danos morais e a pessoa jurídica
Pablo Malheiros da Cunha Frota

Vol. 5 – Direito contratual contemporâneo – a liberdade contratual e sua fragmentação
Cristiano de Sousa Zanetti

Vol. 6 – Direitos da personalidade e clonagem humana
Rita Kelch

Vol. 7 – Responsabilidade civil objetiva pelo risco da atividade – uma perspectiva civil-constitucional
Ney Stany Morais Maranhão

Vol. 8 – Regime de bens e pacto antenupcial
Fabiana Domingues Cardoso

Vol. 9 – Obrigações de meios e de resultado – análise crítica
Pablo Rentería

Vol. 10 – Responsabilidade civil objetiva e risco – a teoria do risco concorrente
Flávio Tartuce

Vol. 11 – Da responsabilidade civil do condutor de veículo automotor – uma abordagem sob as perspectivas da teoria do risco
Marcelo Marques Cabral

Vol. 12 – Responsabilidade civil dos prestadores de serviços no Código Civil e no Código de Defesa do Consumidor
Silvano Andrade do Bomfim

PUBLICAÇÕES DO AUTOR

- O abandono da propriedade no Código Civil de 2002. In: DELGADO, Mário Luiz; ALVES, Jones Figueirêdo (Coords.). *Novo Código Civil:* questões controvertidas: direito das coisas. São Paulo: Método, 2008. v. 7, p. 175-193.
- A aplicação do instituto da responsabilidade civil nas relações familiares. In: HIRONAKA, Giselda Maria Fernandes Novaes; SIMÃO, José Fernando (Coords.). *Ensaios sobre responsabilidade civil na pós-modernidade.* Porto Alegre: Magister, 2009. v. 2, p. 409-442.
- O regime da participação final nos aquestos no Código Civil de 2002. *Revista Brasileira de Direito das Famílias e Sucessões*, Porto Alegre: Magister; Belo Horizonte: IBDFAM, v. 9, p. 59-80, abr./maio 2009.
- *Bullying* e responsabilidade civil: uma nova visão do Direito de Família à luz do Direito Civil Constitucional. *Revista Brasileira de Direito das Famílias e Sucessões*, Porto Alegre: Magister; Belo Horizonte: IBDFAM, v. 22, p. 60-81, jun./jul. 2011.
- *A responsabilidade civil dos pais pelos atos dos filhos menores*. IBDFAM, 2009, Disponível em: <www.ibdfam.org.br>.
- *A vitória do casamento gay no STJ*. IBDFAM, 2011, Disponível em: <www.ibdfam.org.br>.
- Homossexualidade, direito e religião: da pena de morte à união estável: a criminalização da homofobia e seus reflexos na liberdade religiosa. *Revista Brasileira de Direito Constitucional*, v. 18, p. 71-103, jul./dez. 2011.
- Lei geral da copa, soberania nacional e a Constituição. *Revista Brasileira de Direito Constitucional*, v. 19, p. 235-253, jan./jun. 2012.

*"Com Deus está a sabedoria e a força;
ele tem conselho e entendimento".*
(Jó 12:13)

*À minha amada esposa Geisa,
companheira em todos os momentos,
e aos nossos preciosos filhos,
Enzo e Mirela, alegria do viver.*

AGRADECIMENTOS

A Deus, fonte da Vida e da Sabedoria, por guiar-me a cada passo da jornada, fortalecendo-me nas horas mais difíceis.

Ao estimado Professor Dr. Rui Geraldo Camargo Viana, o qual gentilmente me acolheu em suas concorridas aulas, dando-me a honra de sua preciosa orientação, cujo exemplo e ensino constante foram fundamentais no amadurecimento do conhecimento e na elaboração do trabalho que culminou na publicação deste livro.

Ao Professor Dr. Carlos Alberto Dabus Maluf, pelo imenso incentivo e precioso ensino, sem os quais a jornada acadêmica seria incerta. Aos Professores Dr. Álvaro Villaça Azevedo e Dr. José Luiz Gavião de Almeida, pelas importantes aulas ministradas e pelas inspiradoras conversas. Às Professoras Dra. Teresa Ancona Lopez e Dra. Patrícia Faga Iglecias Lemos, por me permitirem assistir suas valiosas aulas relativas ao tema.

Aos Professores Dr. Nestor Duarte e Dr. José Fernando Simão, cujas prudentes orientações e sugestões, por ocasião do Exame de Qualificação, foram de importância ímpar no desenvolvimento deste trabalho que vem a lume.

Ao Professor Dr. Rogério Ferraz Donnini, que integrou na FADUSP, ao lado dos Professores Drs. Rui Geraldo Camargo Viana e Nestor Duarte, a banca perante a qual foi defendida a Dissertação que culminou na presente obra, por suas seguras e precisas sugestões acrescentadas ao texto.

Aos amigos Alfredo Domingues Barbosa Migliore, Adriana Caldas do Rego Freitas Dabus Maluf, Jorge Shimeguitsu Fujita, cuja amizade e incentivo me fizeram continuar na difícil tarefa de ingressar no disputado Curso de Pós-Graduação da USP. Aos amigos Mário Luiz Delgado, Flávio Tartuce, Christiano Cassettari, João Ricardo Brandão Aguirre, Gustavo Henrique de Oliveira e Misael Lima Barreto Junior, pelo companheirismo, os quais neste espaço representam todos aqueles com que me agraciou a Providência.

À Associação dos Advogados de São Paulo, em cuja excelente Biblioteca fui acolhido e na qual dezenas destas páginas foram produzidas.

À Editora Método, por acreditar no trabalho desenvolvido com rigor científico-jurídico nas páginas que se seguem, e franquear ao público o presente livro.

À minha esposa Geisa, pelo amor, apoio e compreensão, mesmo diante de minhas ausências durante a elaboração desta obra, e pela dedicação incondicional aos nossos amados filhos, Enzo e Mirela.

Finalmente, mas não menos importante, aos meus pais Luiz e Josina, e às minhas irmãs Ester e Sandra, pela constante motivação e por me haverem ensinado que sem fé, esperança, perseverança e união nada se conquista.

NOTA DOS COORDENADORES

"De nossa parte, temos a ponderar que, considerados especialmente os têrmos do preceito em vigor sôbre a matéria [...], a tese positivista não encontra nenhum alicerce. Na verdade, o nosso legislador, invocando os Princípios Gerais do Direito, quando a lei fôr omissa, está em tudo e por tudo confessando a omissão, isto é, a imprecisão, a insuficiência da Lei. Como, pois, apelar para a mesma Lei, na pesquisa dos princípios em aprêço? Por outro lado, a atitude positivista implica uma orientação reacionária, pois, se aplicada – e, na verdade, povo culto nenhum jamais a aplicou restritivamente –, tolheria a natural evolução do Direito, gradativamente levada a cabo pela Doutrina e pela Jurisprudência, no seu cotidiano afã de adaptar as normas gerais do Sistema à multifária casuística das relações da vida" (LIMONGI FRANÇA, Rubens. *Princípios gerais do direito.* 2. ed. São Paulo: RT, p. 160).

A crítica formulada por Rubens Limongi França ao positivismo, no texto acima, reflete o tom crítico e a inegável atualidade de suas obras.

Limongi França foi um revolucionário e estaria muito feliz se estivesse entre nós, vivificando a verdadeira revolução pela qual passa o Direito Civil brasileiro. Estaria feliz com o surgimento do sistema de cláusulas gerais, que confere maior efetividade ao sistema jurídico. Estaria feliz com o diálogo interdisciplinar, com o diálogo das fontes, com a análise do Direito Privado a partir da Constituição Federal. Estaria feliz com esse Direito Civil que mais se preocupa com a pessoa humana, relegando o aspecto patrimonial das relações a um posterior plano.

Como Limongi França infelizmente não está mais entre nós, coube a estes coordenadores, e à Editora Método, a ideia de lançar uma série editorial monográfica com o seu nome, trazendo trabalhos e estudos de novos e já consagrados juristas sobre esta nova face do Direito Privado.

Muito nos honra esta coordenação, e trabalharemos no sentido e em razão de honrar o nome desse grande jurista, para que se perpetue ainda mais no meio jurídico nacional.

Assim, esperamos, e desejamos, que a presente coleção reflita, consagre e encaminhe para o futuro toda a magnitude da obra de Limongi França, bem como todo o anseio pela mudança e pelo avanço que eram difundidos e esperados pelo saudoso Mestre.

Boa leitura a todos.

São Paulo, dezembro de 2006

Os coordenadores

PREFÁCIO

Honra-nos a Editora Método com a indicação para prefaciar a obra *Responsabilidade civil* dos *prestadores* de *serviços no Código Civil e no Código de Defesa do Consumidor*, de Silvano Andrade do Bomfim. Trata-se de pesquisador de fôlego que se esmerou na defesa de dissertação sobre o tema, aprovada em rígido certame na FADUSP, em banca que presidi.

O autor discorre de maneira abrangente sobre a responsabilidade civil dos prestadores de serviços, analisa o tema tanto no Código Civil como no Código de Defesa do Consumidor, e demonstra, em diversas ocasiões, a aplicação das regras do *Codex* ao microssistema do direito consumerista. No Capítulo 1 o autor lembra as raízes históricas do contrato de prestação de serviços e lança luz sobre os diversos contratos que, conquanto impliquem exercício de uma atividade, não importam em contrato de prestação de serviço, para, em seguida, ingressar propriamente no tema objeto do livro, definindo referido contrato e distinguindo-o em cada sistema, com o que demonstra o diálogo de complementaridade das normas.

No Capítulo 2 o autor se debruça sobre as características do contrato de prestação de serviços, após breve escorço sobre o direito das obrigações, e aprofunda reflexões sobre os elementos, características, objeto, estrutura, efeitos jurídicos e extinção do contrato em questão, detalhando as regras relativas ao tema dispostas no Código Civil, analisando-as em confronto com o Código revogado; aponta aquelas não abarcadas expressamente no vigente Código, as quais, conquanto não repetidas expressamente, continuam a vigorar, e mostra a adoção expressa, pela lei brasileira, da teoria do terceiro cúmplice, ao tratar do aliciamento de prestadores de serviços com contrato em curso, bem como a interligação existente entre a lei civil e outros ramos do Direito.

No Capítulo 3 o autor trata do descumprimento contratual e da consequente responsabilidade civil dos prestadores de serviços, e, para tanto, aborda importantes temas, como inadimplemento e mora, perdas e danos, cláusula penal, excludentes da obrigação de indenizar, culpa exclusiva e concorrente da vítima do dano, cláusula de não indenizar, vícios redibitórios, defeito e fato do serviço, exceção de contrato não cumprido, a questão da pessoalidade na prestação realizada por pessoa jurídica, a responsabilidade civil em seus mais variados aspectos, entre outros temas igualmente imprescindíveis ao assunto em estudo, com o que mostra a influência e aplicação das regras do Código Civil no direito do consumidor.

Finalmente, no Capítulo 4, o autor se debruça sobre o tema da prescrição e decadência tanto no Código Civil vigente como no Código de Defesa do Consumidor, demonstrando as especificidades e dificuldades em cada campo, não sem antes registrar as discussões havidas quanto ao Código Civil revogado, concluindo pela necessidade de se reavaliar a aplicação do prazo prescricional às ações de reparação civil fundadas na relação contratual, defendendo que o exíguo prazo estabelecido pelo Código Civil vigente refere-se à responsabilidade civil extracontratual, com o que propõe interpretação mais alargada quanto ao prazo na lei civil, como forma de aproximação e equiparação com as regras protetivas do Código de Defesa do Consumidor.

A originalidade e praticidade com que foi desenvolvido o tema são indícios seguros da aceitabilidade que, por certo, a obra receberá.

Rui Geraldo Camargo Viana

Nota da Editora: o Acordo Ortográfico foi aplicado integralmente nesta obra.

SUMÁRIO

INTRODUÇÃO... 1

1. DO CONTRATO DE PRESTAÇÃO DE SERVIÇOS................... 5

1.1 Raízes históricas da prestação de serviços................................ 5
1.2 Dos vários contratos em que há prestação de serviços sem que caracterizem contrato de prestação de serviços......................... 11
    1.2.1 Do contrato de trabalho urbano...................................... 12
    1.2.2 Do contrato de trabalho doméstico................................ 27
    1.2.3 Do contrato de trabalho rural... 30
    1.2.4 Da parceria agrícola e da parceria pecuária................. 32
    1.2.5 Da prestação de serviço voluntário............................... 35
1.3 Definição do contrato de prestação de serviços........................ 48
1.4 Distinção entre prestação de serviços e empreitada.................. 55
1.5 Da prestação de serviços no CDC.. 59
    1.5.1 A proteção do consumidor na Constituição Federal e no Código de Defesa do Consumidor............................ 61
    1.5.2 Conceito de consumidor... 63
    1.5.3 O fornecedor de serviços no CDC................................. 65
    1.5.4 Conceito de serviços no CDC.. 66
1.6 Distinção entre prestação de serviços no CC e no CDC......... 70
1.7 Diálogo das fontes ou diálogo de complementaridade............. 74

2. DAS CARACTERÍSTICAS DO CONTRATO DE PRESTAÇÃO DE SERVIÇOS 79

2.1 Breves noções sobre o direito das obrigações 79
2.2 A prestação de serviços e suas características 82
2.3 A prestação de serviços no Código Civil 97
    2.3.1 Assinatura a rogo e subscrição de duas testemunhas ... 99
    2.3.2 Ausência de estipulação do preço e arbitramento 102
    2.3.3 Tempo e modo do pagamento 105
    2.3.4 Prestador não qualificado e pagamento 107
    2.3.5 Tempo ou duração da prestação do serviço 119
    2.3.6 Prazo moral para cumprimento do contrato 126
    2.3.7 Da denúncia do contrato 128
    2.3.8 Da resilição unilateral por parte do tomador do serviço 131
    2.3.9 Da declaração de conclusão do contrato ou de contrato findo 134
    2.3.10 Da transferência dos direitos decorrentes do contrato 137
    2.3.11 Do aliciamento de prestadores de serviços já contratados 140
    2.3.12 Da alienação de prédio agrícola e manutenção do contrato 154
    2.3.13 Extinção do contrato de prestação de serviços 157
        2.3.13.1 Morte de qualquer das partes 158
        2.3.13.2 Escoamento do prazo 161
        2.3.13.3 Conclusão da obra 161
        2.3.13.4 Resilição unilateral do contrato mediante denúncia 163
        2.3.13.5 Resilição bilateral ou distrato 164
        2.3.13.6 Inadimplemento de qualquer das partes 165
        2.3.13.7 Impossibilidade de continuação do contrato em decorrência de força maior 168

3. DO DESCUMPRIMENTO CONTRATUAL E DA RESPONSABILIDADE CIVIL DOS PRESTADORES DE SERVIÇOS 171

3.1 Breves considerações sobre a responsabilidade civil 171
3.2 Responsabilidade civil pela inexecução da obrigação 175
    3.2.1 Formas de inexecução da obrigação 178

	3.2.1.1 Do inadimplemento total ou absoluto	179
	3.2.1.2 Do inadimplemento parcial	183
	3.2.1.3 Da mora	185
3.3	Das perdas e danos	192
3.4	Da cláusula penal	197
3.5	Excludentes da obrigação de indenizar	202
	3.5.1 O caso fortuito e a força maior	203
	3.5.2 A culpa exclusiva ou concorrente da vítima	209
	3.5.3 O fato de terceiro	212
	3.5.4 Cláusula de não indenizar	214
	3.5.5 Renúncia da vítima à indenização	223
3.6	Vícios redibitórios, defeito e fato do serviço	225
3.7	Exceções relativas ao descumprimento contratual: *exceptio non adimpleti contractus* e *exceptio non rite adimpleti contractus*	238
	3.7.1 *Exceptio non adimpleti contractus* e *exceptio non rite adimpleti contractus*	239
3.8	A responsabilidade civil do prestador de serviços na qualidade de pessoa jurídica	243
3.9	Prestação de serviços por pessoa jurídica e obrigação personalíssima	246
3.10	Responsabilidade civil da pessoa jurídica e do profissional causador do dano	248
3.11	Responsabilidade civil do prestador de serviços na qualidade de profissional liberal	255
3.12	Responsabilidade do prestador de serviços em relação a terceiros	257
3.13	O terceiro consumidor por equiparação no CDC	260

4. DA PRESCRIÇÃO E DA DECADÊNCIA 263

4.1	Prescrição e decadência: do Código Civil de 1916 ao Código Civil de 2002	263
4.2	Da decadência no CDC e no CC	271
4.3	Da prescrição no CDC e no CC	275

5. CONCLUSÕES 289

6. REFERÊNCIAS BIBLIOGRÁFICAS 299

INTRODUÇÃO

A matéria relativa à prestação de serviços tem merecido a atenção tanto dos estudiosos como dos operadores do Direito em razão de sua importância diante do crescimento das relações humanas nela alicerçadas.

Com efeito, não apenas a prestação dos serviços, mas também a responsabilidade daqueles que os prestam, tem sido objeto permanente de estudo, sobretudo diante da massificação do consumo, o que, à evidência, atrai não apenas a atenção, mas merece a aplicação adequada dos elementos jurídicos com vistas à busca pela solução dos conflitos.

Assim, a prestação de serviços, tal como conhecemos hoje, resulta das transformações sociais, e mesmo jurídicas, ocorridas ao longo dos séculos. As evoluções verificadas no decorrer da história fizeram surgir o sistema jurídico moderno, com sólida regulamentação da matéria relativa à prestação de serviços, quer seja na seara do direito civil propriamente, quer seja na seara do direito do consumidor.

O Código Civil de 1916 tratava da prestação de serviços nos arts. 1.216 a 1.236, embora com a nomenclatura de "locação de serviços", o que remetia-nos ao longínquo passado no qual aquele que exercia determinada atividade estava a locar sua própria pessoa e sua força de trabalho. O Código Civil de 2002, instituído pela Lei 10.406, de 10 de janeiro de 2002, por sua vez, trata da "prestação de serviço" nos arts. 593 a 609, introduzindo poucas – mas substanciais – modificações no sistema anterior, sobre as quais discorreremos no presente livro.

Não bastasse o tratamento dado pelo Código Civil de 1916, a Constituição Federal, acompanhando a evolução do sistema jurídico mundial, foi o nascedouro do novo sistema de proteção e defesa dos direitos do consumidor, diante do crescimento das relações de consumo, ou massificação do consumo, com vistas ao estabelecimento do equilíbrio daquelas relações. E, como não poderia deixar de ser, vez que toda atividade humana enseja algum risco, em maior ou menor grau, foi acentuadamente verificada na sociedade uma evolução nos conceitos da responsabilidade civil, inicialmente no âmbito das relações de consumo, e, mais recentemente, no âmbito das relações regidas pelo Código Civil.

Enquanto a responsabilidade civil no Código Civil de 1916 era fundada no elemento *culpa*, o Código de Defesa do Consumidor, Lei Federal 8.078, de 11 de setembro de 1990, deu tratamento diferenciado ao tema da responsabilidade civil, estatuindo-a de forma objetiva.

É bem verdade que o Código Civil de 2002 aprimorou o sistema da responsabilidade civil, alargando os casos de responsabilidade objetiva – assim como fizera antes dele a Lei Consumerista –, sem, contudo, instituí-la como regra, restringindo-a aos casos em que expressamente assim o determinar o *Codex*, a teor do que dispõe o parágrafo único do art. 927, com o que nele permanece como regra a responsabilidade civil subjetiva, fundada na culpa, embora haja doutrinadores que vejam no *Codex* a responsabilidade objetiva como regra.[1] Não se pode esquecer que, relativamente à responsabilidade do prestador pelo cumprimento obrigacional, estabelece o art. 475 que "a parte lesada pelo inadimplemento pode pedir a resolução do contrato, se não preferir exigir-lhe o cumprimento, cabendo, em qualquer dos casos, indenização por perdas e danos", encontrando-se a disciplina das perdas e danos precisamente no art. 402 e seguintes.

O contrato de prestação de serviços é único, ou seja, é um só, e tem sua estrutura e bilateralidade tratada no Código Civil. Todavia, com o advento do Código de Defesa do Consumidor, os contratos em que não há paridade entre as partes, e que sejam oriundos da relação de consumo, sofrem a influência dessa norma em todas as suas fases, ou seja, em sua formação, execução, extinção, e mesmo relativamente à responsabilidade pós-contratual, ou por outras palavras, os efeitos da relação contratual sujeitam-se às normas contidas na Lei Consumerista.

Não se pode afirmar, contudo, que o Código Civil deixa de ter aplicação quando o contrato de prestação de serviços estiver sob a regência do Código de Defesa do Consumidor. A ligação entre os dois sistemas, para reger um mesmo contrato, bem como a aplicação da responsabilidade civil em cada caso, são, indubitavelmente, temas de grande relevância, sobretudo numa época em que aqueles que figuram nas relações contratuais são hoje muito mais informados e decididos a perseguirem o ideal de justiça contratual, fundada na boa-fé e na

---

[1] CHINELATO, Silmara Juny. Tendências da responsabilidade civil no direito contemporâneo: reflexos no Código de 2002. In: DELGADO, Mario Luiz; ALVES, Jones Figueiredo (Coord.). *Novo Código Civil:* questões controvertidas: responsabilidade civil. São Paulo: Método, 2006. v. 5, p. 583-606.

equivalência das correspectivas obrigações, que talvez se identifiquem com os contratantes de outrora unicamente quanto ao anseio do cumprimento da obrigação assumida por cada parte.

É cediço que o contrato faz lei entre as partes, ou na feliz dicção do art. 1.134, alínea 1.ª, do Código Civil francês,[2] "as convenções legalmente formadas constituem lei para aqueles que as celebraram", expressão que nada mais é do que o conhecido aforismo *contractus contrahentibus legem ponit*, de maneira que a violação ou inobservância do contrato implica em responsabilidade estatuída pela própria lei, quer seja quanto à exata execução, quer seja quanto ao valor capaz de ressarcir o prejuízo sofrido pelo contraente que teve frustrada sua legítima expectativa à correspectiva prestação do contraente faltoso, violador da regra *pacta sunt servanda*.

Portanto, assume grande importância não apenas o estudo da prestação de serviços, mas também da inadimplência, da mora, da responsabilidade civil decorrente do descumprimento contratual, bem como das excludentes de responsabilidade, dos prazos decadenciais e prescricionais aplicáveis, e sua intersecção com outros ramos do direito, como, por exemplo, o direito penal e o falimentar, tornando mais abrangente a visão daquele que se debruça sobre um tema de destacada importância em nossos dias.

No que diz respeito à responsabilidade civil, veremos que o descumprimento contratual constitui ilícito, capaz de trazer a incidência da regra contida no art. 186 do Código Civil, e bem ainda, nas regras relativas ao inadimplemento das obrigações, de que tratam o art. 389 e seguintes, e ainda, na obrigação de reparar as perdas e danos gerados, nos termos do art. 402 e seguintes, além de permitir a resolução contratual. Nada obsta, porém, um diálogo entre as regras supramencionadas e aquelas relativas à responsabilidade civil dispostas no art. 927 e seguintes. Por sua vez, o Código de Defesa do Consumidor estatuiu a reparação integral sempre que houver dano, por força do art. 6.º, VI, e, em nosso entendimento, a reparação do dano que não seja integral viola – tal qual o próprio ato que o causou – os preceitos do *neminem laedere*, e do *suum cuique tribuere*.[3]

---

[2] No original: "Les conventions légalement formées tiennent lieu de loi à ceux qui les ont faites".

[3] Na definição de Ulpiano (D. 1.1.10), "os preceitos do direito são: viver honestamente, não lesar a ninguém, e dar a cada um o que é seu" (No original: *Iuris praecepta sunt haec: honeste vivere, alterum non laedere, suum cuique tribuere*).

Ao trabalho originalmente escrito, foram necessários pontuais acréscimos em razão das legislações promulgadas recentemente que alteraram de alguma forma a matéria aqui desenvolvida ou que com ela apresentam pontos de conexão, bem como se fez mister atualização relativamente aos processos e acórdãos citados a título de exemplo e reforço ao nosso pensamento, com o que o leitor tem diante de si uma obra até a presente data sintonizada com diversas áreas do Direito, e suas mais recentes modificações. E este livro, fruto de profundas pesquisas e reflexões, o qual, embora imperfeito, custou árduo trabalho, demandou largo tempo e impôs elevados sacrifícios, ofereço à crítica da comunidade jurídica, para, com humildade, receber dos doutos as valiosas e precisas orientações, bem como as emendas que certamente aprimorarão o conteúdo e qualidade idealizados no início deste empreendimento.

DO CONTRATO DE PRESTAÇÃO DE SERVIÇOS

1.1 RAÍZES HISTÓRICAS DA PRESTAÇÃO DE SERVIÇOS

A matéria relativa à prestação de serviços, tal como conhecemos hoje, resulta das transformações sociais e, por conseguinte, jurídicas, ocorridas ao longo dos séculos. Com efeito, as evoluções ocorridas no decorrer da história fizeram surgir o sistema jurídico moderno, com sólida regulamentação da matéria que será tratada no decorrer deste livro.

O Código Civil de 1916 tratava da prestação de serviços nos arts. 1.216 a 1.236, embora com a nomenclatura de "locação de serviços", o que nos remetia ao longínquo passado, no qual aquele que exercia determinada atividade estava a locar sua própria pessoa e sua força de trabalho. O Código Civil de 2002, instituído pela Lei 10.406, de 10 de janeiro de 2002, por sua vez, trata da "prestação de serviço", nos arts. 593 a 609, introduzindo modificações no sistema anterior, sobre as quais discorreremos mais adiante.

Se no passado a questão já era objeto de profundos estudos em razão do seu reflexo, não apenas no âmbito social, mas, sobretudo, no âmbito econômico, muito mais hoje se revela a importância do tema, diante do alargamento em grande escala do rol de atividades desenvolvidas através dos mais variados tipos de contratos de prestação de serviços, cuja importância se denota ainda por estarmos diante de uma sociedade dinâmica, imediatista, consumerista, e em constante crescimento, e cujas atividades não podem ser paralisadas.

E foi justamente dessas transformações sociais e econômicas que, além da prestação de serviços individualizada, surgiu o sistema de prestação de serviços de massa que hoje conhecemos, os quais trazem as comodidades da vida moderna, mas também, e, sobretudo, causam inúmeras situações que clamam pela aplicação de regras jurídicas capazes de trazer o equilíbrio contratual entre as partes.

Paralelamente a esse constante e alarmante crescimento de atividades necessárias para a sustentabilidade social e econômica, o Estado, tendo por finalidade a justiça social, e exercendo seu papel regulamentador, preocupou-se em evitar a continuidade de distorções e injustiças diante da vulnerabilidade daqueles que contratam serviços de grandes prestadores, ou seja, de empresas que, por seu porte e poderio econômico, por vezes desrespeitam os elementares princípios e regras que regem os contratos. Surgia assim o Código de Defesa do Consumidor, Lei 8.078, de 11 de setembro de 1990, com vistas à proteção do consumidor, que nada mais é senão o contratante do serviço, outrora chamado de *conductor* (como ocorria na *locatio conductio operarum*), ou *locator* (como ocorria na *locatio conductio operis*).

Para um pleno entendimento da prestação de serviços consolidada em nossos dias, entendemos ser necessária a lembrança de registros históricos, além dos conceitos relativos à matéria, sua abordagem no Código Civil de 1916, as alterações introduzidas pelo Código Civil de 2002, bem como as regras que dizem respeito ao cumprimento e extinção do contrato de prestação de serviços.

Já mencionamos anteriormente que a prestação de serviços como conhecemos hoje é resultado de profundas mudanças ocorridas no decorrer da história. A palavra serviço (*servitium*) representava, na verdade, o estado de escravo (*servus*), ou seja, aquele que servia (*servire*), informando-nos Pontes de Miranda que o sentido de trabalhar é posterior, sendo que no século XX a expressão serviço passou a representar, em sentido amplo, qualquer prestação de fazer, e, em sentido restrito, representando determinada atividade que não fosse de resultado, pois as atividades de resultado importavam em "locação de obra ou empreitada".[1] Por outro lado, a palavra trabalho, originada do latim *tripalium (tri [três] + palus [pé])*, que chegou em determinado período a ter o sentido de "instrumento de tortura", passou a representar no último século a atividade profissional de prestação de serviço a empresas com finalidade econômica.

Vem do direito romano a ideia de que "sempre que se dá algo a fazer, há locação" (*Quoties autem faciendum aliquid datur, locatio est.*), contida no Digesto (V, I, 22, § 1, Dig. 19, 2). Ressalte-se que todo o Título 2 do Livro 19 do Digesto é destinado à locação e condução (*locati, conducti*).[2]

---

[1] PONTES DE MIRANDA, Francisco Cavalcanti. *Tratado de direito privado*. 3. ed. Rio de Janeiro: Borsoi, 1972. v. 47, p. 3.
[2] CORRAL, D. Ildefonso Luis García del. *Cuerpo del derecho civil romano*: primeira parte: Instituta. Digesto. Barcelona: Jaime Molinas, 1889. p. 959.

Clóvis Beviláqua lembra que o direito primitivo não podia conhecer a prestação de serviço, ao menos em larga escala, pois em uma sociedade rudimentar o trabalho para outrem era humilhante, se não fosse uma prestação de amizade ou uma cooperação de sócios, de maneira que a obrigação de prestar serviços cabia particularmente aos escravos e aos que se achavam sob o poder do chefe de família.[3] Segundo o autor, em razão da cultura verificada na antiguidade, não havia mesmo motivo para tanto interesse nos serviços que se prestavam, afinal, era o escravo quem os prestava, e sem remuneração, vez que recebia de seu dono a alimentação, moradia, vestuário, sem qualquer vínculo contratual. Numa época em que não se vislumbrava a dignidade da pessoa humana – tão propagada e arraigada em nossos dias – como regra máxima a ser observada, era considerada *locatio rei* (locação de coisa) a locação de escravos pelos donos a quem necessitasse de seus préstimos; nessa circunstância, não se considerava *locatio operarum*. Ocorre, porém, como bem lembra José Cretella Júnior,[4] que não apenas os escravos prestavam serviços nessa modalidade, mas também um grande número de libertos.

No direito romano, ensina José Carlos Moreira Alves,[5] a locação (*locatio conductio*) referia-se ao contrato pelo qual alguém, mediante remuneração (*merces*), se obrigava a proporcionar a outrem o uso, ou o uso e o gozo, de uma coisa (*locatio conductio rei*), ou a prestar-lhe um serviço (*locatio conductio operarum*), ou a realizar uma obra (*locatio conductio operis*), tratando-se, qualquer das hipóteses, de contrato consensual, de boa-fé, oneroso e bilateral perfeito. Assim, enquanto hoje conhecemos modalidades distintas de contratos, no direito romano havia apenas um tipo de *locatio conductio*, com três distintas finalidades. Observa referido autor que na *locatio conductio operis*, o *locator* entrega ao *conductor* uma coisa para que sirva de objeto do trabalho que este se obrigou a realizar àquele, exemplificando referido doutrinador o caso de lavagem, pelo *conductor*, da roupa do *locator*, ou a construção de casa para este, com materiais fornecidos por este àquele.[6] Para os romanos, referido contrato importava, necessariamente, na entrega, pelo *locator*, da coisa na qual o trabalho haveria de ser realizado pelo *conductor*, posto que se este, além do serviço, fornecesse também o material, entendia

---

[3] BEVILÁQUA, Clóvis. *Direito das obrigações*. 8. ed. rev. e atual. por Achilles Bevilaqua. Rio de Janeiro: Francisco Alves, 1954. p. 260.
[4] CRETELLA JÚNIOR, José. *Curso de direito romano*: o direito romano e o direito civil brasileiro. 24. ed. rev. e aum. Rio de Janeiro: Forense, 2000. p. 194-195.
[5] ALVES, José Carlos Moreira. *Direito romano*. 6. ed. rev. e acresc. Rio de Janeiro: Forense, 2003. v. 2, p. 177.
[6] Idem, p. 181.

a maioria dos jurisconsultos estar-se diante de *emptio venditio* (compra e venda). Nessa modalidade de contrato (*locatio conductio operis*), a obrigação do *conductor* era de resultado final da obra contratada, de maneira que não haveria a obrigação do trabalho pessoal do condutor, salvo se suas qualidades pessoais fossem o fundamento do contrato. A responsabilidade do *conductor* no tocante à coisa recebida do *locator* abrangia em determinadas circunstâncias até mesmo a custódia do bem, como, por exemplo, ocorria com tintureiros e alfaiates, enquanto que em outras circunstâncias, responderia apenas por dolo e culpa em sentido estrito. Igualmente recaía sobre o *conductor* a responsabilidade pelos danos decorrentes de imperícia profissional, cessando sua responsabilidade no momento em que o *locator* examinava e aprovava o trabalho realizado (*adprobatio operis*), persistindo, entretanto, a responsabilidade do *conductor* caso houvesse agido com dolo.

Por outro lado, na *locatio conductio operarum* era o *locator* quem se obrigava à prestação dos serviços ao *conductor*, diferentemente da *locatio conductio operis*, retro mencionada. Nessa modalidade de prestação de serviços, havia a pessoalidade do *locator*, de maneira que sua morte extinguia o contrato, enquanto que no caso de falecimento do *conductor* haveria transmissão de suas obrigações aos herdeiros. Esclareça-se que em se tratando de *locatio conductio operarum*, não era qualquer tipo de trabalho que seria prestado pelo *locator*, mas apenas os serviços feitos comumente pelos escravos, em geral, serviços manuais. Daí por que as "artes liberais", como aquelas relacionadas à medicina, não eram objeto dessa modalidade de contrato, por estarem fora do "campo contratual", sendo sancionadas pelo pretor ou imperador por meio da *cognitio extraordinaria*.[7]

Referindo-se a essas modalidades de prestação de serviços em Roma, preleciona José Cretella Júnior que a *locatio operarum*, contrato pelo qual uma pessoa (*locator*) prestava serviços à outra (*conductor*), por determinado tempo e mediante pagamento (*merces*), corresponde ao nosso contrato de trabalho disposto inicialmente no art. 1.216 do Código Civil de 1916, e posteriormente regulado pela Consolidação das Leis do Trabalho (CLT), sendo o trabalho (*operare*) de homens livres o objeto do contrato.[8] Para referido autor, essa *locatio operarum* assemelha-se, em certos aspectos, ao nosso contrato individual de trabalho, mas sem grande desenvolvimento em Roma devido à abundância de trabalho escravo, à dependência em que se achavam os membros livres da *domus*, sujeitos ao *pater*, bem

---

[7] ALVES, José Carlos Moreira. *Direito romano* cit., v. 2, p. 182.
[8] CRETELLA JÚNIOR, José. *Curso de direito romano* cit., 24. ed., p. 194-195.

como em razão da existência de grande número de libertos que prestavam *operae* ao *dominus*. Os serviços realizados nessa modalidade de contrato não pressupunham capacidade ou conhecimentos especializados. Embora nesse tipo de contrato o operário (*locator*) não estivesse garantido sequer por motivo de doença, caso em que deixaria de receber a *merces*, as circunstâncias fortuitas, como inundação do local de trabalho, não desobrigavam o *conductor* quanto ao pagamento da *merces*.

Ao comentar o contrato de "locação de serviço" no código revogado, observa Carvalho Santos que os romanos distinguiam duas espécies delas, a saber, a *locatio operarum*, que era a locação de serviços propriamente dita, por meio da qual uma pessoa se obrigava a prestar a outrem os seus serviços, mediante remuneração, e a *locatio* ou *remptio operis*, sendo este "o contrato de empreitada, por meio do qual uma pessoa se obrigava a executar uma certa obra, mediante um preço".[9]

José Cretella Júnior,[10] quanto à locação de obra ou empreitada (*locatio operis faciendi*) – chamada *locatio conductio operarum* por José Carlos Moreira Alves – observa que, além da inversão de significado dos termos *locator* e *conductor*, que passam a ser usados com sentido diferente das demais modalidades de locação, pois nesse caso é o *locator* quem paga a mercês e o *conductor* é quem realiza o trabalho, referido contrato abrange, por exemplo, o transporte de mercadorias, a construção de casas, vestuários entregues para que sejam limpos e consertados, e até mesmo os casos de entrega de crianças ao preceptor para que este promova a educação daquelas.

Ainda em Roma, a locação de serviços por homens livres evoluiu mais do que a locação de escravo, posto que, quanto àqueles, em vez do bem (*res*), havia a locação do próprio serviço ofertado, embora para os romanos aquele que trabalhava por salário fosse equiparado aos escravos (*servorum loco*), situação alterada posteriormente, devido às mudanças econômicas, causadas, sobretudo, pelas guerras, ocasião em que aqueles que trabalhavam passaram a ocupar lugar de destaque acima dos que antes viviam à custa do trabalho dos outros.[11]

O liame formado pela prestação de serviço intelectual de um cidadão a outro foi reconhecido como *honor*, palavra da qual deriva honorários

---

[9] SANTOS, J. M. Carvalho. *Código Civil brasileiro interpretado*: direito das obrigações (arts. 1.188-1.264). Rio de Janeiro: Freitas Bastos, 1964. v. 17, p. 216.
[10] CRETELLA JÚNIOR, José. *Curso de direito romano* cit., 24. ed., p. 194-195.
[11] PONTES DE MIRANDA, Francisco Cavalcanti. *Tratado de direito privado* cit., 3. ed., v. 47, p. 8.

(*honorarium*), representando a retribuição por tal serviço, ou seja, a dádiva, o dom, o presente, posto que referido serviço era, a princípio, gratuito.

Ulpiano (L. 1, § 1 a 14, e L. 3, Dig., 50, 13), ao tratar do conhecimento extraordinário e da forma como deveriam ser as questões dirimidas pelo juiz (*de extraordinariis cognitionibus, et si iudex litem suam fecisse dicetur*) refere-se a diversas modalidades de prestação de serviços, a saber, preceptores de estudos liberais – retóricos, gramáticos e geômetras –, médicos, advogados, professores, assessores de professores, copistas de livros, notários, contadores, tabulários, e professores de direito civil, sendo que para estes últimos, não poderia o juiz apreciar o pedido de pagamento por ser "coisa muito santa o ensino do direito civil, razão pela qual não deve ser estimada em dinheiro, nem desonrada (...) porque ainda que algumas coisas se recebam honestamente, se pedem, sem embargo, desonestamente".[12]

Na Grécia, segundo nos informa Pontes de Miranda,[13] os homens livres e os metecas (estrangeiros) que precisavam de meios para sobre-

---

[12] CORRAL, D. Ildefonso Luis García del. *Cuerpo del derecho civil romano*: primeira parte: Digesto. Barcelona: Lex Nova, 1897. t. 3, p. 906-907. Por entendermos ser oportuno e de grande valia, transcrevemos as regras de Ulpiano quanto à prestação de serviços referidos:
L. "1. ULPIANUS libro VIII, de omnibus Tribunalibus. – Praeses provinciae de mercedibus ius dicere solet, sed praeceptoribus tantum studiorum liberalium. Liberalia autem studia accipimus, quae Graeci [liberalis] appellant; rhetores continebuntur, grammatici, geometrae.". (Em tradução para a língua espanhola declinou CORRAL: "1. ULPIANO; De todos los Tribunales, libro VIII. – El Presidente de la provincia suele juzgar sobre los estipendios, pero solamente sobre los de los preceptores de estudios liberales. Mas entendemos por estudios liberales los que los griegos llaman [liberales]; y se comprenderán los retóricos, los gramáticos, y los geómetras.")
"§ 1. – Medicorum quoque eadem causa est, quae professorum, nisi quod iustior, quum hi salutis hominum, illi studiorum curam agant; et ideo his quoque extra ordinem ius dici debet." (Em espanhol: "La condición de los médicos es también la misma que la de los profesores, salvo que más justificada, porque ellos cuidan de la salud de los hombres, y éstos de sus estudios; y por esto es lícito juzgar extraordinariamente también respecto á ellos.") (...)
"§ 5. – Proinde ne iuris quidem civilis professoribus ius dicent; est quidem res sanctissima civilis sapientia; sed quae pretio numario non sit aestimanda, nec deshonestanda, dum in iudicio honor petitur, qui in ingressu sacramenti efferri (4) debuit; quaedam enim tametsi honeste accipiantur, inhoneste tamen petuntur." (Por consiguiente, no juzgarán ciertamente para los profesores del derecho civil; es ciertamente cosa muy santa el conocimiento del derecho civil, pero que no ha de ser estimada en dinero, ni deshonrada, pues en juicio se piden los honorarios que se debieron ofrecer al principio del juramento; porque aunque algunas cosas se reciban honestamente, se piden, sin embargo, deshonrosamente.)

[13] PONTES DE MIRANDA, Francisco Cavalcanti. *Tratado de direito privado* cit., 3. ed., v. 47, p. 6.

vivência, dispunham-se à prestação de serviços, mediante pagamento, diversamente dos escravos. Os serviços eram prestados em horas ou dias vagos, até mesmo pelos soldados, de maneira que qualquer serviço poderia ser objeto do contrato, como por exemplo, a limpeza e o plantio dos campos, colheitas, serviços de mesa, e até mesmo transporte, sendo baixas as taxas recebidas a título de remuneração. No direito ático, inexistia qualquer diferença entre contrato de serviços de profissionais liberais – tais como professores, médicos, advogados –, e os serviços de profissões não liberais. Dada a valorização do conhecimento pelos gregos, às vezes a remuneração dos professores era elevada, usando-se, para tanto, contrato escrito. Até mesmo o contrato de serviços contra os bons costumes tinham validade e vinculavam as partes contratantes, registrando oradores gregos determinados serviços vergonhosos, embora não gerassem ação. Entretanto, embora permissivos, os gregos policiavam determinados tipos de contratos, evitando-se, inclusive, que houvesse exploração do prestador de serviços pelo contratante ou patrão. Não havia limitação temporal ao contrato, de maneira que poderia ser de curta ou de longa duração, e até mesmo poderia durar a vida inteira, com recebimento da remuneração.

1.2 DOS VÁRIOS CONTRATOS EM QUE HÁ PRESTAÇÃO DE SERVIÇOS SEM QUE CARACTERIZEM CONTRATO DE PRESTAÇÃO DE SERVIÇOS

Conforme verificado, a *locatio conductio* de outrora, sobretudo a prestação de serviço (*locatio conductio operarum*), sofreu alargamento de tal maneira que, até mesmo em razão das transformações sócio-economico--jurídicas percebeu-se a necessidade de distinguir as várias espécies de prestação de serviços. E isso não significa que perdeu importância o direito romano; ao contrário, como bem observa Rudolf von Jhering,[14] a importância do direito romano para o mundo atual não consiste somente em haver sido por um momento a fonte ou origem do Direito, valor esse que foi meramente passageiro. Sua autoridade reside na profunda revolução interna, na transformação completa que fez sofrer todo o nosso pensamento jurídico e em ter chegado a ser, como o cristianismo, um elemento de civilização moderna.

---

[14] JHERING, Rudolf Von. *O espírito do direito romano*. Trad. Rafael Benaion. Rio de Janeiro: Alba, 1943. v. 1, p. 12.

A prestação de serviços abarcada pela *locatio conductio operarum*, em nossos dias, não poderia mais traduzir as peculiaridades contidas nas diversas espécies de atividades em que há uma prestação de serviços, dentre as quais, aquelas verificadas no contrato de trabalho urbano, no contrato de trabalho rural, na parceria agrícola, no contrato de trabalho doméstico, e, até mesmo, na prestação de serviço voluntário.

O contrato de prestação de serviços tem como objeto a própria atividade, ou seja, a prestação mesma do serviço, e se distingue dos demais contratos em que, igualmente, há uma atividade efetiva, ou seja, uma prestação de serviços, sem que se enquadre como contrato de prestação de serviços. A fim de melhor tratar cada uma das espécies contratuais em que há prestação de serviços, sem que importem, contudo, em contrato de prestação de serviços, foram criados mecanismos e legislações próprias, dando a cada qual atenção e justo tratamento.

Assim, embora não seja o escopo do presente livro a análise profunda e sistemática de todas as espécies de contratos em que haja uma prestação de serviços, mostra-se necessário, ao menos, tecermos breves comentários sobre as principais modalidades em que há uma atividade, ou seja, aquelas em que há prestação de serviço, conquanto não sejam contratos de prestação de serviços, sem o que, pensamos, restaria incompleto ao leitor o presente estudo.

1.2.1 Do contrato de trabalho urbano

Aponta Amauri Mascaro Nascimento que o direito do trabalho surgiu como consequência da questão social que foi precedida da Revolução Industrial do século XVIII e da reação humanista que se propôs a garantir ou preservar a dignidade do ser humano ocupado no trabalho das indústrias, uma vez que com o avanço da ciência, o processo produtivo sofreu profundas alterações não somente na Europa, como também em outros continentes.[15]

Ao mesmo tempo em que se mostrava necessária mão de obra às indústrias, era igualmente necessária a defesa da dignidade das condições de trabalho subordinado, vez que no passado havia excessiva jornada de trabalho, exploração de mulheres e crianças, com pagamento de ínfimos salários.

---

[15] NASCIMENTO, Amauri Mascaro. *Curso de direito do trabalho*: história e teoria geral de direito do trabalho: relações individuais e coletivas do trabalho. 24. ed. rev. atual. e ampl. São Paulo: Saraiva, 2009. p. 4.

O Código Civil de 1916, segundo lembra o referido autor, ao tratar da *locação de serviços*, mostrou-se como antecedente histórico do contrato de trabalho da legislação posterior e especializada.[16] Ao comentar o art. 1.216 do Código revogado, afirma Clóvis Beviláqua que sob a denominação genérica de *locação de serviços* (*locatio operarum*), compreendia o Código uma grande variedade de prestações de trabalho humano (trabalho dos operários urbanos e rurais, dos artistas mecânicos e liberais, dos empregados do comércio, dos profissionais tais quais os professores, médicos, advogados – abstraindo do mandato –, a recovagem, a barcagem, a albergaria, e outras).[17] A expressão *contrato de trabalho*, leciona Sergio Pinto Martins,[18] surge com a Lei 62, de 5 de junho de 1935.

Foi somente com Getúlio Vargas que a questão trabalhista mereceu maior atenção, sendo no ano de 1930 criado o Ministério do Trabalho, Indústria e Comércio, e ainda, com o surgimento, a partir daí, de diversas leis voltadas especialmente às diversas relações de trabalho, embora desordenadamente. O primeiro diploma geral no âmbito das relações de trabalho foi a Lei 62, de 1935, que tratava de industriários e comerciários, assegurando diversos direitos aos trabalhadores.

Mesmo nos textos constitucionais brasileiros, a questão do trabalho e as garantias a ele conferidas foram abordadas de maneira crescente e gradual, como se observa nos ensinos de Alice Monteiro de Barros.[19] A fim de reunir todas as legislações esparsas sobre a relação de trabalho, o governo brasileiro publicou a Consolidação das Leis do Trabalho – CLT, Decreto-lei 5.452, de 1.º de maio de 1943, que foi além de uma simples compilação, vez que acrescentou inovações, aproximando-se de um verdadeiro Código.[20] Informa Amauri Mascaro Nascimento que "a divisão jurídica do trabalho depois do período inicial da *locacio*, que separou o trabalho do Código Civil do trabalho da legislação trabalhista, criou duas áreas tradicionais, a do trabalho autônomo – trabalho para si –, que continuou regido pelo Código Civil, e a do trabalho subordinado – trabalho para outro –, que se tornou o padrão clássico do Direito do Trabalho, de tal modo que a figura do empregado praticamente confundiu-se com a do subordinado ou dependente do poder de direção

---

[16] NASCIMENTO, Amauri Mascaro. *Curso de direito do trabalho* cit., 24. ed., p. 66.
[17] BEVILÁQUA, Clóvis. *Código Civil dos Estados Unidos do Brasil comentado*. 4. ed. Rio de Janeiro: Francisco Alves, 1934. v. 4, p. 411.
[18] MARTINS, Sergio Pinto. *Direito do trabalho*. 25. ed. São Paulo: Atlas, 2009. p. 78.
[19] BARROS, Alice Monteiro de. *Curso de direito do trabalho*. 4. ed. rev. e ampl. São Paulo: LTr, 2008. p. 70-83.
[20] NASCIMENTO, Amauri Mascaro. *Curso de direito do trabalho* cit., 24. ed., p. 72.

daquele para quem a atividade era exercida mediante o pagamento de um salário".[21] Segundo referido autor, dessa forma nasceu a concepção binária *autonomia-subordinação*, que foi e ainda é a medida de separação das duas grandes áreas do direito individual do trabalho, ou seja, a do trabalho subordinado, que o autor define como área maior e em sintonia com os princípios protetivos do direito do trabalho, e a área não trabalhista, em consonância com as noções contratuais do direito comercial, civil e empresarial.

Em outras palavras, para se verificar de maneira cristalina a distinção acima, veja-se, por exemplo, que quando alguém decide abrir um estabelecimento de lavagem de automóveis não se torna subordinado àqueles que lhe confiam a lavagem de seus veículos, mas mantém sua autonomia e independência, sendo essa relação regida pelo direito civil, situação distinta daquele que é contratado por determinada empresa para diariamente lavar a frota de carros, ou daquele contratado por determinada pessoa para, igualmente, proceder à lavagem diária dos carros da família, situação em que se verifica a subordinação, a dependência econômica, além da habitualidade, elementos caracterizadores do vínculo de emprego diante do desaparecimento da autonomia que rege as relações contratuais inseridas no âmbito do direito civil.

O mesmo pode-se dizer do advogado, do arquiteto, do contador, do marceneiro, do cabeleireiro, ou seja, quando submetem sua força de trabalho a outrem, quando se subordinam às ordens e direção do contratante, prestando atividade habitual e dependendo economicamente deste, há relação de emprego, enquanto que tais profissionais, quando mantêm sua independência profissional, conquanto observem determinadas diretrizes transmitidas pelo contratante, agindo com autonomia encontram-se na seara da prestação de serviços regida pela Lei Civil.

Conforme prelecionam Ludwig Enneccerus, Theodor Kipp e Martín Wolff,[22] a evolução do moderno direito do trabalho desde o fim da guerra mundial se caracteriza pela mais ampla formação de disposições de direito público protetoras do trabalhador, que impõem ao patrão perante o Estado deveres em favor dos obreiros, e principalmente pela construção e asseguramento do direito coletivo do trabalho.

---

[21] NASCIMENTO, Amauri Mascaro. *Curso de direito do trabalho* cit., 24. ed., p. 427-428.
[22] ENNECCERUS, Ludwig; KIPP, Theodor; WOLFF, Martín. *Tratado de derecho civil*: derecho de obligaciones. 11. rev. por Heinrich Lehmann. Trad. Blas Pérez González e José Alguer. 2. ed. Barcelona: Bosch, 1950. v. 2, t. 2, p. 246.

O advento da legislação trabalhista foi propiciado, segundo observa Maria Helena Diniz,[23] pelo fato de o Código Civil de 1916 ter sido bastante deficiente e omisso quanto à prestação de serviços, por não ter ele regulado a associação profissional ou sindical, as convenções coletivas de trabalho, o salário mínimo, as participações nos lucros da empresa, o repouso semanal remunerado, as férias, a aposentadoria, a greve, a higiene e segurança do trabalho, a previdência social, o trabalho agrícola e doméstico, o trabalho dos menores e das mulheres, e as profissões liberais, entre outras causas. Para referida autora, o contrato de trabalho é contrato de direito privado.

Entretanto, parece-nos que a inserção de todas as matérias no Código Civil seria tarefa quase impossível, e de fato, as regras relativas ao trabalho empregado, subordinado, consolidadas à parte do direito civil tem sido a melhor solução para a identificação e deslinde das questões nele surgidas, perante a Justiça especializada.

Com o advento da Consolidação das Leis do Trabalho, verificou-se a preocupação do Estado com as relações que, indo além da relação de trabalho, incidissem na relação de emprego, o que pode ser verificado no conceito de empregado e empregador, contido nos seus arts. 2.º e 3.º. Observe-se que o art. 445 da legislação trabalhista também limitava a 4 (quatro) anos o tempo de trabalho, quando houvesse estipulação temporal ou de determinada obra, prazo esse reduzido para 2 (dois) anos, com a redação conferida pelo Decreto-lei 229, de 28 de fevereiro de 1967.

O art. 442 da CLT define o contrato de trabalho individual como o acordo tácito ou expresso, correspondente à relação de emprego, noção que, nas palavras de Miguel Maria de Serpa Lopes,[24] se completa com aquela de empregado, contida no art. 3.º, como "toda pessoa física que prestar serviços de natureza não eventual a empregador, sob a dependência deste e mediante salário", asseverando o parágrafo único não haver "distinções relativas à espécie de emprego e à condição de trabalhador, nem entre o trabalho intelectual, técnico e manual", completando-se com a noção de empregador, na dicção do art. 2.º, assim considerado "a empresa, individual ou coletiva, que, assumindo os riscos da atividade econômica, admite, assalaria e dirige a prestação pessoal de serviço", dispondo ainda seu § 1.º que "equiparam-se ao empregador, para os efeitos exclusivos da relação de emprego, os profissionais liberais, as instituições

---

[23] DINIZ, Maria Helena. *Tratado teórico e prático dos contratos*. São Paulo: Saraiva, 1993. v. 2, p. 147-149.
[24] LOPES, Miguel Maria de Serpa. *Curso de direito civil*: direito das obrigações: contratos. Rio de Janeiro: Freitas Bastos, 1958. v. 4, p. 111 e 128.

de beneficência, as associações recreativas ou outras instituições sem fins lucrativos, que admitirem trabalhadores como empregados". Por outro lado, assevera o mesmo autor que "os contratos de locação de serviços, como o de coisas, são presididos pela ideia única de gozo, um dos seus pontos comuns de maior relevo".

"O contrato de trabalho", assevera Carvalho Santos,[25] "pode ser definido como a convenção pela qual uma pessoa põe a sua atividade profissional, caracterizada pelo predomínio do esforço físico, à disposição de outra, temporariamente, ficando sob as ordens ou direção ou instrução desta, e em troca duma remuneração, chamada salário", sendo que a pessoa que oferece sua atividade chama-se operário, trabalhador, jornaleiro ou empregado – e na sociedade moderna, colaboradores –, e, por outro lado, a pessoa que aceita, dirige e paga o trabalhador, chama-se patrão ou empregador. Embora consensual, observa referido autor que o contrato de trabalho, na maioria dos casos, não passa de um contrato de adesão, sendo que precisamente daí resultou a concepção do contrato coletivo de trabalho, ajustado entre os patrões e os sindicatos profissionais, a fim de se fixarem os salários, as horas de trabalho, e demais condições julgadas necessárias, sendo que, o contrato coletivo, uma vez celebrado, converte-se em proposta permanente ao público, em contrato-tipo, a que os indivíduos apenas têm de aderir, o que, segundo o autor, confirma a tese segundo a qual, em geral, contrato de trabalho é de adesão.

Ao conceituar o art. 442 da CLT o contrato de trabalho como o acordo tácito ou expresso, correspondente à relação de emprego, recebe ele crítica da doutrina sob o argumento de que o contrato não corresponde à relação de emprego, mas cria essa relação jurídica, conceituando-o Alice Monteiro de Barros como o "acordo expresso (escrito ou verbal) ou tácito firmado entre uma pessoa física (empregado) e outra pessoa física, jurídica ou entidade (empregador), por meio do qual o primeiro se compromete a executar, pessoalmente, em favor do segundo um serviço de natureza não eventual, mediante salário e subordinação jurídica" sendo sua nota típica a subordinação jurídica, subordinação essa que irá distinguir o contrato de trabalho dos contatos afins, bem como o trabalho subordinado do trabalho autônomo.

Ainda sobre a subordinação, preleciona Amauri Mascaro Nascimento[26] que o modo como o trabalho é prestado é o que melhor permite distinguir entre trabalho subordinado e trabalho autônomo, visto que "há

---

[25] SANTOS, J. M. Carvalho. *Código Civil brasileiro interpretado* cit., v. 17, p. 220.
[26] NASCIMENTO, Amauri Mascaro. *Curso de direito do trabalho* cit., 24. ed., p. 463.

trabalhos nos quais o trabalhador tem o poder de direção sobre a própria atividade, autodisciplinando-a segundo os seus critérios pessoais, enquanto há trabalhadores que resolvem abrir mão do poder de direção sobre o trabalho que prestarão, fazendo-o não coativamente como na escravidão, mas volitivamente, como exercício de uma liberdade, transferindo, por contrato, o poder de direção para terceiros em troca de um salário, portanto, subordinando-se".[27]

É bem verdade que não somente o trabalho do empregado é subordinado, uma vez que os serviços contratados pelo trabalhador eventual também o podem ser, embora muitas vezes sejam executados com independência e autonomia, dependendo da situação concreta. Isso porque, no caso do trabalhador eventual, o elemento definidor e principal característica não é a subordinação, mas a ocasionalidade da execução de um serviço de curta duração, "caracterizado por um fim predeterminado que as partes estipulam, e com desenvolvimento da atividade".[28]

Vemos, pois, que o contrato de trabalho difere do contrato de prestação de serviços de que trata o Código Civil, além do dirigismo do empregador e da dependência econômica do empregado, pelo fato de ser regido por normas de ordem pública, de maneira que o Estado cerceia a autonomia da vontade das partes, tanto na formação quanto no desenvolvimento do contrato. A prestação de serviços puramente civil, sem os contornos da relação de emprego, não possui o dirigismo estatal, senão quanto aos clássicos princípios norteadores dos contratos, com exceção dos contratos de massa, caracterizadores das relações de consumo, cuja proteção de uma das partes contratantes – o consumidor –, se faz de maneira mais forte através do Código de Defesa do Consumidor.

Cumpre lembrar os ensinos de Sergio Pinto Martins,[29] segundo o qual a relação de trabalho é gênero, englobando a prestação de serviços do funcionário público, do empregado, do avulso, do autônomo, do eventual, do empresário, sendo que a relação de emprego é espécie da relação de trabalho, ou seja, contrato de trabalho é gênero, enquanto contrato de emprego é espécie.

O art. 3.º, *caput*, da CLT, assevera que "considera-se empregado toda pessoa física que prestar serviços de natureza não eventual a empregador, sob a dependência deste e mediante salário", enquanto o art. 2.º estatui que "considera-se empregador a empresa, individual ou coletiva, que,

---

[27] BARROS, Alice Monteiro de. *Curso de direito do trabalho* cit., 4. ed., p. 232-233.
[28] NASCIMENTO, Amauri Mascaro. *Curso de direito do trabalho* cit., 24. ed., p. 472-473.
[29] MARTINS, Sergio Pinto. *Direito do trabalho* cit., 25. ed., p. 89.

assumindo os riscos da atividade econômica, admite, assalaria e dirige a prestação pessoal de serviços", extraindo-se desses textos que são requisitos do contrato de trabalho a continuidade, a subordinação, a onerosidade, a pessoalidade, e a alteridade, representando esta a ausência de risco ao trabalhador.[30] Verifica-se, pois, que a relação entre direito do trabalho e direito civil é de ordem histórica, haja vista que o direito do trabalho provém do direito civil.[31]

Embora o trabalho urbano oriente-se pelas regras próprias acima referidas, é de se observar outra categoria de atividade merecedora de reflexão, a saber, aquela exercida por diretor de empresa que não é empregado, tampouco acionista. O diretor é aquele que, internamente, dirige a empresa, e externamente, manifesta a vontade da sociedade empresarial, exercendo, para tanto, todos os atos e negócios, ou seja, função de confiança dos sócios, sendo a diretoria o órgão executivo da sociedade por excelência.[32] Veja-se, por exemplo, o diretor de sociedade anônima, cuja condição de acionista não é necessária, podendo ser eleito para o órgão de direção profissional sem participação no capital social.[33] É evidente que o diretor é remunerado pelos serviços que presta, e como ensina Fran Martins,[34] sua gestão pode receber garantia em penhor de ações da empresa, próprias ou de terceiros, ou de qualquer outra modalidade, mas a relação entre o diretor e a empresa pode ser de natureza estatutária, regida, portanto, pelo direito societário, como pode ser de natureza contratual no qual há incidência da legislação trabalhista, como observa Fábio Ulhoa Coelho.[35] Observa este autor que é preciso distinguir duas hipóteses: a do empregado eleito para órgão de administração e a do profissional contratado especificamente para integrá-lo. Na primeira hipótese, a justiça trabalhista tem entendido que o contrato de trabalho é suspenso, sem computar o tempo de serviço do período em que ocupar o cargo de diretor, salvo se permanecer a subordinação jurídica própria da relação empregatícia, como consta da Súmula 269 do Tribunal Superior

---

[30] MARTINS, Sergio Pinto. *Direito do trabalho* cit., p. 90-91.
[31] NASCIMENTO, Amauri Mascaro. *Curso de direito do trabalho* cit., 24. ed., p. 222.
[32] MARTINS, Fran. *Curso de direito comercial*: empresa comercial: empresários individuais: microempresas: sociedades empresárias: fundo de comércio. 33. ed. rev. atual. e ampl. por Carlos Henrique Abrão. Rio de Janeiro: Forense, 2010. p. 372.
[33] COELHO, Fábio Ulhoa. *Curso de direito comercial*: direito de empresa. 13. ed. São Paulo: Saraiva, 2009. v. 2, p. 237.
[34] MARTINS, Fran. *Curso de direito comercial* cit., 33. ed., p. 372.
[35] COELHO, Fábio Ulhoa. *Curso de direito comercial* cit., v. 2, p. 249-252.

do Trabalho.[36] Geralmente há continuidade do liame empregatício, salvo se o cargo a ser ocupado for o mais elevado na estrutura administrativa da sociedade, como, por exemplo, o de diretor presidente. Quanto à segunda hipótese, do profissional contratado para o fim específico de ocupar a diretoria, o administrador não tinha nenhum outro vínculo anterior com a sociedade, de maneira que, mesmo que ocupe o cargo mais elevado da administração, "deve-se presumir societária a relação jurídica derivada da sua eleição e investidura".

É bem verdade que sendo o contrato de trabalho regido pelo princípio da primazia da realidade, na prática, caso estejam presentes os requisitos do art. 3.º da CLT, anteriormente mencionados (prestação de serviço não eventual, dependência econômica e pagamento de salário), a relação será regida pela Lei Trabalhista, ainda que outro seja o acordo firmado entre as partes. Já vimos acima que os três requisitos devem estar presentes para a caracterização do vínculo de emprego. Dessa forma, é possível que o diretor receba salário mensalmente, mas esteja ausente a subordinação. Aliás, observa-se ser prática comum em muitas empresas que o diretor não receba salário, mas contraprestação pelo trabalho de direção da empresa, correspondente a uma determinada porcentagem dos lucros por ocasião do fechamento do balanço, comumente trimestral ou semestral.

Cumpre ainda observar e distinguir qual é o tipo de subordinação presente na relação entre o diretor e a sociedade empresária. Conquanto seja verdade que o diretor esteja subordinado ao conselho de administração ou à assembleia-geral, órgãos com poder de destituição da diretoria a qualquer tempo, certo é que essa subordinação do diretor difere daquela entendida na concepção da CLT, pois a dependência ou subordinação da Lei Trabalhista refere-se à observância e cumprimento de ordens no exercício da prestação do serviço. No caso do diretor, não cumpre ele ordens, mas orienta-se pela sua experiência e conhecimentos específicos na condução da diretoria que ocupa, de forma que a subordinação existente entre a diretoria e o conselho de administração e a assembleia-geral é muito diferente daquela existente na relação empregatícia, ou seja, entre os órgãos citados e o diretor não há subordinação *pessoal* caracterizadora da dependência trabalhista, mas há subordinação de *órgão para órgão*, representando uma dependência societária, como observa Fábio Ulhoa Coelho. Quando se analisam, porém, os órgãos societários a partir de seu interior, entre os seus membros, poderá se verificar relação de subordi-

---

[36] É esta a redação da Súmula 269, do TST: "**Diretor eleito. Cômputo do período como tempo de serviço.** O empregado eleito para ocupar cargo de diretor tem o respectivo contrato de trabalho suspenso, não se computando o tempo de serviço desse período, salvo se permanecer a subordinação jurídica inerente à relação de emprego".

nação pessoal, o que ensejaria a aplicação das leis trabalhistas à espécie. Portanto, o diretor de empresa que não é empregado nem acionista não está inserido nas regras da legislação trabalhista, tampouco nas regras da prestação de serviços de natureza civil, estando regido pelo direito societário, na medida em que, responsável pela gestão do negócio, a natureza da função por ele exercida se confunde com a própria empresa, tornando impossível o reconhecimento da condição de empregado, vez que nesse caso estão ausentes os pressupostos do art. 3.º da CLT.

Outra importante reflexão diz respeito ao serviço prestado na outrora sociedade de capital e indústria, sobre a qual tratavam os arts. 317 a 324 do Código Comercial, Lei 556, de 25 de junho de 1850, e que se encontram revogados pelo art. 2.045 do Código Civil de 2002, por haver este regulado o direito de empresa no art. 966 e seguintes. Na sociedade de capital e indústria, como o próprio art. 317 do CCom conceituava, um dos sócios entrava "com os fundos necessários para uma negociação comercial em geral, ou para alguma operação mercantil em particular", enquanto o outro sócio entrava "com sua indústria somente", ou seja, com sua atividade, seu ofício, ou, de maneira mais ampla, com seu serviço, contraindo uma obrigação de fazer.[37] Nas palavras de Rubens Requião,[38] a expressão *indústria* tinha a acepção econômica de *trabalho, atividade*. O art. 319 do CCom estabelecia que o contrato social devia especificar as obrigações do sócio que ingressava na sociedade "com sua indústria somente", ou seja, com seu serviço, bem como a quota de lucros que deveria caber-lhe por partilha, e, caso fosse omisso o contrato, o sócio de indústria (trabalho, serviço) teria direito a uma quota nos lucros igual àquela que fosse estipulada a favor do sócio capitalista de menor entrada.

Ricardo Negrão ensina que a sociedade de capital e indústria tem sua origem no Direito português e consta apenas nas legislações dos países formadores do Mercosul (Argentina, Uruguai, Paraguai e Brasil até o CC/2002), tendo desaparecido do sistema jurídico brasileiro em razão de seu desuso, uma vez que teve poucos adeptos.[39] Como lembra Fábio Ulhoa Coelho,[40] o sócio capitalista, que contribuía para a formação do

---

[37] FARIA, Antonio Bento de. *Código Commercial brasileiro annotado*. 3. ed. Rio de Janeiro: Jacintho Ribeiro dos Santos, 1920. v. 1, p. 405.
[38] REQUIÃO, Rubens. *Curso de direito comercial*. 27. ed. rev. e atual. por Rubens Edmundo Requião. São Paulo: Saraiva, 2007. v. 1, p. 438.
[39] NEGRÃO, Ricardo. *Manual de direito comercial e de empresa*. 5. ed. rev. e atual. São Paulo: Saraiva, 2007. v. 1, p. 338.
[40] COELHO, Fábio Ulhoa. *Manual de direito comercial*. 12. ed. rev. e atual. São Paulo: Saraiva, 2000. p. 137.

capital social com recursos materiais (dinheiro, bens ou crédito), respondia ilimitadamente pelas obrigações da sociedade, enquanto o sócio de indústria, que contribuía para a sociedade com o trabalho, não tinha responsabilidade, sequer subsidiária, pelas obrigações por ela contraídas.

Além de não poder exercer a gerência da sociedade, nem compor o nome civil da firma, o sócio de indústria também não poderia contribuir com recursos materiais para o capital social, pois caso o fizesse, pela expressa disposição do art. 321 do CCom, responderia ilimitadamente pelas obrigações da sociedade, e seria constituído sócio solidário. À evidência, os serviços ou trabalhos prestados pelo sócio de indústria não se equiparam ao que conhecemos como contrato de trabalho urbano regido pela CLT, nem como contrato de prestação de serviços, tampouco como prestação de serviço voluntário. Enquanto no contrato de prestação de serviços de natureza civil há retribuição pela atividade prestada, que pode, como veremos mais adiante, ser acordada em bens e gêneros que não o dinheiro, na prestação de serviço voluntário não se busca retribuição qualquer, diferindo dessas duas modalidades a prestação de serviços pelo sócio de indústria, uma vez que sua retribuição decorre de participação nos lucros da sociedade, e, necessariamente, tais lucros são divididos em espécie, em dinheiro, portanto. De acordo com Antonio Bento de Faria a quota do sócio de indústria era essencialmente uma contribuição de serviços, sendo que o que caracterizava essa contribuição era a sucessividade da atividade, ou seja, a contribuição constante, diária, e que só se reputava completamente realizada quando a sociedade acabava.[41] Segundo o autor, o sócio de indústria podia entrar para a sociedade simplesmente com sua atividade econômica, com seu trabalho, seus serviços, um segredo útil e lícito, um processo industrial, uma clientela, enfim, com seus conhecimentos e técnica especiais, de maneira que essa contribuição era, portanto, uma prestação de fato, consistente em trabalho físico ou intelectual, que podia ser compreendido na denominação genérica de serviços.

Com o advento do Código Civil de 2002, o tipo societário de capital e indústria desaparece como modelo de sociedade, embora o *Codex* permita em seu art. 997, V, que a contribuição a que se obrigue o sócio consista em serviços, cuja prestação deve ser mencionada no contrato social, lembrando Rubens Requião que esse dispositivo é regra geral, aplicável aos vários tipos de sociedades de pessoas, salvo a sociedade limitada,[42] com o que concordamos, inobstante o Enunciado 206, aprovado na III Jornada

---

[41] FARIA, Antonio Bento de. *Código Commercial brasileiro annotado* cit., 3. ed., v. 1, p. 405-406.
[42] REQUIÃO, Rubens. *Curso de direito comercial* cit., 27. ed., v. 1, p. 438.

de Direito Civil do Conselho da Justiça Federal, direcionar a contribuição do sócio exclusivamente em prestação de serviços apenas às sociedades cooperativas e às sociedades simples propriamente ditas.

Do art. 1.006 do *Codex,* extrai-se outra regra diferenciadora, tanto da relação de trabalho urbano regido pela CLT como da prestação de serviço de natureza civil ou da prestação de serviço voluntário, ao estatuir que "o sócio, cuja contribuição consista em serviços, não pode, salvo convenção em contrário, empregar-se em atividade estranha à sociedade, sob pena de ser privado de seus lucros e dela excluído". Enquanto na prestação de serviço voluntário e na prestação de serviço de natureza civil não estão os prestadores obrigados à execução exclusiva da atividade ao contratante, na sociedade em que um dos sócios contribui apenas com seus serviços a exclusividade da prestação da atividade é imposta pela lei, não podendo exercer atividade alheia à consecução do objetivo da sociedade, "a não ser que haja convenção em contrário", sob pena de sua privação nos lucros, bem como de sua expulsão da sociedade, "em razão da falta grave no cumprimento de seu dever",[43] caso preste o mesmo serviço em outra sociedade com o mesmo objeto social, uma vez que a lei procura evitar a concorrência desleal, bem como tem por finalidade impedir que referido sócio possa se distrair habitualmente ou repetidamente em outras ocupações comerciais em detrimento dos interesses da sociedade prejudicada da qual faça parte.[44] Pelo art. 1.007 do CC, o sócio cuja contribuição consista em serviços somente participa dos lucros, não tendo, portanto, responsabilidade perante terceiros.

Rubens Requião ainda observa que o sócio que apenas contribui com serviços, por questão de justiça, deve participar do rateio do acervo final da sociedade, no caso de liquidação desta, embora não haja regra expressa no CC, e conquanto possa ser omisso o contrato, uma vez que, com o trabalho exercido, o sócio proporcionou lucro à sociedade, devendo sua participação na partilha do acervo ter base igual à sua participação nos lucros. Com o Código Civil vigente, o sócio de indústria poderá ser gerente da sociedade, pois o *Codex* orienta-se pela possibilidade de exercício da gerência por qualquer dos sócios, independentemente de sua qualidade, salvo se for sócio comanditário. E, dessa forma, podendo ser gerente, também poderá o sócio de indústria ter seu nome compondo a firma social, o que o CCom vedava. Observa finalmente o autor que

---

[43] DINIZ, Maria Helena. *Curso de direito civil brasileiro*: direito de empresa. 2. ed. reformulada. São Paulo: Saraiva, 2009. v. 8, p. 214.
[44] FARIA, Antonio Bento de. *Código Commercial brasileiro annotado* cit., 3. ed., v. 1, p. 407.

esse tipo de sociedade é hoje raro, pois o antigo sócio de indústria hoje em dia é substituído por empregados altamente qualificados, em cujo contrato de trabalho são inseridas cláusulas de participação nos lucros, com o que fica afastada a ideia de sociedade.[45] Disso decorre que, tanto na extinta sociedade de capital e indústria como na sociedade em que contribua determinado sócio com seu serviço, há prestação de serviço de caráter oneroso, sem, contudo, inserir-se na modalidade de prestação de serviço, como acima declinamos.

Cumpre ainda observar outro modo especial de prestação de serviço. Trata-se daquele verificado nas sociedades de advogados, exercido pelo chamado *advogado associado*. A Lei Federal 8.906, de 4 de julho de 1994, que dispôs sobre o Estatuto da Advocacia e a Ordem dos Advogados do Brasil, permite em seu art. 15 a reunião de advogados em "sociedade civil de prestação de serviço de advocacia", sociedade esta que adquire personalidade jurídica com o registro aprovado de seus atos constitutivos no Conselho Seccional da OAB em cujo território tiver sede, obtendo assim sua inscrição junto à Secretaria da Receita Federal. Em cumprimento ao art. 78, e no uso da atribuição conferida pelo art. 54, V, da referida lei, o Conselho Federal da OAB editou o Regulamento Geral do Estatuto da Advocacia e da OAB, em cujo art. 37 e seguintes dispõe sobre a sociedade de advogados, asseverando o art. 39 que "a sociedade de advogados pode associar-se com advogados, sem vínculo de emprego, para participação nos resultados", estabelecendo o parágrafo único do referido dispositivo que os contratos firmados entre a sociedade de advogados e os advogados associados devam ser averbados no registro da respectiva sociedade.

O advogado associado, portanto, não é nem sócio – embora dele se aproxime – tampouco empregado. Não participa dos lucros ou dos prejuízos da sociedade de advogados à qual está associado. A figura do advogado associado, sem vínculo de emprego, ao contrário das outras formas de prestação de serviço, não está prevista em lei, mas em norma exarada de órgão previsto em lei com atribuição para, inclusive, editar e alterar o Regulamento Geral da Advocacia. Conquanto não tenha sido previsto em dispositivo legal, certo é que essa modalidade de serviço é amplamente difundida, tendo o contrato de associação sua validade reconhecida pelas Cortes trabalhistas, exceto nos casos de flagrante desvirtuamento e mascaramento de relação empregatícia. O contrato de associação é próprio dessa classe de profissionais, podendo o associado exercer sua atividade de forma autônoma, em lugar distinto daquele em

---

[45] REQUIÃO, Rubens. *Curso de direito comercial* cit., 27. ed., v. 1, p. 439.

que sediada a sociedade, ou instalar-se no mesmo local, unindo-se aos interesses desta com relação a determinada causa, trabalhando entre si, mas sem qualquer vínculo que não a participação comum na captação e atendimento de clientes, além de, por óbvio, participar conjuntamente nos honorários.

Nesse aspecto, cumpre observar que o advogado está a exercer seu mister pelos contratos de mandato e de prestação de serviços, ou seja, o advogado, nas palavras de Washington de Barros Monteiro,[46] "é ao mesmo tempo mandatário e prestador de serviços. É mandatário, porque age em nome e por conta do constituinte, o mandante; é prestador de serviços, porque está obrigado a desenvolver a atuação prometida, realizando os trabalhos dele reclamados (o jurista que se limita a dar parecer é mero prestador de serviços)", e quando há infração contratual muitas vezes está relacionada mais ao mandato do que ao contrato de prestação de serviços, embora possa haver simultaneamente infração a ambos os contratos. O advogado associado, portanto, não estando inserido no âmbito da relação de emprego, encontra-se inserido na seara do contrato de mandato (CC, art. 653 e seguintes), ou seja, "aquele pelo qual uma pessoa (mandatário) recebe poderes da outra (mandante) para, em seu nome, praticar atos jurídicos ou administrar interesses",[47] bem como na seara do contrato de prestação de serviços.

O art. 40 do Regulamento Geral da Advocacia estatui que "os advogados sócios e os associados respondem subsidiária e ilimitadamente pelos danos causados diretamente ao cliente, nas hipóteses de dolo ou culpa e por ação ou omissão, no exercício dos atos privativos da advocacia, sem prejuízo da responsabilidade disciplinar em que possam incorrer", na esteira do art. 17 da citada lei, que impõe ao sócio, além da sociedade, a responsabilidade subsidiária e ilimitada pelos danos causados aos clientes por ação ou omissão no exercício da advocacia, sem prejuízo da responsabilidade disciplinar em que possa incorrer. As regras relativas ao "contrato de associação" entre a sociedade e os advogados sem vínculo empregatício constam do Provimento 112/2006, do Conselho Federal da OAB, exigindo-se que para cada advogado associado deva ser apresentado um contrato de associação em separado, contendo todas as cláusulas que

---

[46] MONTEIRO, Washington de Barros. *Curso de direito civil*: direito das obrigações – 2.ª parte: dos contratos em geral: das várias espécies de contrato: dos atos unilaterais: da responsabilidade civil. 35. ed. rev. e atual. por Carlos Alberto Dabus Maluf e Regina Beatriz Tavares da Silva. São Paulo: Saraiva, 2007. v. 5, p. 266.

[47] PEREIRA, Caio Mário da Silva. *Instituições de direito civil*: contratos: declaração unilateral da vontade: responsabilidade civil. 13. ed. rev. e atual. por Regis Fichtner. Rio de Janeiro: Forense, 2009. v. 3, p. 339.

regerão as relações e condições da associação estabelecida pelas partes (art. 8.º, § 2.º, II).

Portanto, embora haja a possibilidade de contratação de advogado empregado pela sociedade, muitos profissionais, através do contrato de associação, executam suas atividades como advogados associados, sem vínculo empregatício, sendo sua retribuição correspondente a um percentual que pode até mesmo ser ajustado relativamente aos honorários devidos em razão de clientes que atrair para a sociedade, ou decorrente da receita auferida pela sociedade e para a qual tenha concorrido de alguma forma, ou em outras palavras, não recebe salário, apenas participa do resultado auferido pela sociedade. Essa participação nos resultados pode se dar até mesmo de forma mensal, a título de *antecipação dos resultados*, sem que isso, por si só, caracterize o pagamento de salário com rubrica diversa. A participação do advogado associado nos resultados da sociedade é, portanto, proporcional à sua produção na sociedade, bem como é proporcional aos resultados daquele empreendimento comum, na medida em que o risco do negócio, dada a própria natureza da sociedade, é compartilhado entre todos, quer sejam sócios, quer sejam associados.

Tanto quando da formação do contrato de associação como no desenvolvimento da prestação do serviço exercido pelo advogado associado, há uma inegável paridade, uma equiparação entre este e a sociedade profissional. Verifica-se, portanto, que a figura do advogado associado diferencia-se da prestação de serviços regida pela Lei Trabalhista, pois inexiste a subordinação jurídica ou dependência, tampouco o pagamento de salário, requisitos dos arts. 2.º e 3.º da CLT, conquanto possa haver uma diretriz de procedimentos e estratégias a serem observadas pelo advogado associado, sem que isso lhe retire a liberdade na produção intelectual e sua independência profissional, sendo que mesmo a existência de normas de conduta ou de convivência não desnatura a condição de associado.

Por outro lado, sendo o advogado associado, juntamente com os sócios da sociedade de advogados, responsável pelos danos causados aos clientes, a teor do citado art. 40 do Regulamento Geral, está ele em verdadeiro compartilhamento dos riscos do empreendimento, que são reservados apenas ao empregador pela legislação trabalhista, o qual somente pode agir regressivamente contra o empregado havendo dolo ou culpa de sua parte.

Não se nega que, em alguns casos, em razão de desvirtuamento do contrato de associação, possam estar presentes na relação todos os requisitos dos dispositivos da Lei Trabalhista, retromencionados, o que enseja o reconhecimento do vínculo de emprego, tendo em vista os princípios da primazia da realidade e da inafastabilidade do direito do trabalho diante de relação de emprego mascarada pela sociedade de advogados que frauda direitos trabalhistas utilizando-se da figura do advogado associado, uma vez que a distinção entre a relação de emprego e a relação de trabalho autônomo mostra-se em muitos casos bastante sutil, encontrando-se o cerne da diferença na subordinação jurídica.

De fato, muitas vezes é tênue a linha divisória entre a prestação de serviço do advogado associado e a relação do advogado empregado, pois tênue é a linha que separa a subordinação jurídica deste e a autonomia funcional daquele. Por outro lado, há certos casos em que a relação laboral é disfarçada através da criação de sociedade pelos advogados que haveriam de ser empregados, com prestação de serviço exclusivamente a outra sociedade de advogados que haveria de contratá-los como empregados, ou como advogados associados. E como já decidiu o Tribunal Regional do Trabalho da 2.ª Região,[48] embora reconhecendo a validade dos contratos de associação firmados entre os escritórios de advocacia e advogados, a assinatura do contrato não é prova conclusiva da inexistência de vínculo de emprego, pois a existência deste depende do conjunto probatório apresentado nos autos, devendo ser analisado cada caso de maneira isolada.

Assim, mesmo que haja contrato de associação, havendo subordinação jurídica no sentido de receber ordens o associado, ter horário de trabalho predeterminado, exigência de assiduidade, sujeição a poder disciplinar, haverá verdadeira relação de emprego, regida pela CLT.

Cumpre ressaltar que o fato de o advogado associado ter prazos processuais a cumprir, bem como seguir orientações de um advogado responsável pela sociedade no tocante à distribuição de processos a todos os associados, submetendo as peças processuais para revisão, e cumprindo as diretrizes e estratégias de defesa definidas pelo escritório, apenas demonstra o zelo profissional da sociedade de advogados, sem que isso, por si só, desnature a independência profissional e altere a relação jurí-

---

[48] TRT/SP, 8.ª T., Proc. 00225200808102005, RO Ac. 20100404922, rel. Des. Fed. Lilian Lygia Ortega Mazzeu, j. 12.05.2010, *DOE* 17.05.2010: *"Ementa: Advogado associado. Sociedade de advogados constituída nos termos dos arts.* 15 e 16 da Lei 8.906/1994, *prova de fato da existência de associação*: O contrato de associação com advogado elaborado nos termos do art. 39 do Regulamento Geral do Estatuto da Advocacia, entretanto, este aspecto formal, não prevalece sobre o princípio da primazia da realidade que vigora no Processo do Trabalho; restando provado, nos termos do art. 333, I, do CPC, que a recorrente preenchia os requisitos necessários previstos no art. 3.º da CLT de forma a caracterizar o seu vínculo empregatício, a relação havida entre as partes não é de associado, mas sim laboral". Confira-se ainda, da mesma relatora, o Ac. 20100302682 proferido no RO interposto no Processo 00223200800502003, j. 14.04.2010.

dica do advogado associado para relação de emprego, uma vez ausente a subordinação jurídica ante a ausência de fiscalização de jornada, de controle de serviço e de permanência à disposição da empresa.[49] Nesse sentido, já se pronunciou, inclusive, o Tribunal Superior do Trabalho.[50]

Distingue-se, pois, a prestação de serviço do advogado associado da relação de trabalho urbano regida pela Lei Trabalhista pelos fundamentos acima expostos, bem como se diferencia da prestação de serviço de natureza puramente civil, disposta no *Codex*, e cujos elementos serão amplamente estudados mais adiante, uma vez que sua relação direta e primeira não é com o contratante, tomador do serviço, mas com a sociedade da qual é associado.

1.2.2 Do contrato de trabalho doméstico

Alice Monteiro de Barros ensina que "de origem etimológica latina (*domus* – casa), o trabalho doméstico realizado no âmbito residencial de outrem era disciplinado, inicialmente, no Brasil, pelas Ordenações do

---

[49] TRT/MG, 3.ª T., RO 00307-2008-108-03-00-9, Juiz rel. Milton V. Thibau de Almeida, j. 25.03.2009, *DEJT* 27.04.2009: "Ementa: *Relação de emprego – Advogado:* O advogado é, por definição legal da Lei 8.906, de 04.07.1994 (Estatuto da Advocacia), um profissional liberal, que só por exceção poderá ser empregado, com a estrita e expressa ressalva de lei de que não poderá ter reduzida a sua independência profissional, que é inerente à advocacia (art. 18, *caput*, da Lei 8.906/1994). Se já é assim numa relação de emprego entre o advogado e um empregador comum, a situação é diferente quando o empregador é uma "Sociedade de Advogados", cuja definição legal se encontra nos arts. 15 a 17 da Lei 8.906, de 1994. Não se provou nos autos que o reclamado, uma sociedade de advogados apresentasse forma ou característica mercantil defesa pelo art. 16, caput, da Lei 8.906, de 1994, ao contrário, desde os estagiários de direito e os advogados que depuseram como testemunha nos autos todos estão regularmente inscritos na OAB. Afora os direitos, as prerrogativas e os deveres que são normais e inerentes ao exercício da atividade profissional de advogado, o vínculo jurídico de emprego também segue as mesmas exigências de definição exigidas pelo art. 3.º, caput, da CLT: pessoalidade, não eventualidade, onerosidade e subordinação. Ausente o mais característico dos elementos de definição da relação empregatícia – a subordinação – na relação de trabalho *sub examine*, há de se prover o recurso para declarar a inexistência de vínculo jurídico de emprego entre as partes".

[50] TST, 6.ª T., AIRR 47601-61.2008.5.01.0036, rel. Min. Aloysio Corrêa da Veiga, j. 26.10.2011, *DEJT* 03.11.2011, v.u.: "Ementa: **Agravo de instrumento. Nulidade por negativa de prestação jurisdicional. Vínculo de emprego. *Time sheat*. Elementos caracterizadores da subordinação são (sic) demonstrados. Advogado.** Diante do óbice da Orientação Jurisprudencial 115/SDI-1/TST e Súmula 296 do TST, e porque não demonstrada violação de dispositivo legal, não há como admitir o recurso de revista interposto".

Reino".[51] Não dispunha o trabalho doméstico de regulamentação específica, razão pela qual lhe eram aplicadas as normas contidas no Código Civil, relativamente à prestação de serviços, sendo que, posteriormente, com o advento do Decreto 16.107, de 30 de julho de 1923, houve especificação sobre quais seriam tais trabalhadores.

O art. 2.º do Decreto 16.107/1923, modificando a aplicação do Código Civil quanto à prestação de serviços domésticos, dispunha serem prestadores de tais serviços "os cozinheiros e ajudantes, copeiros, arrumadores, lavadeiras, engomadeiras, jardineiros, hortelões, porteiros ou serventes, enceradores, amas-secas ou de leite, costureiras, damas de companhia, e, de um modo geral, todos quantos se empregarem, à soldada, em quaisquer outros serviços de natureza idêntica, em hotéis, restaurantes ou casa de pasto, pensões, bares, escritórios ou consultórios e casas particulares".

O Decreto-lei 3.078, de 27 de novembro de 1941, por sua vez, conceituou os prestadores de serviços domésticos como aqueles que prestavam serviços em residências particulares mediante remuneração.[52]

Atualmente é a Lei 5.859, de 11 de dezembro de 1972, regulamentada pelo Decreto 71.885, de 9 de março de 1973, que rege o empregado doméstico. O art. 1.º daquela lei assevera que doméstico é aquele que presta serviços de natureza contínua e de finalidade não lucrativa à pessoa ou à família no âmbito residencial destas. O próprio art. 7.º, letra "a", da CLT, deixa claro estarem fora do sistema da Consolidação os empregados domésticos, os quais são regidos não somente pela Lei 5.859/1972, como também pelo art. 7.º, parágrafo único, da Constituição Federal.

Preleciona Amauri Mascaro Nascimento que a característica do empregado doméstico resulta da inexistência de fins econômicos no trabalho que exerce para pessoa ou família.[53] Assim, doméstico é o cozinheiro, o faxineiro, o motorista, o jardineiro, a governanta, a babá, o mordomo, a copeira, a arrumadeira, o caseiro ou zelador de casa de veraneio ou chácara, o piloto ou marinheiro particular, o vigia ou mesmo o segurança particular, ou ainda aquele que presta serviços de acompanhamento ou enfermagem no âmbito familiar ou em casa de repouso, em caráter particular, enfim, qualquer atividade desenvolvida em função familiar ou pessoal, sem finalidade lucrativa por parte do empregador.

Veja-se, pois, que o serviço exercido pelo trabalhador doméstico, conquanto seja remunerado, não pode servir como meio de enriquecimento

---

[51] BARROS, Alice Monteiro de. *Curso de direito do trabalho* cit., 4. ed., p. 334.
[52] MARTINS, Sergio Pinto. *Direito do trabalho* cit., 25. ed., p. 137.
[53] NASCIMENTO, Amauri Mascaro. *Curso de direito do trabalho* cit., 24. ed., p. 756.

ou vantagem financeira por parte do contratante. Caso a pessoa ou família tomadora do serviço doméstico exerça atividade lucrativa, deixa de haver a figura do empregado doméstico regido pela lei especial, para em seu lugar surgir a figura do empregado regido pela CLT. Os serviços do empregado doméstico não ficam restritos ao interior da residência, podendo ser realizados externamente, como ocorre com o motorista da família. Assim, a prestação do serviço pelo empregado doméstico deve ser para o âmbito residencial, e não exclusivamente no âmbito residencial.[54]

Conquanto não sejam enquadrados como empregados nos termos da CLT, e, por conseguinte a eles não se aplique a proteção e conferência dos direitos consolidados, a Carta Maior, no dispositivo retro citado, confere-lhes parte dos direitos concedidos ao empregado regido pela CLT, direitos estes que foram ampliados pela Lei 11.324, de 9 de julho de 2006. Portanto, têm direito os domésticos aos benefícios dispostos no art. 7.º, IV, VI, VIII, XV, XVII, XVIII, XIX, XXI e XXIV, da Constituição Federal, sendo eles: salário mínimo; irredutibilidade do salário, salvo negociação; 13.º salário; repouso semanal remunerado, preferencialmente aos domingos; gozo de férias anuais de 30 dias remuneradas acrescidas de, pelo menos, um terço do salário normal; licença-gestante, com duração de 120 dias; licença paternidade de 5 dias; aviso prévio proporcional ao tempo de serviço, sendo de no mínimo 30 dias; estabilidade-gestante; aposentadoria; integração à previdência social, como leciona Valentin Carrion,[55] bem como Amauri Mascaro Nascimento.[56] Some-se a esses direitos a faculdade de o empregador doméstico inscrever o empregado no regime do Fundo de Garantia por Tempo de Serviço (FGTS), nos termos do que dispôs o Decreto 3.361, de 10 de fevereiro de 2000, sendo a inclusão irretratável, e, nesse caso, conferidora não somente da multa de 40% em caso de dispensa imotivada, como também de seguro-desemprego.

É de se ressaltar, por oportuno, que tramita no Congresso Nacional a Proposta de Emenda à Constituição 478/2010, alcunhada de "PEC das Domésticas", de autoria do Deputado Carlos Bezerra (PMDB/MT), e relatoria da Deputada Benedita da Silva (PT/RJ), cujo intuito é estabelecer a igualdade de direitos trabalhistas entre os empregados domésticos e os demais trabalhadores urbanos e rurais, a fim de que tenham os domésticos direito ao FGTS, multa de 40% do FGTS em caso de demissão sem justa causa, seguro-desemprego, pagamento de horas extras quando a jornada

---

[54] MARTINS, Sergio Pinto. *Direito do trabalho* cit., 25. ed., p. 138.
[55] CARRION, Valentim. *Comentários à consolidação das Leis do Trabalho*. 35. ed. atual. por Eduardo Carrion. São Paulo: Saraiva, 2010. p. 55-60.
[56] NASCIMENTO, Amauri Mascaro. *Curso de direito do trabalho* cit., 24. ed., p. 757.

de trabalho extrapolar 8 (oito) horas diárias e 44 (quarenta e quatro) horas semanais, adicional noturno, benefício previdenciário por acidente de trabalho, entre outros direitos. Em sua redação inicial, a PEC 478/2010 procurava revogar o parágrafo único do art. 7.o da Carta Maior. A PEC em comento foi recentemente aprovada em dois turnos pela Câmara dos Deputados – 21.11.2012 e 04.12.2012 –, pelo *quorum* qualificado exigido pelo art. 60 da Constituição da República, com apenas dois votos contrários em cada turno, e seguiu em 13.12.2012 para o Senado Federal, onde também necessitará ser votada e aprovada em dois turnos, por pelo menos três quintos dos senadores, antes de ser promulgada pelas Mesas de ambas as Casas.[57]

O texto aprovado em segundo turno pela Câmara dos Deputados, ao contrário do texto originalmente proposto, não revoga o parágrafo único do art. 7.o da Constituição Federal, mas altera-o a fim de que passe a constar: "São assegurados à categoria dos trabalhadores domésticos os direitos previstos nos incisos IV, VI, VII, VIII, X, XIII, XV, XVI, XVII, XIX, XXI, XXII, XXIV, XXVI, XXX, XXXI e XXXIII e, atendidas as condições estabelecidas em lei e observada a simplificação do cumprimento das obrigações tributárias, principais e acessórias, decorrentes da relação de trabalho e suas peculiaridades, os previstos nos incisos I, II, III, IX, XII, XVIII, XXV e XXVIII, bem como a sua integração à previdência social".

1.2.3 Do contrato de trabalho rural

O art. 7.º, *b*, da Consolidação das Leis do Trabalho, afastou de sua incidência o trabalhador rural. O Código Civil de 1916 trazia disposições relativas à parceria rural, além da *locação de serviços* e empreitada. Embora a CLT não estendesse sua atuação e proteção aos rurícolas, com o passar dos anos a legislação passou a ser adaptada, conferindo certas garantias ao trabalhador rural. A Lei 4.214, de 2 de março de 1963, denominada Estatuto do Trabalhador Rural, conferia ao trabalhador rural quase os mesmos direitos trabalhistas dos trabalhadores urbanos,[58] embora não tenha sido referido Estatuto o primeiro a estabelecer direitos diversos daqueles contidos no Código Civil de 1916, posto que anteriormente já conferira a legislação direitos aos rurícolas, como, por exemplo, a Lei 605, que entrou em vigor em 14 de janeiro de 1949, além da própria CLT, em

---

[57] Disponível em <http://www.camara.gov.br>. Acesso em: 14 dez. 2012.
[58] BARROS, Alice Monteiro de. *Curso de direito do trabalho* cit., 4. ed., p. 398.

seus arts. 76, 129, 487 a 491, e 442 a 467, pois a eles se estendiam as disposições relativas ao salário mínimo, às férias, ao aviso prévio, e às normas gerais sobre contrato de trabalho.[59]

Segundo Sergio Pinto Martins,[60] a Convenção 141, da Organização Internacional do Trabalho (OIT), de 1975, define trabalhador rural como toda pessoa que se dedica, em região rural, a tarefas agrícolas ou artesanais ou a serviços similares ou conexos, compreendendo não somente os assalariados, como também as pessoas que trabalham por conta própria, como arrendatários, parceiros e pequenos proprietários. Portanto, empregado rural é o que planta, aduba, ordenha e cuida do gado, o tratorista, o peão, o boiadeiro etc.

Percebe-se, portanto, que para a identificação da atividade como trabalho rural é imprescindível que a atividade desenvolvida ocorra em região rural, voltada a tarefas agrícolas ou artesanais, ou a serviços similares e vinculados a tarefas agrícolas. Extrai-se ainda, a título exemplificativo, que quando determinada pessoa, por contra própria, de maneira autônoma, em área ou região urbana, decide oferecer sua atividade relativa à jardinagem ou ao cultivo ou cuidado de determinada espécie, ou ao atendimento de animais, ou mesmo ao atendimento especializado como tratorista, está-se diante de verdadeira prestação de serviço regida pela lei civil. Entretanto, essas mesmas atividades, conquanto autônomas, por conta própria, exercidas em região rural e vinculadas ao trabalho agrícola, deixam de ser regidas pelas leis de caráter civil para serem regidas pela lei especial, que trata do trabalhador rural. É, portanto, vontade do legislador oferecer tratamento diferenciado àquele que trabalha em região rural.

Atualmente, o trabalhador rural é regido pela Lei 5.889, de 8 de junho de 1973, cujo art. 21 revogou a Lei 4.214/1963. A vigente lei foi regulamentada pelo Decreto 73.626, de 12 de fevereiro de 1974. Registre-se que o art. 2.º da Lei 5.889/1973 substituiu a expressão *trabalhador rural* por *empregado rural*.

Como trabalhador rural era definido, na lei revogada (art. 2.º), "toda pessoa física que presta serviços a empregador rural, em propriedade rural ou prédio rústico, mediante salário", enquanto a Portaria 71, de 2 de fevereiro de 1965, definia trabalhador rural como "a pessoa física que exerce atividade profissional rural, sob a forma de emprego ou como empreendedor autônomo, neste caso em regime de economia individual, familiar ou coletiva e sem empregado". Para Alice Monteiro de Barros,[61]

---
[59] Idem, p. 399.
[60] MARTINS, Sergio Pinto. *Direito do trabalho* cit., 25. ed., p. 140-141.
[61] BARROS, Alice Monteiro de. *Curso de direito do trabalho* cit., 4. ed., p. 401.

o Estatuto do Trabalhador Rural alargou o conceito previsto para o empregado regido pela CLT, pois ao utilizar o termo trabalhador em vez de empregado, abrangeu todos os trabalhadores que não possuem dependência econômica e social, respeitadas as opiniões contrárias.

Nos termos do que dispõe o art. 2.º, da Lei 5.889/1973, em vigor, empregado rural é toda "pessoa física que, em propriedade rural ou prédio rústico, presta serviços de natureza não eventual a empregador rural, sob a dependência deste e mediante salário". Será empregador rural aquele que explorar atividade agroeconômica, em caráter permanente ou temporário, diretamente ou através de prepostos, como estatui a legislação vigente. O contrato rural pode ter duração determinada ou indeterminada, nos termos da referida lei.

Cumpre ainda lembrar, como obtempera Amauri Mascaro Nascimento,[62] que com o advento da Lei 11.718, de 20 de junho de 2008, foi instituído o contrato de trabalho rural por pequeno prazo, estabelecendo referida lei a possibilidade se realizarem contratos com prazo máximo de 2 (dois) meses no decorrer de 1 (um) ano, sendo que o empregado rural contratado por pequeno prazo terá todos os direitos trabalhistas assegurados aos empregados admitidos por prazo indeterminado. A Lei 5.889/1973 é aplicável a todo trabalhador rural, e não apenas aos empregados rurais (art. 17), como observa o autor.

1.2.4 Da parceria agrícola e da parceria pecuária

A parceria agrícola e a parceria pecuária são espécies da denominada parceria rural, e era a primeira delas tratada nos arts. 1.410 a 1.415 do Código Civil de 1916, e a segunda, nos arts. 1.416 a 1.423 do mesmo diploma. Caio Mário da Silva Pereira afirma ser a parceria próxima da sociedade, com quem tem afinidade, conceituando, todavia, a parceria, como o "contrato pelo qual uma pessoa cede prédio rústico a outra para que o cultive (Código Civil, art. 1.410), ou entrega-lhe animais para que os pastoreie, trate e crie (Código Civil, art. 1.416), partilhando os frutos e lucros respectivos", observando o autor não haver impedimento a que no mesmo contrato estejam reunidas ambas as finalidades, ou seja, parceria agrícola e parceria pecuária.[63]

---

[62] NASCIMENTO, Amauri Mascaro. *Curso de direito do trabalho* cit., 24. ed., p. 740-741.
[63] PEREIRA, Caio Mário da Silva. *Instituições de direito civil*: contratos: declaração unilateral da vontade: responsabilidade civil. 5. ed. Rio de Janeiro: Forense, 1981. v. 3, p. 404-405.

A parceria agrícola na definição de Clóvis Beviláqua é "o contrato, em que uma pessoa cede a outra um prédio rústico, e esta se obriga a cultivá-lo, para dividirem os frutos na proporção estipulada".[64] Ensina o autor que a parceria remonta a uma afastada antiguidade de tal forma que é, provavelmente, mais antiga do que o arrendamento.[65]

Carvalho Santos preleciona que a parceria agrícola é contrato que remonta aos tempos mais afastados, posto que as fontes romanas dela já fizessem referência, sendo objeto de regramento nas Ordenações.[66] Aponta o autor que essa modalidade contratual apresenta consideráveis vantagens, especialmente nos lugares em que é raro o capital, dificultando a exploração agrícola. Os tratadistas há muito discutiam se a parceria agrícola constituía, de fato, uma sociedade, ou um contrato de locação. Para o Código Civil de 1916, a parceria agrícola era tida como uma forma especial de contrato, ou um contrato *sui generis*, com suas regras próprias, e, de sua aproximação com o arrendamento nasceu a regra do art. 1.414, segundo o qual se deviam aplicar ao contrato de parceria rural as regras da locação de prédios rústicos em tudo o que não se achasse regulado no Código.[67]

Alguns autores chegam a afirmar que na parceria há uma espécie de sociedade de capital e indústria, no sentido de que um dos parceiros, denominado outorgante ou proprietário, entra na parceria com seu capital consistente em terras e instrumentos de exploração, enquanto o outro, denominado parceiro-outorgado, entra com o trabalho seu ou também de seus familiares, sendo seu serviço a parte ofertada na parceria.[68]

Verifica-se, pois, que na parceria agrícola há prestação de serviço por parte daquele que recebe a terra para cultivar e, posteriormente, divide os frutos com o outro contraente, que lhe cedeu o prédio rústico. Todavia, a prestação de serviços havida não se insere naquela regida pelo contrato de prestação de serviços.

O art. 1.412 do Código revogado estabelecia que os riscos decorrentes do caso fortuito ou força maior corriam em comum contra o proprietário

---

[64] BEVILÁQUA, Clóvis. *Código Civil dos Estados Unidos do Brasil comentado*. 3. ed. Rio de Janeiro: Francisco Alves, 1934. v. 5, t. 2, p. 169.
[65] BEVILÁQUA, Clóvis. In: LACERDA, Paulo de (Coord.). *Manual do Código Civil brasileiro*: do direito das obrigações. Rio de Janeiro: Jacintho Ribeiro dos Santos, 1918. v. 14, p. 198.
[66] SANTOS, J. M. Carvalho. *Código Civil brasileiro interpretado*: direito das obrigações (arts. 1.363-1.504). 2. ed. Rio de Janeiro: Freitas Bastos, 1938. v. 19, p. 158-159.
[67] BEVILÁQUA, Clóvis. *Código Civil dos Estados Unidos do Brasil comentado* cit., v. 5, t. 2, p. 172.
[68] OPITZ, Oswaldo; OPITZ, Silvia. *Direito agrário brasileiro*. São Paulo: Saraiva, 1980. p. 134.

e o parceiro. Enquanto o art. 1.413 afirmava que a parceria não passaria aos herdeiros dos contraentes, exceto se estes deixassem adiantados os trabalhos de cultura, caso em que duraria, quanto bastasse, para que se ultimasse a colheita. O art. 1.144, por sua vez, mandava aplicar à parceria agrícola as regras da locação de prédios rústicos em tudo o que não se achasse regulado naquela seção. O art. 1.415 dispunha que a parceria subsistiria ainda que fosse o prédio alienado, caso em que ficava o adquirente sub-rogado nos direitos e obrigações do alienante.

Quanto à parceria pecuária – com origem na mais recuada antiguidade, possivelmente quando os homens se dedicavam ao pastoreio e por motivos de guerra, ou quaisquer outros, se viam obrigados a confiar a outrem seus rebanhos[69] –, segundo dispunha o art. 1.416 do Código Civil revogado, dá-se ela quando se entregam animais a alguém para os pastorear, tratar e criar, mediante uma quota nos lucros produzidos, enquanto o art. 1.417 asseverava constituir objeto de partilha as crias dos animais e os seus produtos, como peles, crinas, lãs e leite. Os animais evictos deviam ser substituídos pelo parceiro proprietário (art. 1.418). O art. 1.419 estatuía que o parceiro proprietário sofreria os prejuízos resultantes do caso fortuito ou força maior caso não houvesse convenção em sentido contrário. Por sua vez, o art. 1.420 atribuía ao proprietário o proveito que se obtivesse dos animais mortos, pertencente ao seu capital, enquanto o art. 1.421 impunha a proibição de disposição do gado, por qualquer parceiro, sem licença do outro, salvo cláusula em contrário. As despesas com o tratamento e criação dos animais, não havendo acordo em contrário, teriam de correr por conta do parceiro tratador e criador (parceiro-pençador ou parceiro-pensador),[70] nos termos do art. 1.422, estabelecendo ainda o art. 1.423 que na falta de regulação pelo Código ou de convenção das partes, aplicar-se-iam as regras do contrato de sociedade. Na inobservância do parceiro-tratador às regras estabelecidas no contrato, no sentido de não repassar ao parceiro-proprietário as crias e os frutos a ele cabentes, bem como no caso de venda de animais sem efetuar a partilha, incorre ele

---

[69] SANTOS, J. M. Carvalho. *Código Civil brasileiro interpretado* cit., v. 19, p. 169.
[70] Ambas as expressões (pençador e pensador) estão corretas, sendo a primeira preferida por Clóvis Beviláqua e Caio Mário da Silva Pereira, entre outros, enquanto a segunda é utilizada, por exemplo, por Osiris Rocha (Enciclopédia Saraiva do Direito, v. 57, p. 86-87) e Fernando Pereira Sodero (Enciclopédia Saraiva do Direito, v. 19, p. 447-450), estando em sintonia, inclusive, com a expressão "parceiro pensador", utilizada pelo vigente Código Civil português (1966), ao tratar da parceria pecuária, no art. 1.121.º e seguintes, embora a grafia "parceiro pençador" estivesse presente nos arts. 1.304.º e seguintes do Código Civil português de 1867, revogado. As palavras *pençador* e *pensador* significam "aquele que cuida ou trata convenientemente", tendo a primeira delas desaparecido dos dicionários modernos.

no crime de apropriação indébita. Enquanto preleciona Washington de Barros Monteiro que o parceiro-proprietário é, por assim dizer, um sócio--capitalista, enquanto o tratador é sócio de indústria,[71] Clóvis Beviláqua,[72] por outro lado, afirma que o parceiro-pençador não é um simples sócio de indústria, uma vez que sua contribuição é também de capital, isto é, cabem-lhe as despesas com tratamento e criação dos animais, como preceituava o art. 1.422.

Embora o Código Civil de 2002 não tenha tratado da matéria relativa às parcerias agrícola e pecuária como espécies de parceria rural, não significa que ambos os contratos deixaram de existir. Isso porque, tais contratos são objetos de legislação especial. Assim, regulam a matéria a Lei 4.504, de 30 de novembro de 1964, que dispõe sobre o Estatuto da Terra, a Lei 4.947, de 6 de abril de 1966, que fixa normas de Direito Agrário, e o Decreto 59.566, de 14 de novembro de 1966, que regulamenta as leis anteriores. O art. 1.º do referido Decreto prevê diversas espécies de parceria, a saber, agrícola, pecuária, agroindustrial, extrativa ou mista, sendo que o art. 4.º fala em partilha de riscos do caso fortuito e da força maior do empreendimento rural, bem como dos frutos, produtos ou lucros havidos nas proporções estipuladas, respeitados os limites impostos pelo Estatuto da Terra.

Verifica-se, portanto, que na parceria rural, a qual abrange as espécies acima, há uma efetiva prestação de serviço sem que esteja inserida no contrato de prestação de serviços, tendo, por conseguinte, regramento próprio.

1.2.5 Da prestação de serviço voluntário

O trabalho voluntário no Brasil, leciona Alice Monteiro de Barros,[73] existe há cinco séculos, sendo marco inicial dessa atividade a fundação da Santa Casa de Misericórdia da então Vila de Santos, Capitania de São Vicente, no ano de 1543. Segundo a autora, nos séculos XVII e XVIII a maioria das entidades filantrópicas era ligada à Igreja Católica e a presença do Estado somente se tornou significativa a partir de 1930, fortalecendo-se em 1942, com a criação da Legião Brasileira de Assistência (LBA),

---

[71] MONTEIRO, Washington de Barros. *Curso de direito civil*: direito das obrigações – 2.ª parte: contratos: declarações unilaterais da vontade: obrigações por atos ilícitos. 29. ed. rev. e atual. São Paulo: Saraiva, 1997. v. 5, p. 326-327.
[72] BEVILÁQUA, Clóvis. In: LACERDA, Paulo de (Coord.). *Manual do Código Civil brasileiro* cit., p. 239.
[73] BARROS, Alice Monteiro de. *Curso de direito do trabalho* cit., 4. ed., p. 453.

sendo que em 1995, criou-se a Comunidade Solidária em substituição à extinta LBA. Ainda de acordo com referida doutrinadora, mais da metade (58%) dos voluntários são vinculados a instituições religiosas.

A Lei 9.608, de 18 de fevereiro de 1998, dispôs sobre o serviço voluntário, ou seja, uma modalidade de prestação de serviço não onerosa. Segundo assevera o art. 1.º da referida lei, considera-se serviço voluntário "a atividade não remunerada, prestada por pessoa física a entidade pública de qualquer natureza, ou a instituição privada de fins não lucrativos, que tenha objetivos cívicos, culturais, educacionais, científicos, recreativos ou de assistência social, inclusive mutualidade". O serviço voluntário, segundo assevera o parágrafo único da citada norma, não gera vínculo empregatício, nem obrigação de natureza trabalhista previdenciária ou afim. A esse tipo de prestação de serviço é irrelevante a função executada, bem como é irrelevante se há ou não subordinação jurídica, afinal, mesmo sendo voluntário o trabalho, haverá regras e diretrizes institucionais e organizacionais a serem observadas, sem, contudo, trazer a incidência da aplicação de leis trabalhistas, bastando que o serviço voluntário seja prestado gratuitamente.

Citando Jeremy Rifkin, autor do livro "O fim dos empregos", informa Amauri Mascaro Nascimento que embora as atenções tenham sempre sido voltadas para os setores privado e público, surgiu um terceiro setor na era moderna, cujos fundamentos se encontram nos imperativos da vida comunitária, tratando-se de trabalho assistencial, que variam desde atendimento à saúde, educação e pesquisa, até a ajuda a idosos, deficientes físicos, doentes mentais, jovens desamparados, desabrigados, indigentes e outros desfavorecidos.[74] Segundo o autor, mesmo profissionais como advogados, contadores, médicos e executivos, entre outros, doam seus serviços a organizações voluntárias. Inúmeras pessoas filiam-se a programas ambientalistas, como, por exemplo, atividade de reciclagem, programas de conservação, campanhas antipoluição e trabalho de proteção a animais.

Com efeito, aponta Sergio Pinto Martins que "a natureza jurídica do trabalho voluntário é contratual, de contrato de adesão", havendo, pois, uma atividade, um serviço prestado, de maneira voluntária por pessoa física, sem qualquer interesse econômico, a entidade pública de qualquer natureza, ou a instituição privada de fins não lucrativos, cujos objetivos institucionais sejam de caráter cívico, cultural, educacional, científico, recreativo ou de assistência social.[75] Verifica-se que o trabalhador vo-

---

[74] NASCIMENTO, Amauri Mascaro. *Curso de direito do trabalho* cit., 24. ed., p. 451.

[75] MARTINS, Sergio Pinto. *Direito do trabalho* cit., 25. ed., p. 171.

luntário não presta serviços profissionalmente, uma vez que não tem a obrigação de trabalhar – embora possa trabalhar, e geralmente trabalhe, em área de sua especialidade –, bem como não recebe paga pelo trabalho.[76] Entretanto, o fato de não haver interesse econômico por parte do prestador voluntário não quer dizer que não deve ser, quando assim o desejar, reembolsado quanto aos gastos que tiver suportado ou adiantado no exercício da atividade voluntária, como adiante verificaremos.

Portanto, voluntários doam seu tempo, seu talento e seus esforços para esse tipo de atividade, que é muito praticada, sobretudo, pelos norte-americanos de todas as idades. Com frequência podem ser vistos voluntários americanos não somente em seu país, mas também em muitos continentes afetados pelas mazelas sociais, com o objetivo de prestar atendimento à população carente na área da saúde, do ensino, bem como na construção de escolas, creches, dormitórios e igrejas.

No Brasil, justamente por ser o trabalho comunitário essencial para a sociedade, levando-se em consideração, sobretudo, o princípio constitucional da solidariedade, contido no art. 3.º, I, da Constituição Federal, bem ainda, considerando-se o objetivo da República quanto à justiça e à promoção do bem de todos, o direito do trabalho não deve ser obstáculo à ampliação do serviço voluntário, uma vez que impediria o exercício do voluntariado "caso pretendesse estender sua mão a esse setor para declarar relações de emprego prestadas a organizações não governamentais ou pelo voluntariado, sem fins lucrativos, com espírito assistencial", visto que o vínculo que se forma nessas circunstâncias não possui o *animus contrahendi* da relação de emprego, fundamental para a formação do contrato de trabalho.[77]

O contrato de prestação de serviço voluntário é solene, na medida em que estatui o art. 2.º da citada lei que "o serviço voluntário será exercido mediante a celebração de termo de adesão entre a entidade, pública ou privada, e o prestador do serviço voluntário, dele devendo constar o objeto e as condições de seu exercício". Entende-se por objeto a própria finalidade do trabalho a ser executado, e por condições de exercício são entendidos os temas relativos aos dias de trabalho bem como sua duração, horário da prestação da atividade, ou seja, de entrada e saída do voluntário, local da prestação e a atividade a ser desenvol-

---

[76] MARTINS, Sergio Pinto. *Direito processual do trabalho*: doutrina e prática forense. 29. ed. São Paulo: Atlas, 2009. p. 108.
[77] NASCIMENTO, Amauri Mascaro. *Curso de direito do trabalho* cit., 24. ed., p. 452.

vida.[78] Assim, no termo de adesão, devem constar todas as diretrizes, abrangência e atuação do serviço a ser prestado. Exigindo a lei o termo de adesão, embora seja de ordem pública referida regra, sua ausência não gerará automaticamente o reconhecimento de vínculo empregatício entre o prestador e o tomador do serviço voluntário, vez que somente haverá vínculo empregatício caso presentes os demais requisitos do art. 3.º da CLT. Entretanto, nada impede que prestadores de serviço voluntário que tenham iniciado sua atividade de caráter gratuito a entidades privadas sem finalidade lucrativa ou mesmo entidades públicas, antes do advento da referida lei, sem que tenham à época formalizado o "termo de voluntariado" ou "termo de adesão", regularizem a situação firmando o respectivo termo em consonância com a Lei 9.608/1998.

A lei retromencionada regulamentou a questão de maneira a evitar que inúmeros casos de prestação de serviço voluntário sejam na verdade uma relação de emprego mascarada, isto é, um subterfúgio por parte do tomador para lesar os direitos do trabalhador. Entretanto, mesmo nos casos em que não havia mascaramento de um contrato de emprego, ou desvirtuamento do voluntariado, a tendência dos Tribunais era no sentido de reconhecimento do vínculo de emprego e condenação do tomador nas verbas trabalhistas e previdenciárias. Com o advento da referida lei, o tema é pacificado diante das regras nela contidas, restando plenamente esclarecido quando se trata de prestação de serviço voluntário e quando se trata de prestação de serviço regida pela Lei Trabalhista, sendo mister, todavia, observar ser a Justiça do Trabalho competente para analisar as questões que envolvam trabalhador voluntário e os respectivos tomadores de serviços.[79]

Verifica-se, pois, que a prestação de serviço voluntário "tem caráter de benevolência",[80] desinteressado, não oneroso, sendo, antes de tudo, demonstração de altruísmo por parte do prestador, que, despojando-se dos sentimentos terrenos, realiza a atividade propugnada como verdadeiro exercício de caridade, não visando recompensa financeira ou econômica neste mundo.

A prestação de serviço voluntário, conquanto não seja onerosa, não importando em relação empregatícia, tampouco em prestação de serviço de que trata o Código Civil, permite, todavia, que o prestador seja reembolsado das despesas comprovadas que realizar no desempenho de suas atividades, devendo estar tais despesas expressamente autorizadas

---

[78] MARTINS, Sergio Pinto. *Direito do trabalho* cit., 25. ed., p. 172.
[79] MARTINS, Sergio Pinto. *Direito processual do trabalho* cit., 29. ed., p. 105-108.
[80] BARROS, Alice Monteiro de. *Curso de direito do trabalho* cit., 4. ed., p. 453.

pela entidade a que for prestado o serviço voluntário, nos termos do art. 3.º da Lei 9.608/1998. É bem verdade que esse dispositivo abre a possibilidade, no caso de entidades desonestas e inidôneas, de desviarem elevados recursos, sobretudo recebidos do Poder Público, mediante a rubrica de "reembolso de despesas". Entretanto, num país em que a corrupção impera quase soberana, a proibição da regra em comento seria fator de desestímulo para aqueles que, desinteressadamente, e com altos valores cívicos, morais e espirituais, colocam sua força e intelecto a serviço do bem social.

Cumpre ainda mencionar a Lei 10.029, de 20 de outubro de 2000, que dispõe sobre a prestação voluntária de serviços administrativos e serviços auxiliares de saúde e de defesa civil, prestados às Polícias Militares e aos Corpos de Bombeiros Militares, permitindo aos Estados e ao Distrito Federal a execução de tais serviços que, nos termos do art. 2.º, deve ter duração de um ano, prorrogável por, no máximo, igual período. Estabelece o art. 3.º que somente poderão ser admitidos como voluntários à prestação dos serviços homens e mulheres maiores de dezoito e menores de vinte e três anos, "que excederem às necessidades de incorporação das Forças Armadas", estatuindo o art. 4.º que o número de voluntários não poderá exceder a proporção de um voluntário para cada cinco integrantes do efetivo determinado em lei para a Polícia Militar ou Corpo de Bombeiros Militares, cabendo ainda aos Estados e ao Distrito Federal o critério de admissão dos voluntários aos serviços.

No tocante ao prazo da prestação voluntária de serviços, cumpre observar que tramita na Câmara dos Deputados o Projeto de Lei 508/2003, o qual pretende alterar o art. 2.º da Lei 10.029/2000, a fim de que seja aumentada para dois anos a duração da prestação voluntária de tais serviços, prorrogável por mais um ano.[81]

Estabelece o art. 5.º da Lei 10.029/2000, que aos prestadores voluntários de serviços administrativos e serviços auxiliares de saúde e de defesa civil às Polícias Militares e aos Corpos de Bombeiros Militares, é vedado "sob qualquer hipótese, nas vias públicas, o porte ou o uso de

---

[81] O Projeto de Lei 508/2003, de autoria do Deputado Carlos Sampaio (PSDB/SP), fora arquivado pela última vez em 31.01.2011 (DCD 01.02.2011), nos termos do art. 105 do Regimento Interno da Câmara dos Deputados, sendo desarquivado em 16.02.2011 (DCD 17.02.2011), por solicitação do referido Deputado, com fundamento no parágrafo único do citado dispositivo, segundo o qual "a proposição poderá ser desarquivada mediante requerimento do Autor, ou Autores, dentro dos primeiro conto e oitenta dias da primeira sessão legislativa ordinária da legislatura subsequente, retomando a tramitação desde o estágio em que se encontrava". Disponível em: <www.camara. gov.br>. Acesso em: 22 ago. 2012.

armas de fogo e o exercício do poder de polícia", asseverando o art. 6.º da referida lei que os voluntários fazem jus ao recebimento de auxílio mensal, de natureza indenizatória, destinado ao custeio das despesas necessárias à execução dos serviços, não podendo referido auxílio, nos termos do § 1.º, exceder dois salários mínimos, dispondo ainda o § 2.º que "a prestação voluntária de serviços não gera vínculo empregatício, nem obrigação de natureza trabalhista, previdenciária ou afim".

A Lei 10.029/2000 – cuja finalidade não se confunde com aquela da Lei 8.745, de 9 de dezembro de 1993, que dispõe sobre a contratação por tempo determinado para atender a necessidade temporária de excepcional interesse público, no termos do art. 37, inciso IX, da Constituição Federal, tais como nos casos de calamidade pública, emergência em saúde pública etc. –, inspirou diversos Estados a promulgarem, nela espelhadas, leis instituidoras do serviço voluntário de prestação de serviços.

No Estado de São Paulo, por exemplo, a Lei 11.064, de 8 de março de 2002, instituiu, amparada na lei federal suprarreferida, o Serviço Auxiliar Voluntário na Polícia Militar do Estado, regulamentado pelo Decreto 48.142, de 8 de outubro de 2003, que autoriza a Secretaria da Segurança Pública a, representando o Estado, celebrar convênios com Municípios do Estado de São Paulo, objetivando implementar o serviço auxiliar voluntário instituído. Nos termos do parágrafo único do art. 1.º da Lei 11.064/2002, o voluntário que ingressa no serviço auxiliar é denominado "soldado PM temporário", e tem por finalidade a execução de atividades administrativas, de saúde e de defesa civil, nos termos do art. 3.º da referida norma, não possuindo o exercício do poder de polícia, tampouco, o porte ou o uso de armas de fogo, possuindo jornada semanal de 40 (quarenta) horas (art. 9.º). Elenca o art. 5.º requisitos diversos para que o voluntário seja aceito às fileiras do Estado, chamando-nos a atenção, em especial, a exigência de estar ele em situação de desemprego para prestar serviços de que trata a lei, não ser beneficiário de qualquer outro programa assistencial, e não haver outro beneficiário do serviço auxiliar voluntário em seu núcleo familiar. A prestação de serviço auxiliar voluntário ao Estado de São Paulo, estatui o art. 11 da lei, não gera vínculo empregatício nem obrigação de natureza trabalhista, previdenciária ou afim. Observe-se que, embora se refira a lei ao serviço voluntário, identifica como beneficiário não a população, não os necessitados, ou seja, não aqueles abrangidos pela prestação voluntária, mas denomina beneficiário o próprio prestador, denotando verdadeiramente um desvirtuamento do instituto.

Igualmente, com fulcro na Lei Federal 10.029/2000, outros Estados promulgaram leis relativas à prestação de serviços voluntários, como por exemplo, Goiás, pela Lei 14.012/2001, de 18 de dezembro de 2001; Pará, pela Lei 7.103, de 12 de fevereiro de 2008, que instituiu a prestação voluntária de serviços de guarda de imóveis estaduais e estabelecimentos prisionais, e de serviços de guarda de quartéis da corporação; Alagoas, pelas Leis 6.451/2004 e 6.523/2004; Roraima, pela Lei 430, de 16 de abril de 2004, a qual determina que seja o voluntário maior de 18 e menor de 35 anos. Anteriormente à Lei Federal 10.029/2000 o Distrito Federal já dispunha do serviço voluntário prestado à Polícia Militar e ao Corpo de Bombeiros Militares através do Decreto 19.610, de 22 de setembro de 1998, e, posteriormente, pela Lei 10.486, de 4 de julho de 2002, regulamentada pelo Decreto 24.619, de 26 de maio de 2004, com as alterações introduzidas pelo Decreto 30.230, de 31 de março de 2009, e Decreto 30.258, de 6 de abril de 2009, que alteraram o valor do pagamento da gratificação de serviço voluntário.

Com efeito, a prestação voluntária de serviços administrativos e serviços auxiliares de saúde e de defesa civil às Polícias Militares e aos Corpos de Bombeiros Militares tem merecido fortes críticas quanto à violação de regras e preceitos constitucionais, e ensejado Ações Diretas de Inconstitucionalidade perante o Supremo Tribunal Federal, quer seja em razão da regra relativa à idade, como é o caso da lei do Estado de Roraima, objeto da ADI 3.774-9-RR, da qual é relator o Ministro Joaquim Barbosa, quer seja pela própria essência da lei, que somente permite o trabalho de jovens excedentes das Forças Armadas, ferindo a regra constitucional quanto ao ingresso nos serviços públicos.

Também é o caso da Ação Civil Pública movida pelo Ministério Público do Trabalho de Alagoas – que pretendia a declaração de inconstitucionalidade da Lei Federal 10.029/2000, e das Leis Estaduais 6.451/2004 e 6.523/2004, sob o argumento de tratar-se de admissão de trabalhadores a baixo custo, os quais precisam de emprego e salário, sem as verdadeiras características do trabalho voluntário e fora das hipóteses de necessidade temporária e excepcional interesse público –, julgada pela 8.ª Turma do Tribunal Superior do Trabalho, por Agravo de Instrumento em Recurso de Revista, Processo 67440-84.2005.5.19.0001, em que foi relatora a Ministra Dora Maria da Costa, a qual entendeu, seguida à unanimidade pela Turma, não haver desvirtuamento das leis trabalhistas, mantendo a decisão do Tribunal Regional Federal da 19.ª Região, sediado no Estado de Alagoas. Extrai-se do voto da relatora dois aspectos, além dos supraexpostos, sendo o primeiro o entendimento aquele já proferido pelo Tribunal Regional no sentido de que o pagamento de ajuda de custo não desvirtua a prestação voluntária de serviços, pois "se assim não fosse, os pobres e a classe média estariam virtualmente impedidos de prestar serviços voluntários ou estes teriam que ser limitados às instituições próximas de suas residências, por exemplo", o que desvirtuaria o próprio sentido do voluntariado se levarmos em consideração que a necessidade impera nos locais mais distantes, e, o segundo, no sentido de que o Ministério Público do Trabalha buscou através de Ação Civil Pública, como próprio objeto, a declaração de inconstitucionalidade, quando deveria valer-se de Ação Direta de Inconstitucionalidade.

Ainda nessa esteira, ressalte-se que o Estado do Rio Grande do Sul promulgou a Lei 11.991, de 27 de outubro de 2003, a qual, dispondo sobre o Programa de Militares Estaduais Temporários da Brigada Militar, criou a figura do policial militar temporário, formado por recrutas egressos das Forças Armadas, não prevista na legislação federal sobre a matéria, havendo aquele Estado ampliado o alcance da prestação de serviço voluntário e incluído, na função do chamado "voluntário", também atividades de policiamento ostensivo e guarda de estabelecimentos penais, sendo referida lei objeto de Ação Direta de Inconstitucionalidade, ADI 3.222/RS, de relatoria da Ministra Cármen Lúcia, ainda pendente de julgamento.[82]

Ressalte-se, ademais, que mesmo a Lei Federal 10.029/2000 anteriormente referida, é, igualmente, objeto de Ação Direta de Inconstitucionalidade, ADI 4.173, proposta pelo Conselho Federal da Ordem dos Advogados do Brasil, havendo sido inicialmente designado como relator o Ministro Carlos Ayres Britto, tendo sido posteriormente a relatoria transmitida ao Ministro Cezar Peluso, e, mais recentemente, ao Ministro Teori Zavascki, por força do art. 38 do Regimento Interno do Supremo Tribunal Federal, em razão da aposentadoria do ministro relator anterior, processo este ainda pendente de julgamento,[83] não tendo sido concedida, até a presente data, a liminar pleiteada, com vistas à suspensão da lei. Alega a Ordem dos Advogados do Brasil que a citada lei viola diversas regras e princípios da Constituição Federal, conforme parecer do constitucionalista José Afonso da Silva, o qual destaca, por exemplo, que a Constituição proíbe a prestação de serviços voluntários ao Poder Público, entre outras apontadas inconstitucionalidades da Lei 10.029/2000. Segundo a OAB, a natureza jurídica do "auxílio mensal" de que trata a lei tem, na verdade, natureza remuneratória, ou seja, "uma *remuneração disfarçada em auxílio mensal*", pois não se admite a prestação de serviço público gratuito, destacando que a lei incide também na inconstitucionalidade de criar espécie irregular de admissão ao serviço público.

---
[82] Conforme última consulta realizada no sítio do STF, em 17 dez. 2012.
[83] Conforme última consulta realizada no sítio do STF, em 17 dez. 2012.

Na ADI 4.173, ainda sustenta a OAB, escorada no parecer de José Afonso da Silva, que a Lei 10.029/2000 criou uma "nova categoria" de servidor público que não está abrigada em nenhuma das hipóteses do art. 37 da Constituição Federal, que prevê três possibilidades de regime, a saber: o *estatutário*, nele compreendidos os cargos efetivos e os de livre nomeação; o *celetista*; e o dos *servidores admitidos por tempo determinado* para atender a necessidade temporária de excepcional interesse público", e, além dessas hipóteses, a convocação para o serviço militar obrigatório, na forma da lei (CF, art. 143), que não se aplica à lei da prestação voluntária de serviço de que trata a lei impugnada exatamente porque a previsão da referida norma é de admissão de voluntários para serviços administrativos e de auxiliares de saúde e defesa civil, nas Polícias Militares e Corpos de Bombeiros Militares, dos excedentes daquela convocação, havendo ainda outra inconstitucionalidade, qual seja, a de restringir a admissão de servidores a um grupo determinado de pessoas (excedentes da incorporação às Forças Armadas), estabelecendo-se aí um requisito que fere o princípio da igualdade e da generalidade. Para a OAB não se trata de mera admissão, como é o caso da lei, mas de contratação daqueles que tenham sido aprovados no processo seletivo específico, além da ausência de concurso público para o exercício da atividade, o que também estaria a violar o art. 37 da Carta Maior.

Parece-nos, de fato, haver fortes indícios de desvirtuamento da prestação de serviço voluntário a partir da Lei 10.029/2000 e das Leis Estaduais que, com base nela, dispuseram sobre a prestação voluntária de serviços às Polícias Militares e aos Corpos de Bombeiros Militares. O desvirtuamento decorre tanto das regras que impedem os maiores de 23 anos de prestarem tais serviços como da obrigatoriedade de que sejam os jovens postulantes excedentes das Forças Armadas, e ainda, no caso do Estado de São Paulo, da exigência legal de que esteja o prestador voluntário desempregado, e que não seja beneficiário de qualquer outro programa assistencial, além da proibição de que duas ou mais pessoas da mesma família exerçam a prestação de serviço voluntário. Imaginemos, apenas por hipótese, que duas ou mais pessoas de uma mesma família que não precise de dinheiro desejem prestar serviços auxiliares de saúde e de defesa civil, junto ao Corpo de Bombeiros, ou mesmo à Polícia Militar; pela lei paulista anteriormente citada estarão proibidas de prestarem tais serviços voluntários, ainda que a bondade, a generosidade e o altruísmo solidário sejam qualidades inerentes àquela família abastada. Regras como essas somente reforçam a impressão de que não se trata de aproveitamento de pessoas altruístas e solidárias com missão assistencial ou beneficente, mas de contratação barata de pessoas que, sem qualquer outro meio de subsistência, encontram no Poder Público a esperança de trabalho temporário mediante contraprestação que a lei, por nítido eufemismo, preferiu chamar de "auxílio mensal".

De qualquer forma, é a modalidade de prestação de serviço voluntário não regida pelo Código Civil, mas por legislação especial, podendo-se verificar uma aparente analogia com a regra do art. 736 do CC,[84] o qual, ao tratar do contrato de transporte, estatui que a ele não se subordina aquele feito gratuitamente, por amizade ou cortesia. Ao discorrer sobre a lei do voluntariado inicialmente mencionada, Teresa Ancona Lopez informa que Octavio Bueno Magano, em artigo sobre o tema, preleciona que o trabalho desinteressado está excluído do Código Civil por exigir ele que a prestação de serviço seja sempre remunerada, o que para referida autora é inaceitável, pois a Lei 9.608/1998 poderia estar inserida no capítulo que trata da prestação de serviços no Código Civil.[85] Acrescentamos, por oportuno, que somente o conteúdo dessa lei poderia ser tratado no Código Civil, e não aquele disposto na lei do suposto serviço voluntário às Polícias Militares e aos Corpos de Bombeiros Militares, dada sua natureza jurídica, tratada anteriormente.

A prestação de serviço voluntário é também conhecida como *prestação de serviço pro bono*, ou *prestação de serviço solidário*, sendo que a expressão *pro bono* é derivada da expressão latina *pro bono publico*, relativa aos atos que eram praticados "para o bem do público", e cujo significado é simplesmente "para o bem", representando o desenvolvimento de trabalhos voluntários e gratuitos, quer sejam eles desenvolvidos no Brasil ou no exterior,[86] geralmente por instituições do terceiro setor, nos quais se incluem as organizações não governamentais. O serviço prestado *pro bono*, de forma solidária, uma vez assumido e iniciado deve ser executado com a diligência própria daquela atividade prestada bondosamente, podendo ser responsabilizado o prestador em ação regressiva – movida pela entidade a que estiver vinculado – pela reparação dos danos que a má execução de seu mister acarretar. Cumpre observar que a prestação de serviço *pro bono* não pode estar restrita apenas à Lei 9.608/1998, pois mesmo a prestação de serviço regida pelo Código Civil ou pela Lei

---

[84] "Art. 736. Não se subordina às normas do contrato de transporte o feito gratuitamente, por amizade ou cortesia. Parágrafo único. Não se considera gratuito o transporte quando, embora feito sem remuneração, o transportador auferir vantagens indiretas.".
[85] LOPEZ, Teresa Ancona. In: AZEVEDO, Antônio Junqueira de (Coord.). *Comentários ao Código Civil*: parte especial: das várias espécies de contratos (arts. 565 a 653). São Paulo: Saraiva, 2003. v. 7, p. 204.
[86] DINIZ, Maria Helena. *Dicionário jurídico*. 2. ed. atual. e aum. São Paulo: Saraiva, 2005. v. 3, p. 875.

Consumerista, qualquer que seja a atividade, pode revestir-se do caráter *pro bono* por parte daquele que o presta.

Quando se está diante de hipótese de serviço voluntário é de indagar se existe verdadeiramente um contrato ou apenas prestação de serviço voluntário sem que haja contrato, o que, respeitadas as diferenças, se assemelharia ao instituto romano do *quase contrato*, no qual as *Institutas* de Justiniano inseriam obrigações que decorriam de atos lícitos que não se traduziam em acordo de vontades,[87] tal como a gestão de negócios, tratada no Código Civil vigente na parte relativa às obrigações oriundas de declaração unilateral de vontade (arts. 861 a 875), sendo que no direito moderno, ensina Orlando Gomes,[88] a figura equívoca do *quase contrato* encontra-se abandonada, tendo perdido seu sentido no direito contemporâneo, e, no direito brasileiro é desconhecida. Entendemos que a relação entre aquele que presta um serviço voluntariamente e aquele através de quem essa atividade é prestada, ou mesmo entre o prestador de serviço voluntário e o beneficiário ou recebedor do serviço, é, verdadeiramente, uma relação contratual, apenas não estando inserido naquela relação o elemento da onerosidade, ou seja, o pagamento àquele que executa a atividade. Não se pode negar que essa relação surge em razão da vontade das partes envolvidas, ou seja, o acordo de vontade das partes, o que caracteriza a existência do contrato.

Não importa que apenas uma parte, o prestador, tenha obrigações, e que o beneficiário do serviço além de nada retribuir economicamente tenha amparo na lei para, por exemplo, ver executado o serviço, ou ser ressarcido do prejuízo que vier a sofrer pela má execução, sendo alcançado, pois, pela responsabilidade civil contratual ou extracontratual a depender do caso concreto. Isso porque, sendo maiores e capazes as partes, uma vez que voluntariamente convencionam ausência de remuneração àquela prestação de serviço, parece-nos haver, ainda assim, um contrato de prestação de serviço entre o prestador e a entidade através da qual o serviço é prestado, embora possamos em muitos casos chamá-lo de contrato *quase atípico*, posto que alguns elementos da relação contratual onerosa bilateral não terão aplicação.

E assim pensamos pelo fato de a última parte do art. 594 do CC – e sobre o qual trataremos no próximo capítulo –, relativamente ao contrato típico de prestação de serviços, representar verdadeira faculdade aos contraentes quanto à estipulação ou não de retribuição, ao asseverar que

---

[87] ALVES, José Carlos Moreira. *Direito Romano* cit., v. 2, p. 213.
[88] GOMES, Orlando. *Obrigações*. 17. ed. rev. atual. e aum. por Edvaldo Brito. Rio de Janeiro: Forense, 2009. p. 36 e 41.

toda espécie de serviço "pode ser contratada mediante retribuição". Em nosso sentir, respeitada a doutrina em sentido contrário, se a ausência de retribuição não desnatura o contrato de prestação de serviço regido pelo *Codex,* o mesmo conceito haverá de se aplicar, por interpretação analógica, à prestação de serviço voluntário, a qual, como já dissemos, encerra verdadeiro contrato, no qual se aplicam determinadas regras da relação contratual e deixam de ser aplicadas outras, por incompatibilidade jurídica, como, por exemplo, a exceção de contrato não cumprido e a exceção de contrato não cumprido adequadamente. Porquanto, não se pode afirmar que inexista contrato, ou que somente há uma prestação de serviço desprovida de relação contratual. Contrato há, de prestação de serviço voluntário, que em alguns casos será *quase atípico*, sendo, no que couber, aplicadas as regras do contrato de prestação de serviços e do direito das obrigações em geral.

Outra questão que se levanta é o mandato sem contrato de prestação de serviços. Observe-se inicialmente, que são institutos distintos, cada qual com regras específicas e regidos separadamente pela sistemática do Código Civil, sendo este último regido pelos arts. 593 a 609, e o primeiro pelos arts. 653 a 692. A própria definição do que seja o mandato (art. 653) já demonstra sua distinção da prestação de serviço, pois a lei estabelece que "opera-se o mandato quando alguém recebe de outrem poderes para, em seu nome, praticar atos ou administrar interesses", e que "a procuração é o instrumento do mandato". Luiz da Cunha Gonçalves leciona que "mandato é o contrato pelo qual uma pessoa confere a outra poderes, que esta aceita, para praticar um ou mais actos jurídicos, em nome e proveito exclusivo daquela".[89] Caio Mário da Silva Pereira,[90] na mesma esteira, conceitua o mandato como "o contrato pelo qual uma pessoa (*mandatário*) recebe poderes de outra (*mandante*) para, em seu nome, praticar atos jurídicos ou administrar interesses", definição que não difere de Carvalho Santos,[91] para quem o traço característico do mandato é a representação, de maneira que age o mandatário em nome do mandante e obriga os terceiros a este e este aos terceiros, ensinando ainda ser justamente nesse aspecto a distinção, a diferença da prestação de serviço, pois o prestador ao ofertar seus serviços, embora esteja agindo por conta do tomador, todavia, não o representa.

---

[89] GONÇALVES, Luiz da Cunha. *Princípios de direito civil luso-brasileiro*: direito das obrigações. São Paulo: Max Limonad, 1951. v. 2, p. 792-793.
[90] PEREIRA, Caio Mário da Silva. *Instituições de direito civil* cit., 2009. v. 3, p. 339.
[91] SANTOS, J. M. Carvalho. *Código Civil brasileiro interpretado*: direito das obrigações (arts. 1.265-1.362). 2. ed. Rio de Janeiro: Freitas Bastos, 1938. v. 18, p. 108-109.

Referindo-se ao art. 1.984 do Código Civil francês, segundo o qual o mandato ou procuração é definido como "um ato pelo qual uma pessoa dá a uma outra o poder de fazer qualquer coisa pelo mandante e em seu nome", Louis Josserand é preciso ao afirmar que "o ato escrito que é redigido com o fim de constatar o acordo das partes denomina-se procuração", e ao lecionar que todo mandatário é um preposto, mas a recíproca está distante de ser exata posto que um empregado (*domestique*), um trabalhador, são prepostos, são empregados, e, contudo, eles não têm em relação ao mestre ou patrão a posição jurídica de mandatários, porque não são seus representantes, não agem em seu nome ou em virtude de poderes jurídicos que lhes teriam sido conferidos.[92] Para o autor francês a representação está inserida no conceito de mandato. Mesmo entre nós já observara Clóvis Beviláqua que "o que caracteriza o mandato é a representação" e que o mandato não se confunde com prestação de serviço, muito embora a ela esteja frequentemente ligado, afirmando referido autor que para distinguir o mandato da prestação de serviço basta atentar-se primeiro para o fato de que a representação, essencial ao mandato, não aparece na prestação de serviço, e segundo, para o fato de que o objeto da prestação de serviço é um serviço ou trabalho material ou imaterial, enquanto no mandato o objeto contratual é a autorização para fazer qualquer coisa.[93]

Levando-se em conta que a prestação de serviço envolve precipuamente o exercício de uma atividade, e não a administração de interesses perante terceiros ou a prática de atos jurídicos em nome do mandante, não se insere o mandato sem contrato de prestação de serviço na modalidade de prestação de serviço voluntário. Além disso, como vimos supra, a prestação de serviço voluntário exige sempre a gratuidade da atividade, ressalvada a possibilidade de reembolso de despesas, enquanto que no mandato, nos termos do art. 658 do CC, presume-se gratuito quando não houver sido estipulada retribuição, com exceção das hipóteses em que o objeto corresponder àquele em que o mandatário exerce por ofício ou profissão lucrativa, diferenciando-se até mesmo da prestação de serviços sobre a qual falaremos mais adiante, no sentido de que o art. 594 presume onerosidade, sendo gratuito somente quando as partes convencionarem.

Há ainda outras modalidades de prestação voluntária de serviços, que não se inserem na Lei 9.608/1998, sendo igualmente prestação de servi-

---

[92] JOSSERAND, Louis. *Cours de droit civil positif français*: théorie générale des obligations: les principaux contrats du droit civil: les suretés. Paris: Librairie du Recueil Sirey, 1930. t. 2, p. 665-666.
[93] BEVILÁQUA, Clóvis. *Código Civil dos Estados Unidos do Brasil comentado* cit., v. 5, t. 2, p. 29-31.

ço desinteressado, mas que não se relacionam com a noção de contrato ou com a noção de obrigação como vínculo jurídico que constrange o partícipe a dar, fazer ou prestar alguma coisa. Trata-se daqueles serviços realizados pelos religiosos tais como clérigos, freiras, pastores, presbíteros etc., cuja prestação por membros da Igreja ou de Irmandades ou Confraria se dá por vinculação através de votos próprios no âmbito espiritual, bem como as realizadas pelos membros de congregações, espíritas, grupos de pessoas em mutirões e outros, atividades essas nas quais se prescinde de remuneração, pois visam fins geralmente altruísticos.[94]

Registre-se, finalmente, que havendo dano causado pelo prestador do serviço voluntário, a responsabilidade pela reparação recai sobre o tomador, seja ele entidade pública ou instituição privada, incidindo o art. 37, § 6.º, da Constituição Federal,[95] bem como o art. 932, III, do Código Civil,[96] respectivamente, pois embora esteja a prestar voluntariamente determinado serviço, age em nome daqueles a quem se vincularam para a atividade desenvolvida, cabendo, todavia, ação regressiva contra o voluntário, se agiu com dolo ou culpa.

1.3 DEFINIÇÃO DO CONTRATO DE PRESTAÇÃO DE SERVIÇOS

Feitas as considerações anteriores, quanto às várias espécies de prestação de serviços, embora outras existam sem, contudo, interessar ao presente estudo, passamos a tratar daquela que é o objeto central da presente obra.

Embora muitas sejam as modalidades de prestação de serviços oriundas da lei civil, leciona Maria Helena Diniz que "o contrato civil de locação de serviço sobrevive, não obstante venha sofrendo invasões do direito do trabalho", arrematando que "somente onde ainda não penetrou a concepção própria do direito trabalhista é que perdura a locação

---

[94] BITTAR, Carlos Alberto. *Contratos civis*. Rio de Janeiro: Forense Universitária, 1990. p. 76.
[95] É esta a redação do art. 37, § 6.º, da Constituição Federal: "as pessoas jurídicas de direito público e as de direito privado prestadoras de serviços públicos responderão pelos danos que seus agentes, nessa qualidade, causarem a terceiros, assegurado o direito de regresso contra o responsável nos casos de dolo ou culpa".
[96] É esta a redação do art. 932, III, do Código Civil: "São também responsáveis pela reparação civil: (...) III – o empregador ou comitente, por seus empregados, serviçais e prepostos, no exercício do trabalho que lhes competir, ou em razão dele".

de serviço".[97] De fato, assevera o art. 593 do *Codex* que a prestação de serviço que não estiver sujeita às leis trabalhistas ou a lei especial reger-se-á pelas disposições nele contidas, ou seja, a área de abrangência do Código Civil será aquela em que não estiverem presentes os requisitos da relação trabalhista ou especial.

Alterando a nomenclatura de locação de serviços – contida no Código Civil revogado – para prestação de serviços, o Código Civil vigente manteve a quase totalidade dos artigos que sobre o tema versavam, com mudanças no que diz respeito aos prazos, excluindo aqueles artigos "referentes à enumeração das justas causas e ao trabalho agrícola, regido por lei especial".[98] Era natural no direito romano, lembra Sílvio de Salvo Venosa,[99] que se denominasse locação tanto para o contrato pelo qual era cedido o uso de uma coisa como aquele em que era prometido um determinado serviço, posto que este dependia na maioria das vezes de trabalho escravo.

Ao discorrer sobre o tema sob a égide do Código 1916, Miguel Maria de Serpa Lopes afirma que a expressão "locação de serviços" já não podia ter aceitação no direito moderno porque era somente explicável quando ainda vigorava a ideia romana de se considerar o trabalho humano como coisa, com o que possibilitava torná-lo objeto de relações jurídicas somente adequadas aos bens. Entretanto, a terminologia "locação de serviços", esclarece o autor, escorado nos ensinos de Luiz da Cunha Gonçalves, era "manifestamente errônea, porque o característico da locação é o regresso da coisa locada ao seu dono; ao passo que o serviço prestado fica pertencendo a quem o pagou, e não é susceptível de restituição".[100]

De fato, Luiz da Cunha Gonçalves[101] critica o critério de se incluir no rol da locação a prestação de serviços, pois o termo locação corresponde mal às diversas categorias do contrato de prestação de serviços, chegando a ser assaz deprimente da dignidade do homem moderno, cuja ativida-

---

[97] DINIZ, Maria Helena. *Curso de direito civil brasileiro*: teoria das obrigações contratuais e extracontratuais. 25. ed. reformulada. São Paulo: Saraiva, 2009. v. 3, p. 291.
[98] Idem, bidem.
[99] VENOSA, Sílvio de Salvo. *Direito civil*: contratos em espécie. 7. ed. São Paulo: Atlas, 2007. v. 3, p. 194.
[100] LOPES, Miguel Maria de Serpa. *Curso de direito civil* cit., v. 4, p. 102-103.
[101] GONÇALVES, Luiz da Cunha. *Tratado de direito civil em comentário ao Código Civil português*. 2. ed. atual. e aum. e 1. ed. brasileira. Adaptação ao direito brasileiro completada sob a supervisão dos Ministros Orozimbo Nonato, Laudo de Camargo e Prof. Vicente Ráo. Anotado por Brasil R. Barbosa. São Paulo: Max Limonad, 1955. v. 7, t. 2, p. 695.

de, não só física, mas também intelectual (literária, científica, artística, profissional), constitui o variadíssimo objeto desse contrato,[102] de forma que o sistema português, antes das demais codificações, manifestamente desejou dar diversa natureza ao instituto, como também lhe deu diversa denominação através do art. 1.154.º do Código Civil, ou seja, *prestação de serviços* no lugar de *locação* de serviços, ficando a nomenclatura "locação" restrita ao contrato pelo qual uma das partes se obriga a proporcionar à outra o gozo temporário de uma coisa, mediante retribuição, nos termos do art. 1.022.º daquele Código.

Conforme preleciona Teresa Ancona Lopez,[103] bem fez o Código vigente em adotar a nomenclatura "prestação de serviços" e não mais "locação de serviços" para as espécies de relações jurídicas por ele tratadas, pois no mundo contemporâneo a locação refere-se somente a coisas, diversamente da antiguidade, em que, permeada pela concepção escravagista, as pessoas eram consideradas coisas, daí por que comportava a expressão "locação de serviços". Assim, hodiernamente, não se alugam pessoas tampouco os serviços delas, sejam físicas ou jurídicas, havendo tão somente a prestação de serviços. Aponta ainda referida autora que a denominação prestação de serviço é utilizada também pelo direito concorrencial e pelo direito do consumidor, os quais falam em fornecedor de serviços, sendo que essa terminologia também é adotada pelo Tratado de Roma.

Com efeito, o direito moderno não mais considera o trabalho humano como uma coisa passível de ser dada em locação, com o que se busca dissociar a prestação de serviços de outras espécies de locações, havendo o Código Civil vigente denominado "prestação de serviço" no lugar de "locação de serviços", expressão contida no Código de 1916. Assim, a prestação de serviços tratada no Código Civil restou destinada a hipóteses residuais que não caracterizem contrato de trabalho e não estejam reguladas por leis especiais, de maneira que somente onde não adentrou a concepção própria do Direito do Trabalho, ou mesmo onde ausente a relação de consumo, subsiste o contrato civil de prestação de serviços regulado pelo Código Civil.[104]

Tome-se, por exemplo, o médico na prestação de serviços consubstanciada em determinada cirurgia que convida sua equipe médica de confiança formada por anestesista, bem como outro médico que lhe dê

---

[102] GONÇALVES, Luiz da Cunha. *Tratado de direito civil em comentário ao Código Civil português*. Coimbra/Portugal: Ed. Coimbra, 1933. v. 7, p. 540. Consulte-se ainda, do mesmo autor: *Princípios de direito civil luso-brasileiro* cit., v. 2, p. 838.

[103] LOPEZ, Teresa Ancona. *Comentários ao Código Civil* cit., v. 7, p. 189.

[104] PEREIRA, Caio Mário da Silva. *Instituições de direito civil* cit., 2009. v. 3, p. 319-321.

suporte, além de outros profissionais da saúde, cuja atividade seja primordial à realização daquela cirurgia. O médico com o qual se relaciona o *cliente*, tomador dos serviços, quando convida sua equipe de confiança formada por profissionais de outras especialidades médicas, não está a alugar o trabalho humano daqueles que a integram, vez que o trabalho humano não é objeto de locação, mas está a formar verdadeiro contrato de prestação de serviços com aqueles que compõem sua equipe de confiança, os quais, pela execução de seu ofício, combinarão entre si a existência de retribuição, bem como sua forma e espécie. Veja-se ainda, a título de exemplo, o que ocorre com o advogado associado, ao qual nos referimos anteriormente. Quando se associa a alguma sociedade de advogados, para casos específicos e esporádicos ou para casos que requeiram habitualidade, não está o advogado associado a alugar sua força de trabalho, sua capacidade intelectual e profissional, mas está a prestar serviços, e por eles merecendo retribuição, que no caso, é a participação nos resultados daquela sociedade, de acordo com o concurso que teve para que fossem tais resultados alcançados.

O Código civil em vigor tratou da matéria relativa à prestação de serviços no art. 593 e seguintes, de maneira a excluir de sua abrangência aquelas relações de emprego, uma vez que são regidas pela Consolidação das Leis do Trabalho. Igualmente, exclui o *Codex* de sua abrangência a prestação de serviço sujeita a lei especial. Vimos anteriormente que determinados tipos de prestação de serviços são tratados em legislação especial, como, por exemplo, o trabalho doméstico, o trabalho rural, além da prestação de serviço voluntário, entre outros.

Entretanto, o Código vigente, assim como o revogado, não trouxe a definição ou conceito do contrato de prestação de serviços, deixando tal encargo à doutrina, diferentemente do Código Civil português, em cujo art. 1.154.º, ao tratar do tema, assevera que "contrato de prestação de serviço é aquele em que uma das partes se obriga a proporcionar à outra certo resultado do seu trabalho intelectual ou manual, com ou sem retribuição". Todavia, embora não tenha nosso *Codex* conceituado referido contrato, o art. 594 traz os elementos principais através dos quais a doutrina construiu sua definição, com o que, embora silente nesse aspecto a lei, não houve prejuízo à sua compreensão.

Ludwig Enneccerus, Theodor Kipp e Martín Wolff ensinam ser o contrato de serviços aquele em que uma das partes promete serviços, isto é, a atividade ou o trabalho mesmo, não seu resultado, e a outra parte promete uma remuneração de qualquer classe.[105] O prestador deve a

---

[105] ENNECCERUS, Ludwig; KIPP, Theodor; WOLFF, Martín. *Tratado de derecho civil: derecho de obligaciones* cit., v. 2, t. 2, p. 238.

atividade mesma, que forma o objetivo imediato da obrigação. Assim, o conteúdo da obrigação de serviços não há de constituir-se no sentido de que o devedor, prestador de serviços, arrende sua pessoa ou sua força de trabalho, senão no sentido de que se obriga, dentro dos limites traçados pelo contrato e pela boa-fé, a uma atividade livre.

O contrato civil de prestação de serviços, segundo Caio Mário da Silva Pereira,[106] pode ser conceituado como aquele pelo qual uma das partes se obriga para com a outra a fornecer-lhe a prestação de sua atividade, mediante remuneração. Esclareça-se que não devem estar presentes no contrato de prestação de serviços de natureza civil a subordinação jurídica e a dependência econômica, pois do contrário haveria verdadeiro contrato de trabalho, decorrente de vínculo de emprego, regido pelas leis trabalhistas.

Na definição de Carlos Alberto Bittar contrato de prestação de serviços "é aquele por meio do qual uma pessoa põe à disposição de outra, mediante retribuição, a sua energia pessoal, enquanto força de trabalho".[107] Para o autor, nesse contrato é o serviço em si que interessa ao locatário, tomador, ou seja, é o desenvolvimento em si da ação do prestador o móvel da contratação, com a qual o locatário, tomador, busca objetivos de variada ordem, pessoais ou patrimoniais, tais como a prestação de serviços advocatícios, médicos, dentários, e outros das denominadas profissões liberais, ou mesmo técnicas, como os de comunicações, como os *bips*, ou, ainda, aqueles serviços não propriamente qualificados, como os serviços gerais de limpeza, pequenos consertos. Não se pode esquecer, todavia, que se há perigo à vida de quem promete a execução do trabalho, há limitação natural à prestação.[108]

Clóvis Beviláqua leciona que prestação de serviços "é o contrato pelo qual uma pessoa se obriga a prestar certos serviços a uma outra, mediante remuneração", nele incluídas várias espécies de trabalho.[109] Esse conceito descrito por Beviláqua é igualmente proclamado por Carvalho Santos.[110] Orlando Gomes,[111] por sua vez, define o contrato de prestação

---

[106] PEREIRA, Caio Mário da Silva. *Instituições de direito civil* cit., 2009. v. 3, p. 322.
[107] BITTAR, Carlos Alberto. *Curso de direito civil*. Rio de Janeiro: Forense Universitária, 1994. v. 2, p. 707. Confira se ainda, do mesmo autor: *Contratos civis* cit., p. 73.
[108] PONTES DE MIRANDA, Francisco Cavalcanti. *Tratado de direito privado*. 2. ed. Rio de Janeiro: Borsoi, 1958. v. 23, p. 51.
[109] BEVILÁQUA, Clóvis. *Código Civil dos Estados Unidos do Brasil comentado* cit., v. 4, p. 399.
[110] SANTOS, J. M. Carvalho. *Código Civil brasileiro interpretado* cit., v. 17, p. 216.
[111] GOMES, Orlando. *Contratos*. 26. ed. BRITO, Edvaldo (Coord.). Atual. Antonio Junqueira de Azevedo e Francisco Paulo de Crescenzo Marino. Rio de Janeiro: Forense, 2009. p. 354-355.

de serviços *stricto sensu* como o contrato mediante o qual uma pessoa se obriga a prestar um serviço à outra, eventualmente, em troca de determinada remuneração, executando-o com independência técnica e sem subordinação hierárquica. Para referido autor, quem se obriga a prestar serviços sob esse regime jurídico faz jus à remuneração conhecida pelo nome de honorários, não se calculando a retribuição do trabalho, nesses casos, em função do tempo, e ainda, nem mesmo o próprio resultado do serviço será decisivo para a fixação da remuneração, sendo levados em consideração outros fatores, como a reputação do profissional, os recursos do cliente e a importância do serviço.

Cumpre observar que nas expressões "pessoa" ou "parte" prestadora de serviços estão compreendidas tanto a pessoa natural ou física como a pessoa jurídica ou sociedade, seja ela empresária, seja simples, incluindo-se na modalidade de sociedade simples as cooperativas (arts. 966, 982, 1.093 a 1.096, CC), valendo a mesma observação quanto ao tomador dos serviços.

A prestação de serviço encerra, pois, verdadeira obrigação de fazer, entendida esta, nas palavras de Limongi França,[112] como "aquela em que o devedor se compromete perante o credor a prestar algum ato ou fato, seu ou de terceiro", correspondente, no direito romano, à *obligatio faciendi*, *ad faciendum*, e, *in faciendo*.

No contrato de prestação de serviço, ao contrário do contrato de trabalho, inexiste a subordinação, sobretudo jurídica, tampouco a dependência econômica. Cumpre lembrar que as diretrizes e os parâmetros fornecidos pelo contratante à realização do serviço não importam em subordinação hierárquica ou jurídica de que trata a legislação trabalhista. Pode haver ou não independência técnica; conforme o caso ou o tipo de serviço a ser prestado não haverá, mas o desenvolvimento da atividade é próprio ao prestador.[113] Por outro lado, não há na prestação de serviço a dependência econômica existente no contrato de trabalho, posto ser diversa a natureza da remuneração do prestador de serviço. Mesmo a pessoalidade exigida para a caracterização do vínculo laboral não é, por vezes, essencial na prestação de serviço, salvo se o contrato tiver sido formalizado em razão de habilidades e qualidades específicas do prestador, executor do serviço, hipótese em que terá o caráter *intuitu personae*, em razão do serviço que se contrata, e não por ser da essência do contrato de prestação de serviço, e, nesse aspecto, corretamente leciona Teresa Ancona Lopez que o con-

---

[112] LIMONGI FRANÇA, Rubens. Obrigação de fazer. In: _____ (Coord.). *Enciclopédia Saraiva do Direito*. São Paulo: Saraiva, 1980. v. 55, p. 332-334.
[113] BITTAR, Carlos Alberto. *Contratos civis* cit., p. 77.

trato de prestação de serviço é *intuitu personae* somente em determinadas atividades, como, por exemplo, ocorre nos serviços de dentistas, médicos, advogados, cabeleireiros, entre outros, o que, em nosso sentir, não torna regra o caráter personalíssimo, dependendo eminentemente da vontade das partes, bem como da especialidade do serviço buscado pelo tomador.[114]

Cumpre observar que o fato de se tratar, muitas vezes, de prestação de serviço executada pelo chamado profissional liberal, por si só, não tem o condão de tornar personalíssima a natureza do contrato. Tome-se como exemplo serviços prestados por eletricista, encanador, programador etc., os quais, em caso de impedimento pessoal na execução da atividade, podem, não sendo vedado pela avença, enviar outro prestador com, no mínimo, a mesma habilidade técnica para prestação do serviço, com o que o serviço prestado será igual ou melhor ao que efetuaria o contraente.

Na concepção moderna do direito, há uma profunda preocupação em proteger as relações de trabalho, sendo em muitos casos tênue a linha divisória entre o contrato de prestação de serviço autônomo e o contrato de trabalho fundado na relação empregatícia, diferentemente do que ocorre com a prestação de serviço realizada por grandes empresas, prestadoras de serviço em massa. Talvez, justamente essa dificuldade que muitas vezes impede a real distinção entre o que é relação de emprego e o que é relação de trabalho (prestação de serviços), tenha servido de fundamento à Emenda Constitucional 45/2004, a qual alargou a competência da Justiça do Trabalho para processar e julgar as ações oriundas da relação de trabalho, na qual se insere a prestação de serviços executada por pessoa natural ou profissional liberal, ou mesmo sociedade – empresária ou simples, incluídas nesta última as cooperativas – constituída para esse fim, ou seja, que tenha a prestação de serviços como objeto social de sua atividade econômica.

Essa preocupação do Direito, que visa evitar o desvio de finalidade e o mascaramento da intermediação ou fornecimento ilícito de mão de obra subordinada, ou, em outras palavras, a terceirização[115] indevida ou substituição ilícita de mão de obra, sobretudo no que diz respeito às cooperativas – embora o cooperativismo seja estimulado pela Constituição da República, em seu art. 174, § 2.º, como bem lembra Amauri Mascaro Nascimento[116] –, pode ser encontrada, entre outras, na recente Lei 12.690, de 19 de julho de 2012, a qual dispõe sobre a organização

---

[114] LOPEZ, Teresa Ancona. *Comentários ao Código Civil* cit., v. 7, p. 206.
[115] MARTINS, Sergio Pinto. *Direito do trabalho* cit., 25. ed., p. 177. Segundo o autor, "o trabalho por intermédio de cooperativa não deixa de ser uma espécie de terceirização".
[116] NASCIMENTO, Amauri Mascaro. *Curso de direito do trabalho* cit., 24. ed., p. 897.

e funcionamento das cooperativas de trabalho[117], asseverando o art. 4.º que podem elas ser de *produção* ou de *serviço*, sendo esta última a que desperta interesse ao presente livro, e que, por definição do inciso II do referido dispositivo é aquela "constituída por sócios para a prestação de serviços especializados a terceiros, sem a presença dos pressupostos da relação de emprego", não estando afastada, a teor do que determina o art. 1.º, quanto às cooperativas, a aplicação do Código Civil e da Lei 5.764, de 16 de dezembro de 1971 – que definiu a política nacional de cooperativismo e instituiu o regime jurídico das sociedades cooperativas –, naquilo que não colidir com as regras trazidas pela nova lei, a qual conferiu em seu art. 28 prazo de 12 (doze) meses para que as cooperativas de serviço constituídas antes de sua vigência observem os direitos mínimos conferidos aos sócios pelo art. 7.º, além de outros direitos que eventualmente sejam instituídos pela Assembleia-Geral.

Vimos anteriormente, mediante os elementos históricos, que embora houvesse regramentos relativos à prestação de serviços nas diversas culturas, fato é que o conceito da época se formou a partir do pensamento de que se locava o próprio corpo ou a própria força de trabalho. Com as transformações sociais, culturais, e até mesmo jurídicas, o pensamento de outrora foi afastado, de maneira a tornar distinta a prestação de serviços das demais locações, além do agrupamento de todas as modalidades de contratos em que ocorre uma prestação de atividade pessoal,[118] como, por exemplo, além da prestação de serviço, a corretagem, o mandato, o depósito etc., que o Código brasileiro trata como contratos independentes da prestação de serviços, diferentemente do Código Civil português, em cujo art. 1.155.º estabelece que "o mandato, o depósito e a empreitada, regulados nos capítulos subsequentes, são modalidades do contrato de prestação de serviço".

1.4 DISTINÇÃO ENTRE PRESTAÇÃO DE SERVIÇOS E EMPREITADA

Como vimos, nosso Código Civil, diferentemente do português, conferiu individualidade própria aos demais tipos contratuais que não

---

[117] Segundo dispõe o *caput* do art. 2.º da Lei 12.690/2012, "considera-se Cooperativa de Trabalho a sociedade constituída por trabalhadores para o exercício de suas atividades laborativas ou profissionais com proveito comum, autonomia e autogestão para obterem melhor qualificação, renda, situação socioeconômica e condições gerais de trabalho".

[118] PEREIRA, Caio Mário da Silva. *Instituições de direito civil* cit., 2009. v. 3, p. 319.

se enquadram na acepção própria do contrato de prestação de serviços. Uma vez que os contratos de depósito, mandato e corretagem possuam por sua natureza e, sobretudo, pelo seu objeto, forte distanciamento do contrato de prestação de serviços, é o contrato de empreitada aquele que mais se mostra capaz de intrigar o estudioso quanto à sua aparente aproximação com aquele. A empreitada era pelos romanos, como vimos anteriormente, incluída entre os tipos de locação, e referia-se precisamente à *locatio conductio operis*.

No conceito de Clóvis Beviláqua,[119] "empreitada é a locação de serviço, em que o locador se obriga a fazer ou mandar fazer certa obra, mediante retribuição determinada ou proporcional ao trabalho executado", afirmando o autor que, sem dúvida, há diferenças entre a prestação de serviços e a empreitada, tanto assim reconheceu o Código que lhe reservou uma seção especial. Para o saudoso doutrinador, o objeto do contrato de empreitada é o mesmo serviço, o mesmo trabalho humano, sendo que o que caracteriza a empreitada é o seu fim, que consiste na produção de uma obra material, ou certa porção dela, e exemplifica com a construção de um edifício, com o preparo de móveis que irão guarnecer as salas. Ainda para o autor, quando o empreiteiro contribui somente com seu trabalho, sem o fornecimento de materiais, há uma simples prestação de serviços.

Por outro lado, sendo mais preciso sobre o tema, Luiz da Cunha Gonçalves ensina que empreitada é o contrato pelo qual uma empresa, singular ou coletiva, que se designa por empreiteiro, se obriga a executar qualquer tarefa ou obra, conforme plano e orçamentos prévios aprovados pelo dono da obra, mediante preço único, ficando a cargo do empreiteiro todos os trabalhos e os salários dos seus auxiliares.[120] Segundo observa o autor, a natureza da obra ou tarefa é principalmente a construção de edifícios ou navios, estaleiros, pontes, docas, portos, estátuas, perfuração de poços, minas, túneis, drenagem de pântanos, abertura e reparação de estradas, dragagem de rios e portos, limpeza de mato etc., de maneira que "o empreiteiro é um profissional de construções: engenheiro, arquitecto, mestre-de-obras ou sociedade de engenheiros, que tem permanentemente agrupada sob suas ordens uma colectividade de operários especializados: pedreiros, carpinteiros, estucadores, pintores, electricistas, canalizadores etc.", e com isso, mostra-se possuir natureza muito distinta daquela do contrato de prestação de serviços.

---

[119] BEVILÁQUA, Clóvis. *Código Civil dos Estados Unidos do Brasil comentado* cit., v. 4, p. 435.
[120] GONÇALVES, Luiz da Cunha. *Princípios de direito civil luso-brasileiro* cit., v. 2, p. 887.

Carlos Alberto Bittar observa que empreiteiro, enquanto prestador de serviço, relaciona-se com o contratante (dono da obra ou interessado na obra final) em função do fim último visado e não como mero prestador de serviços.[121] Esclarece o autor que a empreitada é a edificação ou criação de uma obra (obrigação de fazer), por meio do serviço de outrem, sendo esse o elemento diferencial e específico da empreitada e que o distancia da prestação de serviços, e tem como traços básicos, a par do fim específico e definido, o pagamento pelo conjunto, e não por períodos ou pelo tempo como ocorre na prestação de serviços, sendo que a importância nessa modalidade contratual diz respeito à tarefa e ao tempo, sendo característica do contrato a assunção dos riscos pelo realizador da obra, que trabalha por conta própria, enquanto na prestação de serviços a atividade é desenvolvida sob conta e risco do contratante e no seu interesse.

Nesse sentido, Sílvio de Salvo Venosa afirma que a maior dificuldade doutrinária é distinguir a prestação de serviços da empreitada, pois em ambos os casos ocorre uma atividade pessoal em favor de outrem, razão pela qual esses dois negócios jurídicos são classificados pela doutrina como modalidade de *locação de atividade*.[122] Para o autor, a prestação de serviços seria locação de serviços em sentido estrito, devendo-se levar em consideração o conjunto de princípios de cada atividade, e não somente um dos critérios para a distinção entre prestação de serviços e empreitada. Daí que, na empreitada ou contrato de obra, a finalidade é a obra perfeita e acabada de acordo com os termos da contratação, sendo o critério finalístico, ou seja, é uma obrigação de resultado. Por outro lado, a prestação de serviços "não destaca o fim da obra, mas a atividade do obreiro, em favor do dono do serviço, durante certo lapso de tempo", ou seja, é eminentemente uma obrigação de meio. Nas palavras de Orlando Gomes,[123] na empreitada há prestação de trabalho específico, ao contrário da prestação de serviços que é genérica, bem como na empreitada promete-se um resultado, prevalecendo como elemento juridicamente relevante a execução da obra. Entretanto, alguns casos de prestação de serviços colocam-se numa tênue linha divisória com a empreitada, chamada por Sílvio de Salvo Venosa de "zona intermediária de interpenetração dos dois conceitos", como, por exemplo, determinados serviços prestados por dentistas, que têm como objeto o resultado final, ou ainda, no caso de advogado contratado para emitir parecer sobre determinado assunto.

---

[121] BITTAR, Carlos Alberto. *Contratos civis* cit., p. 83.
[122] VENOSA, Sílvio de Salvo. *Direito civil* cit., 7. ed., v. 3, p. 197.
[123] GOMES, Orlando. *Contratos* cit., 26. ed., p. 364-365.

Segundo observa Caio Mário da Silva Pereira,[124] não obstante o ponto de aproximação entre empreitada, contrato de trabalho e prestação de serviços, que é a prestação da atividade, a empreitada caracteriza-se nitidamente pela circunstância de considerar o resultado final e não a atividade como objeto da relação contratual, de forma que, enquanto no contrato de prestação de serviços se cogita da atividade como prestação imediata, na empreitada tem-se em vista a obra executada, figurando o trabalho que a gera como prestação mediata ou meio de consecução. Para Washington de Barros Monteiro o traço distintivo primordial está em que na *locatio operarum* a prestação do serviço é dirigida e fiscalizada pelo tomador dos serviços, a quem o prestador fica diretamente subordinado, enquanto que na *locatio operis* a direção e fiscalização competem ao próprio empreiteiro, que contrata e despede os operários.[125]

Teresa Ancona Lopez,[126] por sua vez, afirma que fator distintivo entre o contrato de prestação de serviços e o contrato de empreitada é a *finalidade* ou *causa* do próprio contrato, uma vez que na empreitada contrata-se a construção de uma *obra*, seja a ela de lavor ou de mão de obra, ou mesmo empreitada mista. Com isso, a finalidade do contrato é uma obra terminada. Disso decorre que há sempre na empreitada uma obrigação de resultado que deve ser necessariamente alcançado, pois do contrário, estará o empreiteiro inadimplente, diversamente da prestação de serviço, na qual há eminentemente uma obrigação de meios, pois o importante é a própria atividade do prestador de serviços, que será avaliado pelo desempenho, não pelo resultado final, e sua retribuição será devida ainda que não seja alcançado o resultado de sua atividade, embora haja exceções, pois em certos casos haverá prestação de serviços que importa em verdadeira obrigação de resultado, como a do advogado contratado para redigir um contrato, ou emitir um parecer. Segundo a autora, a doutrina moderna separou esses dois contratos pelo objeto e usou o critério da exclusão, de forma que aqueles contratos que usam o trabalho humano e têm como conteúdo obrigações de fazer (de meios ou de resultado) são de prestação de serviços (material ou imaterial), enquanto a empreitada tem por objeto somente a execução da construção de uma obra material, e, acrescentamos, sempre ligada à engenharia e aos profissionais a ela relacionados, pois, como magistralmente proferiu Luiz da Cunha Gonçalves,[127] o empreiteiro é um profissional de construções.

---

[124] PEREIRA, Caio Mário da Silva. *Instituições de direito civil* cit., 2009. v. 3, p. 267.
[125] MONTEIRO, Washington de Barros. *Curso de direito civil* cit., 2007. v. 5, p. 224.
[126] LOPEZ, Teresa Ancona. *Comentários ao Código Civil* cit., v. 7, p. 207-209.
[127] GONÇALVES, Luiz da Cunha. *Princípios de direito civil luso-brasileiro* cit., v. 2, p. 887.

1.5 DA PRESTAÇÃO DE SERVIÇOS NO CDC

Antes de falarmos propriamente sobre a prestação de serviços regida pelo CDC, faz-se mister lembrarmos brevemente o surgimento desse sistema protetivo que tem por fundamento o equilíbrio e a justiça social nas relações chamadas de consumo.

Segundo observa Javier Prada Alonso,[128] o movimento de proteção ao consumidor, por óbvio, não foi regulado pelo direito romano, se bem que esse problema tenha sido esboçado pelos romanistas ao estudar as chamadas *acciones edilícias*. Segundo a regra *caveat emptor*, dominante no direito romano clássico, o comprador havia de desconfiar e prevenir-se caso não desejasse suportar as consequências de uma aquisição defeituosa.

Uma das mais importantes manifestações em favor dos direitos do consumidor foi, sem dúvida, aquela feita em 15 de março de 1962 pelo então presidente norte-americano John Fitzgerald Kennedy, tanto diante das câmeras como através da carta que enviou ao Congresso americano, intitulada "Special Message to the Congress in Protecting the Consumer Interest", no interesse da proteção ao consumidor.[129] Na citada carta, John F. Kennedy inicia com a precisa afirmação de que "consumidores, por definição, inclui todos nós", e reconhece que desde a lei promulgada em 1872 para proteger o consumidor contra fraudes evolvendo o serviço postal, o governo americano estava atento à responsabilidade de zelar para que a economia da nação servisse aos interesses do consumidor adequadamente e de maneira justa.

Em sua mensagem discorre o presidente John F. Kennedy sobre a necessidade de garantir aos consumidores quatro direitos básicos, a saber: 1) direito à segurança, a fim de que os consumidores fossem protegidos contra a publicidade de bens perigosos à saúde ou à vida; 2) direito de serem informados, para serem protegidos contra informações fraudulentas, enganosas e falsas, permitindo a escolha corretamente informada; 3) direito de escolha, de maneira a assegurar, sempre que possível, o acesso à variedade de produtos e serviços a preços competitivos, e onde não houvesse competitividade, fosse assegurada a satisfatoriedade da qualidade e serviços a preços justos; 4) o direito ser ouvido, assegurando-se que os interesses dos consumidores recebam completa consideração na

---

[128] ALONSO, Javier Prada. *Protección del consumidor y responsabilidad civil*. Madri – Barcelona: Marcial Pons, Ediciones Jurídicas y Sociales, 1998. p. 20.

[129] Disponível em: <http://www.presidency.ucsb.edu/ws/index.php?pid=9108>. Acesso em: 15 dez. 2009.

formulação da política governamental bem como justo e célere tratamento nos tribunais.

Para Javier Prada Alonso,[130] os Estados Unidos da América, com a Carta do presidente Kennedy ao Congresso daquela nação, foram o país pioneiro em plasmar a defesa dos consumidores, com o que os países industrializados agiram de forma paralela, seguindo o exemplo americano. Para referido autor, a defesa dos consumidores é um dos temas importantes da sociedade moderna e industrial em que vivemos, qualificada precisamente como "sociedade de consumo", expressão que assinala a ânsia de bens e de serviços que se apoderou do Ocidente depois das privações devido à Segunda Guerra Mundial. Os consumidores nesse tipo de sociedade aparecem como as vítimas de um conjunto de abusos, danos, contra os quais as regras de direito comum constituem uma proteção ilusória. Para o doutrinador retro, as profundas transformações econômicas e sociais ocorridas nos últimos anos têm justificado numerosas iniciativas tendentes a preservar a posição dos consumidores no mercado. Em consequência, fez-se necessária a adaptação do Direito a essas novas situações a fim de assegurar aos consumidores a proteção que eles reclamam. Surge, assim, o Direito do Consumidor, que, dados os sujeitos objeto de sua proteção, tem um marcado caráter pluridisciplinar, já que se superpõe ao critério tradicional de classificação das disciplinas jurídicas em função da natureza das regras estudadas (direito civil, comercial, administrativo, penal etc.).

A preocupação com o mercado de consumo levou a Assembleia-Geral da Organização das Nações Unidas a expedir a Resolução 39/248, de 9 de abril de 1985, na qual adotou as diretrizes para a proteção do consumidor.[131] Referida Resolução, dentre vários princípios gerais apresentados, contém em seu bojo aqueles expostos pelo presidente John F. Kennedy em sua Carta ao Congresso Americano, em março de 1962. Para Ada Pellegrini Grinover e Antônio Herman de Vasconcellos e Benjamin, a Resolução 39/248 da ONU é considerada a origem dos direitos básicos do consumidor.[132] Com efeito, o posicionamento da ONU com vistas ao aprimoramento constante da defesa do consumidor, e expansão das

---

[130] ALONSO, Javier Prada. *Protección del consumidor y responsabilidad civil* cit., p. 20-21.
[131] Disponível em: <http://www.un.org/documents/ga/res/39/a39r248.htm>. Acesso em: 16 nov. 2009.
[132] GRINOVER, Ada Pellegrini et al. *Código de Defesa do Consumidor comentado pelos autores do anteprojeto*. 9. ed. rev. atual. e ampl. Rio de Janeiro: Forense Universitária, 2007. p. 10.

diretrizes suprarreferidas,[133] constantemente divulgadas,[134] dá mostras de que o tema é sempre atual e merecedor de contínuas reflexões na busca pela justiça social e econômica.

No tocante ao contrato de prestação de serviços de que trata o CDC, importa lembrar que há apenas um contrato de prestação de serviços, cuja estrutura, bilateralidade, e vetores interpretativos encontram-se dispostos no CC. Ocorre, entretanto, que nos casos em que estiverem presentes as características das relações de consumo, haverá incidência das regras contidas na Lei Consumerista, em todas as fases da relação contratual, sem impedir, contudo, que em determinados momentos as questões que surgirem sejam solucionadas com a aplicação de regras do CC. E essa influência do CDC na relação contratual amplia a proteção legal às partes, sobretudo àquela que se mostrar hipossuficiente.

1.5.1 A proteção do consumidor na Constituição Federal e no Código de Defesa do Consumidor

A proteção do consumidor, que nas palavras de Othon Sidou é antes de tudo uma questão social, pois a um só tempo interessa à economia, à administração e ao direito, floresceu na legislação brasileira e fez-se constar na Constituição Federal de 1988, a qual, ao tratar dos direitos e garantias fundamentais, assevera em seu art. 5.º, XXXII, que a promoção da defesa do consumidor será feita pelo Estado.[135] Dessa forma, a defesa do consumidor foi alçada ao mesmo nível de princípios consagrados, como inviolabilidade do direito à vida, à liberdade, à propriedade, entre outros. Outrossim, o art. 24, VII, da Carta Política, asseverou competir concorrentemente à União, aos Estados e ao Distrito Federal legislar sobre responsabilidade por dano ao consumidor.

Estabeleceu ainda o art. 170, V, da Constituição da República, a defesa do consumidor como princípio da atividade econômica, devendo ser observado referido princípio a fim de assegurar a todos existência digna conforme os ditames da justiça social. Por outro lado, o art. 150, § 5.º, estatui que a lei disporá sobre o dever de o Poder Público esclarecer

---

[133] Confira-se, por exemplo, a Resolução 1999/7, do Conselho Econômico e Social, expedida em julho de 1999. Disponível em: <http://www.un.org/documents/ecosoc/res/1999/eres1999-7.htm>. Acesso em: 16 nov. 2009.

[134] Confira-se, por exemplo, a "cartilha" contendo referidas diretrizes, expedida em 2003. Disponível em: <www.un.org/esa/sustdev/publications/consumption_en.pdf>. Acesso em: 16 nov. 2009.

[135] SIDOU, J. M. Othon. *Proteção ao consumidor*. Rio de Janeiro: Forense, 1977. p. 1.

os consumidores acerca dos impostos que incidam sobre mercadorias e serviços, havendo a recente Lei 12.741, de 8 de dezembro de 2012 – publicada no Diário Oficial da União, em 10 de dezembro de 2012, e que entrará em vigor seis meses após a data da publicação – regulamentado a matéria, estatuindo seu art. 1.º que, "emitidos por ocasião da venda ao consumidor de mercadorias e serviços, em todo território nacional, deverá constar, dos documentos fiscais ou equivalentes, a informação do valor aproximado correspondente à totalidade dos tributos federais, estaduais e municipais, cuja incidência influi na formação dos respectivos preços de venda", trazendo nesse sentido alteração ao inciso III do art. 6.º do CDC, o qual passará a dispor ser direito básico do consumidor "a informação adequada e clara sobre os diferentes produtos e serviços, com especificação correta de quantidade, características, composição, qualidade, tributos incidentes e preço, bem como sobre os riscos que apresentem". O art. 175 da Constituição, ao tratar da prestação de serviços públicos, quer diretamente quer por meio de concessão ou permissão, determina em seu parágrafo único, inciso II, que à lei cumpre dispor sobre "os direitos dos usuários", sendo evidente tratar-se de "usuários-consumidores", como nos lembra José Geraldo Brito Filomeno.[136]

Ademais, o art. 48 do Ato das Disposições Constitucionais Transitórias estipulou que no prazo de 120 dias da promulgação da Carta Magna o Congresso elaboraria o Código de Defesa do Consumidor. Conforme observou Claudia Lima Marques ao tratar do papel da Constituição Federal na interpretação e aplicação do CDC, a Constituição brasileira de 1988 estabeleceu como princípio e direito fundamental a proteção do consumidor e indicou a elaboração de um Código de Defesa do Consumidor, demonstrando a sua vontade (e a necessidade) de renovar o sistema.[137]

Após árduo trabalho realizado por ilustres juristas, surge entre nós o Código de Defesa do Consumidor, Lei 8.078, de 11 de setembro de 1990, com regras hoje consagradas, o que, à evidência, modificou sensivelmente as relações da sociedade de consumo.

O CDC foi grandemente influenciado pelo Projeto do Código de Consumo francês, pelas leis de defesa do consumidor encontradas na Espanha, Portugal, México, Alemanha, Quebec, bem como pelas normas e legislações encontradas na Comunidade Europeia, entre as quais des-

---

[136] GRINOVER, Ada Pellegrini et al. *Código de Defesa do Consumidor comentado pelos autores do anteprojeto* cit., 9. ed., p. 22.
[137] MARQUES, Claudia Lima. *Contratos no Código de Defesa do consumidor*: o novo regime das relações contratuais. 5. ed. rev. atual. e ampl. São Paulo: RT, 2005. p. 599.

tacamos suas Diretrizes 84/450 (publicidade) e 85/374 (responsabilidade civil pelos acidentes de consumo), recebendo influência até mesmo da legislação norte-americana.[138] A defesa do consumidor através das normas contidas no CDC importa em questão de ordem pública e interesse social, a teor do que estatui o art. 1.º do referido diploma, porquanto as relações de consumo atingem toda a coletividade e têm reflexo direto na sociedade, tanto do ponto de vista econômico, social e mesmo jurídico, daí por que o dever do Estado em estabelecer o equilíbrio entre as partes inseridas no processo que envolve referidas relações.

Portanto, nos corretos dizeres de Cláudia Lima Marques, Antônio Herman V. Benjamin e Bruno Miragem,[139] o Código de Defesa do Consumidor constitui verdadeiramente uma lei de *função social*, lei de ordem pública econômica, de origem claramente constitucional, sendo que a entrada em vigor de uma *lei de função social* trouxe como consequência modificações profundas nas relações juridicamente relevantes na sociedade. Ademais, visando tutelar um grupo específico de indivíduos, considerados vulneráveis às práticas abusivas do livre mercado, referida lei de *função social* intervém de maneira imperativa em relações jurídicas de direito privado, antes dominadas pelo dogma da autonomia da vontade, sendo, pois, norma de interesse social, cuja finalidade é impor uma nova conduta, transformar a própria realidade social. Como observam referidos autores, as normas contidas no CDC são de proteção do sujeito consumidor (individual ou coletivamente) e não do mercado ou de proteção do "consumo", sendo normas de proteção do "diferente", do "desigual", do "mais fraco", do "vulnerável", diferentemente do Código Civil, que representa norma de relações entre "iguais".[140]

1.5.2 Conceito de consumidor

Referindo-se à ideologia e filosofia do CDC, ensina Nelson Nery Junior que seu objeto de regulamentação é a relação de consumo, entendida esta como a relação jurídica entre fornecedor e consumidor, tendo como objeto a aquisição de produto ou a utilização de serviços por este, sendo que as relações jurídicas privadas em geral (civis e comerciais) continuam

---

[138] GRINOVER, Ada Pellegrini et al. *Código de Defesa do Consumidor comentado pelos autores do anteprojeto* cit., 9. ed., p. 10-11.

[139] MARQUES, Claudia Lima; BENJAMIN, Antônio Herman V.; MIRAGEM, Bruno. *Comentários ao Código de Defesa do Consumidor*: arts. 1.º a 74: aspectos materiais. São Paulo: RT, 2003. p. 55.

[140] Idem, p. 65.

a ser regidas pelo Código Civil, pelo Código Comercial – com exceção da primeira parte, revogada pelo art. 2.045 do CC/2002 – e legislação extravagante.[141] Segundo o autor, o CDC apresenta quatro definições de consumidor: (a) consumidor é a pessoa física ou jurídica que adquire ou utiliza produto ou serviço, como destinatário final (art. 2.º, *caput*); (b) consumidor é a coletividade de pessoas, ainda que indetermináveis, que haja intervindo nas relações de consumo (art. 2.º, parágrafo único); (c) consumidor é toda vítima do evento danoso, na responsabilidade por acidente de consumo (art. 17); (d) consumidores são todas as pessoas, determináveis ou não, expostas às práticas previstas no Capítulo V, do Título I ("Das Práticas Comerciais") (art. 29).

Leciona José Geraldo Brito Filomeno que o conceito de consumidor possui caráter econômico, pois leva em consideração somente aquele que no mercado de consumo adquire bens ou contrata a prestação de serviços como destinatário final, pressupondo-se que a aquisição visa ao atendimento de uma necessidade própria, e não o desenvolvimento de outra atividade negocial.[142] Nas palavras do autor, consumidor é "qualquer pessoa física ou jurídica que, isolada ou coletivamente, contrate para consumo final, em benefício próprio ou de outrem, a aquisição ou a locação de bens, bem como a prestação de um serviço".[143]

O consumidor, portanto, é partícipe da relação de consumo, de regra em situação de inferioridade perante o fornecedor de bens ou serviços. Em outras palavras, o consumidor recebe a proteção legal justamente em razão de sua vulnerabilidade perante o fornecedor de bens ou serviços, sendo essa vulnerabilidade elemento fundamental para que seja determinada pessoa – física ou jurídica – reconhecida como consumidor.

Quando se fala em consumidor, há que se ter em mente o debate em torno da teoria subjetiva ou finalista e da teoria objetiva ou maximalista. Para os finalistas, a expressão "destinatário final" contida no art. 2.º do CDC deve ser interpretada restritivamente, com o que consumidor seria apenas aquele que adquire produto ou serviço para utilizá-lo em proveito próprio, não destinado à revenda ou acréscimo à cadeia de produção, restando de fora os profissionais ao entendimento de faltar-lhes vulnerabilidade. Por outro lado, para os maximalistas o CDC é tido como um código geral sobre consumo, instituidor de normas e princípios aplicáveis a todos os agentes do mercado, que ora podem assumir o papel de fornecedores,

---

[141] GRINOVER, Ada Pellegrini et al. *Código de Defesa do Consumidor comentado pelos autores do anteprojeto* cit., 9. ed., p. 504-505.
[142] Idem, p. 28.
[143] Idem, p. 32.

ora o de consumidores, com o que o art. 2.º do CDC haveria de ser interpretado da maneira mais extensiva quanto possível, permitindo-se a aplicação de suas normas a um número cada vez maior de relações de mercado, e, dessa forma, o destinatário final seria o "destinatário fático" do produto ou serviço. O Superior Tribunal de Justiça consagrou o entendimento de que, via de regra, consumidor é o destinatário final do produto ou serviço (teoria finalista ou subjetiva),[144] embora tenha mitigado os rigores da referida teoria para autorizar a incidência do CDC nas hipóteses em que a parte (pessoa física ou jurídica), embora não seja tecnicamente a destinatária final do produto ou serviço, se apresente em situação de vulnerabilidade.[145] Pesquisando-se a jurisprudência do Superior Tribunal de Justiça, extrai-se que até meados de 2004, a 3.ª Turma tendia a adotar a teoria maximalista, enquanto que a 4.ª Turma tendia a adotar a teoria finalista. Todavia, em 10 de novembro de 2004, a 2.ª Seção, que reúne ambas as Turmas, no julgamento do REsp 541.867/BA, em que foi relator para o Acórdão o Min. Barros Monteiro, consolidou-se o entendimento centrado na teoria subjetiva ou finalista, posição até hoje verificada naquela Corte.

É de observar que, quanto às pessoas jurídicas, para que sejam consideradas consumidoras de produtos ou serviços, devem elas ser as destinatárias finais dos produtos ou serviços adquiridos, não podendo tais produtos e serviços representar insumos necessários ao desempenho da atividade econômica exercida, salvo quando se apresentem em evidente situação de vulnerabilidade, como vem excepcionando o STJ. Há, todavia, quem defenda a exclusão da pessoa jurídica do conceito de consumidor por entender que teriam sempre força suficiente para defender-se, ao passo que somente as pessoas jurídicas sem finalidade lucrativa haveriam de ser equiparadas aos consumidores vulneráveis, presumindo-se a fragilidade pela inexistência de finalidade lucrativa.[146]

1.5.3 O fornecedor de serviços no CDC

O CDC, em seu art. 3.º, define fornecedor como toda pessoa física ou jurídica, pública ou privada, nacional ou estrangeira, bem como os entes

---

[144] STJ, 3.ª T., AgRg no Ag 1.248.314/RJ, rel. Min. Paulo de Tarso Sanseverino, j. 16.02.2012, *DJe* 29.02.2012.

[145] STJ, 3.ª T., REsp 1.027.165/ES, rel. Min. Sidnei Beneti, j. 07.06.2011, *DJe* 14.06.2011. Confira-se ainda o REsp 1.080.719/MG, e REsp 716.877/SP.

[146] GRINOVER, Ada Pellegrini et al. *Código de Defesa do Consumidor comentado pelos autores do anteprojeto* cit., 9. ed., p. 33.

despersonalizados, que desenvolvem atividade de produção, montagem, criação, construção, transformação, importação, exportação, distribuição ou comercialização de produtos ou prestação de serviços. Ressalte-se que quanto à pessoa jurídica estão abrangidas tanto a sociedade empresária como a sociedade simples, incluindo-se nesta última as cooperativas (arts. 966, 982, 1.093 a 1.096 do CC).

José Geraldo Brito Filomeno ensina que o fornecedor é todo aquele que propicie a oferta de serviços no mercado de consumo, de maneira a atender às necessidades dos consumidores, não sendo necessário indagar-se a que título.[147] Nesse sentido, fornecedor tanto é qualquer pessoa física, que a título singular e mediante o desempenho de uma atividade mercantil ou civil e de forma habitual, ofereça seus serviços, como também é a pessoa jurídica, que igualmente exerça uma atividade em associação mercantil ou civil e de forma habitual.

1.5.4 Conceito de serviços no CDC

O § 2.º do art. 3.º do CDC assevera que "serviço é qualquer atividade fornecida no mercado de consumo, mediante remuneração, inclusive as de natureza bancária, financeira, de crédito e securitária, salvo as decorrentes das relações de caráter trabalhista".

Newton De Lucca observa que a prestação de serviços, para sujeitar-se ao regime jurídico do CDC, deve consistir, primeiramente, numa atividade, e não num simples ato, devendo ser fornecida no mercado de consumo, ou seja, naquela cadeia de troca de bens e prestação de serviços realizados pelos diversos agentes econômicos.[148]

Não se incluem no conceito de serviços de que trata o CDC as atividades estatais das quais se originam os tributos, taxas ou contribuições de melhoria, por serem abarcadas na seara tributária, não se confundindo tributos com tarifas e preços públicos, estes sim relacionados à prestação de serviços pelo Poder Público, ou decorrente de delegação, concessão, ou mesmo permissão.[149] Portanto, não se pode confundir consumidor com contribuinte, pois este último é protagonista de relação tributária,

---

[147] GRINOVER, Ada Pellegrini et al. *Código de Defesa do Consumidor comentado pelos autores do anteprojeto* cit., 9. ed., p. 47.

[148] DE LUCCA, Newton. *Direito do consumidor*: teoria geral da relação jurídica de consumo. 2. ed. São Paulo: Quartier Latin, 2008. p. 153.

[149] GRINOVER, Ada Pellegrini et al. *Código de Defesa do Consumidor comentado pelos autores do anteprojeto* cit., 9. ed., p. 53.

ainda que receba determinados serviços públicos, prestados de maneira genérica e universal, como atividade precípua do Estado na busca pelo bem comum.

Com efeito, o CDC estabelece no art. 4.º a implementação de Política Nacional de Relações de Consumo, tendo como objetivos o atendimento das necessidades dos consumidores, o respeito à sua dignidade, saúde e segurança, a proteção de seus interesses econômicos, a melhoria de sua qualidade de vida, bem como a transparência e harmonia das relações de consumo, objetivos esses buscados através do atendimento aos vários princípios que elenca, entre os quais, o reconhecimento da vulnerabilidade do consumidor; ação governamental com vistas à proteção do consumidor e à presença do Estado no mercado de consumo; a garantia, quanto aos produtos e serviços, de padrões adequados de qualidade, segurança, durabilidade e desempenho; compatibilização da proteção do consumidor sem desconsiderar a necessidade de desenvolvimento econômico e ecológico, tendo sempre em vista a boa-fé e o equilíbrio nas relações de mercado; a educação e informação de fornecedores e consumidores quanto aos seus direitos e deveres; incentivo à criação, a cargo dos fornecedores, de meios eficientes de controle de qualidade e segurança de produtos e serviços, além de mecanismos alternativos de solução dos conflitos de consumo; coibição e repressão eficientes de todos os abusos praticados no mercado de consumo, e bem ainda a racionalização e melhoria dos serviços públicos e o estudo constante das modificações do mercado de consumo.

Extrai-se, pois, do art. 4.º do CDC, que muitos dos princípios nele contidos são os mesmos encontrados na Carta do presidente John F. Kennedy ao Congresso americano em março de 1962, anteriormente vista.

A especial proteção ao consumidor deve-se ao fato de não possuir ele o controle sobre os bens de produção, ficando em situação desvantajosa na medida em que, por não ter outra opção, fica relegado a uma situação de inferioridade perante o fornecedor de bens ou serviços. E justamente em razão da inferioridade existente é que se verifica a vulnerabilidade do consumidor, motivo que enseja sua defesa, com a qual se obtém a harmonização e equilíbrio das relações de consumo.

Elenca o art. 6.º do CDC diversos direitos do consumidor, direitos esses que lhe conferem justamente o equilíbrio nas relações de consumo. Interessante notar novamente que a lista dos direitos básicos do consumidor possui diversos daqueles direitos que foram objeto da manifestação contida na carta de direitos do consumidor lavrada e divulgada pelo presidente John F. Kennedy. A propósito, o dispositivo retrorreferido assevera serem direitos básicos do consumidor: 1) a proteção da vida, saúde e segurança contra os riscos provocados por práticas no fornecimento de produtos e serviços considerados perigosos ou nocivos; 2) a educação e divulgação sobre o consumo adequado dos produtos e serviços, asseguradas a liberdade de escolha e a igualdade nas contratações; 3) a informação adequada e clara sobre os diferentes produtos e serviços, com especificação correta de quantidade, características, composição, qualidade e preço, bem como sobre os riscos que apresentem;[150] 4) a proteção contra a publicidade enganosa e abusiva, métodos comerciais coercitivos ou desleais, bem como contra práticas e cláusulas abusivas ou impostas no fornecimento de produtos e serviços; 5) a modificação das cláusulas contratuais que estabeleçam prestações desproporcionais ou sua revisão em razão de fatos supervenientes que as tornem excessivamente onerosas; 6) a efetiva prevenção e reparação de danos patrimoniais e morais, individuais, coletivos e difusos; 7) o acesso aos órgãos judiciários e administrativos com vistas à prevenção ou reparação de danos patrimoniais e morais, individuais, coletivos ou difusos, assegurada a proteção jurídica, administrativa e técnica aos necessitados; 8) a facilitação da defesa de seus direitos, inclusive com a inversão do ônus da prova, a seu favor, no processo civil, quando, a critério do juiz, for verossímil a alegação ou quando for ele hipossuficiente, segundo as regras ordinárias de experiências; 9) a adequada e eficaz prestação dos serviços públicos em geral.

Tais direitos conferidos àquele que é a parte vulnerável na relação de consumo mostram-se deveras necessários até mesmo para concretização da política nacional de relações de consumo cujos objetivos vimos anteriormente. É inegável a preocupação do legislador com o mais fraco na relação de consumo, procurando inserir elementos e mecanismos que o permitam atingir certo grau de equilíbrio na citada relação. Parece-nos que no sistema brasileiro há um novo enfoque do Estado, diverso do liberalismo econômico verificado no pensamento europeu do passado, consubstanciado na total autonomia das partes e na expressão francesa "laissez-faire, laissez-passer", que significava a não interferência estatal na relação havida entre as partes.

Nesse aspecto, não se quer dizer que o Estado brasileiro afastou-se ou aboliu o princípio da plena liberdade de contratar nos moldes do século XVIII, mas apenas estatuiu regramentos a fim de proteger o consumidor,

---

[150] A Lei 12.741/2012, publicada no DOU de 10.12.2012, e que por força do seu art. 6.º entrará em vigor seis meses após sua publicação – em 09.06.2013, portanto –, traz alteração ao inciso III, o qual passará a dispor ser direito básico do consumidor "a informação adequada e clara sobre os diferentes produtos e serviços, com especificação correta de quantidade, características, composição, qualidade, tributos incidentes e preço, bem como sobre os riscos que apresentem".

coibindo-se a abusividade das cláusulas contratuais e as denominadas cláusulas potestativas. Apresenta, pois, o art. 6.º, II, do CDC, o dever de os fornecedores informarem bem e devidamente o público sobre as características dos serviços que colocam à disposição da sociedade. Isso porque, aquele que contrata ou adquire determinado serviço deve saber plenamente, ou pelo menos saber o máximo possível, o que esperar de tal serviço. E para que a informação sobre o serviço ofertado seja de fato útil ao consumidor proíbe a lei a utilização de propaganda enganosa por parte do fornecedor, bem como a propaganda abusiva.

Com efeito, os serviços ofertados no mercado de consumo, antes de tudo, não devem colocar em risco a saúde ou a segurança dos consumidores, salvo aqueles riscos considerados normais e previsíveis em decorrência de sua própria natureza ou fruição, como estatui o art. 8.º do CDC. Compete, pois, ao fornecedor, a obrigação de prestar precisas informações quanto à segurança do serviço que oferece. Essa preocupação com a segurança bem como a proteção à saúde surge uma vez que, segundo observa Zelmo Denari,[151] o fornecimento de produtos ou serviços nocivos à saúde ou comprometedores da segurança do consumidor é responsável pela maior parte dos chamados acidentes de consumo, infortúnio que prosperou após o advento da produção e do consumo em massa.

Ao observar a segurança como um conceito relativo, vez que a razão do direito do consumidor não é a eliminação de toda e qualquer insegurança do mercado, o que seria "missão impossível", Antônio Herman de Vasconcelos e Benjamin assevera que de uma maneira geral, pode-se dizer que não há produto ou serviço totalmente seguro. Segundo o autor, constata-se que os bens de consumo têm sempre um resíduo de insegurança que pode ou não merecer a atenção do legislador e que o direito, de regra, só atua quando a insegurança ultrapassa o patamar da normalidade e da previsibilidade do risco, consubstanciando-se em verdadeiro defeito. Com isso, todo produto ou serviço, por mais seguro e inofensivo que seja, traz sempre uma ponta de insegurança para o consumidor, o que não permite, por si só, denominá-los produto ou serviço enodoados com vício de qualidade por insegurança, portadores de defeito, pois seria esta uma insegurança que está em acordo com a legítima expectativa do consumidor.[152]

O serviço fornecido que seja potencialmente nocivo ou perigoso à saúde ou segurança deve ser informado pelo fornecedor, de maneira os-

---

[151] Idem, p. 171.
[152] BENJAMIN, Antônio Herman de Vasconcelos e. In: OLIVEIRA, Juarez de (Coord.). *Comentários ao Código de Proteção e Defesa do Consumidor*. São Paulo: Saraiva, 1991. p. 47.

tensiva e adequada (art. 9.º, CDC). Segundo Zelmo Denari,[153] determinada informação é ostensiva "quando se exterioriza de forma tão manifesta e translúcida que uma pessoa, de mediana inteligência, não tem como alegar ignorância ou desinformação", ao passo que é a informação adequada "quando, de uma forma apropriada e completa, presta todos os esclarecimentos necessários ao uso ou consumo de produto ou serviço".

Veja-se que o dever do fornecedor de informar não resta diminuído ou extinto após a colocação do serviço ou produto no mercado, vez que lhe compete a comunicação tanto às autoridades como aos consumidores, mesmo que constate existência da periculosidade após o fornecimento, sendo tal dever até mesmo do Poder Público (art. 10, §§ 1.º e 3.º, do CDC).

Por outro lado, o art. 10 do CDC estabelece expressa proibição ao fornecedor quanto à colocação, no mercado de consumo, de serviço "que sabe ou deveria saber" apresentar alto grau de nocividade ou periculosidade à saúde ou segurança. Tal comando, a princípio, parece levar em conta a existência de riscos em todos os serviços, como anteriormente mencionado; todavia, a proibição de fornecimento refere-se aos serviços que apresentem, por sua própria natureza, alto grau de nocividade ou periculosidade à saúde ou segurança dos consumidores.

A colocação no mercado de produtos ou serviços com alto grau de nocividade ou periculosidade autoriza a atuação do Poder Público, quer seja na esfera federal, estadual, municipal quer distrital, o qual poderá exercer a atividade fiscalizatória e proceder à apreensão do produto ou ainda a cassação do alvará de licença, ou até mesmo a interdição ou suspensão temporária da atividade do fornecedor.[154]

1.6 DISTINÇÃO ENTRE PRESTAÇÃO DE SERVIÇOS NO CC E NO CDC

Como anteriormente mencionado, o contrato de prestação de serviços tem seu regramento quanto à estrutura estabelecido no Código Civil, e, quando presentes os elementos da relação consumerista passa a ser regido predominantemente pelo Código de Defesa do Consumidor. O art. 593 do Código Civil estatui que a prestação de serviço que não estiver sujeita às leis trabalhistas ou a lei especial é regida pelas suas disposições.

---

[153] GRINOVER, Ada Pellegrini et al. *Código de Defesa do Consumidor comentado pelos autores do anteprojeto* cit., 9. ed., p. 177.
[154] Idem, p. 180.

Verifica-se, portanto, que a prestação regulada pelo *Codex* tem contornos diversos não apenas daquelas regidas pelo direito do trabalho, sobre as quais tratamos anteriormente, como também daquelas prestações que são regidas por lei especial. Vimos anteriormente que a prestação de serviços regida pelo CC é aquela paritária, em que há verdadeira equivalência entre os contratantes. Uma vez que as transformações sociais ao longo dos tempos ocasionaram a proliferação dos contratos de serviços, sem os quais a sociedade moderna não pode mais viver, e uma vez que além desse aumento das relações contratuais nessa seara, justamente em razão da massificação, tornou-se desigual a posição das partes, essa massificação mesma ensejou a proteção estatal pelo Código de Defesa do Consumidor, cujo art. 3.º, § 2.º, estatui que "serviço é qualquer atividade fornecida no mercado de consumo, mediante remuneração, inclusive as de natureza bancária, financeira, de crédito e securitária, salvo as decorrentes das relações de caráter trabalhista".

Em razão da massificação das relações contratuais relativas ao fornecimento de serviços, tem-se tornado cada vez mais difícil identificar quais são os contratos de prestação de serviços regidos pelo Código Civil, levando Sílvio de Salvo Venosa a afirmar que "há que se compreender que essa disciplina é residual, destinada a um espectro mais restrito de negócios jurídicos".[155] Na mesma esteira de que a aplicação do Código Civil será apenas residual, Teresa Ancona Lopez observa que os pequenos serviços avulsos se enquadram perfeitamente na prestação de serviço regida pelo *Codex*.[156]

Independentemente de ser mais ou menos frequente, mais ou menos abrangente a aplicação deste ou daquele sistema, certo é que as regras do Código Civil levam em consideração as relações contratuais que orbitam fora dos limites da massificação do consumo, aplicando-se às relações contratuais paritárias, equivalentes no sentido de que ambas as partes possuem as mesmas condições técnicas à elaboração da avença, enquanto as regras contidas no CDC são aplicadas levando-se em consideração o desequilíbrio havido entre fornecedor de serviços e o consumidor, sendo este entendido, por força do art. 2.º, como toda pessoa física ou jurídica que adquire ou utiliza o serviço como destinatário final, a ele se equiparando a coletividade de pessoas, conquanto indetermináveis, que haja intervindo nas relações de consumo. O consumidor está em situação de desequilíbrio flagrante no que se refere à força entre os contratantes, como

---

[155] VENOSA, Sílvio de Salvo. *Direito Civil* cit., 7. ed., v. 3, p. 197.
[156] LOPEZ, Teresa Ancona. *Comentários ao Código Civil* cit., v. 7, p. 201.

ensina Claudia Lima Marques,[157] sendo ele vulnerável, pois não pode discutir o conteúdo do contrato, e conquanto saiba ser determinada cláusula abusiva, somente tem uma opção, "pegar ou largar", ou seja, aceitar o contrato nas condições em que lhe são oferecidas pelo fornecedor ou não aceitar e, com isso, procurar outro fornecedor. Esse desequilíbrio de forças entre os contratantes – inexistente na relação regida pelo Código Civil – é a justificação para um tratamento desequilibrado e desigual instituído pela Lei Consumerista entre as partes contratantes com vistas à proteção daquele que é a parte mais fraca na relação contratual, compensando essa fraqueza ou fragilidade com as normas protetivas a ele conferidas.

Outro aspecto que se extrai da prestação de serviços regida pelo CDC e que merece reflexão diz respeito à disposição contida no art. 3.º, § 2.º, no sentido de que "serviço é qualquer atividade fornecida no mercado de consumo, mediante remuneração", como se a gratuidade da prestação tivesse o condão de expelir a relação entre as partes para fora do sistema protetivo instituído pela Lei Consumerista. Assim como pode haver prestação gratuita nos contratos regidos pelo CC sem que com isso seja a relação entre as partes expulsa do sistema da lei civil, pode igualmente manter-se a proteção destinada ao consumidor quando o serviço é desprovido de remuneração.

Sergio Cavalieri Filho afirma que a característica marcante da abrangente definição de serviços, para fins de proteção do consumidor, é a de que devem eles ser prestados mediante remuneração, defendendo o autor que o sistema do CDC afasta da incidência da lei os serviços não remunerados, o que, segundo ele, enseja interpretações equivocadas, uma vez que a remuneração pode se dar de forma direta – quando o consumidor paga diretamente pelo serviço – ou indireta – quando há benefícios comerciais indiretos ao fornecedor, o que tornaria os serviços apenas aparentemente gratuitos, pois a remuneração já se encontra diluída e embutida em outros custos que orbitam aqueles serviços, chamados impropriamente de gratuitos.[158] Daí por que existem, segundo aponta, prestação se serviços mediante remuneração, prestação de serviços aparentemente gratuitos, nos quais o pagamento se dá de forma indireta, e, finalmente, prestação se serviços puramente gratuita. O autor exemplifica a categoria de remuneração indireta com os estacionamentos gratuitos em supermercados, a venda de produtos com a instalação gratuita, serviços de manobrista gratuito

---

[157] MARQUES, Claudia Lima. *Contratos no Código de Defesa do Consumidor* cit., 5. ed., p. 318-319.
[158] CAVALIERI FILHO, Sergio. *Programa de direito do consumidor*. 1. ed. 2. reimpr. São Paulo: Altas, 2009. p. 65-66.

em estabelecimentos comerciais, isenção de tarifas em certas atividades bancárias etc., de maneira que, segundo preleciona, não se confundem os serviços puramente gratuitos – afastados da incidência do CDC –, prestados no exclusivo interesse do beneficiário, sem nenhuma vantagem para o executor, com os serviços aparentemente gratuitos – aos quais se aplica a Lei Consumerista –, nos quais, indiretamente, o prestador tem interesse ou vantagem patrimonial no serviço, com o que os custos deste são cobertos pelos benefícios daí advindos ao prestador.

Ousamos, todavia, discordar da forte corrente doutrinária para afirmar a aplicação das regras protetivas da relação de consumo mesmo nas hipóteses de serviços puramente gratuitos. De fato, o fornecedor de serviços ao deixar de receber de forma imediata, às vezes busca apenas a fidelização do consumidor, que mais adiante remunerará o serviço fornecido, com o que compensará o fornecedor não apenas pelo serviço que vier a ser prestado, mas também pelo serviço que lhe fora graciosamente fornecido. Até mesmo a publicidade que aufere da prestação gratuita pode ser entendida como um benefício de caráter econômico capaz de ser entendido como remuneração pelo serviço que forneceu. Quando, por exemplo, determinado fornecedor de serviços de lavanderia após dez lavagens contratadas pelo cliente concede uma gratuita, não se pode afirmar, com segurança, que embutiu nas dez lavagens anteriores o preço daquela décima primeira executada gratuitamente, aliás, nestes tempos de dificuldade econômica vivenciada pelos pequenos e médios empreendedores é mais provável que tal custo não esteja diluído no serviço, afinal, do ponto de vista comercial, melhor é lavar uma vez gratuitamente e ter recebido por dez lavagens anteriores, do que não oferecer nada gratuitamente e também não ter recebido por nenhuma prestação. Não há, pois, onerosidade, tampouco sinalagma. Tome-se ainda, a título exemplificativo, o que ocorre em muitos postos de gasolina, ao ofertarem gratuitamente a lavagem quando o consumidor adquire no mínimo vinte litros de gasolina. Guardadas as devidas diferenças, vez que a compra de gasolina pelos proprietários e usuários de automóveis não se insere, em nosso entendimento, como prestação de serviço, mas como compra e venda de mercadoria, certo é que ao disponibilizarem para os clientes o serviço de lavagem gratuita aos que adquirem pelo menos vinte litros de gasolina há, evidentemente, uma transformação da relação, em sua segunda parte, em prestação de serviço sem onerosidade e sem sinalagma. Com frequência se verifica que nesses postos de gasolina o preço dos produtos é semelhante ao preço do mercado, dos concorrentes, ou melhor, daqueles estabelecimentos que não oferecem gratuitamente a lavagem, não se podendo afirmar que o preço da lavagem foi diluído no preço dos combustíveis e demais produtos, tampouco, que inexista prestação de serviço em sua forma contratual. Eventual expectativa de fidelização do cliente não deve ser entendida como onerosidade.

O mesmo raciocínio aplica-se a, por exemplo, um cabeleireiro ou uma manicure que a cada dez serviços pagos concede um gratuitamente. Não se pode afirmar que o consumidor deixa de receber a proteção contida no CDC caso esteja a usufruir o serviço sem retribuição, na décima primeira vez em que o fornecedor realizar o serviço. Também quando há sorteios de serviços promovidos pelo fornecedor não se pode afastar a aplicação das regras de proteção ao consumidor, e o fundamento é o mesmo: embora em alguns casos, especialmente quando são realizados por grandes fornecedores, o custo do serviço sorteado é diluído, fato é que em vários outros sorteios, realizados por pequenos prestadores ou fornecedores, não há diluição do custo do serviço que se está a sortear. E isso não deve importar no afastamento das regras do CDC naquilo que forem compatíveis e aplicáveis, ou seja, continua havendo prestação de serviços no âmbito contratual. Ainda exemplificando, quando uma escola da rede particular concede bolsa de estudos a determinados alunos, não apenas bolsa parcial, mas, sobretudo, a bolsa integral, não deixam eles, estudantes, de ser alcançados pela proteção conferida pela Lei Consumerista. Não somente no tocante ao dever de continuidade da prestação durante todo o ano letivo, mas também os demais deveres intrínsecos e extrínsecos àquela prestação específica devem ser rigorosamente observados.

Portanto, nosso entendimento, que será mais amplamente tratado no capítulo seguinte, é no sentido de que a gratuidade e a ausência de sinalagma não desnaturam a essência da prestação, tampouco têm o condão de retirar a proteção conferida pela lei.

1.7 DIÁLOGO DAS FONTES OU DIÁLOGO DE COMPLEMENTARIDADE

À vista das regras instituídas pelo Código Civil, destinadas à relação contratual paritária, equivalente entre os contraentes, bem como das regras estabelecidas pelo Código de Defesa do Consumidor, instituídas, como vimos, em razão das relações de consumo que, por essência, traduzem-se em desequilíbrio entre as partes envolvidas, surge a necessidade de perquirir se há ou não conflito entre as normas referidas. É possível afirmar com segurança, desde logo, que inexiste conflito entre as normas. Cumpre observar que o CC é lei geral, com regras relativas às relações contratuais e obrigacionais aplicáveis indistintamente a todas as relações não tratadas em lei especial, e o CDC, como microssistema, como lei especial que é, regula de maneira específica aquelas relações inseridas no âmbito do consumo de serviços, consumo de massa, embora não tenha em seu conteúdo regras suficientes para contemplar todas as hipóteses de reflexos que venham a se verificar na relação de consumo.

E justamente por não abarcar, de maneira expressa, todas as questões, nuances e reflexos que envolvem a relação contratual e obrigacional, dispõe o art. 7.º do CDC que os direitos nele previstos não excluem outros decorrentes de tratados ou convenções internacionais de que o Brasil seja signatário, da legislação interna ordinária, de regulamentos expedidos pelas autoridades administrativas competentes, bem como dos que derivam dos princípios gerais do direito, analogia, costumes e equidade. Referido dispositivo está, portanto, a demonstrar que em determinados casos o sistema consumerista necessitará trazer para dentro de si regras que orbitam no sistema jurídico capazes de solucionar questões que não restaram tipificadas em seu bojo. Como bem observa Claudia Lima Marques,[159] hoje, na pluralidade de leis pós-modernas, com seus campos de aplicação convergentes e flexíveis, a uma mesma relação jurídica de consumo podem ser aplicadas muitas leis, em colaboração, em diálogo, afastando-se ou unindo-se a depender de caso a caso, com seus campos de aplicação coincidentes, em diferentes soluções tópicas para cada caso.

Aparentemente pode-se imaginar serem conflitantes ambos os sistemas, por exemplo, nas questões relativas aos vícios e defeitos do serviço, que não apenas impõem prazos diversos quando se trate de relação regida pelo art. 441 do CC (trinta dias ou um ano), ou pelo art. 26 do CDC (trinta dias ou noventa dias), como veremos no próximo capítulo, mas também divergem quanto ao próprio direito conferido à vítima, pois enquanto na sistemática do CC o tomador tem à sua disposição a ação redibitória e a ação *quanti minoris* (estimatória), o CDC além dessas duas ações permite ao consumidor exigir a reexecução do serviço. Outros temas que também podem parecer em conflito são aqueles relativos à prescrição e decadência (arts. 26 e 27 do CDC; art. 205 e 206 do CC), cujos prazos divergem entre si. Há ainda outros institutos que sequer foram normatizados pela Lei Consumerista, e que, à primeira vista, dado o silêncio da referida norma, pareceriam ser inaplicáveis as regras contidas no CC, como por exemplo, as exceções de contrato não cumprido ou de contrato cumprido inadequadamente. Enfim, tanto em razão de regras encontradas em ambas as normas como pela ausência na lei especial

---

[159] MARQUES, Claudia Lima. *Contratos no Código de Defesa do Consumidor* cit., 5. ed., p. 588.

de disposições obrigacionais e contratuais existentes no Código Civil, pode-se, aparentemente, imaginar a existência de conflito entre referidos diplomas. Com vistas à complementação da proteção do consumidor, no sistema do CDC são recebidas também as normas de proteção constantes do CC, naquilo que forem compatíveis entre si, de maneira que embora representando um novo sistema de tutela do consumidor, disciplinando de maneira mais clara e objetiva os princípios da nova proteção do grupo social considerado vulnerável, não exclui o CDC as demais normas protetoras dos interesses do consumidor, mas, ao contrário, recebe-as como normas importantes à consecução de seus próprios objetivos.[160]

Verifica-se que, na prática, os efeitos das regras que constam em ambos os diplomas se aproximam, o que não retira a importância das regras gerais instituídas pelo CC, pois nem todos os contratos são regidos pelo CDC, nem todos podem ser sempre caracterizados como consumidores, e nem o CDC regulou toda matéria referente à existência, à validade e à eficácia dos contratos.[161] Como assevera Leornardo Roscoe Bessa,[162] "o conhecimento e compreensão adequados do Código de Defesa do Consumidor pressupõem estudo de Direito Civil, especialmente de teoria geral do direito privado, responsabilidade civil, obrigações e contratos". Há, portanto, naquilo em que for compatível, aplicação subsidiária do Código Civil às relações de consumo regidas pelo Código de Defesa do Consumidor, que Claudia Lima Marques, utilizando a feliz expressão de Erik Jayme, chama de diálogo das fontes ou diálogo entre as diferenças, uma vez que nem toda matéria contratual está regulada pelo CDC, ensejando a aplicação simultânea do CC.[163]

De fato, houve entre os juristas muita reflexão sobre o possível "diálogo" ou o aparente conflito entre o Código de Defesa do Consumidor e o Código Civil. Assevera com razão Claudia Lima Marques que a pluralidade de leis é o primeiro desafio do aplicador da lei contemporâneo, posto que cada vez mais se legisla sobre temas convergentes.[164]

---

[160] Idem, p. 594.
[161] Idem, p. 624.
[162] BESSA, Leonardo Roscoe. Vícios dos produtos: paralelo entre o CDC e o Código Civil. In: PFEIFFER, Roberto Augusto Castellanos; PASQUALOTTO, Adalberto (Coord.). *Código de defesa do consumidor e o Código Civil de 2002*: convergências e assimetrias. São Paulo: RT, 2005. p. 264-299. A citação encontra-se à p. 265.
[163] MARQUES, Claudia Lima. *Contratos no Código de Defesa do Consumidor* cit., 5. ed., p. 621-2 e 663.
[164] MARQUES, Claudia Lima. Três tipos de diálogos entre o Código de Defesa do Consumidor e o Código Civil de 2002: superação das antinomias pelo "diálogo das fontes". In: PFEIFFER, Roberto Augusto Castellanos; PASQUALOTTO, Adalberto

Enquanto conhece o direito três critérios para a solução de conflitos de leis, sendo eles o cronológico ou da anterioridade, o hierárquico, e o da especialidade, como preleciona Norberto Bobbio,[165] sustenta Claudia Lima Marques que a doutrina atualizada está à procura hoje mais da harmonia e da coordenação entre as normas do ordenamento jurídico do que sua exclusão, posto que o ordenamento jurídico é hoje concebido como sistema.[166] A essa nova tendência de busca da harmonia e coordenação do ordenamento jurídico a autora denomina de "coerência derivada ou restaurada" na utilização das normas existentes, sempre evitando a antinomia, a incompatibilidade ou a não coerência entre as normas, afinal, nas palavras de Norberto Bobbio,[167] "o direito não tolera antinomias". Para referida autora, é o "diálogo das fontes" (*dialogue de sources*) atual e necessário a permitir a aplicação simultânea, coerente e coordenada das plúrimas fontes legislativas convergentes.[168]

Veja-se, por exemplo, que o Código Civil, ao referir-se no art. 593 quanto à prestação de serviço que não estiver sujeita a leis especiais, está querendo dizer, em outras palavras, que a "prestação de serviços de consumo" continua regida pelo CDC, podendo, inclusive, os direitos do consumidor estar em outras leis e não somente no CDC.[169]

Ainda para a autora retrocitada, o modelo brasileiro é *sui generis*, ou seja, são dois códigos separados e autônomos, existem normas (e cláusulas gerais) especiais e mais fortes para a proteção do consumidor, presumido vulnerável e definido de forma especial, há unificação das obrigações civis e empresariais e definição de empresário. Não houve inclusão da figura do consumidor pelo CC, nem dos contratos de consumo, o que "impõe uma visão nova e rigorosa de coexistência, no mesmo ordenamento jurídico, do CDC e do CC/2002", inexistindo conflitos reais entre essas leis. Portanto, diálogo das fontes significa a aplicação simultânea, coordenada e sistemática dessas leis.[170]

(Coord.). *Código de defesa do consumidor e o Código Civil de 2002*: convergências e assimetrias. São Paulo: RT, 2005. p. 13.

[165] BOBBIO, Norberto. *Teoria geral do direito*. Trad. Denise Agostinetti. Revisão da tradução Silvana Cobucci Leite. 2. ed. São Paulo: Martins Fontes, 2008. p. 233-242.

[166] MARQUES, Claudia Lima. Três tipos de diálogos entre o Código de Defesa do Consumidor e o Código Civil de 2002: superação das antinomias pelo "diálogo das fontes" cit., p. 13.

[167] BOBBIO, Norberto. *Teoria geral do direito* cit., 2. ed., p. 228.

[168] MARQUES, Claudia Lima. Três tipos de diálogos entre o Código de Defesa do Consumidor e o Código Civil de 2002: superação das antinomias pelo "diálogo das fontes" cit., p. 15-16.

[169] Idem, p. 25 e 29.

[170] Idem, p. 81.

DAS CARACTERÍSTICAS DO CONTRATO DE PRESTAÇÃO DE SERVIÇOS

2.1 BREVES NOÇÕES SOBRE O DIREITO DAS OBRIGAÇÕES

Com vistas a uma abrangente compreensão dos contratos, e, sobretudo, daquele que é o cerne deste livro, qual seja, contrato de prestação de serviços, parece-nos de grande valia avivar algumas noções quanto ao direito das obrigações, sem as quais, pensamos, restará deficiente o estudo a que se pretende.

Emilio Betti ensina que, em termos gerais, a obrigação pode ser definida como a relação jurídica patrimonial entre duas pessoas, por força da qual uma delas (o devedor) é responsável perante a outra (o credor), de participar de um evento determinado (positivo ou negativo), que, de regra, é àquele devido (prestação).[1]

Ensina Álvaro Villaça Azevedo que o velho direito romano não conheceu o termo *obrigação*, palavra ausente na Lei das XII Tábuas e na terminologia jurídica daquela época.[2] Conhecia o direito romano a expressão *nexum*, que representava uma espécie de empréstimo, expressão essa que, advinda do verbo latino *nectere*, significa ligar, prender, unir, atar. Era o *nexum* que conferia ao credor o poder de exigir do devedor o cumprimento de determinada prestação, e, no caso de inadimplemento, ou seja, não cumprindo a obrigação, o devedor respondia com seu próprio corpo, com o que podia ser reduzido à escravidão. Segundo o autor,

---

[1] BETTI, Emilio. *Teoria generale delle obbligazione*. Milão: Dott. A. Giuffrè, 1953. t. 2, p. 60. No original: "Onde l'obbligazione, così intensa, può in generale definirsi: quel rapporto giuridico patrimoniale fra due persone, in forza del quale l'una (il debitore) è responsabile di fronte all'altra (il creditore) del verificarsi di un evento determinato (positivo o negativo), che, di regola, è da lei dovuto (prestazione)".

[2] AZEVEDO, Álvaro Villaça. *Teoria geral das obrigações e responsabilidade civil*. 11. ed. São Paulo: Alas, 2008. p. 10-11.

a obrigação é instituto jurídico mais moderno do que o *nexum*, tendo surgido bem definida no Baixo Império, quando não mais era admitida a execução pessoal do devedor, desde o advento da *Lex Poetelia Papiria*, no século IV antes da era cristã. Assim, com a Lei Petélia Papíria, a obrigação, que era vínculo meramente pessoal, tem seu conceito de execução alterado para afetar, no caso de inadimplemento, o patrimônio do devedor e não mais sua pessoa, seu corpo.

Nesse sentido, observa Washington de Barros Monteiro que a definição mais antiga de obrigação remonta às *Institutas* (Liv. 3.º, Título III),[3] sendo "o vínculo jurídico por necessidade do qual nos adstringimos a solver alguma coisa, segundo o direito de nossa cidade" (*obligatio est juris vinculum, quo necessitate adstringimur alicujus solvendae rei, secundum nostrae civitatis jura*)[4] – que para Álvaro Villaça Azevedo foi estatuída pelos jurisconsultos de Justiniano –, preferindo, como definição mais completa, aquela segundo a qual "obrigação é a relação jurídica, de caráter transitório, estabelecida entre devedor e credor e cujo objeto consiste numa prestação pessoal econômica, positiva ou negativa, devida pelo primeiro ao segundo, garantindo-lhe o adimplemento através de seu patrimônio".

Limongi França,[5] por sua vez, esclarece que o velho texto romano relativo ao conceito de obrigação, suprarreferido, adotado nas *Institutas* de Justiniano (3, 13, pr.), é atribuído a Florentino, jurisconsulto do período clássico do direito romano, texto esse cuja tradução prefere o autor seja a de que "obrigação é um *vínculo de direito*, que nos adstringe rigorosamente a alguém, no sentido de solver alguma coisa, de acordo com o direito positivo". O autor propõe seu conceito de obrigação no sentido de que "é o vínculo, jurídico ou de equidade, pelo qual alguém está adstrito a, em benefício de outrem, realizar uma prestação".

José Carlos Moreira Alves leciona que a obrigação, considerada como relação jurídica obrigacional, "é a relação jurídica pela qual alguém (o devedor, o sujeito passivo) deve realizar uma prestação (isto é, dar, fazer ou não fazer algo), de conteúdo econômico, em favor de outrem (o credor, o sujeito ativo)".[6]

---

[3] MONTEIRO, Washington de Barros. *Curso de direito civil: direito das obrigações* – 1.ª parte. 33. ed. rev. e atual. por Carlos Alberto Dabus Maluf. São Paulo: Saraiva, 2007. v. 4, p. 4.
[4] AZEVEDO, Álvaro Villaça. *Teoria geral das obrigações e responsabilidade civil* cit., 11. ed., p. 11.
[5] LIMONGI FRANÇA, Rubens. *Manual de direito civil*: doutrina geral dos direitos obrigacionais. São Paulo: RT, 1969. v. 4, t. 1, p. 21-23.
[6] ALVES, José Carlos Moreira. *Direito romano* cit., v. 2, p. 2.

Obrigação, preleciona Clóvis Beviláqua,[7] "é a necessidade moral de agir de um determinado modo", afirmando o autor que "a todo direito corresponde uma obrigação, um dever". Assim, define o saudoso doutrinador que obrigação é a relação transitória de direito, que nos constrange a dar, fazer ou não fazer alguma coisa, em regra economicamente apreciável, em proveito de alguém que, por ato nosso ou de alguém conosco juridicamente relacionado, ou em virtude da lei, adquiriu o direito de exigir de nós essa ação ou omissão. Disso decorre que o objeto da relação obrigacional "é a prestação, que, em sentido amplo, constitui-se numa atividade, numa conduta do devedor",[8] de sorte que a obrigação decompõe-se, fundamentalmente, em três elementos: sujeitos, objeto e vínculo jurídico.

Sujeitos são os partícipes da relação obrigacional, ou seja, credor e devedor, podendo, em qualquer dos polos haver pluralidade.

O objeto refere-se ao ponto material sobre o qual recai a obrigação, sendo, em última análise, a própria prestação, atividade positiva ou negativa, consistindo em dar, fazer ou não fazer algo, sempre de conteúdo econômico ou conversível economicamente.[9]

Quanto ao vínculo, é o elemento que liga os sujeitos com executividade patrimonial, dividindo-se em débito e responsabilidade,[10] ou, nas palavras de Álvaro Villaça Azevedo,[11] é o "elemento espiritual da obrigação", sendo elemento imaterial, que retrata a coercibilidade, a juridicidade dessa relação, ou seja, o liame que liga os sujeitos, ativo e passivo, que participam da mesma obrigação, de maneira a possibilitar o sujeito ativo exigir do sujeito passivo o seu cumprimento. Em outras palavras, como lembra Washington de Barros Monteiro,[12] o vínculo jurídico compreende, de um lado, o dever da pessoa obrigada (*debitum*), e, de outro lado, a responsabilidade, em caso de inadimplemento (*obligatio*).

As obrigações podem classificar-se, quanto ao objeto, em positivas e negativas, de dar coisa certa ou incerta, de dar e de fazer, de não fazer, conjuntivas e alternativas, divisíveis e indivisíveis etc., e, quanto

---

[7] BEVILÁQUA, Clóvis. *Direito das obrigações* cit., 8. ed., p. 12-14.
[8] VENOSA, Sílvio de Salvo. *Direito civil*: teoria geral das obrigações e teoria geral dos contratos. 7. ed. São Paulo: Atlas, 2007. v. 2, p. 13.
[9] AZEVEDO, Álvaro Villaça. *Teoria geral das obrigações e responsabilidade civil* cit., 11. ed., p. 16.
[10] VENOSA, Sílvio de Salvo. *Direito civil* cit., 7. ed., v. 2, p. 20.
[11] AZEVEDO, Álvaro Villaça. *Teoria geral das obrigações e responsabilidade civil* cit., 11. ed., p. 16.
[12] MONTEIRO, Washington de Barros. *Curso de direito civil: direito das obrigações* – 1.ª parte cit., v. 4, p. 24.

ao sujeito, podem classificar-se em obrigações ambulatórias, conjuntas, solidárias, ativa e passiva.

Entretanto, não nos deteremos sobre cada uma das classificações anteriores, posto que abordaremos as classificações específicas relativas à prestação de serviços.

2.2 A PRESTAÇÃO DE SERVIÇOS E SUAS CARACTERÍSTICAS

Feitas as distinções supra, bem como havendo apontado as diferenças entre a prestação de serviços propriamente considerada e as diversas atividades decorrentes de relação contratual que, conquanto importem no exercício de uma atividade humana não sejam, efetivamente, contrato de prestação de serviços no exato conteúdo jurídico, termo e extensão da expressão, podemos nos deter exclusivamente sobre esse contrato de prestação de serviços, discorrendo sobre suas características e questões relevantes.

O contrato de prestação de serviços é **bilateral**, tanto no aspecto de sua formação, no sentido de que "todo contrato é negócio jurídico bilateral, já que a sua constituição requer a declaração de vontade das pessoas que dele participam de uma e de outra parte",[13] como também no sentido de que, no tocante aos efeitos contratuais, cada um dos contratantes é "simultânea e reciprocamente credor e devedor do outro".[14] Assim, o prestador tem a obrigação de realizar a atividade a que se obrigou, mediante o pagamento do preço avençado, e o tomador tem a obrigação de pagar o preço combinado, tendo o direito a receber o cumprimento da atividade contratada. Quando se trata de bilateralidade, explica Pontes de Miranda,[15] "toda prestação é contraprestação".

Karl Larenz obtempera que no contrato bilateral cada parte se obriga perante a outra a uma prestação, e o faz precisamente para obter a contraprestação fixada em contrato.[16] Dessa forma, a contraprestação é, a juízo de cada parte, o exato equivalente de sua própria prestação, no que sempre é decisiva sua própria valoração. A escala em que se mede

---

[13] PEREIRA, Caio Mário da Silva. *Instituições de direito civil* cit., 2009. v. 3, p. 56.
[14] DINIZ, Maria Helena. *Curso de direito civil brasileiro* cit., 25. ed., v. 3, p. 76.
[15] PONTES DE MIRANDA, Francisco Cavalcanti. *Tratado de direito privado*. 2. ed. Rio de Janeiro: Borsoi, 1959. v. 26, p. 89.
[16] LARENZ, Karl. *Base del negocio jurídico y cumplimiento de los contratos*. Trad. Carlos Fernández Rodríguez. Granada: Comares, 2002. p. 122.

a equivalência pressuposta é, pois, subjetiva e distinta para cada parte, levando-se em conta suas próprias necessidades, e, segundo ensina o autor alemão, não é essencial ao contrato bilateral e à equivalência que implica, com o que ambas as prestações, medidas com ajustamento a uma escala objetiva e geral, sejam reciprocamente equivalentes. É unicamente essencial que cada parte esteja disposta a receber e entregar uma contraprestação, um equivalente, e que a vontade contratual concordante de ambas as partes tenha por objeto "uma prestação em troca de uma contraprestação", ou seja, o intercâmbio de prestação, cada uma das quais, a juízo das partes, equivalente à outra. Disso decorre que a prestação e contraprestação equivalente assim o é para cada parte, de maneira subjetiva, não se atentando para o valor objetivo da contraprestação, pois independentemente do seu valor, para as partes o que importa é que aquela contraprestação seja para si equivalente à prestação recebida, e vice-versa. Arremata o autor afirmando que "quando não seja possível considerar deste modo as prestações recíprocas, não se poderá falar em contrato bilateral", na medida em que um contrato bilateral pressupõe sempre que cada um obtenha por sua prestação um equivalente, o qual, objetivamente considerado, pode ser notavelmente inferior ao valor da prestação, mas há de considerar-se equivalente pelo que realiza a prestação. Em outras palavras, sendo a equivalência a essência do contrato bilateral em si, constituindo-se sua peculiaridade específica, e, portanto, sua natureza jurídica, um contrato celebrado como bilateral perde seu sentido e caráter original quando, em consequência de uma transformação das circunstâncias, a relação de equivalência se modifica tanto que não se possa mais falar em contraprestação, de um equivalente que se possa considerar como tal, e, nesse caso, há de afirmar-se que a base de todo o contrato terá desaparecido.

Ludwig Enneccerus, Theodor Kipp e Martín Wolff,[17] por sua vez, falam em contrato bilateralmente obrigatório, no sentido de que cada parte promete uma obrigação e contraprestação, não se requerendo que seja equivalente àquela, bastando que se haja prometido como equivalente, ou seja, que deva ser tal, segundo a intenção declarada pelas partes. Em outras palavras, se cada uma das partes considera o objeto recebido igual em valor àquele por ele oferecido, a lei da equivalência está satisfeita, de forma que a equivalência toma assim um aspecto subjetivo, pessoal, e

---

[17] ENNECCERUS, Ludwig; KIPP, Theodor; WOLFF, Martín. *Tratado de derecho civil:* derecho de obligaciones. 11. rev. por Heinrich Lehmann. Trad. Blas Pérez González e José Alguer. Barcelona: Bosch, 1947. v. 1, t. 2, p. 161.

disso decorre que as partes podem considerar como equivalentes objetos cujo valor econômico seja desigual.[18]

O contrato de prestação de serviços é **comutativo**, na medida em que as prestações de ambas as partes são conhecidas desde o momento da celebração da avença e "guardam entre si uma relativa equivalência de valores".[19] Cumpre observar que há corrente doutrinária que defende ser a comutatividade uma subdivisão dos contratos onerosos,[20] bem como há corrente doutrinária para a qual a comutatividade é subdivisão que decorre dos contratos bilaterais.[21] De qualquer maneira, conforme observa Pontes de Miranda,[22] "contrato comutativo é todo negócio jurídico bilateral em que há prestação e contraprestação".

Também é o contrato em análise **sinalagmático**, característica que decorre de *sinalagma*, representando a dependência recíproca de obrigações. Segundo prelecionam Nancy Andrighi, Sidnei Beneti e Vera Andrighi,[23] embora parte da doutrina tenha por equivalentes o "contrato bilateral" e o "contrato sinalagmático",[24] distinguem-se as características, asseverando referidos autores que "bilaterais são os contratos em que todas as partes assumem obrigações", enquanto sinalagmáticos "são os contratos em que a contraprestação econômica (e não jurídica) de uma das partes tem causa na expectativa de receber a prestação prometida pela outra". E nos contratos sinalagmáticos, ensina Miguel Maria de Serpa Lopes,[25] "a regra geral é a de simultaneidade dos termos para o adimplemento das prestações".

---

[18] LOPES, Miguel Maria de Serpa. *Exceções substanciais*: exceção de contrato não cumprido (*exceptio non adimpleti contractus*). Rio de Janeiro: Freitas Bastos, 1959. p. 188.

[19] PEREIRA, Caio Mário da Silva. *Instituições de direito civil* cit., 2009. v. 3, p. 58.

[20] WALD, Arnoldo. *Direito das obrigações*: teoria geral das obrigações e contratos civis e comerciais. 15. ed. rev. ampl. e atual. São Paulo: Malheiros, 2001. p. 216.

[21] PEREIRA, Caio Mário da Silva. *Instituições de direito civil* cit., 2009. v. 3, p. 58.

[22] PONTES DE MIRANDA, Francisco Cavalcanti. *Tratado de direito privado*. Rio de Janeiro: Borsoi, 1962. v. 38, p. 280.

[23] ANDRIGHI, Nancy; BENETI, Sidnei; ANDRIGHI, Vera. In: TEIXEIRA, Sálvio de Figueiredo (Coord.). *Comentários ao novo Código Civil*: das várias espécies de contrato: do empréstimo: da prestação de serviço: da empreitada: do depósito (art. 579 a 652). Rio de Janeiro: Forense, 2008. v. 9, p. 19-20.

[24] Cf. GOMES, Orlando. *Contratos* cit., 26. ed., p. 109; BEVILÁQUA, Clóvis. *Código Civil dos Estados Unidos do Brasil comentado* cit., v. 4, 1934, p. 220; DINIZ, Maria Helena. *Curso de direito civil brasileiro* cit., 25. ed., v. 3, p. 76; MONTEIRO, Washington de Barros. *Curso de direito civil* cit., 2007, v. 5, p. 26; NADER, Paulo. *Curso de direito civil*: contratos. 4. ed. rev. e atual. Rio de Janeiro: Forense, 2009. v. 3, p. 36.

[25] LOPES, Miguel Maria de Serpa. *Exceções substanciais* cit., p. 270.

O contrato de prestação de serviços é **consensual**, não solene, posto que aperfeiçoa-se mediante o simples acordo de vontades, sem qualquer necessidade de materialidade externa,[26] ou, nos dizeres de Maria Helena Diniz,[27] "sem necessidade de outro ato", vale dizer, não existe necessidade de qualquer forma especial para a celebração do referido contrato. Nas palavras de Karl Larenz,[28] é suficiente qualquer forma de declaração da vontade de contratar que seja compreensível para a outra parte (princípio da liberdade de forma). O consentimento é imprescindível, como o é em todos os contratos, de maneira que deve haver entre as partes concordância quanto ao objeto do contrato, devendo o consentimento ser dado com pleno conhecimento e livremente, visto que, se houver vício de consentimento (erro, coação etc.), o contrato será anulável. A manifestação da vontade, ou seja, a exteriorização do consentimento, para que se tenha por concluído o contrato de prestação de serviços não precisa ser expressa, podendo ser tácita, bastando a existência de atos que representem a vontade das partes celebrantes. A manifestação da vontade expressa é aquela "que se faz oralmente, ou por meio de sinais inteligíveis, dos quais os da escrita são os mais encontráveis", e a tácita é aquela por meio da qual por atos ou omissões se haja de interpretar, conforme as circunstâncias, como manifestação da vontade.[29] Roberto De Ruggiero esclarece que "a manifestação é tácita quando se praticam atos ou fatos que não se destinam propriamente a exteriorizar uma vontade, mas esta se deduz do comportamento da pessoa",[30] e para que a vontade se deduza desses fatos e comportamentos é necessário que eles sejam conclusivos e unívocos, não admitindo a possibilidade de interpretações diversas ou opostas.

O art. 1.258 do Código Civil espanhol traz importante luz ao tema ao estatuir que "los contratos se perfeccionan por el mero consentimiento, y desde entonces obligan, no sólo al cumplimiento de lo expresamente pactado, sino también a todas las consecuencias que, según su naturaleza, sean conformes a la buena fe, al uso y a la ley". Entre nós a regra não é diversa. Havendo determinada conduta do prestador de serviços e conduta do contratante que demonstre haver a intenção de ambos no contrato, este veio a existir e é válido.

---

[26] PEREIRA, Caio Mário da Silva. *Instituições de direito civil* cit., 2009. v. 3, p. 322.
[27] DINIZ, Maria Helena. *Curso de direito civil brasileiro* cit., 25. ed., v. 3, p. 90.
[28] LARENZ, Karl. *Derecho de obligaciones*. Madri: Revista de Derecho Privado, 1958. t. 1, p. 91-92.
[29] PONTES DE MIRANDA, Francisco Cavalcanti. *Tratado de direito privado* cit., v. 38, p. 22-24.
[30] RUGGIERO, Roberto De. *Instituições de direito civil*: introdução e parte geral. 6. ed. Trad. italiana pelo Dr. Ary dos Santos. São Paulo: Saraiva, 1934. v. 1, p. 250.

Conforme preleciona Álvaro Villaça Azevedo,[31] consentimento expresso "é o que se demonstra por qualquer escrito, manifestação oral ou gestos", sendo que nesta última hipótese, exemplifica o autor a aprovação de proposição feita em assembleia de sociedade, ou aquisição de bem em um leilão, mediante o levantar do braço ou gesticulação análoga. De fato, o consentimento válido à formação do contato pode ser emitido pela gesticulação positiva de qualquer membro do corpo, inclusive. Pode qualquer dos contratantes, ao concordar com os termos contratuais, gesticular positivamente com as mãos, com a cabeça, enfim, consentindo na concretização do contrato. Por outro lado, aponta igualmente o autor, considera-se consentimento tácito "quando inferido da prática de atos que, inequivocamente, o demonstrem", ou seja, quando algum dos contratantes – ou ambos –, age de tal maneira que com sua atitude não deixa dúvida quanto à aceitação e concretização do contrato.

Como preleciona Pontes de Miranda,[32] "para que a vontade possa ser encaixada no suporte fático do ato jurídico, é preciso que se manifeste". Ainda nesse aspecto, lembra o autor que na linguagem vulgar, fala-se em *declaração de vontade*, expressão utilizada por herança má do direito comum, sendo o correto a expressão *manifestação da vontade*, pois podendo a vontade expressar-se em declaração, ou seja, externando claramente o que vai na vida interna, na psique, havendo declarações de conhecimento e declarações de sentimento, sejam por palavras, oralmente, seja por escrito, por sinais de aprovação ou desaprovação de proposições claras, como o permanecer-se sentado, ou levantar-se, o levantar a mão, e até mesmo o retirar-se, pode igualmente haver a manifestação da vontade não declarada, ou até, segundo referido autor, manifestações não propositadamente feitas. Na manifestação da vontade, obtempera o autor, há o que prefigura o ato jurídico, especialmente o negócio jurídico (elemento que pode estar em sinais comunicáveis e às vezes comunicados), e o que faz o ato entrar, como ato de alguém, no mundo jurídico.

Exemplo de manifestação da vontade, consentimento tácito e formação do contrato, é o que ocorre quando alguém leva o automóvel ao lava-rápido, posicionando-o na fila e, desocupando o veículo, aguardar no local próprio ao início da lavagem. O motorista na maioria das vezes sequer precisa conversar com qualquer preposto do contratante para que se tenha por efetivado o contrato de prestação de serviços; basta que

---

[31] AZEVEDO, Álvaro Villaça. *Teoria geral dos contratos típicos e atípicos*: curso de direito civil. 3. ed. São Paulo: Atlas, 2009. p. 35.
[32] PONTES DE MIRANDA, Francisco Cavalcanti. *Tratado de direito privado*. 2. ed. Rio de Janeiro: Borsoi, 1954. v. 2, p. 416.

posicione seu veículo de maneira a transmitir de forma implícita sua intenção de contratar tal serviço.

O silêncio, em determinados casos, haverá de ser interpretado como manifestação da vontade, ou seja, quando o silente deve e pode falar e se cala, gerando no outro a convicção de que o silêncio mostra-se incompatível com vontade diversa. Como acertadamente obtempera Roberto De Ruggiero,[33] evidentemente não se pode afirmar de uma maneira geral que o silêncio equivale à declaração, mas nem por isso se pode dizer que ele seja completamente indiferente. Como observa o autor, na verdade o silêncio é, propriamente e em regra geral, um fato ambíguo, sendo certo que em determinadas circunstâncias pode ser interpretado como manifestação da vontade, e em alguns casos até reconhecidas expressamente pela lei, como, por exemplo, quando impõe a prorrogação do contrato de locação diante do silêncio das partes ao término do prazo contratual. Ao tratar do silêncio como manifestação da vontade, Miguel Maria de Serpa Lopes afirma que "não existe uma intensidade maior ou menor do querer, mas sim uma intensidade maior ou menor de forma de manifestação do querer",[34] e mais adiante preleciona que a questão do silêncio é uma questão de pura forma de manifestação do querer, isto é, da vontade, ressaltando em sua obra o silêncio circunstancial, no sentido de que não há dúvida ser o silêncio intencional em dadas circunstâncias. Isso porque, assevera o autor, no campo do contrato o silêncio não constitui um simples "*non fare*", negligente, mas uma atitude "consciente" querida efetivamente, uma vontade que nela encontra uma *direção* destinada a estabelecer uma afirmativa. Quanto à manifestação da vontade, prefere o autor a designação de manifestação direta e indireta, distinguindo-se uma da outra pelo "grau de certeza na dedução".[35] Conclui, pois, referido doutrinador, que "o '*silêncio*' constitui um elemento capaz de aquisição, modificação e extinção de direitos, como o é, igualmente, para a formação dos contratos", competindo ao juiz o exame das circunstâncias que o acompanham, sendo preciso "tomar-se em conta a convicção inspirada na outra parte de que a ação negativa do silente foi no sentido de ter querido seriamente obrigar-se", com o que se protege o princípio da boa-fé tanto em relação ao silente quanto àquele que fala, com o que conceitua o silêncio como "uma manifestação da vontade, por meio de um comportamento negativo, deduzida de circunstâncias concludentes, caracterizadas pelo dever e possibilidade de falar quanto ao silente e pela

---

[33] RUGGIERO, Roberto de. *Instituições de direito civil* cit., 6. ed., v. 1, p. 250.
[34] LOPES, Miguel Maria de Serpa. *O silêncio como manifestação da vontade*: obrigações em geral. Rio de Janeiro: A. Coelho Branco Filho, 1935. p. 20 e 139-141.
[35] Idem, p. 157.

convicção da outra parte, indicando uma inequívoca direção da vontade incompatível com a expressão de uma vontade oposta".[36]

No mesmo sentido, são as lições de Pontes de Miranda,[37] para quem "o silêncio, o calar-se, pode compor manifestação da vontade". É de esperar resposta negativa ou negativa à oferta realizada; porém, em determinados casos haverá de se "considerar acorde o outro figurante, se nada responde, manifesta a vontade com a abstenção de qualquer expressão do consentimento". O art. 111 do Código Civil vigente estabelece que "o silêncio importa anuência, quando as circunstâncias ou os usos o autorizarem, e não for necessária a declaração de vontade expressa". Portanto, na relação contratual regida pelo *Codex* há menção expressa ao silêncio como manifestação da vontade. Por outro lado, há que se ter em mente, relativamente às relações de consumo e sobre as quais incide o CDC, o disposto no art. 39, III, da Lei Consumerista, que veda ao fornecedor de serviços e considera abusiva a prática de, sem solicitação prévia, fornecer qualquer serviço ao consumidor, com o que, nas relações de consumo, não se aplica o silêncio como manifestação da vontade.

O contrato de prestação de serviços, pois, pode ser escrito ou verbal posto que não exige a legislação esta ou aquela forma, de maneira que poderá sua existência ser provada até mesmo por testemunhas. Verifica-se, ademais, que a maioria dos contratos de prestação de serviços é verbal, como ocorre, por exemplo, com os serviços de cabeleireiro, eletricista, pintor, marceneiro, dentista, psicólogo, entre outros. Portanto, quer sejam verbais ou escritos, tácitos ou implícitos, o contrato de prestação de serviços é plenamente válido merecendo a proteção legal contida na norma afeta ao tema. Carvalho Santos observa que embora possa ser verbal ou escrito, sendo predominante o acordo verbal, algumas vezes se apresenta com os característicos de um verdadeiro contrato de adesão.[38]

O contrato de prestação de serviços é, por essência, **oneroso**, ou seja, traz "vantagens para ambos os contraentes, pois estes sofrem um sacrifício patrimonial, correspondente a um proveito almejado",[39] ou seja, cada parte contratante suporta um ônus ou sacrifício de ordem patrimonial com vistas à obtenção de uma vantagem correspondente, equivalente, ou, nas palavras de Nelson Rosenvald,[40] os sacrifícios e vantagens são

---

[36] Idem, p. 161-162.
[37] PONTES DE MIRANDA, Francisco Cavalcanti. *Tratado de direito privado* cit., v. 38, p. 24-25.
[38] SANTOS, J. M. Carvalho. *Código Civil brasileiro interpretado* cit., v. 17, p. 217.
[39] DINIZ, Maria Helena. *Curso de direito civil brasileiro* cit., 25. ed., v. 3, p. 78.
[40] ROSENVALD, Nelson. In: PELUSO, Cezar (Coord.). *Código civil comentado*: doutrina e jurisprudência. 3. ed. rev. e atual. Barueri-SP: Manole, 2009. p. 602.

recíprocos. O fato de o contrato de prestação de serviços por essência ser oneroso, não implica, necessariamente, que o preço seja essencial quando da avença, embora seja o que normalmente acontece. E tanto não é o preço essencial para a validade do contrato – ao contrário do que ocorre na compra e venda – que o art. 596 do CC estabelece arbitramento da retribuição, para os casos de ausência de sua estipulação, segundo o costume do lugar, o tempo e a qualidade do serviço.

Embora a remuneração, chamada por Carlos Alberto Bittar de "contrapartida à realização dos serviços",[41] seja considerada como elemento essencial ao contrato de prestação de serviços,[42] não se presumindo em nenhuma hipótese a gratuidade, segundo ensinos de Nancy Andrighi, Sidnei Beneti e Vera Andrighi,[43] é "possível a prestação de serviço a título gratuito", na medida em que o art. 594 do CC estabelece que toda espécie de serviço ou trabalho lícito, material ou imaterial, "pode ser contratada mediante retribuição".

Veja-se que o referido dispositivo demonstra verdadeira faculdade das partes contratarem mediante retribuição, diferentemente de outros códigos cujo pagamento é imposto expressamente. Tome-se, a título de exemplo, o art. 1.623 do Código Civil argentino, o qual dispõe que o contrato de prestação de serviços "tiene lugar cuando una de las partes se obligare a prestar un servicio, y la otra a pagarle por ese servicio un precio en dinero". No direito argentino, portanto, não apenas o contrato de prestação de serviços existe desde que haja pagamento, como também, por vontade do legislador, o pagamento deve ocorrer sempre em dinheiro. No Código Civil alemão, o § 611 estatui que pelo contrato de prestação de serviço uma pessoa que promete o serviço é obrigada a executar os serviços prometidos e a outra parte é *obrigada a garantir a remuneração avençada*, pressupondo, portanto, o pagamento. O art. 1.710 do Código Civil francês estabelece a existência do contrato de prestação de serviço "mediante um preço convencionado entre as partes",[44] regra que não difere do Código Civil espanhol, em cujo art. 1.544, embora se utilizando da expressão arrendamento de serviços ou de obras, estatui que pelo referido contrato "una de las partes se obliga a ejecutar una obra o

---

[41] BITTAR, Carlos Alberto. *Contratos civis* cit., p. 77.
[42] Cf. MONTEIRO, Washington de Barros. *Curso de direito civil* cit., 2007. v. 5, p. 218; DINIZ, Maria Helena. *Tratado teórico e prático dos contratos* cit., v. 2, p. 153.
[43] ANDRIGHI, Nancy; BENETI, Sidnei; ANDRIGHI, Vera. In: TEIXEIRA, Sálvio de Figueiredo (Coord.). *Comentários ao novo Código Civil* cit., v. 9, p. 235.
[44] É esta a redação do art. 1.710 do Código Civil francês: "Le louage d'ouvrage est un contrat par lequel l'une des parties s'engage à faire quelque chose pour l'autre, moyennant un prix convenu entre elles".

a prestar a la otra un servicio por precio cierto". Ao tratarem das regras relativas a esse contrato no direito português, cujo art. 1.154.º do Código Civil estatui que o "contrato de prestação de serviço é aquele em que uma das partes se obriga a proporcionar à outra certo resultado do seu trabalho intelectual ou manual, com ou sem retribuição", Pires de Lima e Antunes Varela afirmam que "ao contrário do contrato de trabalho, que é sempre retribuído, o contrato de prestação de serviços pode ter ou não remuneração".[45]

Caio Mário da Silva Pereira,[46] igualmente, defende a possibilidade de gratuidade na prestação de serviços, afirmando que "não é a gratuidade incompatível com o contrato civil de prestação de serviços, ao contrário do de trabalho, obrigatoriamente assalariado". Segundo o autor, aceitando que possa haver contrato civil de prestação de serviços, gratuitos, deve--se frisar, contudo, que a gratuidade não se presume jamais, havendo mister ajuste expresso nesse sentido, pois não é curial que a prestação de atividade, com que alguém se enriquece, seja desacompanhada de retribuição.

Cumpre observar que o Deputado Ricardo Fiuza (PPB/PE), após apresentar o Projeto de Lei 6.960/2002, em 12.06.2002, com vistas à alteração de diversos dispositivos do Código Civil recém-promulgado – durante a *vacatio legis*, portanto –, apresentou igualmente, em 07.11.2002, o Projeto de Lei 7.312/2002, o qual, a partir de 23.11.2005, tramitou apensado àquele e pretendia dar nova redação a diversos dispositivos do *Codex*, dentre os quais o art. 594, com o que, caso aprovado, passaria a ter a seguinte redação: "a prestação de serviço compreende toda atividade lícita de serviço especializado, realizado com liberdade técnica, sem subordinação e *mediante certa retribuição*" (grifei). Todavia, com o arquivamento do Projeto de Lei 6.960/2002, em 31.01.2007, foi igualmente arquivado o Projeto de Lei 7.312/2002,[47] não tendo sido seu conteúdo reapresentado com o Projeto de Lei 276/2007, arquivado em janeiro de 2011, ou mesmo com o Projeto de Lei 699/2011, que substituiu os anteriores, em trâmite, atualmente, na Câmara dos Deputados.

Portanto, se o Código brasileiro estatui em seu art. 594 que a prestação de serviços "pode ser contratada mediante retribuição", não impondo a existência de pagamento – embora a presuma –, ou a existência de pagamento em dinheiro, como fazem os códigos suprarreferidos, disso

---

[45] LIMA, Pires de; VARELA, Antunes. *Código civil anotado* (arts. 762.º a 1250.º). 4. ed. rev. e actual. Coimbra/Portugal: Ed. Coimbra, 1997. v. 2, p. 782.
[46] PEREIRA, Caio Mário da Silva. *Instituições de direito civil* cit., 2009. v. 3, p. 323.
[47] DCD 01.02.2007, p. 142 e 146.

decorre que podem as partes, no sistema brasileiro, avençar até mesmo ausência de retribuição sem que isso desnature a essência do próprio contrato, embora, em muitos casos haverá uma *quase* atipicidade, no sentido de que algumas regras não poderão ser aplicadas, como por exemplo, a exceção de contrato não cumprido. Trazemos novamente à lembrança o exemplo anteriormente declinado, relativamente aos alunos que recebem bolsa de estudos, os quais, pela doutrina dominante, poderiam não ser alcançados pela proteção conferida pela lei às relações contratuais decorrentes da prestação de serviços. Aplica-se aqui, igualmente, o exemplo do posto de gasolina que concede o serviço de lavagem do veículo que abasteça no mínimo vinte litros de combustível. O posto de gasolina não recebe pela lavagem, não repassa o custo para o preço do combustível, e nem por isso se poderá afirmar que inexista prestação de serviço em sua modalidade contratual, com reflexos no âmbito obrigacional, inclusive.

O Código Civil (art. 594, CC/2002; art. 1.216, CC/1916) assevera, como vimos, que a prestação de serviço "pode ser contratada mediante retribuição". A palavra retribuição significa dar algo equivalente patrimonialmente, também entendida no contexto contratual por remunerar. Remunerar é palavra que entrou em algumas línguas neolatinas entre o século XIV e o século XV, e vem da palavra latina "remunere" que supõe algo que deva ser dado, jurídica ou moralmente, como contraprestação ou sem qualquer dever.[48] Entretanto, entendemos estar com melhor razão Caio Mário da Silva Pereira, Nancy Andrighi, Sidnei Beneti, Vera Andrighi, Pires de Lima e Antunes Varela ao afirmarem que ao contrário do contrato de trabalho, que é sempre retribuído, o contrato de prestação de serviços pode ter ou não remuneração.[49] Porquanto, haverá casos em que o prestador optará por não receber o pagamento, quer seja em razão de amizade, cortesia, altruísmo, compensação, quer seja em razão de permuta ou troca de serviços. Em casos tais, não se poderá negar a contratação do serviço ou mesmo a aplicação das regras jurídicas quanto à prestação de serviços.

A doutrina majoritária, nesse aspecto, defende que a gratuidade do contrato de prestação de serviços o transforma em doação ou em contrato atípico, corrente da qual, com o devido respeito, ousamos discordar pelas razões anteriormente expostas. Nem toda gratuidade implica doação.[50] Entretanto, Ludwig Enneccerus, Theodor Kipp e Martín Wolff afirmam

---

[48] PONTES DE MIRANDA, Francisco Cavalcanti. *Tratado de direito privado* cit., v. 47, p. 32.
[49] LIMA, Pires de; VARELA, Antunes. *Código Civil anotado* cit., v. 2, p. 782.
[50] PONTES DE MIRANDA, Francisco Cavalcanti. *Tratado de direito privado* cit., v. 38, p. 369.

que ao contrato de serviço é essencial a estipulação de uma remuneração, pois se os serviços hão de ser prestados gratuitamente ter-se-á um mandato ou uma promessa de doação.[51] Orlando Gomes também defende que "se gratuito o serviço prestado, ter-se-á doação ou contrato atípico".[52]

Não se supõe seja a prestação de serviço gratuita, vez que é da essência do contrato que aquele que exerce a atividade o faça com a finalidade econômica, lucrativa. Entretanto, caso as partes consintam, nada impede que a prestação de serviços seja gratuita. Igualmente, não há necessidade de que a contraprestação seja em dinheiro, ou integralmente em dinheiro, podendo as partes convencionar que o pagamento seja até mesmo em bens e objetos outros que não dinheiro. Corretamente ensinam Ludwig Enneccerus, Theodor Kipp e Martín Wolff que como remuneração pode convencionar-se não somente uma prestação pecuniária, mas também qualquer outra contraprestação.[53]

Isso porque, a expressão "remuneração" abrange não apenas o dinheiro em espécie, mas toda e qualquer contraprestação que tenha conteúdo econômico. A remuneração do serviço, leciona Cunha Gonçalves,[54] toma denominações diversas, conforme a categoria de quem o presta; chama-se *soldada*, quando paga ao *criado*; é *salário*, *jorna* ou *féria* o que recebe o *operário*; é *ordenado* ou *vencimento* o que se dá ao *empregado*; é *honorário* o que exige o advogado, o médico, o engenheiro; e *comissão* quando paga aos agentes e angariadores etc.

O Projeto de Código Civil que culminou no Código de 1916, segundo aponta Clóvis Beviláqua,[55] além de afirmar em seu art. 1.386 que toda e qualquer espécie de serviço ou trabalho lícito, material ou imaterial, poderia ser contratado, acrescentava que a contratação seria "mediante retribuição em dinheiro", dispondo o parágrafo único do referido dispositivo que se o contrato não fosse retribuído ou se a retribuição não fosse em dinheiro, não seria "locação" mas seria regido como tal no que lhe fossem aplicáveis as regras relativas à "locação de serviço". Como se sabe, restou de fora do Código de 1916 a obrigatoriedade de *retribuição em dinheiro*, o que foi seguido pelo Código de 2002, e, portanto, onde

---

[51] ENNECCERUS, Ludwig; KIPP, Theodor; WOLFF, Martín. *Tratado de derecho civil: derecho de obligaciones* cit., v. 2, t. 2, p. 240-241.
[52] GOMES, Orlando. *Contratos* cit., 26. ed., p. 228-229.
[53] ENNECCERUS, Ludwig; KIPP, Theodor; WOLFF, Martín. *Tratado de derecho civil* cit., v. 2, t. 2, p. 241.
[54] GONÇALVES, Luiz da Cunha. *Tratado de direito civil em comentário ao Código Civil português* cit., v. 7, p. 541.
[55] BEVILÁQUA, Clóvis. *Projecto de Código Civil brazileiro*. Rio de Janeiro: Imprensa nacional, 1900. p. 212.

a lei não distinguiu, não nos é dado fazê-lo. Defendem alguns, porém, que se a retribuição consistir em outra prestação de serviços, o contrato desfigura-se para a atipicidade.[56] Quando se fala em atipicidade, têm-se em mente as quatro categorias de contratos inominados reconhecidas pelo direito romano, segundo a divisão de Paulo: a) *do ut des*; b) *do ut facias*; c) *facio ut des*; d) *facio ut facias* (respectivamente: dou para que dês; dou para que faças; faço para que dês; faço para que faças).[57] Entendemos, todavia, que não há atipicidade contratual na prestação de serviço gratuita, vez que o contrato continua a ser típico de prestação de serviços, como exemplificamos. O que ocorre é tão somente que determinadas regras obrigacionais deixam de ter aplicação, o que, por si só, não torna o contrato em atípico, inominado.

Embora o preço não seja elemento essencial ao contrato de prestação de serviços – como o é na compra e venda –, é, certamente, um fator relevante. Ocorre que esse preço pode comportar certas estipulações acessórias, desde que não modifiquem o caráter do contrato, podendo, por exemplo, ocorrer a retribuição através de produtos ou mesmo outras coisas que as partes definirem, tendo em vista que não consta do dispositivo legal a obrigatoriedade de retribuição em dinheiro, como já verificado. Entendimento semelhante é declinado por Paulo Nader,[58] o qual sustenta que "a retribuição geralmente se faz em dinheiro, mas nada impede que seja *in natura*, isto é, em morada, alimentos, vestuário e condução".

Cite-se ainda, na mesma esteira deste último autor, entendimento defendido por Washington de Barros Monteiro,[59] para quem "a remuneração pagar-se-á em dinheiro, mas parte dela pode constituir-se em utilidades, como fornecimento de pousada ou morada, alimentos, vestuário, condução etc.", e ainda Maria Helena Diniz,[60] a qual afirma que "em regra, essa remuneração é em dinheiro, mas nada obsta a que parte dela seja em alimentos, vestuário, condução, moradia etc.", havendo verdadeiro limite para os adeptos dessa corrente doutrinária.

Entendemos, porém, ser plenamente possível que a totalidade da retribuição seja *in natura*, ou até mesmo através de outra prestação de serviço. Em nosso sentir, mesmo a totalidade do valor do contrato pode ser objeto de qualquer outra contraprestação, com sentido e valor econômicos, para

---

[56] PEREIRA, Caio Mário da Silva. *Instituições de direito civil* cit., 2009. v. 3, p. 323.
[57] AZEVEDO, Álvaro Villaça. *Teoria geral dos contratos típicos e atípicos* cit., 3. ed., p. 113.
[58] NADER, Paulo. *Curso de direito civil* cit., 4. ed., v. 3, p. 288.
[59] MONTEIRO, Washington de Barros. *Curso de direito civil* cit., 2007. v. 5, p. 219.
[60] DINIZ, Maria Helena. *Curso de direito civil brasileiro* cit., 25. ed., v. 3, p. 296.

que se tenha por atingido o requisito da retribuição, como anteriormente defendido, o que, evidentemente, não ocorre e nem pode ocorrer quando se tratar de relação regida pela Consolidação das Leis do Trabalho, cujo parágrafo único do art. 82 dispõe que "o salário mínimo pago em dinheiro não será inferior a 30% (trinta por cento) do salário mínimo fixado para a região", de maneira que, nas relações regidas pelo direito do trabalho, mesmo que o valor das utilidades concedidas ultrapasse 70% do salário, deve necessariamente ser pago em dinheiro no mínimo 30% da remuneração,[61] sendo que os percentuais relativos ao pagamento de salário *in natura* ou salário utilidade são regidos pelo art. 458 da CLT. Ainda sobre a forma de retribuição, veja-se que o art. 598 do CC fala em contrato de prestação de serviço que tenha por causa o pagamento de dívida de quem o preste, corroborando nosso entendimento de que não desnatura o contrato de prestação de serviço o fato de estipularem as partes qualquer forma de retribuição diversa daquela feita em espécie, em dinheiro.

O contrato de prestação de serviços pode ter ou não caráter **pessoal** ou ***intuitu personae***. Terá caráter personalíssimo toda vez que o prestador da atividade desejada pelo contratante for considerado pelo outro como elemento determinante para sua conclusão. A doutrina, no entanto, nesse aspecto se divide. Maria Helena Diniz entende que geralmente o contrato de prestação de serviços possui o caráter pessoal ou *intuitu personae*,[62] ou seja, a própria pessoa contratada é determinante na decisão do contratante, que se interessa na execução do serviço em razão da habilidade pessoal, competência e muitas outras qualidades que servem de fundamento à contratação desejada, de forma que essa contratação baseia-se na confiança que deposita no prestador, nas "qualidades técnicas, profissionais ou morais do servidor, o qual, por isso, não pode fazer-se substituir" em grande parte dos contratos.[63]

Carvalho Santos afirma de maneira categórica que em regra é o contrato de prestação de serviços celebrado *intuitu personae*, tendo em vista as qualidades técnicas, profissionais ou morais do prestador, pois nelas é que se funda a confiança do tomador, e por essa razão justamente não pode o prestador fazer-se substituir.[64] Limongi França,[65] por sua vez, remete-nos ao art. 878, CC/1916, sobre convenção para prestação pessoal,

---

[61] MARTINS, Sergio Pinto. *Comentários à CLT*. 12. ed. São Paulo: Atlas, 2008. p. 144.
[62] DINIZ, Maria Helena. *Curso de direito civil brasileiro* cit., 25. ed., v. 3, p. 97.
[63] GONÇALVES, Luiz da Cunha. *Tratado de direito civil em comentário ao Código Civil português* cit., p. 541.
[64] SANTOS, J. M. Carvalho. *Código Civil brasileiro interpretado* cit., v. 17, p. 217.
[65] LIMONGI FRANÇA, Rubens. *Obrigação de fazer* cit., p. 332-334.

e afirma que o caráter da obrigação personalíssima não precisa ser expresso, podendo resultar das circunstâncias do caso, como por exemplo, o serviço solicitado a profissional famoso justamente porque se espera que seja ele próprio que o realize.

Encerrando a prestação de serviços uma obrigação de fazer, defende Álvaro Villaça Azevedo consistir ela em uma relação pessoal, de cunho imaterial ou material.[66] Exemplifica o autor afirmando que se alguém contrata com um intelectual (professor, escritor etc.) a prestação de um serviço, com um cientista a realização de qualquer trabalho científico ou com um artista a pintura de um quadro ou a escultura de uma estátua, verifica-se claramente que o contratante depositou a confiança no contratado em razão de suas qualidades pessoais, suas aptidões, pendores intelectuais, científicos ou artísticos, sendo, portanto, obrigação de fazer personalíssima, chamada pelos romanos de *intuitu personae*. Nesse aspecto, dispunha o art. 878 do Código Civil de 1916, que "na obrigação de fazer, o credor não é obrigado a aceitar de terceiro a prestação, quando for convencionado que o devedor a faça pessoalmente". Embora esse dispositivo não tenha sido reproduzido no Código de 2002, ensina referido autor ser óbvio que seu espírito permanece, afirmando ser o que acontece, por exemplo, quando se contratam os serviços de um renomado médico para a realização de uma operação delicada, um famoso advogado para a defesa de uma causa difícil, e preleciona que nesses casos os credores querem que os serviços se executem pelos próprios contratados, pois depositam confiança nos méritos dos prestadores do serviço, existindo, pois, uma imaterialidade, uma espiritualidade, não sendo um fazer físico, material.

Embora tenha caminhado a respeitada doutrina de forma a imprimir caráter personalíssimo à prestação de serviços, certo é que não podemos afirmar que o Código Civil a impôs como regra, pois a legislação pátria deixou em aberto referida norma, ou seja, deixou ao arbítrio das partes a decisão sobre quando se contratará tendo como requisito o caráter personalíssimo, e quando se contratará sem a exigência do caráter pessoal do prestador. Com efeito, ao discorrerem sobre o contrato de prestação de serviços, bem afirmam Carlos Alberto Bittar Filho e Marcia Sguizzardi Bittar que "o contrato pode ser celebrado de maneira impessoal (não importando quem venha a executar o serviço contratado, contanto que seja executado), ou *intuitu personae* (quando o executor do serviço dever ser aquele mesmo visado pelo contratante, e nenhum outro)".[67]

---

[66] AZEVEDO, Álvaro Villaça. *Teoria geral das obrigações e responsabilidade civil* cit., 11. ed., p. 48-49.
[67] BITTAR FILHO, Carlos Alberto; BITTAR, Marcia Sguizzardi. *Novo Código Civil*: parte geral, obrigações e contratos. São Paulo: IOB Thompson, 2005. p. 287.

O Código Civil alemão, a fim de evitar divergências interpretativas da norma, dispõe no § 613 que a parte sujeita à prestação do serviço deve, em caso de dúvida, executá-lo pessoalmente. Entretanto, essa regra do direito alemão não se assemelha à nossa, nem mesmo quando se tem em consideração o art. 247 do CC, segundo o qual "incorre na obrigação de indenizar perdas e danos o devedor que recusar a prestação a ele só imposta, ou só por ele exequível", pois nossa legislação não estatui expressamente que em caso de dúvida ou em razão do silêncio das partes será personalíssima a prestação de serviço, com o que não se pode afirmar ser regra o caráter personalíssimo do contrato em comento.

O caráter personalíssimo ou não personalíssimo da prestação dependerá não da lei, mas da vontade das partes combinada às circunstâncias e ao objeto do contrato em si mesmo considerado. Embora se possa argumentar que em se tratando de profissional liberal o contrato terá sempre caráter personalíssimo, certo é que mesmo quanto à prestação de serviços executada por profissionais liberais por vezes terá tal caráter infungível e por vezes terá caráter fungível, nada obstando que o prestador cumpra seu mister através de outra pessoa. Isso ocorre, por exemplo, quando se contrata um marceneiro para reparos na residência, ou quando se contrata um eletricista, um encanador, um programador de informática etc. Portanto, nesses, como em muitos outros casos, não há obrigação imaterial, personalíssima, mas verifica-se obrigação que se retrata em um fazer físico, material, passível de ser executada por outras pessoas que não o contratado, devendo as partes expressamente convencionar sobre o caráter em que se dará o cumprimento da prestação, se personalíssimo ou não. Igualmente, afasta-se o caráter personalíssimo do contrato em análise, sobretudo nas modernas relações contratuais de massa, tratada pela Lei Consumerista.

O **objeto** do contrato de prestação de serviços é a própria atividade, quer seja executada por pessoa física ou jurídica, com vistas ao cumprimento do contrato, ou seja, a atividade que tenha por finalidade executar "toda espécie de serviço ou trabalho lícito, material ou imaterial", como preceitua o art. 594 do Código Civil. Afirma Carvalho Santos que o objeto é o serviço a prestar-se, ou seja, a atividade do homem, em si mesma, ou como produtora de uma coisa, sendo essencial que a obra ou serviço a ser prestado seja física, moral e juridicamente possível, posto que *impossibilitum nulla obligatio*.[68] Dessa forma, tanto é nulo o contrato pelo qual alguém se obriga a fazer coisas superiores às forças humanas como quando alguém se obriga à prestação de serviços contrários aos

---

[68] SANTOS, J. M. Carvalho. *Código Civil brasileiro interpretado* cit., v. 17, p. 218-219.

bons costumes à ordem pública. Se, todavia, a obra ou o serviço a ser prestado não for superior às forças humanas, sendo somente superior às forças daquele que se obrigou a prestá-los, ou seja, o serviço ou a obra não é absolutamente impossível, é relativamente quanto à pessoa que se obrigou a realizá-lo, o contrato chega a formar-se e, diante da ocorrência de sua inexecução, o prestador ficará responsável pelas perdas e danos sofridos pelo tomador ou contratante.

Assim, o contrato de prestação de serviços encerra uma das espécies das obrigações de fazer, sendo que estas, nas palavras de Pontes de Miranda,[69] "somente podem ir até onde o homem física ou psiquicamente *pode chegar*", esclarecendo o citado autor que esse "pode chegar" significa "pode, conforme os meios de que o homem, no momento, dispõe, chegar a fazer". O objeto do contrato de prestação de serviço, observa Maria Helena Diniz,[70] é uma obrigação de fazer, ou seja, a prestação de atividade lícita, não vedada por lei e pelos bons costumes, oriunda da energia humana aproveitada por outrem, e que pode ser material ou imaterial, braçal ou intelectual, doméstico ou externo. Ademais, como negócio jurídico que é, deve a prestação de serviços, igualmente, obedecer ao disposto no art. 104 do *Codex*,[71] para sua validade.

O contrato de prestação de serviços encerra verdadeira obrigação de fazer, e não de dar, embora em determinados casos o dar seja mera consequência do fazer, sem que isso desnature o contrato ou o transforme em outra modalidade contratual. É o que ocorre, por exemplo, na prestação de serviços jurídicos, pela qual seja determinado advogado contratado a elaborar um parecer, ou no caso de arquiteto contratado para *desenhar* a planta de um imóvel, hipóteses em que a execução da atividade desenvolvida importará também na de dar ou entregar o objeto daquela atividade.

2.3 A PRESTAÇÃO DE SERVIÇOS NO CÓDIGO CIVIL

Feitas as distinções e classificações quanto ao contrato de prestação de serviços, bem como vista sua estrutura, havemos de abordar a ques-

---

[69] PONTES DE MIRANDA, Francisco Cavalcanti. *Tratado de direito privado*. 2. ed. Rio de Janeiro: Borsoi, 1958. v. 22, p. 74.
[70] DINIZ, Maria Helena. *Tratado teórico e prático dos contratos* cit., v. 2, p. 152.
[71] É esta a redação do art. 104 do CC/2002: "A validade do negócio jurídico requer: I – agente capaz; II – objeto lícito, possível determinado ou determinável; III – forma prescrita ou não defesa em lei".

tão como declinada no Código Civil em vigor, que trata da matéria em apenas 17 (dezessete) artigos, diferentemente do Código revogado, que a abordava em 21 (vinte e um) artigos. Houve por bem o legislador não elencar no vigente *Codex* as regras de justa causa para a extinção do contrato, ou seja, para a rescisão e resilição unilateral.

Vimos anteriormente que o objeto do contrato de prestação de serviços é a própria atividade humana com vistas ao cumprimento do contrato, ou seja, a atividade que tenha por finalidade executar "toda espécie de serviço ou trabalho lícito, material ou imaterial", nos termos do art. 594 do CC. Além do fato de que toda espécie de serviço ou trabalho lícito, material ou imaterial seja abrangido pelo contrato em análise, estabelece o art. 601 que "não sendo o prestador de serviço contratado para certo e determinado trabalho, entender-se-á que se obrigou a todo e qualquer serviço compatível com as suas forças e condições".

Portanto, nos exatos termos do referido dispositivo legal, "a contratação do prestador de serviço não necessita ser realizada com a especificação daquilo que deverá ser prestado", de sorte que inexistindo incompatibilidade entre as condições físicas e intelectuais do prestador, o contrato será válido, e, em princípio, não poderá este pretender cobrar valor superior ao estipulado pelas partes, salvo prova de que se obrigou à prestação de serviços específicos somente.[72] A contratação de *serviços gerais* será plenamente válida, estando concordes as partes. Ressalte-se que o art. 601 do vigente Código corresponde – respeitada a alteração da expressão *locador* para *prestador* – integralmente ao art. 1.224 do Código revogado, tendo servido este de inspiração à redação do parágrafo único do art. 456 da CLT, em 1943, o qual dispõe que "à falta de prova ou inexistindo cláusula expressa a tal respeito, entender-se-á que o empregado se obrigou a todo e qualquer serviço compatível com a sua condição pessoal".

Ainda quanto ao art. 601 do CC, diversa será a interpretação, caso o prestador seja cobrado por serviço que não integrara o objeto do contrato, ou, caso seja-lhe cobrada execução de serviço superior às suas forças, situação que o autoriza a ter por desfeito (resolução) o contrato (justa causa).

Havendo o prestador aceito a execução de serviços gerais, ou restando presumido que o contrato tem por objeto todo e qualquer serviço compatível com suas forças e condições, disso decorre a impossibilidade

---

[72] TEPEDINO, Gustavo; BARBOZA, Heloisa Helena; MORAES, Maria Celina Bodin de. *Código civil interpretado conforme a Constituição da República*. Rio de Janeiro: Renovar, 2006. v. 2, p. 331.

de pretender receber mais pela prestação dos serviços, de maneira que somente poderá cobrar valor excedente ao combinado, isto é, de exigir aumento no preço da retribuição, se demonstrar o contrário, ou seja, "que foi contratado para determinado serviço", afirmando parte da doutrina ser esse o motivo pelo qual médicos, advogados e dentistas cobram por tipo de serviço prestado, mesmo que para alcançar o resultado final sejam necessárias várias etapas.[73]

2.3.1 Assinatura a rogo e subscrição de duas testemunhas

Dispõe o art. 595 do Código Civil que "quando qualquer das partes não souber ler, nem escrever, o instrumento poderá ser assinado a rogo e subscrito por duas testemunhas", sendo esta uma exceção ao princípio segundo o qual a assinatura a rogo se dá perante serventuário público.[74] Essa regra já constava no art. 1.217 do Código revogado, apenas diferindo quanto ao número de testemunhas, pois anteriormente era necessária a subscrição de quatro delas. O fato de exigir-se subscrição de testemunhas nas hipóteses em que qualquer das partes seja analfabeta não transforma a prestação de serviços em contrato formal.[75]

Cumpre verificar que o art. 221 do Código vigente, correspondente parcial ao art. 135 do Código revogado, assevera que "o instrumento particular, feito e assinado, ou somente assinado por quem esteja na livre disposição e administração de seus bens, prova as obrigações convencionais de qualquer valor (...)", dispondo o parágrafo único que a prova do instrumento particular pode ser suprida pelas outras de caráter legal.

O Código revogado exigia a subscrição de duas testemunhas para que fosse o instrumento particular tido como prova, qualquer que fosse o valor da obrigação. Por outro lado, o art. 212 do Código em vigor (art. 136 do CC/1916), determina que à exceção do negócio jurídico a que a lei impõe forma especial o fato jurídico pode ser provado mediante confissão, documento – que o Código anterior esclarecia podia ser público ou particular, entendimento que não se alterou na nova codificação embora silente referido dispositivo –, testemunha, presunção e perícia – chamada pelo Código anterior de "exames e vistorias" –, levando Clóvis Beviláqua a observar no regramento da prestação de serviços que

---

[73] ANDRIGHI, Nancy; BENETI, Sidnei; ANDRIGHI, Vera. In: TEIXEIRA, Sálvio de Figueiredo (Coord.). *Comentários ao novo Código Civil* cit., v. 9, p. 258.
[74] PEREIRA, Caio Mário da Silva. *Instituições de direito civil* cit., 2009. v. 3, p. 325.
[75] VENOSA, Sílvio de Salvo. *Direito Civil* cit., 7. ed., v. 3, p. 196.

o Código estabelece outra forma de instrumento particular, especial para o contrato em estudo, ou seja, o escrito assinado por outrem, a rogo de uma ou de ambas as partes contratantes, e subscrito por testemunhas, que no CC/1916 eram quatro, isto é, o dobro do que se exigia para os demais instrumentos.[76] Ao estatuir-se a possibilidade de contrato a rogo com subscrição de testemunhas, ensina o autor que "o pensamento do Código foi, reconhecendo a extensão do analfabetismo entre nós, facilitar o contrato escrito, sem a intervenção do oficial público. Para os efeitos do contrato, a respeito de terceiro, é, porém, necessária transcrição no registro de títulos".

Assim, para garantia dos analfabetos, o Código de 1916 exigiu o dobro de testemunhas do que normalmente exigido para a validade dos demais contratos, exigência que foi alterada pelo vigente Código, bastando hoje apenas duas testemunhas.

Defende José Fernando Simão que nos casos de assinatura a rogo do contrato, exigindo a lei a subscrição de duas testemunhas, a ausência destas torna nulo o contrato, pois a parte contratante ensejadora da assinatura a rogo, geralmente analfabeta, pode ter sido enganada pelo outro contratante.[77] Para referido autor, somente o analfabeto, prejudicado pelo contrato detém legitimidade para alegar a nulidade, afirmando, entretanto, que o contrato – e sua validade –, pode ser provado por outros meios. Igualmente, afirma Carvalho Santos que na ausência de intervenção das testemunhas exigidas pela lei o contrato de prestação de serviços será nulo, por não ter obedecido a forma prescrita em lei.[78] Se nenhuma das partes souber ler e escrever, segundo o autor, mesmo assim aplica-se referido artigo, bastando que outrem redija o contrato e o assine, a rogo de ambas as partes, juntamente com as testemunhas. Gustavo Tepedino, Heloisa Helena Barboza e Maria Celina Bodin de Moraes, igualmente, defendem a nulidade do contato no caso de ausência de testemunhas.[79]

---

[76] BEVILÁQUA, Clóvis. *Código Civil dos Estados Unidos do Brasil comentado* cit., v. 4, p. 404.
[77] SIMÃO, José Fernando. *Direito civil*: contratos. 2. ed. 2. reimpr. Série leituras jurídicas: provas e concursos. São Paulo: Atlas, 2007. v. 5, p. 158-159.
[78] SANTOS, J. M. Carvalho. *Código Civil brasileiro interpretado* cit., v. 17, p. 252. O autor ainda invocava o art. 130, CC/1916, sem correspondente no Código vigente, para a nulidade do contrato de prestação de serviços em que um ou ambos os contratantes fossem analfabetos, sem a subscrição de testemunhas. Era esta a redação do art. 130, CC/1916: "Não vale o ato, que deixar de revestir a forma especial, determinada em lei (art. 82), salvo quando esta comine sanção diferente contra a preterição da forma exigida".
[79] TEPEDINO, Gustavo; BARBOZA, Heloisa Helena; MORAES, Maria Celina Bodin de. *Código civil interpretado conforme a Constituição da República* cit., v. 2, p. 326.

Ainda quanto à subscrição de testemunhas, defende Paulo Nader que o dispositivo legal deve ser interpretado extensivamente para alcançar, inclusive, a hipótese em que a parte esteja sem condições físicas, mas consciente para assinar o instrumento, como, por exemplo, no caso de estar algum dos contratantes com o braço ou a mão fraturada, citando Marco Aurélio Bezerra de Melo, o qual alarga a incidência do dispositivo para abarcar também o portador do mal de Parkinson.[80]

De outro lado, ensina Maria Helena Diniz que da inobservância à regra de estarem presentes as testemunhas mencionadas na lei "nenhuma consequência advirá, visto que o contrato pode ser provado por qualquer outro meio admitido em direito".[81] Respeitadas as correntes divergentes, entendemos que melhor razão assiste à Maria Helena Diniz ao defender a ausência de nulidade do negócio jurídico quando inexistente a subscrição das testemunhas. Isso porque, podendo ser o contrato provado por outros meios, não carece o sistema de dispositivo que imponha aos contratantes o dever de firmarem qualquer instrumento, particular ou público. Ademais, a expressão utilizada pelo legislador foi "poderá", e não "deverá", com o que se depreende uma faculdade das partes e não um imperativo legal. Disso decorre que as partes, se desejarem assegurar a existência material, física, de instrumento contratual, poderão entabular contrato escrito e valer-se da assinatura a rogo, com subscrição de duas testemunhas. Ressalte-se que na sociedade dinâmica dos tempos modernos, com muita frequência e em grandes proporções são realizados inúmeros contratos verbais de prestação de serviços sendo umas das partes, ou ambas, analfabeta, e nem por isso se infirma a nulidade desses contratos. Não se pode afirmar que essa interpretação fundada no dinamismo das relações contratuais coloca em risco a proteção do analfabeto, pois já dispõe a lei de regras e mecanismos suficientemente capazes de proteger não apenas a existência, como também a própria validade e eficácia dos negócios jurídicos.

Por outro lado, além de não representar uma imposição legal, tendo em vista a expressão "poderá", utilizada em detrimento da expressão "deverá", esta sim representando o caráter impositivo e cogente da norma, o legislador pareceu distanciar-se da realidade ao simplesmente transcrever a regra contida no Código de 1916 sem, contudo, observar o dinamismo contratual existente em nossos dias. Cumpre observar ainda que até mesmo a legislação trabalhista reconhece o *contrato realidade*, pouco importando se houve contratação escrita ou verbal, entre contra-

---

[80] NADER, Paulo. *Curso de direito civil* cit., 4. ed., v. 3, p. 289.
[81] DINIZ, Maria Helena. *Tratado teórico e prático dos contratos* cit., v. 2, p. 152.

tantes alfabetizados e esclarecidos ou entre analfabetos. Ora, a regra do art. 595 do Código Civil encerra mera faculdade concedida às partes, e não imperatividade. Do contrário, a entender-se pela obrigatoriedade de instrumento de ordem escrita, subscrito por duas testemunhas, estar-se-ia obstaculizando as relações privadas.

2.3.2 Ausência de estipulação do preço e arbitramento

O preço atribuído à prestação do serviço, embora não seja requisito ou elemento essencial ao contrato em análise – como o é na compra e venda –, é, certamente, um fator relevante, e sua atribuição e convenção será, efetivamente, fator que evitará maiores problemas de entendimento por parte dos contraentes. Entretanto, preceitua o art. 596 do Código Civil que "não se tendo estipulado, nem chegado a acordo as partes, fixar-se-á por arbitramento a retribuição, segundo o costume do lugar, o tempo do serviço e sua qualidade".

Carvalho Santos,[82] ao comentar referido dispositivo, defende que impondo o Código o arbitramento fica excluída, como consequência, a possibilidade de poder ser feita a prova do contrato por outro qualquer meio, pois mesmo que tivesse havido combinação verbal da retribuição a que tinha direito o prestador, não havendo acordo no momento do pagamento, não poderia o contrato, nesse ponto, ser provado por outro qualquer meio, vez que nos contratos verbais, que são a maioria, geralmente o valor da remuneração é acordado sem que haja testemunhas, sendo essa a razão pela qual na falta de escrito, somente o arbitramento seria possível.

Todavia, havendo retribuição ajustada verbalmente, desde que isso fique provado por testemunhas, não tem cabimento o arbitramento, mesmo porque, havendo a lei disposto que "não se tendo estipulado" o preço, leva-nos ao entendimento de que uma vez estipulada a retribuição admitir-se-á sua prova, tornando desnecessário o arbitramento e evitando-se, até mesmo, a desnecessária movimentação da máquina judiciária. Por outro lado, se uma pessoa presta serviços à outra sem que tenham combinado a remuneração, nem por isso aquele que prestou o serviço fica inibido de cobrar, bastando que prove a prestação de serviço, até mesmo por testemunhas, caso em que haverá o arbitramento da remuneração, posto que ao direito é repugnante a ideia de enriquecimento ilícito daquele que foi favorecido com o serviço sem paga.

---

[82] SANTOS, J. M. Carvalho. *Código Civil brasileiro interpretado* cit., v. 17, p. 255.

Washington de Barros Monteiro,[83] ao tratar do tema, preleciona que o disposto no art. 596 do Código Civil de 2002 só permite o arbitramento, como meio de fixar o *quantum* da retribuição, quando não houver ajuste ou acordo entre as partes, de forma que o desacordo a que se refere a lei pressupõe a inexistência de estipulação; se esta pode ser provada de modo cabal, pouco importa que as partes se desentendam posteriormente; contra o dissídio superveniente vigoraria o combinado. Entretanto, entendemos que referido dispositivo aplica-se tanto àquela situação em que o serviço já foi prestado ao tomador, tendo as partes se esquecido de estabelecer e convencionar o preço, bem como na hipótese de estabelecido este, e iniciado ou concluído o trabalho, tiverem as partes se desentendido quanto ao preço anteriormente avençado. Esta última hipótese é muito mais comum do que se possa imaginar, uma vez que iniciado o serviço, circunstâncias tais podem ocorrer que aumentem, significativamente, a atividade contratada, o que torna o preço estipulado pelas partes insuficiente para remunerar com justiça e equidade a prestação do serviço, ou pode até mesmo ocorrer que a atividade do prestador seja diminuída significativamente por fatores internos – quer seja pela vontade de ambas as partes, quer de apenas uma delas quanto ao desenvolvimento da atividade –, ou externos ao contrato, o que tornaria o preço desproporcional à atividade efetivamente contratada.

Assim, nessas circunstâncias, caberá ao juiz arbitrar o preço pelo serviço prestado, levando em consideração o costume do lugar, o tempo da atividade executada, e a qualidade do serviço, "excepcionada a hipótese de se tratar de serviço marcado pela especialidade daquele que o presta",[84] vez que pode ocorrer de a prestação de serviço decorrer da necessidade de profissional com especialidade técnica distinta daquela encontrada nos demais prestadores que ofertam serviço assemelhado, ou ainda pode ocorrer que sequer haja outra pessoa ou empresa capaz de prestar o serviço de interesse do tomador. Entretanto, qualquer que seja o motivo, poderá o juiz valer-se de sua experiência para arbitrar o preço, visto que o juiz é o perito dos peritos (*peritus peritorum*), ou designar perito de sua confiança para tanto. A questão prática, nessa hipótese, é a possibilidade de os custos com a movimentação judicial – neles incluídos as taxas, custas, emolumentos, honorários do perito e do advogado – superarem o montante da diferença entre o que as partes têm por preço razoável e o que entendem ser devido ou indevido. O arbitramento judicial tanto pode decorrer de ação de arbitramento como em decorrência de ação de

---

[83] MONTEIRO, Washington de Barros. *Curso de direito civil* cit., 2007. v. 5, p. 219.
[84] ANDRIGHI, Nancy; BENETI, Sidnei; ANDRIGHI, Vera. In: TEIXEIRA, Sálvio de Figueiredo (Coord.). *Comentários ao novo Código Civil* cit., v. 9, p. 249.

cobrança, movida pelo prestador, que geralmente tem por fundamento a suposta inadimplência do tomador.

Caso a questão tenha origem na ausência de estipulação da retribuição, "não há como presumir a gratuidade do serviço", mas a consequência decorrente dessa ausência de estipulação será a de entender-se "que os contraentes se sujeitaram ao costume do lugar, tendo em vista a natureza do serviço e o tempo de duração",[85] devendo-se levar em conta, para fins de arbitramento da retribuição, o esforço realizado na prestação do serviço, remunerando-se, inclusive, o risco a que se expôs o prestador ao realizá-lo.[86]

Cumpre observar que o art. 596 do CC/2002, corresponde exatamente ao art. 1.218 do Código de 1916. A regra tem por objetivo evitar o enriquecimento ilícito que possa haver, além de ser evidente manifestação decorrente do princípio da boa-fé que deve sempre reger as relações contratuais, como se depreende do art. 113 do *Codex*, o qual dispõe que "os negócios jurídicos devem ser interpretados conforme a boa-fé e os usos do lugar de sua celebração". Outrossim, embora não estivesse expresso idêntico dispositivo no Código revogado, não se pode afirmar que inexistia dever de observância do princípio referido, pois ele estava implícito na legislação, e do qual podemos verificar verdadeiro reflexo do princípio geral contido no brocardo *neminem laedere*.

Por outro lado, a regra em comento assemelha-se àquela contida no art. 460 da CLT, segundo o qual, "na falta de estipulação do salário, ou não havendo prova sobre a importância ajustada, o empregado terá direito a perceber salário igual ao daquele que, na mesma empresa, fizer serviço equivalente, ou do que for habitualmente pago para serviço semelhante". Nesse aspecto, há corrente doutrinária para a qual nos casos do art. 596, CC/2002, "poderá a justiça considerar por analogia o critério da equivalência técnica, presente no art. 460 da CLT".[87] É bem verdade que a CLT – de 1943– inspirou-se no art. 1.218 do Código Civil de 1916, a fim de, igualmente, rechaçar veementemente o locupletamento ilícito por uma das partes, mediante a denominada *equivalência salarial*.

Ainda quanto ao aspecto do preço na elaboração do contrato, é de observar que o Projeto de Lei 699/2011, apresentado em 15.03.2011 pelo Deputado Arnaldo Faria de Sá (PTB/SP), em substituição ao Projeto

---

[85] DINIZ, Maria Helena. *Curso de direito civil brasileiro* cit., 25. ed., v. 3, p. 295.
[86] SANTOS, J. M. Carvalho. *Código Civil brasileiro interpretado* cit., v. 17, p. 257-258.
[87] ANDRIGHI, Nancy; BENETI, Sidnei; ANDRIGHI, Vera. In: TEIXEIRA, Sálvio de Figueiredo (Coord.). *Comentários ao novo Código Civil* cit., v. 9, p. 249.

de Lei 276/2007, arquivado em 31.01.2011 nos termos do art. 105 do Regimento Interno da Câmara dos Deputados,[88] em razão do término da legislatura, projeto este que fora apresentado pelo Deputado Léo Alcântara (PSDB/CE) e que substituíra o Projeto de Lei 6.960/2002, de autoria do Deputado Ricardo Fiuza (PPB/PE), procura dar nova redação ao art. 596 do CC, o qual, caso aprovado, estatuirá que *"as partes devem fixar o preço do serviço* e na hipótese de divergência, a retribuição será arbitrada judicialmente, segundo o costume do lugar, o tempo de serviço e sua qualidade" (grifei), com o que a estipulação do preço, se e quando aprovado for referido projeto de lei, passará a ser essencial nesse tipo contratual.

Dessarte, uma vez que pode ser arbitrada judicialmente a retribuição pela prestação de serviços, a teor do que dispõe o próprio art. 596 em sua atual redação, verifica-se que o preço não é mesmo elemento essencial, posto que se o fosse, sua ausência importaria em possibilidade de anulabilidade contratual, o que inocorre na sistemática adotada pelo vigente diploma.

2.3.3 Tempo e modo do pagamento

Estabelece o art. 597, CC/2002, que "a retribuição pagar-se-á depois de prestado o serviço, se, por convenção, ou costume, não houver de ser adiantada ou paga em prestações", respeitando-se plenamente a autonomia da vontade das partes contratantes, embora seja evidente que para o Código a regra é o pagamento após a prestação dos serviços contratados. Carlos Alberto Bittar lembra que a remuneração deve ser paga, normalmente na conclusão quando não se tratar de prestação continuada, de duração da avença.[89]

---

[88] Sobre o tema relativo aos projetos de lei, dispõe o art. 105 do Regimento Interno da Câmara dos Deputados: "**Art. 105.** Finda a legislatura, arquivar-se-ão todas as proposições que no seu decurso tenham sido submetidas à deliberação da Câmara e ainda se encontrem em tramitação, bem como as que abram crédito suplementar, com pareceres ou sem eles, salvo as: I – com pareceres favoráveis de todas as Comissões; II – já aprovadas em turno único, em primeiro ou segundo turno; III – que tenham tramitado pelo Senado, ou sejam originárias; IV – de iniciativa popular; V – de iniciativa de outro Poder ou do Procurador-Geral da República. **Parágrafo único.** A proposição poderá ser desarquivada mediante requerimento do Autor, ou Autores, dentro dos primeiros cento e oitenta dias da primeira sessão legislativa ordinária da legislatura subsequente, retomando a tramitação desde o estágio em que se encontrava". Disponível em: <http://bd.camara.gov.br/bd/bitstream/handle/bdcamara/1926/regimento_interno_8ed.pdf?sequence=5:, acesso>. Acesso em: 20 fev. 2012.

[89] BITTAR, Carlos Alberto. *Contratos civis* cit., p. 77-78.

Parece-nos que ao repetir o Código de 2002 a regra tal qual contida no diploma revogado não houve por parte do legislador o necessário acompanhamento das transformações sociais e mesmo econômicas. Isso porque, à exceção da prestação de serviços tratada pelo Código de Defesa do Consumidor, que por representar prestação em massa geralmente levada a efeito por empresas com solidez financeira capaz de suportar a realização da atividade contratada para, ao final, receber o preço combinado, o Código Civil trata da relação privada em geral, e nesta, muito mais comum é a hipótese do prestador que na maioria das vezes não possui solidez econômica para realizar o serviço, durante o tempo em que durar a atividade, para, somente concluída, receber a contraprestação por parte do tomador.

Não se trata de pagamento integral antecipado, mas apenas de pagamento parcial mínimo capaz de permitir a cobertura de custo com deslocamentos e aquisição ou manutenção de materiais essenciais à execução da atividade contratada. Embora em alguns casos, quando o pagamento é integralmente feito antecipadamente, o prestador torne-se desidioso, moroso, ou mesmo incorra em inadimplência antecipada, por outro lado, quando se concede parcial, pequena antecipação de sua retribuição, a vivência mostra que em geral o prestador terá mais motivação e vigor na execução, e fará de tudo para a rápida execução da atividade contratada, a fim de que receba a integralidade do preço avençado. Essa antecipação mostra-se mais assemelhada a uma "entrada" do que propriamente um pagamento integral antecipado, não implicando, portanto, em violação ou subversão da conhecida regra romana de Paulo, anteriormente mencionada, *facio ut des* (faço para que dês).

Tenha-se em vista ainda, que, quando da promulgação do Código de 1916, outra era a sociedade, com valores muito mais firmes, fundados na honestidade, no comprometimento com a palavra proferida, ocasião em que podiam ser concretizados contratos – e por vezes o eram – apenas tendo por "ato de celebração" o fio do bigode, ou o apertar das mãos. Daí por que, nos dias modernos, levando-se em consideração também as questões de ordem financeira, não se pode ter como regra o pagamento após a prestação do serviço, sendo costumeiro, em muitas transações, o pagamento parcial antecipadamente, capaz de permitir ao prestador de serviços a obtenção de meios ao cumprimento do objeto contratual.

Portanto, ao lado do pagamento parcial quando da contratação e antes do início da execução, o pagamento em prestações semanais, quinzenais, ou mensais atende muito mais a finalidade e a função social do contrato, evitando-se o dissabor, por parte do prestador, de, depois de concluída a atividade para a qual fora contratado, percorrer verdadeira *via crucis* em busca de sua contraprestação.

Outrossim, quando se trata de pagamento, tenha-se em mente a regra relativa quanto ao lugar de sua ocorrência ou satisfação, de que trata o art. 327 do CC, no sentido de que, em princípio, o pagamento deve ser feito no domicílio do devedor, salvo se as partes tiverem convencionado diversamente, ou se o contrário resultar da lei, da natureza da obrigação ou das circunstâncias, estatuindo o parágrafo único do citado dispositivo que, quando estiverem designados dois ou mais lugares para efetivação do pagamento, cabe ao credor a escolha entre eles. Álvaro Villaça Azevedo afirma que "o pagamento deve efetuar-se no domicílio do devedor, logicamente, à época em que tiver de executar-se a obrigação", salvo se as partes convencionarem diversamente.[90]

Ainda quanto ao pagamento, veja-se o que escrevemos supra, quando tratamos da onerosidade do contrato de prestação de serviços, posto que os pensamentos lançados anteriormente complementam os aqui declinados.

2.3.4 Prestador não qualificado e pagamento

Ainda quanto ao pagamento, o Código vigente, em seu art. 606, traz dispositivo que inexistia no Código revogado, asseverando o *caput* que "se o serviço for prestado por quem não possua título de habilitação, ou não satisfaça requisitos outros estabelecidos em lei, não poderá quem os prestou cobrar a retribuição normalmente correspondente ao trabalho executado. Mas se desse resultar benefício para a outra parte, o juiz atribuirá a quem o prestou uma compensação razoável, desde que tenha agido de boa-fé", estatuindo o parágrafo único que "não se aplica a segunda parte deste artigo, quando a proibição da prestação de serviço resultar de lei de ordem pública".

Com a disposição referida, verifica-se que não foi ignorada a economia informal, que existe em larga escala no Brasil.[91] Quando se tratar de profissão regulamentada por lei, o prestador de serviços "deve se sujeitar ao cumprimento dos regramentos próprios de sua classe laboral ou profissão regulamentada".[92] Em outras palavras, sendo da própria natureza de determinada prestação de serviços a necessidade de habilitação específica, ou ainda, na hipótese de regulamentação para determinado serviço, deverá

---

[90] AZEVEDO, Álvaro Villaça. *Teoria geral das obrigações e responsabilidade civil* cit., 11. ed., p. 112.
[91] ANDRIGHI, Nancy; BENETI, Sidnei; ANDRIGHI, Vera. In: TEIXEIRA, Sálvio de Figueiredo (Coord.). *Comentários ao novo Código Civil* cit., v. 9, p. 249.
[92] NERY JUNIOR, Nelson; NERY, Rosa Maria de Andrade. *Código civil comentado*. 6. ed. rev. ampl. e atual. São Paulo: RT, 2008. p. 605.

o prestador ter obrigatoriamente habilitação para realizá-lo, sob pena de não poder cobrar o preço comumente praticado pela atividade que realizou, ou seja, sua remuneração não poderá equiparar-se à de um profissional habilitado, como observa a doutrina.[93] A disposição de arbitramento de compensação razoável procura evitar o enriquecimento injusto, sendo que essa remuneração razoável, ensina Sílvio de Salvo Venosa,[94] "pode ser até mesmo o justo preço pelo serviço, dependendo da finalidade social do negócio e dos costumes".

Entretanto, parece-nos mais condizente com o princípio da boa-fé e do não enriquecimento ilícito que a remuneração razoável seja equivalente ao justo preço pelo serviço nas hipóteses em que o tomador conhece a ausência de título de habilitação do prestador, e, ciente de que é capaz de realizar o serviço com a mesma habilidade e qualidade que um profissional titulado, contrata-o, justamente com a intenção de beneficiar-se com o baixo custo. Daí por que a "compensação razoável" atribuída pelo juiz poderá ser equivalente ao próprio preço pelo serviço, praticado no mercado pelos profissionais habilitados.

Contudo, nos termos do parágrafo único do citado dispositivo, outra será a regra "quando a proibição da prestação de serviço resultar de lei de ordem pública". Imaginemos, a título de exemplo, que determinado advogado, com inscrição suspensa ou cassada pela OAB em razão de processo ético e disciplinar – portanto, proibido por lei de exercer a advocacia enquanto perdurar a suspensão ou enquanto não obtiver novo registro no órgão de classe –, ocultando essa condição dos clientes, continue a patrocinar novas ações judiciais, ou mesmo a dar prosseguimento naquelas em curso, através de petições, recursos, audiências etc., valendo-se da boa-fé do sistema judicial que não desacredita os profissionais que subscrevem as peças processuais, tampouco tem condições de verificar, constantemente, quem está com seu registro profissional suspenso ou cassado. Imaginemos ainda determinada pessoa, estudante ou não de medicina, odontologia, enfermagem e outras carreiras afins na área da saúde, que, forjando diploma universitário, obtém a confiança de determinado hospital, clínica, ambulatório ou consultório, e passe a exercer atividades próprias daqueles profissionais habilitados (médicos, odontólogos, enfermeiros, farmacêuticos, psicólogos, fisioterapeutas etc.) tanto pelo MEC quanto pelos órgãos de classe (CRM, CRO, COREN, CRF, CRP, CREFITO etc.). Imaginemos ainda que alguém passe a exercer atividade exclusiva de

---

[93] TEPEDINO, Gustavo; BARBOZA, Heloisa Helena; MORAES, Maria Celina Bodin de. *Código civil interpretado conforme a Constituição da República* cit., v. 2, p. 336.
[94] VENOSA, Sílvio de Salvo. *Direito Civil* cit., 7. ed., v. 3, p. 201.

engenheiro ou arquiteto sem sê-lo, ou sem o devido registro no órgão de classe (CREA) e ative-se em elaborar plantas – que certamente não terão precisos cálculos estruturais etc. –, a assessorar e conduzir as construções e obras, ou ainda, alguém que se aventure a exercer profissão típica da área contábil, sem o competente registro profissional (CRC), ou alguém que exerça atividade profissional de corretor de imóveis sem a devida inscrição no órgão de classe (CRECI).

Em todas essas hipóteses, há precisa incidência do parágrafo único do art. 606 do CC, ou seja, não poderão tais pessoas ser remuneradas pelo serviço que tiverem prestado, ainda que a execução da atividade tenha resultado em benefício ao contratante, pois a segurança e a ordem públicas assim o determinam quando, por torpeza, malícia, dolo, enfim, por dissimulação, alguém exercer ilicitamente uma profissão, em desrespeito às regras de direito e, sobretudo, àquelas leis específicas de determinada atividade.

Assim, conquanto prestado um serviço que beneficie o contratante, a compensação não tem aplicação, nos termos do parágrafo único do art. 606 do *Codex*, quando a proibição da prestação de serviço resultar de lei ou de ordem pública.

Com efeito, não poderia a lei civil ser incoerente nem mesmo com o Código Penal (Decreto-lei 2.848, de 7 de dezembro de 1940), o qual tipifica como crime contra a saúde pública o exercício ilegal de determinadas profissões, como se verifica em seu art. 282, sendo punível com pena de detenção de seis meses a dois anos quem exercer, ainda que a título gratuito, a profissão de médico, dentista ou farmacêutico, sem autorização legal ou excedendo-lhe o limite, vez que tais atividades, exercidas por leigos, "representam grande, evidente perigo para a sociedade".[95] O parágrafo único ainda estabelece que se o crime é praticado com o fim de lucro, aplica-se também multa. Para que se verifique a tipicidade da conduta, segundo observa Damásio de Jesus,[96] "não basta ao médico, dentista ou farmacêutico habilitação profissional, sendo necessário o registro do título, diploma ou licença, ou seja, a habilitação legal. Esse registro deve ser feito no Serviço Nacional de Fiscalização do Departamento Nacional de Saúde". Nesse crime, o agente não tem autorização

---

[95] DRUMMOND, J. de Magalhães. In: HUNGRIA, Nélson (Coord.). *Comentários ao Código Penal*. Rio de Janeiro: Revista Forense, 1944. v. 9, p. 156.

[96] JESUS, Damásio de. *Código Penal anotado*. 19. ed. rev. atual. e ampl. de acordo com a reforma do CPP (Leis 11.689, 11.690 e 11.719/2008). São Paulo: Saraiva, 2009. p. 880.

para o exercício profissional, ou seja, não está inscrito nos quadros de profissionais habilitados perante o órgão profissional.

Outrossim, o Código Penal, ao tratar dos crimes contra a organização do trabalho, dispõe em seu art. 205 sobre o exercício de atividade com infração de decisão administrativa, punindo com detenção de três meses a dois anos, ou multa, aquele que, dolosamente, "exercer atividade, de que está impedido por decisão administrativa", extraindo-se que o objeto jurídico do tipo penal "é o interesse do Estado no cumprimento de decisões administrativas relativas às atividades por ele fiscalizadas", entendendo-se por atividade o trabalho ou profissão,[97] exigindo-se habitualidade para sua configuração, posto que, nas palavras de Paulo José da Costa Jr.,[98] "exercer a função proibida importa na reiteração da conduta". À evidência, inserem-se aqui não apenas órgãos governamentais, como aqueles vinculados ao Ministério do Trabalho e Emprego, mas também os órgãos de classe profissional (CRM, CRO, COREN, CRF, CRP, CREFITO, CREA, CRC, CRECI, OAB etc.), cuja atribuição, entre outras, é disciplinar e fiscalizar a atividade profissional. A decisão administrativa que impeça o exercício da atividade deve ser emanada de órgão competente para proferi--la. Havendo recurso administrativo com efeito suspensivo, pendente de julgamento, não há o crime, e caso não tenha efeito suspensivo o recurso, há incidência do tipo penal. Segundo prelecionam Nélson Hungria e Romão Côrtes de Lacerda,[99] caso a decisão impeditiva da atividade seja judicial, seu descumprimento configura crime contra a administração da justiça, e faz incidir o agente no art. 359 do Código Penal,[100] que trata do crime de desobediência à decisão judicial sobre perda ou suspensão de direito, havendo quem defenda que o impedimento, nesse caso, possa representar ou o crime do art. 359, ou o crime de desobediência, disposto no art. 330 do Código Penal.[101] O crime previsto no art. 205 é especial em relação àquele tipificado no art. 282, prevalecendo sobre ele. Julio Fabbrini Mirabete e Renato N. Fabbrini,[102] ao tratarem do tema, apontam

---

[97] Idem, p. 723-724.
[98] COSTA JR., Paulo José da. *Curso de direito penal*. 10. ed. rev. e atual. São Paulo: Saraiva, 2009. p. 595.
[99] HUNGRIA, Nélson; LACERDA, Romão Côrtes de. In: HUNGRIA, Nélson (Coord.). *Comentários ao Código Penal*. Rio de Janeiro: Revista Forense, 1947. v. 8, p. 46.
[100] É esta a redação do art. 359, do Código Penal: "Exercer função, atividade, direito, autoridade ou múnus, de que foi suspenso ou privado por decisão judicial: Pena – detenção, de três meses a dois anos, ou multa".
[101] PRADO, Luiz Regis. *Curso de direito penal brasileiro*: parte especial (arts. 121 a 249). 7. ed. rev. atual. e ampl. 2. tir. São Paulo: RT, 2008. v. 2, p. 591.
[102] MIRABETE, Julio Fabbrini; FABBRINI, Renato N. *Manual de direito penal*: parte especial (arts. 121 a 234 do CP). 26. ed. rev. e atual. até 11 de março de 2009. São Paulo: Altas, 2009. v. 2, p. 357.

que o exercício de função pública ilegal pode constituir o delito tipificado no art. 324 do Código Penal, e prelecionam que quando o agente jamais possuiu autorização para a prática de atividade profissional, o fato poderá caracterizar o crime do art. 282, ou a contravenção penal de que trata o art. 47, da Lei das Contravenções Penais. Registre-se que a ação penal, tanto no crime do art. 282 como no crime do art. 205, ambos do CP, é pública incondicionada.

Cumpre ainda observar que não poderia o Código Civil ser incoerente sequer com a Lei das Contravenções Penais (Decreto-lei 3.688, de 3 de outubro de 1941), a qual, ao tratar das contravenções relativas à organização do trabalho, dispõe sobre o exercício ilegal da profissão ou atividade, e prevê no art. 47 estar sujeito a prisão simples de quinze dias a três meses quem "exercer profissão ou atividade econômica ou anunciar que a exerce, sem preencher as condições a que por lei está subordinado o seu exercício".

O Superior Tribunal de Justiça,[103] em outubro de 2011, julgou caso envolvendo o exercício de atividade profissional de advogada que re-

---

[103] STJ, 5.ª T., RHC 29.435/RJ, rel. Min. Jorge Mussi, j. 18.10.2011, *DJe* 09.11.2011, v.u.: "EMENTA: *HABEAS CORPUS*. EXERCÍCIO DE ATIVIDADE PROFISSIONAL COM INFRAÇÃO DE DECISÃO ADMINISTRATIVA. ALEGADA ATIPICIDADE DA CONDUTA IMPUTADA À RECORRENTE. INEXISTÊNCIA DE DECISÃO ADMINISTRATIVA CASSANDO O SEU REGISTRO PROFISSIONAL. DESNECESSIDADE. DECISÃO PROFERIDA PELA ORDEM DOS ADVOGADOS DO BRASIL DEFERINDO O PEDIDO DE CANCELAMENTO DA INSCRIÇÃO DA RECORRENTE. CARACTERIZAÇÃO DO DELITO PREVISTO NO ART. 205 DO CÓDIGO PENAL. 1. Da leitura do tipo previsto no art. 205 do Código Penal, percebe-se que o crime nele disposto caracteriza-se com a simples prática habitual de atos próprios da atividade que o agente se encontra impedido de exercer por força de decisão administrativa. 2. Ao contrário do que aventado nas razões do presente reclamo, o crime em análise não pressupõe a cassação do registro profissional do agente, mas apenas que este exerça atividade que estava impedido de praticar por conta de decisão administrativa. 3. Havendo nos autos a informação de que a recorrente estava impedida de exercer advocacia por força de decisão da Ordem dos Advogados do Brasil – OAB que deferiu o cancelamento de sua inscrição, e não tendo o seu patrono anexado ao recurso ordinário em apreço qualquer documentação que evidencie que ela estaria apta a advogar quando da ocorrência dos fatos narrados na denúncia, não se pode falar em atipicidade da conduta que lhe foi imputada. PROPOSTA DE TRANSAÇÃO PENAL. HOMOLOGAÇÃO PELO JUÍZO. ART. 76 DA LEI 9.099/1995. POSTERIOR PROSSEGUIMENTO DA AÇÃO PENAL ANTE O DESCUMPRIMENTO DAS CONDIÇÕES DO ACORDO. POSSIBILIDADE. AUSÊNCIA DE OFENSA A PRECEITOS CONSTITUCIONAIS. CONSTRANGIMENTO ILEGAL NÃO EVIDENCIADO. DESPROVIMENTO DO RECURSO. 1. No âmbito desta Corte Superior de Justiça consolidou-se o entendimento no sentido de que a sentença homologatória da transação penal possui eficácia de coisa julgada formal e material, o que a torna definitiva, motivo pelo qual não seria possível a posterior instauração

querera o cancelamento de sua inscrição perante a OAB/RJ, quando em curso processo disciplinar perante o Tribunal de Ética e Disciplina daquela entidade, e mesmo assim continuara a exercer atividades profissionais, inclusive atuando em ações judiciais. Segundo decidiu aquela Corte, ainda que a decisão de cancelamento da inscrição junto ao órgão profissional tenha se dado a pedido do *prestador do serviço*, ou seja, do *trabalhador*, há incidência do crime previsto no art. 205 do Código Penal, considerando-se decisão administrativa não apenas aquela proferida pelo órgão competente para julgamento de processo disciplinar, mas, igualmente, aquela emanada de órgão da entidade profissional responsável por credenciar ou descredenciar, inscrever ou desligar o profissional em sentido amplo.

Por outro lado, ao julgar conflito de competência em processo no qual se discutia o exercício da atividade de corretor de imóveis após cancelamento de sua inscrição junto ao CRECI, em decorrência de inadimplência relativa a anuidades, o Superior Tribunal de Justiça entendeu que nesse caso há incidência do art. 47 da Lei das Contravenções Penais, uma vez que o pagamento do débito devidamente corrigido restaura automaticamente a inscrição naquele órgão profissional, não sendo, nesse caso, o cancelamento punição, mas mero ato administrativo de saneamento cadastral.[104]

---

de ação penal quando descumprido o acordo homologado judicialmente. 2. Contudo, o Supremo Tribunal Federal, ao examinar o RE 602.072/RS, cuja repercussão geral foi reconhecida, entendeu de modo diverso, assentando a possibilidade de ajuizamento de ação penal quando descumpridas as condições estabelecidas em transação penal. 3. Embora a aludida decisão, ainda que de reconhecida repercussão geral, seja desprovida de qualquer caráter vinculante, é certo que se trata de posicionamento adotado pela unanimidade dos integrantes da Suprema Corte, órgão que detém a atribuição de guardar a Constituição Federal e, portanto, dizer em última instância quais situações são conformes ou não com as disposições colocadas na Carta Magna, motivo pelo qual o posicionamento até então adotado por este Superior Tribunal de Justiça deve ser revisto, para que passe a incorporar a interpretação constitucional dada ao caso pela Suprema Corte. 4. Recurso improvido" (*sic*).

[104] STJ, 3.ª Seção, CC 104.924/MG, rel. Min. Jorge Mussi, j. 24.03.2010, *DJe* 19.04.2010, v.u., "EMENTA: CONFLITO DE COMPETÊNCIA. PENAL. CORRETOR DE IMÓVEIS. EXERCÍCIO DAS ATIVIDADES APÓS CANCELAMENTO DE SUA INSCRIÇÃO NO CRECI, POR INADIMPLÊNCIA DAS ANUIDADES. CONTRAVENÇÃO PENAL CONFIGURADA (ART. 47 DO DECRETO-LEI 3.688/1941. EXERCÍCIO ILEGAL DA PROFISSÃO OU ATIVIDADE. COMPETÊNCIA DA JUSTIÇA ESTADUAL. 1. A conduta do agente que exerce atividades de corretagem de imóveis após o cancelamento de sua inscrição no CRECI, por inadimplência das anuidades devidas, se amolda à contravenção penal prevista no art. 47 do Decreto-lei 3.688/1941, haja vista que permaneceu clandestinamente na profissão regulamentada, exercendo-a sem o preenchimento de condição legal a que está subordinado o seu exercício, qual seja,

Portanto, nas hipóteses de proibição da prestação de serviços, decorrente de lei de ordem pública, por pessoa sem habilitação – ou porque nunca a teve, ou se a teve, pediu seu cancelamento, ou a teve suspensa ou cassada por decisão do órgão profissional –, pouco importa se o prestador *agiu de boa-fé*, pois, de acordo com o parágrafo único do art. 606 do CC, não fará jus à compensação sequer razoável pelo serviço que houver prestado, havendo verdadeira presunção de má-fé no exercício da atividade, cujas regras para seu exercício não pode o prestador alegar desconhecer.

Ainda sobre o tema, exemplifica Paulo Nader, a contratação de prestador que conduz automóvel de um Estado a outro onde deva ser entregue o veículo, sem que possua Carteira Nacional de Habilitação, hipótese em que estará impedido de receber retribuição pelo serviço.[105]

Registre-se ainda, que a Lei 11.101, de 9 de fevereiro de 2005, que regula a recuperação judicial, a recuperação extrajudicial e a falência do empresário e da sociedade empresária, dispôs sobre o crime de exercício ilegal de atividade no art. 176, nos casos em que o empresário é inabilitado ou incapacitado por decisão judicial, cuja pena é de reclusão de um a quatro anos e multa.[106] Isso porque, o art. 102 estabelece que o falido fica inabilitado para exercer qualquer atividade empresarial a partir da decretação da falência e até a sentença que extingue suas obrigações, respeitado o disposto no § 1.º, do art. 181 da referida lei. O parágrafo único do art. 102, por sua vez, estatui que findo o período de inabilitação, o falido poderá requerer ao juiz da falência que proceda à respectiva anotação em seu registro. O art. 179 da Lei 11.101/2005 traz importante regra, no sentido de que na falência, na recuperação judicial e na recuperação extrajudicial de sociedades os seus sócios, diretores, gerentes, administradores e conselheiros, de fato ou de direito, bem

---

inscrição perante o órgão de fiscalização profissional. 2. Não há que se falar, no caso dos autos, de violação à decisão administrativa proibitiva do exercício de atividade e, consequentemente, no crime previsto no art. 205 do CP, haja vista o disposto nos arts. 3.º, 4.º e 5.º, da Resolução 761/2002, do Conselho Federal de Corretores de Imóveis – COFECI, no sentido de que o pagamento do débito acarreta a restauração automática da inscrição no CRECI, e que *"o cancelamento de inscrição por falta de pagamento [...] não representa punição disciplinar mas, sim, mero ato administrativo de saneamento cadastral"*. 3. Conflito conhecido para declarar competente o Juízo de Direito da 1.ª Vara do Juizado Especial Cível e Criminal de Poços de Caldas – MG, o suscitado". (sic)

[105] NADER, Paulo. *Curso de direito civil* cit., 4. ed., v. 3, p. 292.
[106] É esta a redação do art. 176, da Lei 11.101/2005: "Exercer atividade para a qual foi inabilitado ou incapacitado por decisão judicial, nos termos desta Lei: Pena – reclusão, de 1 (um) a 4 (quatro) anos, e multa".

como o administrador judicial, equiparam-se ao devedor ou ao falido para todos os efeitos penais, na medida de sua culpabilidade, com o que não apenas o empresário falido, o devedor, mas todos aqueles que a lei elenca, podem ser sujeitos ativos dos crimes falimentares. O art. 180, por outro lado, dispõe que a sentença que decreta a falência, concede a recuperação judicial ou concede a recuperação extrajudicial de que trata o art. 163, da citada lei, é condição objetiva de punibilidade das infrações penais nela descritas.

No art. 181 da citada lei, encontramos os efeitos da condenação por crime falimentar, entre os quais, contido no inciso I, a inabilitação para o exercício de atividade empresarial, efeito que não é automático, pois prevê o § 1.º que os efeitos devem ser motivadamente declarados na sentença, e perdurarão até 5 (cinco) anos após a extinção da punibilidade, podendo, contudo, cessar antes pela reabilitação penal. O § 2.º estabelece que transitada em julgado a sentença penal condenatória, será notificado o Registro Público de Empresas para que tome as medidas necessárias para impedir novo registro em nome dos inabilitados. Os crimes previstos na Lei 11.101/2005 são de ação penal pública incondicionada, nos termos do que dispõe o art. 184, estabelecendo o parágrafo único que qualquer credor habilitado ou o administrador judicial pode oferecer ação penal privada subsidiária da pública, no prazo decadencial de 6 (seis) meses, caso o representante do Ministério Público não ofereça a denúncia, no prazo do art. 46 do CPP,[107] ou seja, 5 (cinco) dias se o réu estiver preso, ou 15 (quinze) dias se o réu estiver solto ou afiançado, contados do recebimento do Inquérito Policial ou das peças de informações. O art. 187 da Lei de Falências dispõe que intimado da sentença que decreta a falência ou concede a recuperação judicial, o Ministério Público, verificando a ocorrência de qualquer crime falimentar, promoverá imediatamente a competente ação penal ou, se entender necessário, requisitará a abertura de inquérito policial. O § 1.º, por sua vez, estabelece que o prazo para oferecimento da denúncia regula-se pelo art. 46 do CPP, salvo se

---

[107] É esta a redação do art. 46, do Código de Processo Penal: "O prazo para oferecimento da denúncia, estando o réu preso, será de 5 dias, contado da data em que o órgão do Ministério Público receber os autos do inquérito policial, e de 15 dias, se o réu estiver solto ou afiançado. No último caso, se houver devolução do inquérito à autoridade policial (art. 16), contar-se-á o prazo da data em que o órgão do Ministério Público receber novamente os autos. § 1.º Quando o Ministério Público dispensar o inquérito policial, o prazo para o oferecimento da denúncia contar-se-á da data em que tiver recebido as peças de informações ou a representação. § 2.º O prazo para o aditamento da queixa será de 3 dias, contado da data em que o órgão do Ministério Público receber os autos, e, se este não se pronunciar dentro do tríduo, entender-se-á que não tem o que aditar, prosseguindo-se nos demais termos do processo".

o Ministério Público, estando o réu solto ou afiançado, decidir aguardar a apresentação da exposição circunstanciada de que trata o art. 186 da lei,[108] devendo, em seguida, oferecer a denúncia no prazo de 15 (quinze) dias. Ainda estabelece o § 2.º do mesmo art. 187 que, em qualquer fase processual, surgindo indícios da prática dos crimes falimentares, o juiz da falência ou da recuperação judicial ou da recuperação extrajudicial cientificará o Ministério Público. O crime de exercício ilegal de atividade, além de exigir conhecimento da proibição, exige ainda habitualidade, de maneira que "o ato isolado não configura o crime, dependendo de atos concatenados no tempo e no espaço",[109] como se extrai do art. 966 do Código Civil.[110] Todavia, o fato de não se caracterizar como crime falimentar o ato isolado, não afasta a incidência da regra contida no art. 606 do Código Civil, ou mesmo o crime de desobediência de que trata o art. 330 do Código Penal.

As regras supracitadas ainda se relacionam com o art. 972 do Código Civil, segundo o qual "podem exercer a atividade de empresário os que estiverem em pleno gozo da capacidade civil e não forem legalmente impedidos". Outrossim, o art. 99, XI, da Lei 11.101/2005 estabelece que a sentença que decretar a falência do devedor, dentre outras determinações,

---

[108] É esta a redação do art. 186 da Lei 11.101/2005: "No relatório previsto na alínea *e* do inciso III do *caput* do art. 22 desta Lei, o administrador judicial apresentará ao juiz da falência exposição circunstanciada, considerando as causas da falência, o procedimento do devedor, antes e depois da sentença, e outras informações detalhadas a respeito da conduta do devedor e de outros responsáveis, se houver, por atos que possam constituir crime relacionado com a recuperação judicial ou com a falência, ou outro delito conexo a estes. Parágrafo único. A exposição circunstanciada será instruída com laudo do contador encarregado do exame da escrituração do devedor.". É esta a redação do art. 22, III, *e*, da referida lei: "Ao administrador judicial compete, sob a fiscalização do juiz e do Comitê, além de outros deveres que esta Lei lhe impõe: (...) III – na falência: (...) e) apresentar, no prazo de 40 (quarenta) dias, contado da assinatura do termo de compromisso, prorrogável por igual período, relatório sobre as causas e circunstâncias que conduziram à situação de falência, no qual apontará a responsabilidade civil e penal dos envolvidos, observado o disposto no art. 186 desta Lei;".

[109] PITOMBO, Antônio Sérgio A. de Moraes. In: SOUZA JUNIOR, Francisco Satiro de; PITOMBO, Antônio Sérgio A. de Moraes (Coord.). *Comentários à Lei de Recuperação de Empresas e Falência*: Lei 11.101/2005 – artigo por artigo. 2. ed. rev. atual. e ampl. São Paulo: RT, 2007. p. 566.

[110] É esta a redação do art. 966 do Código Civil: "Considera-se empresário quem exerce profissionalmente atividade econômica organizada para a produção ou a circulação de bens ou de serviços. Parágrafo único. Não se considera empresário quem exerce profissão intelectual, de natureza científica, literária ou artística, ainda com o concurso de auxiliares ou colaboradores, salvo se o exercício da profissão constituir elemento de empresa".

pronunciar-se-á a respeito da continuação provisória das atividades do falido com o administrador judicial ou da lacração do estabelecimento, enquanto o art. 109 dispõe que "o estabelecimento será lacrado sempre que houver risco para a execução da etapa de arrecadação ou para a preservação dos bens da massa falida ou dos interesses dos credores".

Outra norma que reflete diretamente no art. 606 do Código Civil, em comento, é a medida cautelar contida no art. 319, VI, do Código de Processo Penal (Decreto-lei 3.689, de 3 de outubro de 1941), introduzida pela Lei 12.403, de 4 de maio de 2011, cuja entrada em vigor ocorreu em 4 de julho daquele ano, e que permite ao juiz decretar a "suspensão do exercício de função pública ou de atividade de natureza econômica ou financeira quando houver justo receio de sua utilização para a prática de infrações penais".

Inicialmente, é de observar que a Lei 12.403/2011 deu nova moldagem à prisão processual e à liberdade provisória, e instituiu no CPP algumas medidas cautelares pessoais, diversas da prisão.[111] Referida lei renomeou o Título IX do CPP para "Da Prisão, das Medidas Cautelares e da Liberdade Provisória", conquanto não estejam nesse tópico disciplinadas todas as medidas cautelares, mas somente aquelas pessoais ou subjetivas, vez que as cautelares reais ou medidas assecuratórias encontram-se nos arts.

---

[111] É esta a redação dos arts. 319 e 320 do CPP, com redação dada pela Lei 12.403/2011: "Art. 319. São medidas cautelares diversas da prisão: I – comparecimento periódico em juízo, no prazo e nas condições fixadas pelo juiz, para informar e justificar atividades; II – proibição de acesso ou frequência a determinados lugares quando, por circunstâncias relacionadas ao fato, deva o indiciado ou acusado permanecer distante desses locais para evitar o risco de novas infrações; III – proibição de manter contato com pessoa determinada quando, por circunstâncias relacionadas ao fato, deva o indiciado ou acusado dela permanecer distante; IV – proibição de ausentar-se da Comarca quando a permanência seja conveniente ou necessária para a investigação ou instrução; V – recolhimento domiciliar no período noturno e nos dias de folga quando o investigado ou acusado tenha residência e trabalho fixos; VI – suspensão do exercício de função pública ou de atividade de natureza econômica ou financeira quando houver justo receio de sua utilização para a prática de infrações penais; VII – internação provisória do acusado nas hipóteses de crimes praticados com violência ou grave ameaça, quando os peritos concluírem ser inimputável ou semi-imputável (art. 26 do Código Penal) e houver risco de reiteração; VIII – fiança, nas infrações que a admitem, para assegurar o comparecimento a atos do processo, evitar a obstrução do seu andamento ou em caso de resistência injustificada à ordem judicial; IX – monitoração eletrônica. § 4.º A fiança será aplicada de acordo com as disposições do Capítulo VI deste Título, podendo ser cumulada com outras medidas cautelares". Por sua vez, dispõe o art. 320: "A proibição de ausentar-se do País será comunicada pelo juiz às autoridades encarregadas de fiscalizar as saídas do território nacional, intimando-se o indiciado ou acusado para entregar o passaporte, no prazo de 24 (vinte e quatro) horas".

125 a 144, do CPP – e têm por finalidade a eficácia dos efeitos civis da condenação, de que tratam os arts. 91 e 92 do Código Penal –, e as cautelares probatórias, como a busca e apreensão, encontram-se dispostas nos arts. 240 a 250, do CPP.

Com efeito, o art. 282 do CPP, com a redação que lhe conferiu a Lei 12.403/2011, estabelece que as medidas cautelares pessoais deverão ser aplicadas observando-se: i) a necessidade para aplicação da lei penal, para a investigação ou a instrução criminal e, nos casos expressamente previstos, para evitar a prática de infrações penais; ii) a adequação da medida à gravidade do crime, circunstâncias do fato e condições pessoais do indiciado ou acusado. Disso se extrai a obrigação de observância aos princípios da razoabilidade e da proporcionalidade. O § 1.º do citado dispositivo estabelece que as medidas cautelares poderão ser aplicadas isolada ou cumulativamente, sendo que o § 2.º dispõe que tais medidas serão decretadas pelo juiz, de ofício ou a requerimento das partes ou, quando no curso da investigação criminal, por representação da autoridade policial ou mediante requerimento do Ministério Público. Por sua vez, o § 4.º estatui que "no caso de descumprimento de qualquer das obrigações impostas, o juiz, de ofício ou mediante requerimento do Ministério Público, de seu assistente ou do querelante, poderá substituir a medida, impor outra em cumulação, ou, em último caso, decretar a prisão preventiva (art. 312, parágrafo único)",[112] e enquanto o § 5.º estatui que "o juiz poderá revogar a medida cautelar ou substituí-la quando verificar a falta de motivo para que subsista, bem como voltar a decretá-la, se sobrevierem razões que a justifiquem", o § 6.º assevera que "a prisão preventiva será determinada quando não for cabível a sua substituição por outra medida cautelar (art. 319)", com o que se conclui que hoje, no Brasil, a prisão será sempre a última medida a ser adotada, ou seja, a *ultima ratio*. Extrai-se, outrossim, do § 1.º, do art. 283, que as medidas cautelares previstas naquele Título "não se aplicam à infração a que não for isolada, cumulativa ou alternativamente cominada pena privativa de liberdade".

Feitas essas considerações iniciais e perfunctórias, para a elementar compreensão das medidas cautelares pessoais diversas da prisão, tem-se

---

[112] É esta a redação do art. 312, e seu parágrafo único, do Código de Processo Penal, com a redação incluída pela Lei 12.403/2011: "Art. 312. A prisão preventiva poderá ser decretada como garantia da ordem pública, da ordem econômica, por conveniência da instrução criminal, ou para assegurar a aplicação da lei penal, quando houver prova da existência do crime e indício suficiente de autoria. Parágrafo único. A prisão preventiva também poderá ser decretada em caso de descumprimento de qualquer das obrigações impostas por força de outras medidas cautelares (art. 282, § 4.º)".

que o juiz, com fulcro no art. 319, VI, quando verificar a existência de fundamento que lhe permita concluir que o indiciado ou acusado poderá valer-se de sua função pública ou de atividade econômica ou financeira para a prática de infrações penais, terá à sua disposição a aplicação da suspensão ou interdição temporária do exercício profissional, com a consequente notificação ao órgão público ou entidade de classe a que pertencer o indiciado ou acusado, se for o caso. Segundo aponta Guilherme de Souza Nucci,[113] a medida cautelar em análise pode ser ideal para crimes contra a Administração Pública, como por exemplo, corrupção, concussão, prevaricação etc., bem como para delitos econômicos e financeiros, evitando-se a prisão preventiva que tenha por fundamento a garantia da ordem econômica, podendo a suspensão da atividade ser suficiente para que se aguarde o desenvolvimento do processo. Com a suspensão, pelo juiz, do exercício de função pública ou atividade econômica ou financeira, evita-se a continuidade delitiva e a utilização da atividade ou função para a prática de crimes.[114]

Em razão da suspensão da atividade de natureza econômica ou financeira imposta pelo juiz ao indiciado ou acusado, tratando-se de atividade inserida nos contratos de prestação de serviços, o descumprimento dessa medida cautelar poderá acarretar sua substituição por outra, sua manutenção com outra medida em cumulação, ou, em último caso, o decreto da prisão preventiva, além de, por óbvio, fazer incidir a regra do art. 606 do Código Civil, relativamente à limitação ou exclusão da retribuição pelo serviço prestado.

É de observar que ainda são recentes as regras introduzidas no CPP pela Lei 12.403/2011, e o Estado não dispõe de meios para fiscalizar se o prestador de serviços, cuja atividade de natureza econômica ou financeira tiver sido suspensa por ordem judicial, está a descumprir a determinação imposta. A doutrina brasileira encontra-se em fase de formação de sua convicção quanto às novas regras, e certamente diversas serão as posições que virão a lume, de maneira que o tempo mostrará a aplicabilidade da medida.

Extrai-se, portanto, que a regra do art. 606 do *Codex*, relaciona-se com diversas disposições de outros ramos do Direito, e em nosso sentir, mesmo que a prestação do serviço já se tenha iniciado, percebendo o

---

[113] NUCCI, Guilherme de Souza. *Prisão e liberdade*: as reformas processuais penais introduzidas pela Lei 12.403, de 4 de maio de 2011. 3. tir. São Paulo: RT, 2011. p. 85.
[114] BONFIM, Edilson Mougenot. *Reforma do Código de Processo Penal*: comentários à Lei 12.403, de 4 de maio de 2011: prisão preventiva, medidas cautelares, liberdade provisória e fiança. 1. ed. 2. tir. São Paulo: Saraiva, 2011. p. 50.

tomador que o prestador não se encontra habilitado legalmente para a atividade, ou esteja suspenso por determinação judicial, pode ter por desfeito o contrato, ou seja, resilido unilateralmente, imediatamente, e mediante denúncia, sem o pagamento de qualquer importância, caso em que caberá ao juiz a aplicação do *caput* ou do parágrafo único do citado dispositivo.

2.3.5 Tempo ou duração da prestação do serviço

A prestação do serviço, estabelece o art. 598 do Código Civil, "não se poderá convencionar por mais de quatro anos, embora o contrato tenha por causa o pagamento de dívida de quem o presta, ou se destine à execução de certa e determinada obra", sendo que nesse caso, decorrido o prazo de quatro anos "dar-se-á por findo o contrato, ainda que não concluída a obra". Esse dispositivo merece algumas reflexões.

A primeira delas refere-se ao fato – já abordado anteriormente – de que a prestação de serviço pode ocorrer como pagamento por dívida do prestador. Verifica-se, portanto, que o próprio art. 598, ao referir-se a contrato que tenha como causa dívida do prestador admite expressamente a existência de prestação de serviço sem que haja retribuição em dinheiro, podendo a dívida a que se refere o citado dispositivo ser decorrente, até mesmo, de outra prestação de serviço que recebeu aquele que ora presta a atividade e não pagou em dinheiro, sem que essa peculiaridade retire a aplicação das regras relativas ao contrato de prestação de serviços.

Por outro lado, no tocante à limitação do prazo contratual a quatro anos, afirma Clóvis Beviláqua que o fundamento desse artigo é a inalienabilidade da liberdade humana, vez que uma obrigação de prestar serviço por mais de quatro anos pareceu ao legislador escravização convencional, ou o resultado de uma exploração do fraco pelo poderoso, de sorte que para melhor defender a liberdade, a lei limitou-a, sendo geral a prescrição desse dispositivo, abrangendo todas as espécies de serviços, sejam eles materiais ou imateriais, não impedindo a lei, caso haja acordo entre as partes, a prorrogação do contrato.[115] Nelson Rosenvald,[116] todavia, observa que essa norma não se justifica nos tempos atuais, quer seja porque pode a prestação nesse prazo quadrienal ser considerada relação de emprego, isto é, contrato de trabalho, caso estejam presentes os requisitos dos

---

[115] BEVILÁQUA, Clóvis. *Código Civil dos Estados Unidos do Brasil comentado* cit., v. 4, p. 406.
[116] ROSENVALD, Nelson. *Código Civil comentado* cit., p. 603-604.

arts. 2.º e 3.º da CLT, quer seja porque esgotado o prazo quadrienal as partes podem ajustar novo contrato, o qual pode ser por prazo igual ou superior, lembrando o autor que "fixado o contrato por prazo superior a quatro anos, reduzir-se-á o prazo excedente ante sua ineficácia, mas o negócio jurídico será válido".

Outra reflexão sobre o dispositivo em comento refere-se à prestação de serviços por pessoa jurídica. Uma vez que a intenção do legislador foi preservar a inalienabilidade humana, evitando-se uma escravidão convencional, parece-nos que a prestação de serviços por pessoa jurídica não permite essa limitação legal da prestação a quatro anos. Os contratos firmados com prestadores de serviços dotados de personalidade jurídica não afrontam a liberdade humana quando convencionados por períodos superiores a quatro anos ou mesmo quando prorrogados diversas vezes de maneira a ultrapassar tal prazo. Ademais, na prática, mantemos contratos de prestação de serviços com determinadas empresas por praticamente toda a vida sem que haja ilicitude, como por exemplo, os serviços de telefonia, de TV a cabo, de internet, de fornecimento de energia elétrica, de fornecimento de água, e muitos outros contratos em que a atividade prestada se protrai no tempo. Assim, no caso de prestação de serviço por pessoa jurídica não haverá qualquer limitação de prazo para o exercício da atividade, podendo ultrapassar os quatro anos de que trata o art. 598, sendo facultado às partes contratantes a resilição unilateral ou bilateral do contrato, nos termos da lei civil.

Carvalho Santos observa que procurou o legislador evitar que um prazo muito longo pudesse envolver a alienação do direito originário da liberdade, equivalente a uma escravidão disfarçada, sendo motivada por interesse da ordem pública referida restrição e extinção automática decorrido o prazo de quatro anos.[117] Lembra, porém, que a disposição legal não quer dizer que decorrido o prazo da lei o prestador deva abandonar o serviço contratado. O que a lei quer dizer é que decorrido o tempo legal, o prestador não está mais obrigado a continuar a prestar serviços, ou a ultimar a obra, podendo, entretanto, ultimá-la se quiser, e desde que, para esses efeitos, seja renovado o contrato por igual prazo, ou prazo menor, o quanto suficiente para aquele fim, de maneira que a manifestação da vontade na prorrogação do contrato é tão necessária quanto o é na formação primitiva do contrato. Para referido doutrinador, essa extinção legal do contrato após o decurso do prazo contido no artigo citado não dá lugar à indenização por perdas e danos, ou multa convencional, ainda

---

[117] SANTOS, J. M. Carvalho. *Código Civil brasileiro interpretado* cit., v. 17, p. 260-261.

que estipuladas, ao entendimento de que após o prazo da lei o contrato seria nulo, com o que seriam nulas igualmente as cláusulas acessórias estipuladas, inclusive, a multa. Esclarece Sílvio de Salvo Venosa,[118] ao discorrer sobre o tema, que o objetivo da lei foi permitir que a relação seja revista no período de quatro anos.

Entendemos, porém – ressalvada a hipótese de prestação de serviços por pessoa jurídica como anteriormente mencionamos –, que na hipótese de contrato de prestação de serviço em que se convencione prazo superior a quatro anos não será nula a avença, mas deverá ser ajustada ao prazo legal,[119] quer seja por convenção das partes, quer seja por decisão judicial, sendo sem efeito, ou seja, ineficaz, o prazo excedente,[120] bem esclarecendo Maria Helena Diniz que, caso o contrato seja celebrado por mais de quatro anos, "o juiz poderá, ante o princípio da conservação dos contratos, reduzir o prazo, a pedido do interessado, reajustando-o ao período legal".[121] Ressalte-se, também, nesse sentido, os ensinos de Nancy Andrighi, Sidnei Beneti e Vera Andrighi,[122] para os quais "a pactuação de um prazo além do limite legal dá lugar, não à sua nulidade, mas tão somente à sua redução".

Interessante notar que essa limitação temporal do contrato, que já constava no Código Civil de 1916, restou consignada também na CLT (Decreto-lei 5.452/1943), cujo art. 445 também limitava a quatro anos o contrato de trabalho ou determinada obra,[123] prazo esse reduzido para dois anos, com a redação conferida pelo Decreto-lei 229, de 28 de fevereiro de 1967, e que configura hoje a hipótese de trabalho temporário.

---

[118] VENOSA, Sílvio de Salvo. *Direito Civil* cit., 7. ed., v. 3, p. 202.
[119] TEPEDINO, Gustavo; BARBOZA, Heloisa Helena; MORAES, Maria Celina Bodin de. *Código civil interpretado conforme a Constituição da República* cit., v. 2, p. 328.
[120] Cf. NADER, Paulo. *Curso de direito civil* cit., 4. ed., v. 3, p. 290; VENOSA, Sílvio de Salvo. *Direito Civil* cit., 7. ed., v. 3, p. 202.
[121] DINIZ, Maria Helena. *Curso de direito civil brasileiro* cit., 25. ed., v. 3, p. 297.
[122] ANDRIGHI, Nancy; BENETI, Sidnei; ANDRIGHI, Vera. In: TEIXEIRA, Sálvio de Figueiredo (Coord.). *Comentários ao novo Código Civil* cit., v. 9, p. 253.
[123] É esta a redação original do art. 445, da CLT: "O prazo de vigência do contrato de trabalho ou realização de certo acontecimento, não poderá ser superior a quatro anos". Com a modificação introduzida pelo Decreto-lei 229, de 28 de fevereiro de 1967, o art. 445 passou a ter a seguinte redação: "o contrato de trabalho por prazo determinado não poderá ser estipulado por mais de 2 (dois) anos, observada a regra do art. 451. Parágrafo único. O contrato de experiência não poderá exceder de 90 (noventa) dias". O art. 451, da CLT, que mantém sua redação original de 1943, por sua vez, estabelece: "O contrato de trabalho por prazo determinado que, tácita ou expressamente, for prorrogado mais de uma vez passará a vigorar sem a determinação de prazo".

A determinação legal de que, no caso de obra certa e determinada, transcorridos quatro anos, o contrato dar-se-á por findo, não impede que seja feito novo contrato, por mais quatro anos, com vistas à conclusão do serviço contratado. Aliás, inexistindo regra que impeça ou limite sucessivas contratações, tem-se que, na prática, poderá ocorrer justamente aquilo que a lei imaginou evitar, ou seja, a perpetuidade da prestação do serviço, o que, dependendo das circunstâncias, poderá ensejar verdadeira relação de emprego, disfarçada em pretensa prestação de serviços.

Outro aspecto que merece reflexão diz respeito ao contrato de prestação de serviços por advogados, consubstanciado no patrocínio de ação em favor do contratante, em que, usualmente a duração do processo ultrapassa os quatro anos, o qual, pela fria interpretação da lei seria dado por findo. A lei parece não ter sido coerente com as profissões cuja atividade prestada extrapola, por peculiaridades próprias, o prazo de quatro anos. Entretanto, muito embora determine o art. 598 do vigente Código que não se pode convencionar prestação de serviços por prazos superiores a quatro anos, e ainda que convencionado contrato por prazo superior a esse limite legal, decorridos os quatro anos, considera-se findo o contrato ainda que não concluída a obra, assevera José Fernando Simão que "a lei deve ser lida em consonância com as regras da profissão" envolvida, exemplificando justamente o caso da prestação de serviços contratada com advogado, hipótese em que a duração média dos processos – judiciais ou administrativos – excedem os quatro anos de que trata o *Codex*.[124] Lembra referido autor que nos termos do art. 16 do Código de Ética da Ordem dos Advogados do Brasil, o mandato judicial ou extrajudicial não se extingue pelo decurso do tempo, desde que permaneça a confiança recíproca entre as partes (outorgante e outorgado/patrono), não havendo, nessa hipótese, violação à liberdade das partes, que poderão resilir o contrato quando desejarem.

Ainda nesse aspecto, cumpre observar a regra contida no art. 600 do CC, o qual assevera que "não se conta no prazo do contrato o tempo em que o prestador de serviço, por culpa sua, deixou de servir". Aqui estabelece o *Codex* verdadeira suspensão do prazo, ou seja, na ausência da prestação do serviço, qualquer que seja a etapa deste, por culpa do prestador, estará o prazo suspenso, e somente voltará a correr quando o prestador retoma a atividade contratada. Em outras palavras, "é descontado do prazo contratual o tempo em que o prestador de serviço deixou de servir, mas o contrato continua a subsistir".[125]

---

[124] SIMÃO, José Fernando. *Direito Civil* cit., 2. ed., p. 162.
[125] TEPEDINO, Gustavo; BARBOZA, Heloisa Helena; MORAES, Maria Celina Bodin de. *Código civil interpretado conforme a Constituição da República* cit., v. 2, p. 330.

Essa paralisação culposa da prestação de serviço por parte daquele que a realiza pode originar-se de várias circunstâncias, exemplificando Maria Helena Diniz que pode decorrer de viagem de recreio, por simulação de doença, por ausência deliberada ao trabalho para atender interesse de ordem pessoal, entre outros motivos.[126] Todavia, preleciona a autora, computar-se--á no prazo do contrato os dias em que estiver enfermo o prestador, bem como os dias que comparecer como jurado perante a Justiça, ou ainda se tiver sido convocado para o serviço militar. A prova da culpa pertence ao tomador do serviço, e caso "não demonstrada a prova de culpa, será acrescido ao prazo do contrato o tempo que o prestador deixou de prestar o serviço", solução esta distinta quando se tratar de relação de consumo, pois o art. 14 do CDC estabelece que a responsabilidade do prestador é objetiva, somente admitindo as excludentes legais e a força maior, sendo que a única exceção está no § 4.º do art. 14, o qual, privilegiando os profissionais liberais, retorna ao sistema subjetivo de culpa.[127]

Verifica-se, pois, que a regra do art. 600 reflete diretamente no dispositivo que impede a prestação de serviços além de quatro anos, sendo que, havendo paralisação da atividade, por culpa do prestador, fica suspenso o prazo contratual, inclusive, para efeito do art. 598. Outro reflexo direto da suspensão de que trata o art. 600 diz respeito aos pagamentos quando avençados por etapa da atividade desenvolvida, ou mesmo combinados semanal, quinzenal, ou mensalmente, posto que inexistindo a continuidade da prestação do serviço contratado, por culpa do prestador, dará ensejo ao tomador de suspender os pagamentos até o reinício da prestação do serviço, sem embargo da possibilidade de resolução do contrato por infração contratual, e até mesmo perdas e danos, vez que segundo a doutrina, "longos períodos de ausência do prestador de serviço configuram justa causa para o rompimento contratual".[128] Não rompido o contrato, deve ser completado o prazo em que esteve ausente imotivadamente o prestador.[129] Ressalte-se, por oportuno, que deverá o tomador do serviço remunerar o prestador se este não trabalhou por culpa daquele.[130]

Embora disponha o art. 600 que "não se conta no prazo do contrato o tempo em que o prestador de serviço, por culpa sua, deixou de servir", defende Carvalho Santos que referida norma não impede ao tomador

---

[126] DINIZ, Maria Helena. *Curso de direito civil brasileiro* cit., 25. ed., v. 3, p. 297.
[127] ANDRIGHI, Nancy; BENETI, Sidnei; ANDRIGHI, Vera. In: TEIXEIRA, Sálvio de Figueiredo (Coord.). *Comentários ao novo Código Civil* cit., v. 9, p. 256.
[128] TEPEDINO, Gustavo; BARBOZA, Heloisa Helena; MORAES, Maria Celina Bodin de. *Código civil interpretado conforme a Constituição da República* cit., v. 2, p. 331.
[129] MONTEIRO, Washington de Barros. *Curso de direito civil* cit., 2007. v. 5, p. 221.
[130] VENOSA, Sílvio de Salvo. *Direito Civil* cit., 7. ed., v. 3, p. 203.

pedir, em qualquer hipótese, a rescisão do contrato, embora a regra seja no sentido de que o tempo não trabalhado deva ser completado, sem acréscimo da remuneração.[131] Se a interrupção for prolongada a ponto de comprometer a expectativa do tomador está mais do que justificada a possibilidade de rescisão do contrato. Como o Código não fala no bloqueio da remuneração, entende-se que ela deve ser paga, desde que o impedimento à prestação não se prolongue e não seja prolongado. Para referido autor, deve ser observado que se a remuneração foi avençada por dia de serviço prestado, não terá direito o prestador ao recebimento de qualquer valor relativo ao período em que não trabalhou, qualquer que tenha sido o motivo de seu impedimento à prestação do serviço. Se o impedimento se deu em razão das condições climáticas, caso a prestação do serviço se dê em ambiente aberto, também não terá direito o prestador ao recebimento de sua remuneração, caso seja diária, se restar impedido de prestar o serviço a que se obrigou. Por outro lado, leciona o autor que se o tomador contribuiu para que o serviço não fosse realizado, deve mesmo assim pagar a remuneração diária do prestador de serviços, como por exemplo, na hipótese de trabalho externo, com tempo ameaçador, exigir o tomador a prestação do serviço, e vindo a tempestade fique o prestador impedido de continuar o trabalho; nesse caso, deve o tomador pagar a remuneração diária pois por sua culpa o serviço não foi prestado.

Ao comentar o art. 600 do CC, pelo qual não se computa no prazo contratual o tempo em que o prestador deixou de servir, afirma com muito mais razão Clóvis Beviláqua que, *a contrario sensu*, deve ser contado no prazo do contrato o tempo em que, sem culpa, o prestador deixou de servir, sendo que essa ilação, embora seja perfeitamente justa, não pode, porém, ser tirada, de modo absoluto. Deve entender-se que as curtas interrupções do trabalho, por motivo de moléstia ou de serviço público, se contam no prazo, e que as longas autorizam a sua rescisão. Ainda segundo o autor, não se refere o Código à retribuição, mas se o tempo em que o prestador deixou de servir por culpa não se conta no prazo, terá este de ser completado, sem acréscimo de pagamento. Se não houver culpa, a retribuição deverá ser mantida, desde que o impedimento não se prolongue.[132]

---

[131] SANTOS, J. M. Carvalho. *Código Civil brasileiro interpretado* cit., v. 17, p. 271-273.
[132] BEVILÁQUA, Clóvis. *Código Civil dos Estados Unidos do Brasil comentado* cit., v. 4, p. 406.

Ainda no que diz respeito ao tempo ou duração da prestação do serviço, estabelece o art. 602 do CC que "o prestador de serviço contratado por tempo certo, ou por determinada obra, não se pode ausentar, ou despedir, sem justa causa, antes de preenchido o tempo, ou concluída a obra", estabelecendo seu parágrafo único que "se se despedir sem justa causa, terá direito à retribuição vencida, mas responderá por perdas e danos", ainda estatuindo que "o mesmo dar-se-á, se despedido por justa causa". Essa regra de não abandonar de forma abrupta o serviço a que se obrigou, ou não ser afastado sem justo motivo das atividades assumidas, permeia todo e qualquer contrato, como observa Carvalho Santos,[133] para quem na maioria das vezes, o tomador dos serviços ficará de pior partido, por não poder cobrar a indenização que lhe é devida, precisamente porque o prestador, geralmente, não tem garantias que respondam por essa obrigação. Na prática, portanto, a não ser em casos especiais, em que o prestador tenha garantias, ou seja, tenha patrimônio capaz de suportar as perdas e danos que causou com sua ausência ou denúncia imotivada, o preceito do parágrafo único não terá aplicação, passando a ser letra morta.

O vigente Código, por falha legislativa – como mais adiante trataremos ao abordar o art. 599 –, apenas copiou a idêntica redação do antigo Código, sem que tenha observado a precisa e correta nomenclatura no que diz respeito à expressão "despedir", e à "justa causa", termos utilizados no Direito do Trabalho, quando melhor seria se fizesse constar no texto, quanto àquela, *resilição unilateral* ou *denúncia do contrato*, como observa José Fernando Simão,[134] e "motivo relevante" no lugar de "justa causa", como observam Nancy Andrighi, Sidnei Beneti e Vera Andrighi,[135] razão pela qual o Projeto de Lei 699/2011, atualmente em tramitação na Câmara dos Deputados, e cujo conteúdo corresponde ao Projeto de Lei 276/2007, o qual, por sua vez, substituíra o Projeto de Lei 6.960/2002, pretende corrigir essa impropriedade contida nos arts. 602 e 603, substituindo a expressão "despedir" por "denúncia imotivada". Ressalte-se, por oportuno, que o anteriormente citado Projeto de Lei 7.312/2002, o qual tramitou em apenso ao referido Projeto de Lei 6.960/2002, e que foi com este arquivado, sem, contudo, ser reapresentado com os demais projetos mencionados, ou neles inseridos, procurava corrigir a redação do art. 604, substituindo a expressão "despedida sem justa causa" por

---

[133] SANTOS, J. M. Carvalho. *Código Civil brasileiro interpretado* cit., v. 17, p. 277.
[134] SIMÃO, José Fernando. *Direito Civil* cit., 2. ed., p. 163.
[135] ANDRIGHI, Nancy; BENETI, Sidnei; ANDRIGHI, Vera. In: TEIXEIRA, Sálvio de Figueiredo (Coord.). *Comentários ao novo Código Civil* cit., v. 9, p. 260.

"denúncia imotivada", com o que acompanharia as modificações terminológicas pretendidas pelo Projeto de Lei 699/2011.

Embora impropriamente tenha o *Codex* vigente se referido a "despedir, sem justa causa", fato é que o prestador deve observar o prazo do contrato, tal qual avençado entre as partes. Isso ocorre porque, como lembra José Carlos Moreira Alves,[136] o efeito imediato de toda e qualquer relação obrigacional é a rigorosa satisfação do seu objeto, ou seja, a prestação, de forma que não poderá o prestador, sem um motivo justificado, simplesmente abandonar a execução da atividade antes do prazo final ou de sua conclusão. Nas Ordenações, afirma Washington de Barros Monteiro,[137] o prestador que dava por findo o contrato sem justo motivo "perdia o salário vencido", ou seja, não recebia o pagamento ou retribuição pelo serviço que prestara, sanção que caiu em desuso, até mesmo por parecer desumana ao legislador civil.

A regra do art. 602 e seu parágrafo único decorre do fato de que a cessação da prestação de serviços, nessas hipóteses, "ocasiona prejuízo ao dono", ao tomador, apontando Sílvio de Salvo Venosa,[138] quanto à referência da lei de contratação por determinada obra, que "o fato de alguém ter sido contratado até o término de determinada obra não o converte em empreiteiro, porque não se compromete com a entrega da obra, mas unicamente com sua atividade laborativa".

Justa causa a que se refere a lei, é o ato grave praticado com dolo ou culpa,[139] e somente nessa hipótese pode haver a extinção do contrato, pela parte inocente, sem a compensação decorrente das perdas e danos sofridos eventualmente pela outra parte. Igualmente, deve ser entendida justa causa a ocorrência de motivos de força maior, além da violação de qualquer obrigação contratual ou legal,[140] havendo quem entenda que a ocorrência de justa causa suprime a necessidade de aviso, pois seria este necessário apenas na denúncia vazia ou imotivada do contrato.[141]

2.3.6 Prazo moral para cumprimento do contrato

Inobstante a duração do contrato de prestação de serviços restar limitada ao prazo de quatro anos – salvo quando se tratar de pessoa jurídica –,

---

[136] ALVES, José Carlos Moreira. *Direito Romano* cit., v. 2, p. 31.
[137] MONTEIRO, Washington de Barros. *Curso de direito civil* cit., 2007. v. 5, p. 221.
[138] VENOSA, Sílvio de Salvo. *Direito Civil* cit., 7. ed., v. 3, p. 203.
[139] DINIZ, Maria Helena. *Curso de direito civil brasileiro* cit., 25. ed., v. 3, p. 298.
[140] NADER, Paulo. *Curso de direito civil* cit., 4. ed., v. 3, p. 291.
[141] VENOSA, Sílvio de Salvo. *Direito Civil* cit., 7. ed., v. 3, p. 202.

de regra, quando de sua formalização as partes estipulam o prazo de cumprimento do serviço contratado. Cumpre às partes, portanto, avençarem sobre o prazo para cumprimento da prestação objeto do contrato.

Nesse aspecto, deve-se observar em particular o art. 133 do CC, o qual estabelece quanto aos contratos a presunção do prazo em proveito do devedor, salvo se do teor do instrumento ou das circunstâncias resultar que se estabeleceu a benefício do credor, ou de ambos os contratantes. Tratando-se, pois, de prazo em proveito do devedor, este efetuará a prestação somente no vencimento, não podendo o credor exigir antecipadamente o seu cumprimento. Quando no contrato estipulam as partes que o prazo é em benefício do credor, o cumprimento da prestação pode dar-se a qualquer momento em que for exigido do devedor. Mas o referido dispositivo fala, igualmente, em prazo em benefício de ambos os contratantes, extraindo-se aqui tratar-se de simultaneidade e reciprocidade entre a prestação e a contraprestação. Nestor Duarte,[142] ao abordar o tema, leciona admitir-se a possibilidade do devedor antecipar o cumprimento da prestação, mas observa que isso não pode importar em restrição compulsória a direito do credor, decorrente do mesmo contrato, salvo se o contrário resultar da avença ou das circunstâncias do negócio.

Outro importante dispositivo que trata do prazo de execução, ou seja, de cumprimento do contrato, é o art. 134 do CC, segundo o qual "os negócios jurídicos entre vivos, sem prazo, são exequíveis desde logo, salvo se a execução tiver de ser feita em lugar diverso ou depender de tempo". Isso quer dizer que nos contratos em que as partes não estabeleçam prazo para cumprimento da prestação, desde a celebração da avença é a prestação exequível de pronto, bem como é desde logo exigível se o cumprimento da prestação for estipulado para o local da contratação, sendo que o caráter de exigibilidade imediata da prestação somente é afastado "se a execução tiver de ser feita em lugar diverso ou depender de tempo", hipótese em que estabelece a lei uma dilação de cumprimento, ou em outras palavras, um "prazo tácito".[143]

Entretanto, quando ausente estipulação verbal ou escrita quanto ao prazo para sua execução, nem por isso poderá o prestador executar a prestação quando bem entender conveniente. Ao discorrer sobre o tema, ensina Von Tuhr que por tempo de cumprimento cabe entender dois

---
[142] DUARTE, Nestor. In: PELUSO, Cezar (Coord.). *Código civil comentado*: doutrina e jurisprudência. 3. ed. rev. e atual. Barueri-SP: Manole, 2009. p. 112.
[143] Cf. DUARTE, Nestor. *Código Civil comentado* cit., 3. ed., p. 112; DINIZ, Maria Helena. In: SILVA, Regina Beatriz Tavares da (Coord.). *Código civil comentado*. FIUZA, Ricardo (Coord. até a 5. ed.). 6. ed. rev. e atual. São Paulo: Saraiva, 2008. p. 126.

momentos: aquele em que o credor pode exigir a prestação ou demandar seu cumprimento (momento em que o crédito vence) ou aquele em que o devedor pode fazer efetiva a prestação (momento em que o crédito é realizável). Por regra geral, preleciona o autor, o crédito vence e é realizável ao mesmo tempo, sendo que algumas vezes é já realizável sem haver vencido, havendo ademais casos excepcionais em que, ainda que esteja vencido, não é realizável.[144]

Portanto, não se pode perder de vista que há um prazo moral para o cumprimento de todo e qualquer contrato, independentemente de haverem esquecido as partes de mencioná-lo. Prazo moral para a execução do contrato significa que aquele que foi contratado para a prestação de determinado serviço deve executá-lo dentro de um prazo moralmente razoável, observados os princípios da probidade e da boa-fé. Embora não tenham as partes estipulado expressamente o prazo, não será concebível que o prestador se aproveite dessa circunstância causando prejuízos ou dissabores ao contratante com sua inércia.

Mesmo porque, silentes as partes contratantes quanto ao prazo de início do contrato de prestação de serviços, deve-se interpretar que o prazo de execução é imediato, salvo quando os usos e costumes do lugar, ou mesmo circunstâncias excepcionais, demonstrarem o contrário, vez que a longa espera pela prestação do serviço poderá importar em extinção do contrato além de, a depender do caso, gerar o dever de reparar as perdas e danos.[145]

2.3.7 Da denúncia do contrato

O art. 599 do CC dispõe que não havendo prazo estipulado, nem se podendo inferir da natureza do contrato ou do costume do lugar, qualquer dos contratantes pode, a seu arbítrio, resolver o contrato "mediante aviso prévio", estabelecendo o parágrafo único os prazos para tal "aviso prévio". Portanto, será de no mínimo oito dias o prazo do aviso prévio se o "salário" for ajustado por um mês ou mais; será de quatro dias na

---

[144] VON TUHR, A. *Tratado de las obligaciones*. Traducido del alemán y concordado por W. Roces. Madri: Reus, 1934. t. 2, p. 40.
[145] Pontes de Miranda (*Tratado de direito privado* cit., 1972, v. 47, p. 6), relata o caso do sequestro do pintor Agaterco pelo contratante Alcibíades, na Grécia, sendo que para que aquele pintor fizesse primeiro o serviço a Alcibíades, este o sequestrou, em desrespeito aos contratantes que contratara o pintor anteriormente, levando as pessoas que já haviam contratado e estavam esperando, a moverem ação contra o raptor, por inadimplemento do contrato pelo pintor.

hipótese de pagamento semanal ou quinzenal do "salário"; será no dia anterior, quando se tenha contratado por menos de sete dias.

Verifica-se que o vigente Código trouxe para si a mesma redação do art. 1.221 contida no Código revogado, sem que tenha observado a precisa e correta nomenclatura tanto no que diz respeito à expressão "aviso prévio" como quanto à expressão "salário". Em outras palavras, deveria o legislador, quando da elaboração do Código atual, ter utilizado a expressão "retribuição" ou "pagamento" no lugar de "salário", e "resilição unilateral" ou "denúncia do contrato", no lugar de "despedida", como observa José Fernando Simão,[146] razão pela qual o Projeto de Lei 699/2011, que substituiu o Projeto de Lei 276/2007, que, por sua vez, substituíra o Projeto de Lei 6.960/2002, pretende corrigir a impropriedade contida nos arts. 599, 602, 603 e 607, alterando as expressões "prévio aviso" e "aviso prévio" por "denúncia imotivada", "salário" por "retribuição" e "despedida" por "denúncia imotivada".

É bem verdade que as expressões "salário" e "aviso prévio" constaram inicialmente no CC/1916, e com o advento da CLT passaram a ser utilizadas para as relações empregatícias, já plenamente consolidadas a ponto de não representarem corretamente as relações contratuais na seara civil, com o que a inserção das referidas expressões no CC/2002 configura problema de técnica legislativa, cabendo à doutrina e à jurisprudência a utilização correta das expressões mencionadas.

Referido dispositivo, inobstante a falha técnica legislativa, refere-se ao contrato por prazo indeterminado, ou seja, o contrato para o qual não estabeleceram as partes seu termo final, ou o contrato no qual, por sua natureza ou mesmo pelo costume do lugar, não se possa ter convicção quanto ao prazo de atividade. Nessa hipótese, qualquer dos contratantes poderá denunciar ou resilir unilateralmente o contrato, nos prazos de que trata o parágrafo único, suprarreferido, diferentemente do contrato por prazo determinado, que somente admite a resilição se houver justa causa, sob pena de se pagar a retribuição devida e ainda responder por perdas e danos, nos termos do art. 602.

O Código Civil reconhece que há contrato em que, embora ausente fixação expressa ou explícita quanto ao prazo, este se deduz pela própria essência da prestação do serviço; vale dizer, se deduz da natureza do contrato propriamente considerado, ou ainda, se deduz dos costumes do lugar.

---

[146] SIMÃO, José Fernando. *Direito Civil* cit., 2. ed., p. 163.

Carvalho Santos,[147] ao lecionar que não subsiste nessas hipóteses o direito de revogar o contrato a qualquer momento, observa que tal preceito vigora porque a natureza dos serviços às vezes delimita claramente o prazo de duração do contrato, por exemplo, a contratação se serviços para que o prestador acompanhe determinada pessoa em viagem, ou que vigie sua casa durante a ausência, ou a contratação de serviço de banquete; nesses casos, há evidente estipulação de serviços determinados, ficando a duração do contrato fixada pelo tempo necessário para o desempenho do serviço contratado.

Entendemos que mesmo nessas hipóteses, caso o prestador, infundada e imotivadamente, opte por resilir o contrato antes do prazo "usual" e esperado para a prestação do serviço, deverá responder pelas perdas e danos decorrentes de seu inadimplemento contratual, pois no Código Civil há expressa regra que determina o fazer (cumprimento do contrato), de maneira a poder-se interpretar que nesse aspecto não tem o prestador ou tomador a liberdade para violar o cumprimento do contrato, em razão até mesmo do princípio da boa-fé contratual.

A necessidade de aviso, ou seja, de denúncia do contrato, por parte do tomador do serviço, lembra Clóvis Beviláqua,[148] trata-se de uma garantia para os interesses de ambos, que a lei resguarda, sendo que a falta de aviso dará lugar ao pagamento de perdas e danos, por inadimplemento de uma cláusula legal da obrigação. Essa denúncia, explica Carvalho Santos,[149] é uma garantia para ambas as partes, sendo que para o prestador, é uma garantia para que obtenha outra colocação, outro serviço, não ficando "desempregado", enquanto que para o tomador, uma garantia a fim de que obtenha um substituto para a consecução do serviço esperado.

A falta da denúncia acarreta o dever de indenizar pelas perdas e danos por representar inadimplemento de cláusula legal da obrigação. Igualmente, constitui infração passível de indenização por perdas e danos a denúncia extemporânea, fora do tempo estabelecido pela lei, ou seja, em desacordo com os prazos de que trata o parágrafo único do art. 599 do CC.

Segundo a doutrina,[150] essa indenização tem por finalidade compensar a perda que sofreu o prestador durante o lapso de tempo em que decorre entre a sua dispensa dos serviços e o momento em que consegue novo serviço, entendimento que acolhemos com ressalvas, pois pode ser que

---
[147] SANTOS, J. M. Carvalho. *Código Civil brasileiro interpretado* cit., v. 17, p. 265.
[148] BEVILÁQUA, Clóvis. *Código Civil dos Estados Unidos do Brasil comentado* cit., v. 4, p. 406.
[149] SANTOS, J. M. Carvalho. *Código Civil brasileiro interpretado* cit., v. 17, p. 266.
[150] Idem, p. 265.

o prestador demore a conseguir outra atividade, ou seja, outra prestação a terceiros, e a ideia de compensação que leve em conta o momento provável em que o prestador obtenha nova atividade parece não se coadunar com o sentido da referida norma legal, sob pena de se chegar ao absurdo de uma compensação que seja deveras abrangente.

Assim, na fixação das perdas e danos, o juiz deve levar em conta a natureza e importância da prestação do serviço, bem como as despesas a que foi o prestador obrigado a suportar, como, por exemplo, se foi obrigado a mudar com a família para a realização do serviço a que se obrigou, devendo também ser levado em consideração o prejuízo moral da dispensa, bem como deve ser considerado se o prestador tinha benefícios como moradia e comida como complemento da remuneração. Entretanto, se, havendo contrato escrito, houver previsão quanto à compensação por perdas e danos em caso de descumprimento ou rescisão sem aviso prévio, não haverá necessidade de arbitramento judicial, devendo o juiz aplicar a cláusula contratual, não podendo aumentar ou diminuir o valor estipulado em contrato, bem como não podendo as partes negar-lhe vigência.[151]

2.3.8 Da resilição unilateral por parte do tomador do serviço

Karl Larenz observa que em alguns casos a lei estabelece que o obrigado a indenizar responda somente até uma quantia máxima, hipótese que leciona tratar-se de *limitação da responsabilidade segundo a quantia*, também denominada *limitação aritmética da responsabilidade*, ou seja, uma limitação da eventual obrigação de indenizar.[152] É justamente o que ocorre com o art. 603 do CC, segundo o qual "se o prestador de serviço for despedido sem justa causa, a outra parte será obrigada a pagar-lhe por inteiro a retribuição vencida, e por metade a que lhe tocaria de então ao termo legal do contrato".

Deve ser observado, primeiramente, que essa regra se refere ao contrato avençado por prazo certo ou *obra* determinada, posto que quanto aos contratos por prazo indeterminado aplica-se a regra contida no art. 599, sobre o qual tratamos anteriormente. Essa obrigação de pagamento da metade que falta para o valor total do contrato, afirma Maria Helena Diniz,[153] "trata-se de uma prefixação legal das perdas e danos em benefício do prestador injustamente despedido", e com tal receita poderá contar

---
[151] Idem, p. 266.
[152] LARENZ, Karl. *Derecho de Obligaciones* cit., t. 1, p. 32-33.
[153] DINIZ, Maria Helena. *Curso de direito civil brasileiro* cit., 25. ed., v. 3, p. 299.

caso tenha assumido alguma dívida ou obrigação escorado na perspectiva de recebimento da retribuição que tivesse o tomador de efetuar durante aquele prazo avençado.

Enquanto o art. 602 do CC refere-se à resilição unilateral do prestador, o art. 603 trata da resilição unilateral do tomador, o qual, não desejando a continuidade do contrato com o prestador, sem que haja justo motivo, dá por findo o contrato, sendo obrigado nesse caso ao pagamento integral da retribuição vencida, além do pagamento da metade que pagaria até o final do contrato, a título de perdas e danos. Há que se observar, porém, que a lei deu tratamento inteiramente diverso quando se tratar de resilição unilateral do prestador que não deseja mais continuar o serviço contratado daquele caso em que se tratar de resilição unilateral do tomador do serviço que não deseja mais a prestação pela outra parte, sendo que neste último caso, fica o valor compensatório, a título de perdas e danos, limitado pela regra legal, enquanto o valor das perdas e danos no caso de resilição unilateral do prestador não sofre limitação legal.

É bem verdade que, embora tenha o art. 603 limitado o valor das perdas e danos, nada impede o prestador de serviços, como lecionam Teresa Ancona Lopez, Nancy Andrighi, Sidnei Beneti e Vera Andrighi,[154] caso tenha sofrido danos maiores do que o valor de que trata referido dispositivo, podendo prová-los, de pleitear a indenização suplementar correspondente com fundamento no art. 186 do *Codex*, exemplificando a primeira doutrinadora com a possibilidade do prestador ter recusado novos contratos com terceiros e, em razão da resilição unilateral do tomador, ser pego de surpresa com a denúncia *ante tempore*.

Assim, embora o valor devido a título de perdas e danos, ou indenização – equivalente à metade do que teria direito o prestador, do momento da denúncia imotivada até o término do contrato – "em princípio, não se acumula com a condenação decorrente de cláusula penal",[155] poderá haver casos em que a compensação do art. 603 se tornará irrisória, ensejando tanto o pagamento de indenização complementar, fundada no art. 186, como, alternativamente, o pagamento do valor consignado em cláusula penal compensatória, tendo em vista a autonomia das partes para avençarem, quando da conclusão do contrato, inclusive a estipulação de penalidade decorrente da imotivada denúncia por parte de quaisquer dos contratantes.

---

[154] Cf. LOPEZ, Teresa Ancona. *Comentários ao Código Civil* cit., v. 7, p. 224; ANDRIGHI, Nancy; BENETI, Sidnei; ANDRIGHI, Vera. In: TEIXEIRA, Sálvio de Figueiredo (Coord.). *Comentários ao novo Código Civil* cit., v. 9, p. 261.

[155] ANDRIGHI, Nancy; BENETI, Sidnei; ANDRIGHI, Vera. In: TEIXEIRA, Sálvio de Figueiredo (Coord.). *Comentários ao novo Código Civil* cit., v. 9, p. 261.

Cumpre observar que essa limitação legal quanto ao valor compensatório sofre, igualmente, limitação quanto ao prazo contratual de que trata o art. 598, ou seja, o prazo limite será sempre de 4 (quatro) anos para se calcular o valor compensatório; em outras palavras, calcular-se-á, para fins de indenização do prestador, metade até o total ou máximo de 4 (quatro) anos. A título exemplificativo, imaginemos a hipótese de um contrato de prestação de serviços convencionado pelo prazo de 10 (dez) anos ou por prazo indeterminado e que logo no segundo ano de vigência o tomador denuncie o contrato, ou denuncie o contrato no oitavo ano de vigência. A questão será saber qual a forma de calcular a devida compensação.

Na hipótese do contrato estabelecido com prazo de dez anos cuja denúncia por parte do tomador ocorra no segundo ano de vigência, entendemos que o cálculo compensatório relativo à "metade que lhe tocaria de então ao termo legal do contrato" deve observar a limitação de quatro anos de que trata o art. 598, ou seja, verifica-se qual valor do contrato, qual o valor que receberia o prestador desde a denúncia até o "termo legal" de quatro anos, com o que se calcula a metade cabente ao prestador, seja ele, neste caso, pessoa física ou jurídica. A expressão "até o termo do contrato" certamente não pode ser entendida como os oito anos que faltam para término do contrato avençado entre as partes, pois essa interpretação estaria em flagrante confronto com o art. 598, que estipula limitação de quatro anos a essa espécie contratual. Entretanto, nada obsta a que o prestador busque na Justiça indenização suplementar, fundamentado no art. 186 do CC, capaz de cobrir os prejuízos que tiver sofrido com a denúncia do contrato, uma vez que poderá ter feito elevados gastos com equipamentos ou contratado auxiliares para a execução da atividade, recusado novos contratos etc., tendo sua legítima expectativa frustrada, como anteriormente mencionamos.

Na hipótese de contrato por prazo indeterminado e denúncia imotivada por parte do tomador, a forma de cálculo da compensação devida ao prestador pode ser elaborada utilizando-se o mesmo limite quadrienal, não apenas analogicamente, mas tendo-se em vista que o art. 598 assim limita o prazo contratual a quatro anos. Também nesse caso, se para a prestação de serviços tiver feito o prestador gastos consideráveis, e embora por prazo indeterminado, dada a natureza daquela prestação, seja necessário que se façam investimentos custosos, sendo, portanto, legítima a expectativa de continuidade da prestação, caso se mostre insuficiente a compensação obtida pelo cálculo supra, poderá o prestador, igualmente, pleitear indenização suplementar capaz de cobrir o prejuízo que tiver sofrido com a denúncia injustificada do tomador.

Quer seja a denúncia imotivada havida em contrato por prazo determinado ou indeterminado, entendemos ser aplicável o parágrafo único do art. 473 do Código Civil, segundo o qual, embora permitida a denúncia, "se, porém, dada a natureza do contrato, uma das partes houver feito investimentos consideráveis para a sua execução, a denúncia unilateral só produzirá efeito depois de transcorrido prazo compatível com a natureza e o vulto dos investimentos", além da possibilidade de dilatação do prazo relativo ao aviso prévio.[156]

2.3.9 Da declaração de conclusão do contrato ou de contrato findo

Estatui o art. 604 do Código Civil que, "findo o contrato, o prestador de serviço tem direito a exigir da outra parte a declaração de que o contrato está findo", asseverando ainda que "igual direito lhe cabe, se for despedido sem justa causa, ou se tiver motivo justo para deixar o serviço". Essa regra inova aquela contida no art. 1.230 do Código revogado, o qual estipulava a emissão de "atestado", ou seja, de declaração de conclusão do contrato apenas na prestação de serviços agrícolas, com imposição de multa, pelo juiz, nos casos de recusa à emissão, e, caso houvesse "débito" do prestador, constaria essa referência na declaração, o que responsabilizaria o novo tomador pelo pagamento. Essa declaração, chamada por Karl Larenz de certificado, é uma repercussão do dever de proteção que, nesse particular, atua depois do término da relação de serviços, ou seja, é uma "atuação posterior" do dever de proteção à pessoa do prestador.[157]

Assim, o que antes apenas era aplicado aos serviços agrários, passou a valer para todo e qualquer contrato de prestação de serviços, sendo que a quitação sem ressalvas torna impossível qualquer pedido de indenização.[158] Esclarece a doutrina que essa regra é importante porque "reduz a termo a quitação recíproca das partes: o solicitante [tomador, contratante] quanto ao pagamento, e o prestador do serviço, quanto à realização do trabalho para o qual foi contratado".[159] Por outro lado, não pode o tomador ser obrigado a elogiar o prestador de serviços, vez que a obrigação

---

[156] GOMES, Orlando. *Contratos* cit., 26. ed., p. 357.
[157] LARENZ, Karl. *Derecho de obligacones*. Madri: Revista de Derecho Privado, 1959. t. 2, p. 304.
[158] DINIZ, Maria Helena. *Curso de direito civil brasileiro* cit., 25. ed., v. 3, p. 299.
[159] ANDRIGHI, Nancy; BENETI, Sidnei; ANDRIGHI, Vera. In: TEIXEIRA, Sálvio de Figueiredo (Coord.). *Comentários ao novo Código Civil* cit., v. 9, p. 262.

imposta pela lei é limitada a atestar a cessação do serviço, o tempo de sua duração, além das circunstâncias materiais que permearam o contrato havido.[160] Somente não estará o tomador do serviço obrigado a emitir a declaração de conclusão do contrato na hipótese de resilição unilateral do prestador, antes do término de suas obrigações, sem motivo relevante ou justo, pois, nesse caso, há inadimplemento contratual.[161]

Embora afirme parte da doutrina que o espírito da regra citada "é de inspiração na lei trabalhista",[162] no sentido de ser necessário que reste bem esclarecida a extinção do contrato havido entre as partes, não se pode perder de vista que o Código Civil de 1916, no qual já estatuía o art. 1.230 a obrigatoriedade de emissão de "atestado de término do contrato", além do art. 940 (correspondente parcial ao art. 320 do CC/2002), o qual tratava do conteúdo da quitação, foi que serviu de inspiração para a Consolidação das Leis do Trabalho, cujas regras do Termo de Rescisão do Contrato de Trabalho (TRCT) trazem semelhanças com a lei civil.

Essa regra que concede ao prestador o direito de obter declaração de conclusão do contrato, ou declaração de contrato findo, é na verdade um atestado e serve para que aquele que contratar posteriormente o serviço do prestador não seja increpado ou acusado de aliciador. Trata-se de prova de quitação do serviço avençado entre as partes. Pode o juiz, nos casos de recusa injustificada à emissão da declaração de contrato findo, suprir tal recusa à sua emissão, sendo que a lei anterior falava, nessa hipótese, em aplicação de multa ao recusante, que era revertida em favor da outra parte, penalidade não reproduzida no Código vigente.

A recusa injustificada do tomador do serviço ao fornecimento da declaração de que trata o citado dispositivo permitirá ao prestador o ingresso em juízo para suprimento daquela recusa, podendo o juiz, havendo plausibilidade do pedido e prova do cumprimento das obrigações, declarar por sentença o término do contrato.

Verifica-se ainda, que a regra em comento, relativa à declaração de contrato findo, é reflexo da quitação das obrigações de que tratam os arts. 319 e 320 do CC, estabelecendo o primeiro dispositivo que "o devedor que paga tem direito a quitação regular", e o segundo, estatuindo quais informações deverão constar no termo de quitação, ou seja, o valor e a espécie da dívida, o objeto da quitação, o nome do devedor ou de quem por ele pagou, o tempo e o lugar do pagamento, devendo o termo ou

---
[160] PEREIRA, Caio Mário da Silva. *Instituições de direito civil* cit., 2009. v. 3, p. 326.
[161] TEPEDINO, Gustavo; BARBOZA, Heloisa Helena; MORAES, Maria Celina Bodin de. *Código civil interpretado conforme a Constituição da República* cit., v. 2, p. 334.
[162] VENOSA, Sílvio de Salvo. *Direito Civil* cit., 7. ed., v. 3, p. 203.

recibo ser assinado pelo credor ou por seu representante. A quitação, nas palavras de Álvaro Villaça Azevedo,[163] "libera o devedor do vínculo obrigacional, que o prendia ao credor", de maneira que essa prova não pode ser negada àquele que cumpre com a obrigação que lhe vinculava ao outro contraente.

Entretanto, a regra contida no art. 604 tem pouca importância nos dias de hoje, como observa Teresa Ancona Lopez,[164] pois essa liberação do prestador para que preste serviços a outras pessoas é relativa, uma vez que os fornecedores de serviços que são autônomos não precisam dessa proteção da lei, pois podem prestar serviços a muitas pessoas ao mesmo tempo, tratando-se apenas de liberação formal.

Cumpre observar, nessa esteira, e guardadas as devidas proporções, o advento da Lei 12.007, de 29 de julho de 2009, cujo art. 1.º dispõe que "as pessoas jurídicas prestadoras de serviços públicos ou privados são obrigadas a emitir e a encaminhar ao consumidor declaração de quitação anual de débitos", sendo, pois, destinada às relações de consumo, encontrando, todavia, alguns pontos de convergência com a declaração de quitação de que trata o Código Civil. A declaração de quitação de que trata referida lei compreende os meses de janeiro a dezembro de cada ano, tendo como referência a data do vencimento da respectiva fatura, sendo que somente tem direito à respectiva declaração os consumidores que tenham quitado todos os débitos relativos ao ano em referência, e, caso o consumidor não tenha utilizado os serviços durante todos os meses do ano anterior, terá direito à declaração de quitação quanto aos meses em que houve faturamento dos débitos, e, ainda que haja algum débito *sub judice*, ou seja, objeto de questionamento judicial, o consumidor tem direito à declaração quanto aos meses em que houve faturamento dos débitos, nos termos do que dispõe o art. 2.º e seus parágrafos.

Cumpre observar ainda que a referida lei, no tocante ao prazo para emissão da declaração de quitação anual, estabelece no seu art. 3.º que a declaração deve ser encaminhada ao consumidor por ocasião do encaminhamento da fatura a vencer no mês de maio do ano seguinte ou no mês subsequente à completa quitação dos débitos do ano anterior ou dos anos anteriores, podendo ser emitida em espaço da própria fatura. Outrossim, nessa declaração deverá constar, por força do art. 4.º da citada lei, a informação de que ela substitui, para a comprovação do cumprimento das obrigações do consumidor, as quitações dos faturamentos mensais

---

[163] AZEVEDO, Álvaro Villaça. *Teoria geral das obrigações e responsabilidade civil* cit., 11. ed., p. 133.
[164] LOPEZ, Teresa Ancona. *Comentários ao Código Civil* cit., v. 7, p. 225.

dos débitos do ano a que se refere e dos anos anteriores, de maneira a possibilitar aos consumidores a eliminação de grandes quantidades de comprovantes de pagamentos efetuados mês após mês, no período de vários anos, guardados diligentemente. O descumprimento da referida lei sujeita o prestador de serviços às sanções contidas na Lei 8.987, de 13 de fevereiro de 1995, que dispõe sobre o regime de concessão e permissão da prestação de serviços públicos previstos no art. 175 da Constituição Federal, bem como às sanções impostas pelo Código de Defesa do Consumidor.

Assim, embora o art. 604 do CC refira-se ao dever de expedição, pelo tomador, de declaração de conclusão do contrato ou de contrato findo, e tenha por finalidade assegurar ao prestador documento comprobatório do cumprimento de suas obrigações e garantir aos novos contratantes a certeza de que não serão acusados de aliciadores, fato é que a declaração tem verdadeira força de quitação, tal qual a declaração a que são os prestadores de serviços nas relações de consumo obrigados a expedir, por força da Lei 12.007/2009, supramencionada.

2.3.10 Da transferência dos direitos decorrentes do contrato

O art. 605 do CC diz respeito aos contratos em que se fizer presente o caráter personalíssimo da prestação de serviços ao dispor que "nem aquele a quem os serviços são prestados, poderá transferir a outrem o direito aos serviços ajustados, nem o prestador de serviços, sem aprazimento da outra parte, dar substituto que os preste". Embora possa haver característica personalíssima no contrato de prestação de serviços, não há impedimento à transferência obrigacional se as partes assim estipularem, o que não ocorria no Código revogado, em cujo art. 1.232 constava proibição da transferência ainda que outra coisa houvessem as partes estipulado, ou seja, mesmo com a anuência ou concordância da outra parte, não poderia haver a transferência do contrato. Desse dispositivo, extrai-se que no sistema revogado o contrato de prestação de serviços seria de fato *intuitu personae*, como afirma Cunha Gonçalves,[165] baseado na confiança do tomador do serviço, e nas qualidades técnicas, profissionais ou morais do servidor, o qual, por isso, não podia fazer-se substituir. Entretanto, como anteriormente mencionamos, nem sempre pode a prestação de serviços ser considerada de caráter personalíssimo, permitindo, pois, a prestação

---

[165] GONÇALVES, Luiz da Cunha. *Tratado de direito civil em comentário ao Código Civil português* cit., p. 541.

por outrem, e, ainda quando personalíssima a prestação, poderão as partes transferir a outrem suas obrigações correspectivas.

Com a supressão da expressão "ainda que outra coisa tenha contratado", permite-se a transferência, a terceiros, dos direitos do contrato de prestação de serviços, assemelhando-se aos contratos que têm por objeto a transferência de bens imóveis, nos quais é muito comum cláusula que disponha estar o vendedor obrigado a "outorgar a escritura definitiva ao comprador ou a quem este indicar", o que nos parece mais adequado em razão da liberdade contratual de que gozam as partes.

Assevera Clóvis Beviláqua que a proibição contida no referido artigo do Código Civil de 1916 é uma aplicação do princípio de que o direito de exigir obrigações de fazer não se transfere, porque assim o exige o respeito à liberdade humana, vez que o prestador ficaria reduzido à condição servil, se o tomador pudesse ceder-lhe os serviços a outrem.[166] Entretanto, embora pelo Código revogado fosse vedada a transferência dos direitos oriundos do contrato, ainda que outra coisa tivessem avençado as partes, o Código vigente permite a transferência, desde que com o consentimento da outra parte, quando se tratar de prestação personalíssima. Assim, pelas vigentes regras, o tomador dos serviços personalíssimos não pode, sem o consentimento do prestador, ceder os direitos de prestação da atividade a terceiros, bem como não pode o prestador de serviços transferir, sem o consentimento do tomador, sua atividade a terceiro, estranho à relação contratual.

Referida regra não representa um meio de inibir a vontade das partes, mas um meio capaz de fortalecer a relação contratual, com fundamento nos princípios da probidade e da boa-fé, vez que nos casos em que se verifique a prestação *intuitu personae* mostra-se inoportuna a transferência dos direitos e deveres do contrato sem o conhecimento da outra parte, que estaria sujeita, a todo momento, e sem sua ciência e anuência, à prestação do serviço por pessoa que desconhece e com a qual não contratou. Daí por que assevera a doutrina que essa regra "trata-se, na prática, de uma vedação à terceirização da prestação de serviço", sendo que, de acordo com a forma do contrato, se exercitará a anuência verbal ou solene.[167] Vale lembrar que mesmo nos contratos em que não se tenha convencionado o caráter personalíssimo da prestação, é salutar que o tomador saiba que outro prestador executará o serviço, bem como é importante

---

[166] BEVILÁQUA, Clóvis. *Código Civil dos Estados Unidos do Brasil comentado* cit., v. 4, p. 416.
[167] ANDRIGHI, Nancy; BENETI, Sidnei; ANDRIGHI, Vera. In: TEIXEIRA, Sálvio de Figueiredo (Coord.). *Comentários ao novo Código Civil* cit., v. 9, p. 263.

que o prestador saiba que a prestação de serviços será executada a outra pessoa, diversa do tomador, evitando-se, em ambos os casos, surpresas e dissabores.

Nesse aspecto, ao referir-se à proibição de subcontratação do prestador, de que trata a segunda parte do dispositivo em comento, Teresa Ancona Lopez preleciona que devemos, quanto à transferência da obrigação de fazer, distinguir aquelas *intuitu personae* ou personalíssimas ou infungíveis, em que somente o devedor poderá executar o contrato, daquelas obrigações de fazer não personalíssimas ou fungíveis, que poderão ser executadas por terceiros. Isso porque, quanto às obrigações personalíssimas ou infungíveis, não terá cumprido a obrigação o prestador que se recusar a executar a prestação imposta a ele, e somente por ele exequível, exemplificando com a hipótese do médico que, marcada a cirurgia, viaja de férias, sendo que somente nele confiava o paciente. Nesse caso, observa a autora, incide a regra contida no art. 247 do CC, segundo o qual "incorre na obrigação de indenizar perdas e danos o devedor que recusar a prestação a ele só imposta, ou só por ele exequível", podendo incidir tanto os danos materiais como os morais decorrentes do fato (Súmula 37 do STJ). Caso a prestação do serviço se torne impossível sem que tenha havido culpa do devedor, nos termos do art. 248 do CC, resolver-se-á a própria obrigação, sem incidir no dever de pagamento das perdas e danos.[168]

Ainda, em se tratando de obrigação personalíssima ou infungível, obtempera a citada doutrinadora que a parte prejudicada pode obter do juiz tutela específica a fim de obrigar o contratado a prestar o serviço a que se obrigou por contrato, nos termos do que dispõe o art. 461, *caput*, do Código de Processo Civil, prestação essa que se converterá em perdas e danos caso não realizada, por impossibilidade ou por requerimento da parte lesada, havendo previsão legal (art. 461, § 1.º, CPC) no sentido de que a indenização por perdas e danos se dará sem prejuízo da multa (*astreintes*). Por outro lado, assevera a autora, nos contratos de prestação de serviços sem o caráter personalíssimo, o serviço pode ser executado por terceiro somente quando há recusa ou mora do prestador na execução do serviço, incorrendo este em perdas e danos, além da obrigação de pagar pelo serviço prestado pelo terceiro, decorrente de sua desídia, estabelecendo o parágrafo único do art. 249 do CC que "em caso de urgência, pode o credor, independentemente de autorização judicial, executar ou mandar executar o fato, sendo depois ressarcido". Ainda para a autora, essa regra do art. 249, parágrafo único, é inovação tanto em relação ao

---

[168] LOPEZ, Teresa Ancona. *Comentários ao Código Civil* cit., v. 7, p. 227-229.

CPC (art. 461, § 3.º) como ao CDC (art. 84, § 3.º), sendo a regra do art. 249 do *Codex* instrumentalizada pelo art. 634, CPC, o qual dispõe que "se o fato puder ser prestado por terceiro, é lícito ao juiz, a requerimento do credor, decidir que aquele o realize à custa do devedor".[169] Entretanto, entendemos que nos contratos sem caráter personalíssimo não fica o tomador, para a execução por terceiro, sujeito à recusa ou mora do prestador. Afinal, a ausência de caráter personalíssimo implica, por si só, na possibilidade de cumprimento da obrigação por interposta pessoa, isto é, por terceiro, bem como implica, por conseguinte, na substituição do tomador, independentemente de mora ou inadimplemento de qualquer das partes.

Tendo em vista que o Código Civil de 1916 proibia expressamente a transferência dos direitos decorrentes do contrato ainda que as partes fizessem constar cláusula contratual possibilitando-a, alguns autores defendiam que, sendo a proibição matéria de ordem pública, não poderia haver a transferência, mas havendo concordância do tomador quanto à substituição, o prestador poderia dar substituto, caso em que o contrato seria outro, ou seja, haveria outro contrato de prestação de serviço, embora sob as mesmas bases, pelo prazo que faltasse, ou pelo que se convencionasse, ou se fosse o caso de contrato por prazo indeterminado, seguindo os princípios dispostos no Código.[170]

Temos, portanto, que havendo o vigente *Codex* permitido a transferência dos direitos decorrentes do contrato, mesmo quando presente o caráter personalíssimo da prestação, poderão as partes convencionar a continuidade do contrato nos mesmos termos que celebrado com o cedente, ou ainda, estipular que com o cessionário seja realizado novo contrato de prestação de serviços, especialmente levando-se em consideração que a transferência possa ocorrer próximo ao prazo de quatro anos de que trata o art. 598, com o que melhor seria para ambas as partes que, no lugar de transferência de direitos, houvesse novo contrato.

2.3.11 Do aliciamento de prestadores de serviços já contratados

Dispõe o art. 608 do *Codex* que "aquele que aliciar pessoas obrigadas em contrato escrito a prestar serviço a outrem, pagará a este a importância que ao prestador de serviço, pelo ajuste desfeito, houvesse de caber durante dois anos", sendo caso de responsabilização de terceiro por interferência

---

[169] LOPEZ, Teresa Ancona. *Comentários ao Código Civil* cit., v. 7, p. 229.
[170] SANTOS, J. M. Carvalho. *Código Civil brasileiro interpretado* cit., v. 17, p. 302.

indevida em contrato anteriormente concluído, representando, pois, uma forma de defesa e proteção concorrencial.[171]

Aliciar, segundo define a Enciclopédia Saraiva do Direito, é "seduzir, provocar, incitar com promessas, enganar quase sempre para fim ilícito".[172] O aliciamento, portanto, também pode ser definido como o convite feito ao prestador de serviços para que se retire do antigo vínculo e venha a ser contratado para determinado trabalho em outro estabelecimento.[173] O aliciamento, leciona Paulo Nader,[174] implica proposta de trabalho e aceitação, não configurando aliciamento o convite feito ao prestador de serviços "no período do aviso prévio ou diante das causas de extinção do contrato, previstas no art. 607" do Código Civil.

Também no Código Comercial há expressa combatividade ao aliciamento, de forma que enquanto o art. 244 – revogado pelo art. 2.045 do CC/2002 – punia com multa de três meses a um ano do valor da remuneração do trabalhador o comerciante ou empresário que até mesmo através de prepostos aliciassem empregados ou operários de outras fábricas contratados por escrito,[175] o art. 500, ainda em vigor, pune com multa o capitão de embarcação que alicia marinheiro matriculado em outra embarcação, responsabilizando-o até mesmo pelo tempo da estadia em que o navio desprovido de marinheiro for obrigado a permanecer atracado.[176] Otávio Luiz Rodrigues Junior[177] observa ser possível identificar no art. 500 do CCom rudimentos da doutrina do terceiro cúmplice, segundo a qual aquele que, não sendo parte na relação contratual, age ou interfere

---

[171] TEPEDINO, Gustavo; BARBOZA, Heloisa Helena; MORAES, Maria Celina Bodin de. *Código civil interpretado conforme a Constituição da República* cit., v. 2, p. 339.

[172] LIMONGI FRANÇA, Rubens (Coord.) *Enciclopédia Saraiva do Direito*. São Paulo: Saraiva, 1978. v. 6, p. 39.

[173] LOPEZ, Teresa Ancona. *Comentários ao Código Civil* cit., v. 7, p. 237-238.

[174] NADER, Paulo. *Curso de direito civil* cit., 4. ed., v. 3, p. 292.

[175] Era esta a redação do art. 244 do Código Comercial: "O comerciante empresário de fábrica, seus administradores, diretores e mestres, que por si ou por interposta pessoa aliciarem empregados, artífices ou operários de outras fábricas que se acharem contratados por escrito, serão multados no valor do jornal dos aliciados, de 3 (três) meses a 1 (um) ano, a benefício da outra fábrica".

[176] É esta a redação do art. 500 do Código Comercial, ainda em vigor: "O capitão que seduzir ou desencaminhar marinheiro matriculado em outra embarcação será punido com a multa de cem mil réis por cada indivíduo que desencaminhar, e obrigado a entregar o marinheiro seduzido, existindo a bordo do seu navio; e se a embarcação por esta falta deixar de fazer-se à vela, será responsável pelas estadias da demora".

[177] RODRIGUES JUNIOR, Otavio Luiz. Doutrina do terceiro cúmplice: autonomia da vontade, o princípio res inter alios acta, função social do contrato e a interferência alheia na execução dos negócios jurídicos. *RT*, São Paulo: RT, v. 821, ano 93, março 2004, p. 80-98. A citação encontra-se à p. 94-95.

indevidamente, de forma a causar o inadimplemento de determinado contrato, torna-se por ele responsável como cúmplice do contraente faltoso, doutrina essa que tem por fundamento um preceito ético de alcance solidário, ensejando, portanto, o dever de reparação.

Antonio Junqueira de Azevedo observa que são três os princípios contratuais que vêm do século passado, os quais giram em torno da autonomia da vontade, sendo assim formulados: (a) a liberdade das partes para convencionarem o que querem e como querem, dentro dos limites da lei – princípio da liberdade contratual *lato sensu*; (b) o contrato faz lei entre as partes, ou *pacta sunt servanda* – princípio da obrigatoriedade dos efeitos do contrato; (c) o contrato somente vincula as partes, não prejudicando nem beneficiando terceiros – princípio da relatividade dos contratos. Entretanto, por vivermos hoje uma "época de hipercomplexidade", observa o autor que "aos três princípios que gravitam em volta da autonomia da vontade e, se admitido como princípio, ao da ordem pública, somam-se outros três" – sem que aqueles sejam considerados abolidos –, sendo eles a boa-fé objetiva, o equilíbrio econômico do contrato, e, finalmente, a função social do contrato.[178]

A boa-fé, presente da fase pré-contratual à fase pós-contratual, cria deveres entre os contratantes, dentre os quais o de informar, o de sigilo, o de lealdade e o de proteção, e vem prevista no Código Civil em vigor nos arts. 113, 187, e 422. Embora silente o Código revogado, o princípio da boa-fé já constava no CDC, em seus arts. 4.º, III, e 51, IV, e já era fartamente difundido na doutrina e mesmo na jurisprudência.

O princípio do equilíbrio econômico do contrato ou do sinalagma, por sua vez, leva a serem admitidas duas figuras, a saber, a lesão e a onerosidade excessiva, constando aquela no art. 157 do *Codex*.

Ainda leciona referido doutrinador que o princípio da função social do contrato, por sua vez, assim retratado no art. 421 do CC, é preceito destinado a integrar os contratos numa ordem social harmônica, e visa impedir tanto os contratos que prejudicam a coletividade (os contratos

---

[178] AZEVEDO, Antonio Junqueira de. Os princípios do atual direito contratual e a desregulamentação do mercado. Direito de exclusividade nas relações contratuais de fornecimento. Função social do contrato e responsabilidade aquiliana do terceiro que contribui para inadimplemento contratual. *Estudos e pareceres de direito privado*. São Paulo: Saraiva, 2004. p. 137-147. A citação encontra-se à p. 140-142. O autor publicou primeiramente esse parecer sob o título: Princípios do novo direito contratual e desregulamentação do mercado – Direito de exclusividade nas relações contratuais de fornecimento – Função social do contrato e responsabilidade aquiliana do terceiro que contribui para inadimplemento contratual. *RT*, São Paulo: RT, v. 750, ano 87, abril 1998, p. 113-120.

contra o consumidor, por exemplo), com aqueles contratos que prejudicam ilicitamente pessoas determinadas. Para referido autor, a ideia de função social do contrato está determinada pela Constituição Federal, ao fixar em seu art. 1.º, IV, o valor da livre iniciativa como um dos valores da República, impondo a proibição de se ver os contratos como algo que apenas às partes interessa. Disso decorre que o antigo princípio da relatividade dos efeitos contratuais precisa ser relido à luz da Constituição. O princípio da função social do contrato não implica em que os terceiros são partes do contrato, mas que "os terceiros não podem comportar-se como se o contrato não existisse".

Nelson Rosenvald,[179] ao comentar o art. 421 do CC, assevera ser possível "cogitar uma função social interna e uma função social externa do contrato". A função social interna diz respeito à indispensável relação de cooperação entre os contratantes, os quais, através de mútua colaboração têm idêntica finalidade, qual seja, o cumprimento ou adimplemento da obrigação, da forma mais satisfatória ao credor e menos onerosa ao devedor. A função social, nesse aspecto, converte-se em limite positivo e interno à estrutura contratual, capaz de impedir a formação de uma relação de subordinação sobre a pessoa do devedor, com o que se mantém a autonomia privada com reflexos nos direitos de personalidade do devedor. Por outro lado, observa o autor, os contratos interessam à própria sociedade, de maneira que não se pode hoje "plagiar os oitocentistas, alegando que a relação contratual é *res inter alios acta* (ou seja, que apenas concerne às partes, e não a terceiros)".

Disso decorre a necessidade de oponibilidade externa dos contratos, muito se debatendo hoje sobre a tutela externa do crédito, na medida em que as relações creditícias escapam do controle de seus artífices e alcançam terceiros, que podem ser por elas ofendidos, ou ainda, de outro lado, podem os terceiros até mesmo colocarem-se em situação de violação de relação contratual da qual não fazem parte. Corretamente lembra o autor que "da mesma forma que podem ser afetados por contratos alheios, terceiros também podem agir de forma a violar uma relação contratual em andamento", sendo a função externa do contrato uma via de mão dupla. Há, portanto, imposição de um dever genérico de abstenção por parte de terceiros da prática de relações contratuais que possam afetar a segurança, a certeza e até mesmo a lealdade dos contratos firmados, razão pela qual o citado doutrinador defende que em casos extremos seja aplicada a invalidade do negócio jurídico, por nulidade, em razão da ofensa à norma de ordem pública, nos termos do art. 2.035, parágrafo único,

---

[179] ROSENVALD, Nelson. *Código Civil comentado* cit., p. 456-458.

do CC, segundo o qual "nenhuma convenção prevalecerá se contrariar preceitos de ordem pública, tais como os estabelecidos por este Código para assegurar a função social da propriedade e dos contratos".

Ainda como bem observa o autor, não se trata de extensão da eficácia contratual aos terceiros, mas de oponibilidade geral que exigirá da coletividade um dever de *neminem laedere*, por imposição de solidariedade nas relações entre contratantes e sociedade.[180] Nesse sentido, preleciona o autor, os terceiros não podem ser credores ou devedores de prestações em contratos de que não foram parte, mas podem ser credores ou devedores de deveres de conduta – sobretudo de proteção –, pois a complexidade de qualquer obrigação exige que no processamento da relação jurídica as partes não possam lesar a sociedade ou por ela serem lesadas, vale dizer, não podem os contratantes lesar a sociedade, assim como não pode a sociedade lesar os contratantes. Disso se extrai que o princípio da relatividade não pode mais ser elevado à condição de dogma, como observa o autor, pois a necessidade de se preservar a ordem econômica e as convenções impõe que terceiros se abstenham de violar contratos em andamento.[181]

Veja-se, igualmente, que o Enunciado 21, aprovado na I Jornada de Direito Civil do Conselho da Justiça Federal, quanto ao art. 421 do CC, afirma que a função social nele mencionada constitui cláusula geral a impor a revisão do princípio da relatividade dos efeitos do contrato em relação a terceiros, implicando a tutela externa do crédito.

É justamente nesse sentido proclamado pelos doutrinadores supramencionados que se insere o art. 608 do CC, o qual visa combater o aliciamento, que nada mais é que uma violação positiva do crédito conferido a terceiro, partícipe de relação contratual com o aliciado. Portanto, o dispositivo supra se refere à responsabilidade imposta àquele que alicia o prestador de serviços e o retira de seu anterior contrato, sendo verdadeira espécie de responsabilidade de terceiro para com o contratante prejudicado pelo aliciamento. Não se trata de abandono do serviço pelo prestador, para o qual há regra específica contida no art. 602 do Código, e sobre o qual tratamos anteriormente. É bem verdade que, "não havendo cláusula de exclusividade, o profissional poderá atender vários clientes ao mesmo tempo, não havendo que se falar em aliciamento, tampouco em dever de indenizar" por parte dos demais tomadores do serviço.[182] Não

---

[180] ROSENVALD, Nelson. *Dignidade humana e boa-fé no Código Civil*. São Paulo: Saraiva, 2005. p. 115.
[181] Idem, p. 116.
[182] ANDRIGHI, Nancy; BENETI, Sidnei; ANDRIGHI, Vera. In: TEIXEIRA, Sálvio de Figueiredo (Coord.). *Comentários ao novo Código Civil* cit., v. 9, p. 268.

se presume aliciamento no caso de estar "desempregado" o prestador, ou caso tenha sido este quem ofertou o serviço.[183]

O aliciamento ocorre com muito maior frequência do que se possa imaginar. No mundo corporativo não raro gerentes, diretores de empresas, e mesmo profissionais de áreas técnicas são seduzidos para exercerem suas atividades naquelas empresas que os aliciam, e, assim, colocarem seus conhecimentos e experiências à disposição das empresas aliciadoras, com promessas de maiores valores de remuneração, além de atrativos benefícios. Não há duvidas de que há benefício para ambos: para o aliciador, que terá profissionais altamente especializados trabalhando para si, advindos geralmente de empresas concorrentes e detentores, portanto, de valiosas informações e experiências, e, também para o aliciado, que terá maiores remunerações e inúmeros benefícios de caráter econômico. Por outro lado, restam apenas prejuízos àquele contraente que figurava no contrato primitivo como tomador, que fez investimentos, projeções, programações tendo em vista a vigência do contrato, e vê-se vitimado pela malícia do aliciador que o deixa desprovido relativamente à prestação do serviço contratualmente avençado. O aliciamento é ainda muito comum nos meios de comunicação, especialmente nas emissoras de televisão, sendo frequente a mudança de apresentadores de TV, âncoras de jornal, jornalistas etc., para outras emissoras que os tenham aliciado com as promessas suprarreferidas, o que, em determinados casos, repercute em pagamentos de multas milionárias pelo aliciado e pela emissora aliciadora, embora, geralmente, esta acabe pagando a multa contratual daquele que aliciou.

Um dos marcantes casos relativamente ao aliciamento ocorreu em 1998, envolvendo o apresentador Carlos Roberto Massa, conhecido como Ratinho, o SBT e a Rede Record, e foi amplamente divulgado pelos meios de comunicação nos meses de agosto e setembro daquele ano.[184] Durante a vigência de seu contrato com esta última emissora, devido a negociações que mantinha com aquela, no dia 26 de agosto daquele ano o apresentador não compareceu à emissora de TV com a qual mantinha contrato, o que a forçou a reprisar programa anterior, e, no dia seguinte, 27 de agosto, assinava contrato com o dono do SBT, e, por tal razão também não compareceu naquele dia para apresentar seu programa na emissora com a qual inicialmente contratara, obrigado-a a reprisar outro programa televisivo do apresentador. No dia seguinte, a nova emissora

---

[183] DINIZ, Maria Helena. *Curso de direito civil brasileiro* cit., 25. ed., v. 3, p. 300.
[184] Disponível em: <http://epoca.globo.com/edic/19980831/cult6.htm>. Acesso em: 14 set. 2010.

contratante já anunciava a novidade no quadro de apresentadores, assumindo o pagamento de multa equivalente a R$ 43 milhões de reais à Rede Record. Em 8 de setembro daquele ano o apresentador estreava seu programa no SBT. Muitos outros casos de aliciamento de apresentadores e pagamento de multas às antigas emissoras foram noticiados, antes e depois do caso supracitado; entretanto, o que atraiu especial atenção da mídia e da sociedade no exemplo retro foi o elevado valor da multa paga pelo "aliciador".

Outro marcante caso de aliciamento e quebra de contrato que movimentou a mídia, o CONAR (Conselho Nacional de Autorregulamentação Publicitária) e o Poder Judiciário, e ficou conhecido como "guerra das cervejas" pelo mercado brasileiro – cujo consumo é da ordem de oito bilhões de litros da bebida por ano e movimenta anualmente o valor de R$ 10 bilhões[185] –, ocorreu entre os anos de 2003 e 2004, e teve como protagonistas o sambista Jessé Gomes da Silva Filho, conhecido pelo nome artístico de Zeca Pagodinho, e as empresas fabricantes das cervejas Schincariol e Brahma. Em 21 de agosto de 2003 o cantor assinou com a primeira empresa, pelo prazo de um ano, "contrato de prestação de serviços e concessão de direitos de uso de imagem e som de voz por tempo limitado para utilização em campanha publicitária", pelo que recebeu a quantia de R$ 600.000,00 (seiscentos mil reais), estrelando a propaganda publicitária "Experimenta", promovendo a cerveja "Nova Schin". Ao coro de "experimenta", diversos artistas de televisão e também o cantor, atendendo ao apelo daqueles que os cercavam, experimentavam a nova cerveja e demonstravam sua aprovação, com o que a empresa aumentou sua fatia de mercado e diminuiu a diferença entre ela e a concorrente, fazendo com que até mesmo as ações da fabricante da cerveja concorrente, AmBev, sofressem queda na Bolsa de Valores de São Paulo. Entretanto, no dia 12 de março de 2004, o cantor apareceu em comercial publicitário da Brahma, intitulado "Amor de Verão", cantando música que ironizava o trabalho feito à outra cerveja, cujo refrão dizia "Fui provar outro sabor, eu sei. Mas não largo meu amor, voltei", além de, em meio à música, classificar sua relação com a outra cerveja como "paixão de verão", "ilusão", "coisa de momento", e concluir que "não tem comparação" a cerveja que inicialmente divulgara com aquela que fabrica seu "grande amor". Em represália, a Schincariol lançou na mídia comercial no qual aparecia um sósia do cantor, e ao fundo, uma placa escrita "prato do dia: traíra", sugerindo que o artista havia se *vendido* por

---

[185] Disponível em: <http://revistaepoca.globo.com/Revista/Epoca/0,,EMI43296-15259,00.html>. Acesso em: 14 set. 2010.

US$ 3 milhões para mudar sua opinião,[186] sendo que a AmBev acabou por veicular posteriormente outro comercial à marca Brahma, intitulado "A cerveja de todos os Zecas".

Ambas as partes se sentiram ofendidas e recorreram à Justiça, de maneira que enquanto o cantor pleiteou a retirada da veiculação do comercial publicitário em que aparecia um sósia e no qual sugestivamente era identificado como traíra, a cervejaria Schincariol ajuizou medita cautelar (Processo 04.027.913-8, da 27.ª Vara Cível Central da Capital paulista) contra o cantor e a fabricante da cerveja concorrente, e obteve liminar impedindo a veiculação do comercial da outra marca, no qual se fazia referência ao primeiro contrato como "amor de verão", passageiro, bem como proibindo o cantor de participar de campanhas publicitárias da concorrência, ou de fazer alusão direta ou indireta a outras marcas de cerveja em qualquer meio de comunicação, sob pena de multa diária de R$ 500.000,00 (quinhentos mil reais) para cada réu que infringisse a decisão. Embora as partes houvessem interposto recurso de Agravo de Instrumento – a Schincariol para aumentar o valor da multa diária, e a AmBev para reduzi-la – o Tribunal de Justiça do Estado de São Paulo rejeitou ambos os recursos e manteve a decisão nos moldes em que fora proferida.[187] Além da medida cautelar supranoticiada, na ação principal (Processo 04.109.435-2) a Schincariol pleiteou indenização por danos morais, materiais e à imagem, tanto em face do cantor como de sua empresa de produções artísticas.

Uma vez que já tramitava perante a 36.ª Vara Cível Central da Capital paulista ação envolvendo as mesmas partes, foi referido Juízo, em dezembro de 2006, o prolator da sentença que condenou o cantor e sua empresa de produções artísticas a pagar a importância de R$ 930.000,00 (novecentos e trinta mil reais) a título de danos materiais, e outros R$ 930.000,00 (novecentos e trinta mil reais) a título de danos morais.

Ambas as partes interpuseram recurso de Apelação – a autora para elevar o valor indenizatório dos danos morais em quantia equivalente a dois milhões de reais, e os réus para reduzir o valor da condenação –, de maneira que a Corte paulista, embora asseverando que o cantor pra-

---

[186] Disponível em: <http://www1.folha.uol.com.br/folha/dinheiro/ult91u82653.shtml>. Acesso em: 14 set. 2010.
[187] TJSP, 7.ª Câm. Dir. Priv., AI 346.348.4/5 e AI 346.344.4/8, rel. Des. Roberto Mortari, j. 31.03.2004, EMENTA: "Cautelar – Concessão de liminar para impedir a veiculação de campanha publicitária, sob pena de multa diária – Existência de elementos que indicam que a campanha publicitária em questão se contrapõe a pacto de exclusividade preexistente e estimula práticas antiéticas e nocivas à sociedade – Presença de *periculum in mora* e *fumus boni juris* – Medida confirmada, inclusive no que se refere ao valor da multa, que atende sua função inibitória – Agravos desprovidos".

ticara explícita infidelidade, em desprezo ao princípio da probidade e da boa-fé contratual e que, por sua conduta, tivera evidenciado absoluta má-fé, entendeu, todavia, ser elevado o valor da condenação, razão pela qual reduziu o valor da indenização por danos materiais em sua forma de cálculo (que será apurado em liquidação por arbitramento e abatido da quantia que recebera o cantor, devendo essa diferença ser por ele devolvida), uma vez que entendeu haver cumprimento parcial do contrato, bem como reduziu a indenização dos danos morais para a quantia equivalente a 1.000 (hum mil) salários mínimos, ou seja, R$ 420.000,00 (quatrocentos e vinte mil reais) à época,[188] valor esse que foi posteriormente reduzido para R$ 415.000,00 (quatrocentos e quinze mil reais) em razão do provimento parcial ao recurso de Embargos de Declaração interposto perante o Tribunal de Justiça paulista. Igualmente, ambas as partes interpuseram Recurso Especial (REsp 1.203.153) ao Superior Tribunal de Justiça, aos quais, no final de 2011, foi *negado seguimento* – conquanto apreciadas questões de mérito – em decisões monocráticas do relator,[189] e posteriormente o tema foi apreciado pela 3.ª Turma, em sede de Agravo Regimental a que foi negado provimento,[190] com o que

---

[188] TJSP, 14.ª Câm. Dir. Priv., Ap. 7155293-9, rel. Des. Pedro Ablas, j. 09.04.2008: "EMENTA: INDENIZAÇÃO – Danos morais e materiais – Contrato de utilização da imagem e voz de cantor em campanha publicitária de cerveja – Quebra do contrato, com o debande do artista para empresa concorrente – Violação do contrato, com efetivação de danos materiais e morais – Provimento parcial a ambos os recursos – Danos materiais a serem apurados em liquidação de sentença por arbitramento, proporcionalmente ao efetivo cumprimento do contrato de prestação de serviços – Dano moral, considerando a condição das partes e o valor do contrato, na quantia de R$ 420.000,00".

[189] STJ, 3.ª T., REsp 1.203.153/SP, rel. Min. Sidnei Beneti, j. 13.09.2011, *DJe* 21.09.2011, e EDcl no REsp 1.203.153/SP, 3.ª T., rel. Min. Sidnei Beneti, j. 28.10.2011, *DJe* 10.11.2011.

[190] STJ, 3.ª T., AgRg nos EDcl no REsp 1.203.153/SP, rel. Min. Sidnei Beneti, j. 13.12.2011, *DJe* 01.02.2012: "EMENTA: AGRAVO REGIMENTAL. AÇÃO INDENIZATÓRIA. RECURSO ESPECIAL. OFENSA AO ART. 535 DO CPC. PREQUESTIONAMENTO. SÚMULA 211/STJ. DANOS MATERIAIS. MULTA CONTRATUAL. SÚMULAS 5 E 7/STJ. DANO MORAL FIXADO COM BASE NO SALÁRIO MÍNIMO. POSSIBILIDADE. VALOR DO DANO MORAL. RAZOABILIDADE. HONORÁRIOS ADVOCATÍCIOS. SÚMULA 7/STJ. DECISÃO AGRAVADA. MANUTENÇÃO. 1. Embora rejeitando os embargos de declaração, o acórdão recorrido examinou, motivadamente, todas as questões pertinentes, logo, não há que se falar em ofensa ao art. 535 do Código de Processo Civil. 2. O prequestionamento, entendido como a necessidade de o tema objeto do recurso haver sido examinado pela decisão atacada, constitui exigência inafastável da própria previsão constitucional, ao tratar do recurso especial, impondo-se como um dos principais requisitos ao seu conhecimento. Não examinada a matéria objeto do especial pela instância *a quo*, mesmo com a oposição dos embargos de declaração, incide o enunciado 211 da Súmula do Superior Tribunal de Justiça. 3. A convicção a que chegou o Tribunal *a quo* quanto à indenização por danos materiais e ao valor da multa

restou mantida íntegra a decisão que proferira o Tribunal paulista, ensejando novos Embargos de Declaração perante o STJ.

O caso, porém, parece encontrar-se longe de terminar, sobretudo após a reviravolta processual havida recentemente. Isso porque, em 7 de agosto de 2012, o Ministro Relator Sidnei Beneti, acompanhado pela unanimidade da 3.ª Turma, anulou todas as decisões e acórdãos anteriormente proferidos pelo Superior Tribunal de Justiça e declarou-se suspeito, com fundamento no art. 135, parágrafo único, do CPC, restando prejudicados os Embargos Declaratórios que aguardavam julgamento.[191] Com a anulação de todas as decisões e acórdãos até então proferidos pelo STJ, os autos foram em 28 de agosto de 2012 redistribuídos ao Ministro Paulo de Tarso Sanseverino,[192] para que seja proferido novo julgamento quanto aos recursos especiais interpostos pelas partes envolvidas.

A cervejaria lesada pela quebra do contrato por parte do cantor pleiteou ainda em outra ação (Processo 2007.117728-6, da 24.ª Vara Cível Central de São Paulo) indenização da ordem de duzentos milhões de reais da cervejaria concorrente, sendo metade por danos materiais, e

---

contratual decorreu da análise do contrato e do conjunto probatório. O acolhimento da pretensão recursal demandaria o reexame do mencionado suporte. Incide nesse ponto as Súmulas 5 e 7/STJ. 4. Não há vedação legal a que se fixe valor de indenização por danos morais tomando como referência o valor do salário mínimo, o que não é admitido é a utilização de tal parâmetro como fator de correção monetária. 5. A modificação do *quantum* arbitrado para os danos morais, em recurso especial, somente é permitida nas hipóteses em que se caracteriza o valor estabelecido como sendo irrisório ou abusivo, o que não representa a situação trazida a julgamento, considerando a situação econômica das partes envolvidas. 6. Fixada a verba honorária de acordo com a apreciação equitativa do juiz, excetuados os casos de quantia irrisória ou exorbitante, não será suscetível de reexame em sede de recurso especial, a teor do Enunciado 7 da Súmula do Superior Tribunal de Justiça. 7. Agravo Regimental improvido".

[191] STJ, 3.ª T., EDcl no AgRg nos EDcl no REsp 1.203.153/SP, rel. Min. Sidnei Beneti, j. 07.08.2012, *DJe* 09.08.2012: "EMENTA: EMBARGOS DE DECLARAÇÃO. IMPOSSIBILIDADE DE JULGAMENTO, PELO RELATOR (CPC, ART. 135, § ÚN.). CIRCUNSTÂNCIA ANOTADA NA DISTRIBUIÇÃO GERAL. REDISTRIBUIÇÃO E ANULAÇÃO DE ATOS. EMBARGOS DE DECLARAÇÃO PREJUDICADOS. 1. Reexaminados os autos, em conjunto do REsp 1.316.149-SP, constata-se que já anteriormente existente causa de afastamento do Relator do caso (CPC, art. 135, § ún.), como constante de anotação na Distribuição Geral, não havendo a causa sido detectada de imediato anteriormente devido a não se evidenciar diretamente pelos nomes de recorrentes e recorridos constantes das peças processuais. 2. Anulados decisões e Acórdãos anteriores (1.094/1.102, 1.119/1.120, 1.121/1.123, 1.135/1.145 e-STJ), redistribuindo-se os autos. 3. Declaração do Relator de afastamento do caso (CPC, art. 135, § único), determinando-se a redistribuição, anuladas as decisões e Acórdão anteriores e prejudicados os Embargos de Declaração" (*sic*).

[192] Disponível em: <http://www.stj.jus.br>. Acesso em: 20 dez. 2012.

metade por danos morais, tendo essa ação, em 10 de julho de 2007, sido julgada improcedente, aguardando julgamento do recurso de Apelação pela Corte paulista.[193] Verifica-se, portanto, que o aliciamento que deu início à "guerra das cervejas" culminou com uma verdadeira guerra nos tribunais que perdura até os nossos dias, sem perspectiva de um final próximo, e nem mesmo as agências publicitárias envolvidas ficaram de fora dos embates judiciais, vez que as agências primitivas, lesadas com a ilícita quebra contratual, ingressaram com ação judicial (Processo 2004.039608-6, da 9.ª Vara Cível Central de São Paulo) contra a agência partícipe no aliciamento – e criadora do comercial da Brahma –, sendo esta condenada em primeira instância ao pagamento de danos morais arbitrados em R$ 600.000,00 (seiscentos mil reais), e danos materiais a serem apurados em liquidação de sentença, por arbitramento, tendo por fundamento a Lei 9.279/1996, em razão da concorrência desleal reconhecida em juízo. Em sede recursal, a sentença mencionada sofreu reforma, com o que restou excluída a condenação por dano moral, havendo o Tribunal de Justiça do Estado de São Paulo considerado que as primitivas empresas de publicidade, apesar do aborrecimento com a quebra ilícita de contrato, não tiveram abaladas suas imagens, ou seja, não sofreram diminuição do prestígio,[194] o que ensejou a interposição de recurso especial ao STJ, pendente de julgamento.[195]

---

[193] TJSP, 5.ª Câm. Dir. Priv., Ap. 9112793-79.2007.8.26.0000 (994.07.031120-5), rel. Des. J. L. Mônaco da Silva. À vista do andamento processual disponível no mês de agosto de 2012, no sítio da Corte paulista, foram os autos recebidos pelo Relator no dia 27.10.2012, com o que, provavelmente, em breve haverá decisão sobre o caso.

[194] TJSP, 3.ª Câm. Dir. Priv., Ap. 9072385-17.2005.8.26.000, rel. Des. Adilson de Andrade, j. 10.05.2011, DOe 31.05.2011. EMENTA: "Concorrência desleal. Arguição de cerceamento de defesa fundada em fatos novos. Admissão de novas alegações, sem comprovação da força maior, que sujeitaria a sentença à decretação de nulidade em razão da inatividade da parte que não exerce adequadamente seu ônus processual e posteriormente surpreende o juízo acrescentando novos fundamentos. Inadmissibilidade. Inteligência do art. 517 do CPC. Ilegitimidade passiva *ad causam* de sócio que agia em nome da sociedade caracterizada. Deliberado aliciamento do protagonista da campanha publicitária criada pela coautora, colocando fim ao projeto idealizado. Ato de concorrência desleal configurado, passível de reparação civil, nos termos do art. 209 da Lei 9.279/1996. Lucros cessantes. Apuração segundo um dos critérios previstos no art. 210 da Lei de Propriedade Industrial, optando-se por aquele que se mostrar mais favorável ao prejudicado. Dano moral. Inegável aborrecimento decorrente da abrupta interrupção da campanha publicitária iniciada que não tem o condão de caracterizar o dano moral indenizável. Inexistência de prova da diminuição do prestígio ostentado pelas coautoras em razão da conduta ilícita da corre. Repercussão negativa da imagem não verificada. Recursos parcialmente providos".

[195] STJ, 3.ª T., REsp 1.316.149/SP. O recurso especial fora inicialmente distribuído à relatoria do Min. Sidnei Beneti, o qual, em razão do exame conjunto com os EDcl no

O caso supranarrado demonstra com veemência os efeitos deletérios que o aliciamento pode causar àquele contratante lesado pelo ato do aliciador e do aliciado que, seduzido por atrativas promessas, decide inadimplir o contrato primitivo, em verdadeira afronta aos princípios da boa-fé, da eticidade, e da função social do contrato. O terceiro que instiga, incentiva, seduz, alicia prestador vinculado por outro contrato a quebrá-lo age de má-fé e responde por ato ilícito, de forma que, enquanto sua responsabilidade é extracontratual, a do aliciado inadimplente é contratual, devendo ambos reparar os danos que a nefasta atitude vier a causar. Ao aliciador, como vimos, impõe o art. 608 do Código Civil o dever de pagar ao contratante prejudicado pela inadimplência do aliciado a importância correspondente àquela que este houvesse de receber durante dois anos. É, pois, em nosso sentir, aplicação da teoria do terceiro cúmplice na legislação brasileira e mostra que, embora os terceiros não sejam parte da relação contratual, não podem e não devem se comportar como se o contrato não existisse.

Além da responsabilidade civil do aliciador, de que trata o art. 608 do CC, dependendo do caso, o aliciamento também poderá gerar responsabilidade criminal, nos termos do que dispõe o art. 207 do Código Penal,[196] bem como poderá caracterizar crime de concorrência desleal, de que trata a Lei 9.279, de 14 de maio de 1996, notadamente em seu art. 195, IX. Entretanto, a finalidade da proibição de aliciamento de que trata o art. 207 do Código Penal é diversa daquela disposta no art. 608 do Código Civil. Afinal, como observa Damásio de Jesus,[197] o objeto jurídico do dispositivo contido no Código Penal "é o interesse do Estado na não migração dos trabalhadores", não se punindo a mudança do trabalhador de um local para outro dentro do país, mas punindo-se o aliciamento para tal finalidade, bem como punindo-se o aliciador pela não provisão de meios para que o trabalhador retorne ao local de origem.

AgRg nos EDcl no REsp 1.203.153/SP, declarou-se suspeito e afastou-se do caso com fundamento no art. 135, parágrafo único, do Código de Processo Civil, determinando a redistribuição dos autos (j. 07.08.2012, *DJe* 15.08.2012). Referidos autos foram em agosto de 2012 redistribuídos à relatoria do Ministro Massami Uyeda, e, em razão de sua aposentadoria no mês de novembro, aguarda o processo nova redistribuição.

[196] É esta a redação do art. 207, do Código Penal: "Aliciar trabalhadores, com o fim de levá-los de uma para outra localidade do território nacional: Pena – detenção de 1 (um) a 3 (três) anos, e multa. § 1.º Incorre na mesma pena quem recrutar trabalhadores fora da localidade de execução do trabalho, dentro do território nacional, mediante fraude ou cobrança de qualquer quantia do trabalhador, ou ainda, não assegurar condições do seu retorno ao local de origem. § 2.º A pena é aumentada de 1/6 (um sexto) a 1/3 (um terço) se a vítima é menor de 18 (dezoito) anos, idosa, gestante, indígena ou portadora de deficiência mental ou física".

[197] JESUS, Damásio E. de. *Código Penal anotado* cit., 19. ed., p. 726.

Observe-se que para o direito civil, o aliciamento, considerado em si como verdadeiro ato ilícito,[198] não depende da ação criminal e deve estar relacionado à interrupção do serviço pelo prestador decorrente de novo contrato com o aliciador, o que não ocorre no âmbito penal, que não exige a mudança do trabalhador, ou ainda, não exige a interrupção do serviço, vez que para a consumação do crime não se exige a concretização do fim visado,[199] ou seja, não se exige a mudança e início do novo trabalho. Assim, enquanto a finalidade do Código Civil é a preservação e continuidade do contrato, tendo em vista sua função social, em respeito aos princípios de probidade e boa-fé, a finalidade da lei penal é voltada para as questões sociais, impedindo-se o desajuste socioeconômico que pode ocorrer na área da qual se retira os trabalhadores, com o que também se evita o desajuste na área para a qual serão estes levados, além do prejuízo de toda sorte aos trabalhadores, sobretudo se não lhes for garantido o retorno ao local de origem.

Igualmente, o art. 195, IX, da Lei 9.279/1996, que regula os direitos e obrigações relativos à propriedade industrial, estatui que comete crime de concorrência desleal quem "dá ou promete dinheiro ou outra utilidade a empregado de concorrente, para que o empregado, faltando ao dever do emprego, lhe proporcione vantagem", estatuindo o inciso X, do mesmo dispositivo, que também comete crime de concorrência desleal quem "recebe dinheiro ou outra utilidade, ou aceita promessa de paga ou recompensa, para, faltando ao dever de empregado, proporcionar vantagem a concorrente do empregador". Entretanto, verifica-se que a regra é específica para relação de emprego – não de trabalho, com o que se poderia, em tese, abranger também a prestação de serviço –, ou seja, envolve somente o aliciador e o empregado que prejudica o empregador, sendo, portanto, inaplicável referida legislação às hipóteses de prestação de serviços, cuja regra quanto ao aliciador encontra-se no art. 608 do CC, nada obstando a que responda também o prestador por perdas e danos pelo abandono do serviço para o qual fora contratado, como dispõe o art. 602 e seu parágrafo único, anteriormente mencionado.

Figura assemelhada àquela contida no Código Penal é encontrada na Lei 9.777, de 29 de dezembro de 1998, a qual pune com as mesmas penas o aliciador.

Ainda no tocante ao art. 608 CC, o aliciamento punível com indenização ocorre, segundo o texto legal, quando há pessoas (prestadores)

---

[198] ANDRIGHI, Nancy; BENETI, Sidnei; ANDRIGHI, Vera. In: TEIXEIRA, Sálvio de Figueiredo (Coord.). *Comentários ao novo Código Civil* cit., v. 9, p. 268.
[199] JESUS, Damásio E. de. *Código Penal anotado* cit., 19. ed., p. 726.

obrigadas em contrato escrito; entretanto, uma vez que não exige a lei que o contrato de prestação de serviços seja escrito, pois, como vimos, trata-se de contrato consensual, não solene, sem necessidade de qualquer forma especial para sua celebração, não há porque prestigiar somente os tomadores prejudicados que tiverem celebrado contrato por escrito; se não exige a lei forma especial para o contrato, e se este pode ser provado por outros meios que não o escrito, não pode a responsabilidade do aliciador limitar-se à existência de contrato escrito entre o tomador primitivo e o prestador de serviços, de quem impediu o cumprimento contratual com o aliciamento praticado.

Veja-se que o art. 1.235 do Código revogado não trazia essa limitação de aplicabilidade somente havendo contrato escrito; ao contrário, expressamente asseverava a redação anterior o dever de indenização por parte do aliciador independentemente de contrato escrito de prestação de serviços, embora sua aplicação fosse específica à prestação de serviços agrícolas e o valor indenizatório fosse equivalente a quatro anos daquela prestação obstada pelo aliciamento, já que havia preocupação na esfera agrícola em razão da sociedade ser naquela época essencialmente rural, e, quando da promulgação do Código de 1916, pouco tempo havia se passado da libertação dos escravos.

Ocorre, portanto, que se não impôs o vigente Código o dever de instrumentalizar por escrito o contrato de prestação de serviços, também não pode desprestigiar aqueles que optaram pelo contrato verbal, de forma a somente conceder indenização aos tomadores de serviços que tenham contrato escrito. Nesse sentido, com propriedade afirma Sílvio de Salvo Venosa que "haverá situações evidentes nas quais a existência de contrato escrito será dispensável no caso concreto", para se imputar o dever do aliciador em indenizar o tomador independentemente de contrato escrito.[200]

Há quem defenda a imputação da responsabilidade e pagamento da importância referida no art. 608 do CC somente nas hipóteses em que o tomador sofra prejuízo decorrente do ajuste desfeito.[201] Entretanto, todo ajuste desfeito gera um prejuízo à parte surpreendida pela abrupta interrupção dos serviços contratados. Talvez, nesse aspecto, a solução mais equidosa seja, a fim de se evitar o locupletamento indevido do prestador, aplicar-se o art. 944 do *Codex*, o qual estatui que "a indenização mede-se pela extensão do dano", asseverando o parágrafo único que "se houver

---

[200] VENOSA, Sílvio de Salvo. *Direito Civil* cit., 7. ed., v. 3, p. 200.
[201] TEPEDINO, Gustavo; BARBOZA, Heloisa Helena; MORAES, Maria Celina Bodin de. *Código Civil interpretado conforme a Constituição da República* cit., v. 2, p. 339.

excessiva desproporção entre a gravidade da culpa e o dano, poderá o juiz reduzir, equitativamente, a indenização". Ademais, como prelecionam Gustavo Tepedino, Heloisa Helena Barboza e Maria Celina Bodin de Moraes,[202] "a limitação da indenização por rompimento do contrato não é absoluta", uma vez que pode o tomador requerer uma majoração do montante indenizatório "se provar que o aliciamento e o consequente desfazimento do contrato de prestação de serviços causou uma perda muito maior do que aquela que se impõe a título de pagamento".

Ao tratar dos efeitos e cumprimento das obrigações, lembra Luiz da Cunha Gonçalves que "o mais importante e o mais imediato dos efeitos dos contratos é a força vinculativa do acordo das vontades".[203] Disso decorre que o terceiro que alicia aquele já obrigado a prestar serviços a outrem em razão de contrato anterior figura, portanto, como cúmplice do inadimplemento contratual no qual incorre o aliciado relativamente ao primeiro contrato. A função social do contrato e os efeitos externos que dele emanam implicam, inclusive, em verdadeiro dever negativo do terceiro em interferir no contrato existente entre as partes. A responsabilidade do terceiro é aquiliana, sendo ele solidariamente responsável pelo inadimplemento contratual, com fundamento no *caput* do art. 942, segunda parte, do Código Civil, sendo necessário harmonizar a liberdade individual e a solidariedade social.[204] Uma vez que o Código Civil insere o aliciamento como ato ilícito,[205] para que haja o dever de indenizar é necessário que o terceiro saiba da existência do contrato entre o aliciado e o contraente primitivo, ou ainda, que tenha, em casos extremos, a possibilidade de conhecer sobre a existência do contrato em razão de sua publicidade e notoriedade.[206]

2.3.12 Da alienação de prédio agrícola e manutenção do contrato

Assevera o art. 609 do CC que "a alienação do prédio agrícola, onde a prestação dos serviços se opera, não importa a rescisão do contrato, salvo ao prestador opção entre continuá-lo com o adquirente da propriedade ou com o primitivo contratante". Referido dispositivo corresponde ao art. 1.236 do Código revogado e somente tem aplicabilidade aos prestadores

---

[202] Idem, p. 340.
[203] GONÇALVES, Luiz da Cunha. *Princípios de direito civil luso-brasileiro* cit., v. 2, p. 551.
[204] AZEVEDO, Antonio Junqueira de. *Estudos de direito privado* cit., p. 145-146.
[205] LOPEZ, Teresa Ancona. *Comentários ao Código Civil* cit., v. 7, p. 238.
[206] RODRIGUES JUNIOR, Otavio Luiz. Doutrina do terceiro cúmplice cit., p. 96.

de serviços sem vínculo de emprego. Já vimos anteriormente que a norma aplicável aos trabalhadores rurais – e não apenas aos empregados rurais[207] (art. 17) – é a Lei 5.889, de 8 de junho de 1973.

A alienação é o modo voluntário, por excelência, de perda da propriedade, móvel ou imóvel.[208] Para aplicação da regra relativa à manutenção do contrato mesmo diante da alienação havida, importante será lembrar alguns conceitos próprios da alienação. Miguel Maria de Serpa Lopes ensina que a alienação é conceituada como a transmissão de um direito de um patrimônio a outro, restando afastados os fatos jurídicos tais como o abandono, a renúncia, a destruição, a deterioração da coisa, posto que nesses casos, embora haja um afastamento entre a coisa e seu senhor não há a transferência a outrem. Amparado em Roberto De Ruggiero, quanto à alienação, aponta referido autor a etimologia (*alienum facere*) como a composição de dois elementos, sendo o primeiro negativo, posto que destaca a coisa do patrimônio do alienante, e, o segundo, positivo, vez que ocorre a aquisição, ou seja, a integração daquela mesma coisa por outro patrimônio, asseverando ainda que "no Direito Romano, a palavra alienação era concebida como representativa da perda de um direito já nascido, conscientemente suportada por uma pessoa, ainda que tal pudesse acontecer à margem de sua vontade".[209]

Segundo preleciona Pontes de Miranda,[210] "em boa terminologia, só aliena quem transfere", apontando o autor que essa transferência pode ocorrer através de compra e venda, troca, doação, promessa de recompensa, tendo como elemento essencial a transmissão, ou seja, a transferência, de maneira que "quem aliena somente perde a propriedade no momento em que se procede à transcrição" do título junto à Matrícula do imóvel do Cartório de Registro de Imóveis, embora para a validade da alienação não haja necessidade do registro no cartório de imóveis, como bem aponta Limongi França,[211] para quem até mesmo o negócio fiduciário é modalidade de alienação.

---

[207] NASCIMENTO, Amauri Mascaro. *Curso de direito do trabalho* cit., 24. ed., p. 739.
[208] GOMES, Orlando. *Direitos reais*. 2. ed. Rio de Janeiro: Forense, 1962. p. 260.
[209] LOPES, Miguel Maria de Serpa. *Curso de direito civil*: direito das coisas. 2. ed. São Paulo: Freitas Bastos, 1962. v. 6, p. 567.
[210] Cf. PONTES DE MIRANDA, Francisco Cavalcanti. *Tratado de direito privado*. Rio de Janeiro: Borsoi, 1955. v. 14, p. 106-108; LIMONGI FRANÇA, Rubens. *Manual de direito civil*: doutrina especial dos direitos de posse, de propriedade e de condomínio: doutrina especial dos desmembramentos da propriedade: doutrina especial das limitações de garantia à propriedade. São Paulo: RT, 1971. v. 3, p. 149.
[211] LIMONGI FRANÇA, Rubens. *Manual de direito civil* cit., v. 3, p. 149.

Assim, a alienação, de maneira geral, é o modo mais expressivo de o proprietário demonstrar o *jus abutendi* e exercer a livre disponibilidade de seus bens, sendo forma de extinção subjetiva do domínio, quer seja a título oneroso, quer seja a título gratuito, de maneira que até mesmo a dação em pagamento é forma de alienação.[212] Pode inclusive ocorrer a alienação compulsória, como, por exemplo, a arrematação judicial do imóvel,[213] embora haja doutrinadores, como por exemplo Carlos Alberto Dabus Maluf,[214] para os quais a "alienação é a transferência onerosa de domínio, por vontade própria, a outrem", não se compreendendo as demais formas de perda da propriedade.

Entendemos, portanto, que alienação compreende, não somente a compra e venda, permuta, doação, dação em pagamento, promessa de recompensa, arrematação, negócio fiduciário, mas também a desapropriação e a adjudicação.[215]

Ao prestador de serviços em prédio agrícola caberá a escolha entre prosseguir os serviços em favor e para o novo adquirente, ou prosseguir os serviços com o tomador, antigo proprietário, tratando-se de exceção à regra do art. 605 – que proíbe a transferência do direito aos serviços –, tendo como finalidade a proteção do trabalhador rural avulso.[216] O novo proprietário do prédio agrícola não poderá se opor à escolha do prestador de serviços em prosseguir suas atividades no imóvel.[217] Com isso, a lei enaltece não somente a liberdade de contratar como também a liberdade de escolha do prestador.

A regra contida no art. 609 do CC (antigo art. 1.246 do CC/1916), que permite a manutenção do contrato de prestação de serviços mesmo havendo alienação do prédio agrícola, parece-nos uma forma de favorecimento à atividade agrícola. A prestação de serviço agrícola deixa de ser um contrato pessoal para vincular-se ao prédio, qualquer que seja seu proprietário, sendo um benefício ao prestador, única e exclusiva-

---

[212] DINIZ, Maria Helena. *Curso de direito civil brasileiro*: direito das coisas. 19. ed. rev. e atual. v. 4. São Paulo: Saraiva, 2004. p. 178-179.
[213] VENOSA, Silvio de Salvo. *Direito civil*: direitos reais. 3. ed. São Paulo: Atlas, 2003. v. 5, p. 237.
[214] MALUF, Carlos Alberto Dabus. In: SILVA, Regina Beatriz Tavares da (Coord.). *Novo Código Civil comentado*. FIUZA, Ricardo (Coord. até a 5. ed.). 6. ed. rev. e atual. São Paulo: Saraiva, 2008. p. 1327.
[215] RIZZARDO, Arnaldo. *Direito das coisas*. Rio de Janeiro: Forense, 2006. p. 388.
[216] ANDRIGHI, Nancy; BENETI, Sidnei; ANDRIGHI, Vera. In: TEIXEIRA, Sálvio de Figueiredo (Coord.). *Comentários ao novo Código Civil* cit., v. 9, p. 269.
[217] TEPEDINO, Gustavo; BARBOZA, Heloisa Helena; MORAES, Maria Celina Bodin de. *Código civil interpretado conforme a Constituição da República* cit., v. 2, p. 340.

mente. A opção do prestador de continuar o contrato com o adquirente importará em que este respeite o contrato avençado entre prestador e o antigo proprietário, não podendo o novo adquirente recusar a prestação do serviço, tampouco a permanência do prestador no imóvel, salvo pelas causas legais, e desde que pague, em caso de descumprimento, uma indenização ao prestador.[218]

Ao prestador dos serviços cabe única e exclusivamente optar entre permanecer no imóvel e servir ao novo adquirente, ou seguir o primitivo contratante, abandonando o prédio, e exigir o cumprimento do contrato por parte daquele que o contratou. Carvalho Santos,[219] nesse aspecto, leciona pouco importar que não tenha mais o tomador imóvel agrícola onde estabelecer o prestador para continuidade dos serviços contratados, caso em que, recusando o serviço do prestador, deverá pagar-lhe a retribuição vencida, e por metade, a remuneração correspondente ao tempo em que faltar para o término do contrato, aplicando-se nesse caso o art. 603 do vigente *Codex* (antigo art. 1.228, CC/1916).

2.3.13 Extinção do contrato de prestação de serviços

Assim como todo e qualquer contrato, também a prestação de serviços haverá de, em determinado momento, ser extinta, pelas mais variadas razões e com as mais variadas consequências no mundo jurídico. Dispõe o art. 607 do Código Civil que "o contrato de prestação de serviço acaba com a morte de qualquer das partes. Termina, ainda, pelo escoamento do prazo, pela conclusão da obra, pela rescisão do contrato mediante aviso prévio, por inadimplemento de qualquer das partes ou pela impossibilidade da continuação do contrato, motivada por força maior". Como vimos anteriormente, o art. 1.226 do Código revogado trazia uma série de hipóteses pelas quais poderia o contrato ser dado por findo pelo prestador.[220]

---

[218] SANTOS, J. M. Carvalho. *Código Civil brasileiro interpretado* cit., v. 17, p. 309-310.
[219] Idem, ibidem.
[220] Esta era a redação do art. 1.226 do Código Civil de 1916: "São justas causas para dar o locador por findo o contrato: I – ter de exercer funções públicas, ou desempenhar obrigações legais, incompatíveis estas ou aquelas com a continuação do serviço; II – achar-se inabilitado, por força maior, para cumprir o contrato; III – exigir dele o locatário serviços superiores às suas forças, defesos por lei, contrários aos bons costumes ou alheios ao contrato; IV – tratá-lo o locatário com rigor excessivo, ou não lhe dar a alimentação conveniente; V – correr perigo manifesto de dano ou mal considerável; VI – não cumprir o locatário as obrigações do contrato; VII – ofendê-lo

José Fernando Simão,[221] referindo-se ao tema, aponta falta de técnica legislativa do art. 607 ao asseverar referido dispositivo que também termina o contrato pelo escoamento do prazo (o termo põe fim a qualquer contrato), pela rescisão mediante aviso prévio (na verdade trata-se de denúncia e, portanto, da resilição unilateral, que também extingue contrato nos termos do art. 473 do Código Civil), pelo inadimplemento das partes (é hipótese de resolução culposa, conforme art. 475 do Código Civil) ou pela impossibilidade de continuação do contrato motivada por força maior (que também extingue toda e qualquer obrigação nos termos do art. 393 do Código Civil, por se tratar de resolução sem culpa das partes). Passemos, pois, a tratar das formas pelas quais é o contrato findo.

2.3.13.1 Morte de qualquer das partes

Orlando Gomes,[222] ao tratar da cessação do contrato, lembra que entre as causas de sua extinção, a morte de qualquer das partes contratantes ocupa um lugar à parte, uma vez que, de fato, não tem cabimento sua inclusão nos outros modos de dissolução. Isso porque não é possível afirmar-se que a morte *resolve* o contrato. A morte de qualquer das partes impossibilita a execução do contrato ou faz cessar definitivamente a execução ou sua mesma possibilidade; todavia, não pode ser considerada, a rigor, como inexecução involuntária, uma vez que seus efeitos não se igualam aos do caso fortuito. Também não parece justificar sua inclusão entre as causas de resilição, como faz a doutrina francesa, posto que a resilição se caracteriza pela manifestação da vontade de um dos contratantes apontando seu não interesse na continuidade contratual.

Lembra o autor que, em princípio, a morte de uma das partes não constitui causa de dissolução do contrato, posto que não se aplica no direito contratual a regra *mors omnia solvit*, salvo, de maneira excepcional, nos contratos *intuitu personae*, quando falece a parte cujas qualidades personalíssimas foram determinantes à formalização do contrato, sendo que nos demais casos, as obrigações do contrato transmitem-se aos herdeiros do falecido. Entretanto, os efeitos da morte sobre o contrato não se reduzem à extinção do contrato, ou à substituição da parte falecida pelos seus sucessores. Os sucessores podem resilir o contrato, em determinados casos, e até mesmo exercer direitos especiais contra a outra parte.

---

o locatário ou tentar ofendê-lo na honra de pessoa de sua família; VIII – morrer o locatário".
[221] SIMÃO, José Fernando. *Direito civil* cit., 2. ed., p. 165.
[222] GOMES, Orlando. *Contratos* cit., 26. ed., p. 228-229.

Cumpre observar, como lembra o citado autor, que a extinção do contrato pela morte de qualquer das partes opera-se *ex nunc*, não tendo, pois, efeito retroativo, sendo que nos contratos de execução continuada ou periódica, as prestações cumpridas persistem. No caso de contrato personalíssimo, a morte de uma das partes equipara-se à incapacidade superveniente, na qual o contrato extingue-se quando a execução se torna impossível devido à incapacidade do prestador, não podendo sua obrigação ser cumprida por outro. Todavia, se o contrato é impessoal, ou seja, não personalíssimo, compete ao curador do incapaz executar em nome do interdito.

A morte de qualquer das partes contratantes é arrolada no art. 607 do Código como a primeira das causas de extinção do contrato de prestação de serviços. O Código revogado (art. 1.233) falava apenas na morte do prestador como causa do término do contrato,[223] com o que se entendia que a morte do tomador do serviço não rompia de pleno direito o contrato, vez que constava apenas como umas das hipóteses de justa causa para que o prestador pudesse resilir o contrato (art. 1.226, VIII, CC/1916, sem correspondente no atual Código), sendo que os herdeiros do tomador não poderiam rescindir ou resilir o contrato, "despedindo" o prestador, salvo se pagassem a este uma indenização. O art. 607 do vigente Código, porém, não deixa dúvidas de que o contrato termina com a morte de qualquer das partes.

Por tratar-se de contrato avençado muitas vezes com caráter personalíssimo, *intuitu personae*, não se transmitem aos herdeiros as obrigações assumidas pelos contratantes. Todavia, nada impede a continuação dos serviços em decorrência de novo contrato entre os sucessores ou herdeiros e o contratante sobrevivo. Assim, como observa Orlando Gomes,[224] a morte de uma das partes da relação constitui causa extintiva da obrigação quando se torna impossível a continuação na pessoa dos herdeiros, como acontece nos vínculos que exigem do devedor atuação pessoal.

Ao referir-se à morte das partes como forma de extinção do contrato de prestação de serviços, afirma Teresa Ancona Lopez que a obrigação de fazer pode ser *intuitu personae* (infungível) ou fungível, sendo que "caso a prestação somente possa ser executada pelo profissional contratado, o contrato termina, obviamente, com sua morte", enquanto, por outro lado, "se a prestação for fungível e prestada por pessoa jurídica, poderá continuar o contrato, sendo executado por outros membros da empresa", mas

---

[223] É esta a redação do art. 1.233, do Código Civil de 1916: "O contrato de locação de serviços acaba com a morte do locador".
[224] GOMES, Orlando. *Obrigações* cit., 17. ed., p. 150.

poderá o contraente sobrevivo desejar ter por terminado o contrato.[225] Em se tratando de pessoa jurídica, sua extinção equivale à morte da pessoa natural,[226] podendo a pessoa física, tomadora ou prestadora de serviço, ter como extinto o contrato.

Para José Fernando Simão,[227] o contrato de prestação de serviços é personalíssimo, extinguindo-se com a morte de qualquer das partes em razão do caráter *intuitu personae* (art. 607), mas podem os herdeiros do tomador dos serviços celebrar novo contrato com o prestador. Entretanto, com a morte do prestador de serviços nem sempre terão seus herdeiros as mesmas qualidades e habilidades que levaram à contratação original, fato esse, aliás, segundo ensina Carvalho Santos,[228] ser a principal razão de existência do dispositivo.

Embora entendamos não ser regra o caráter personalíssimo da prestação, cremos que nem por isso se torna tal entendimento incompatível com o dispositivo em análise. Porquanto, mesmo nas relações contratuais desprovidas daquele caráter não se pode negar seja a morte causa de natural extinção dos contratos de prestação de serviços, especialmente se os herdeiros não possuírem o mesmo ofício de seu familiar falecido.

Ocorrendo a morte do prestador quando já tenha recebido pelo serviço, temos que verificar duas hipóteses, ou seja, se o serviço foi realizado parcialmente, ou se o serviço não foi realizado de maneira alguma. Na primeira hipótese, haverá obrigação de devolução parcial do pagamento pelos sucessores ou herdeiros, caso o *de cujus* tenha deixado patrimônio. Na segunda hipótese, haverá o dever de devolução integral, pelos sucessores ou herdeiros, caso o prestador tenha deixado patrimônio a partilhar. Com isso, evita-se que haja locupletamento ilícito por parte dos sucessores ou herdeiros, decorrente de pagamento efetuado por serviço não prestado em razão da morte daquele que deveria executar a atividade contratada.

Por outro lado, ocorrendo a morte do tomador, ou seja, do contratante, caso tenha este recebido o serviço que contratou, sem que tenha, no entanto, procedido ao pagamento, entendemos ser plenamente possível ao prestador a cobrança dos herdeiros ou sucessores caso o tomador falecido tenha deixado patrimônio a partilhar, ou, ainda, caso tenham os sucessores ou herdeiros sido beneficiados diretamente com a prestação do serviço, ainda que não tenham nada a herdar, pois, igualmente, não poderá haver locupletamento ilícito por parte deles.

---

[225] LOPEZ, Teresa Ancona. *Comentários ao Código Civil* cit., v. 7, p. 233.
[226] VENOSA, Sílvio de Salvo. *Direito civil* cit., 7. ed., v. 3, p. 204.
[227] SIMÃO, José Fernando. *Direito civil* cit., 2. ed., p. 165.
[228] SANTOS, J. M. Carvalho. *Código Civil brasileiro interpretado* cit., v. 17, p. 304.

2.3.13.2 Escoamento do prazo

O art. 607 estabelece que termina o contrato pelo escoamento do prazo. Esse dispositivo deve ser lido em consonância com o art. 598, anteriormente mencionado, o qual proíbe a estipulação contratual por prazo superior a quatro anos, e afirma em sua última parte que quando a prestação se destinar à execução de certa e determinada obra, decorridos quatro anos "dar-se-á por findo o contrato, ainda que não concluída a obra".

Quando tratamos do art. 598, vimos que as partes podem, se desejarem, e se o serviço comportar continuidade, prorrogar o contrato, nos mesmos moldes e prazo, ou mesmo alterando o que julgarem necessário, com o que, nem sempre, o escoamento do prazo terá o condão de findar o contrato.

Entretanto, há que se ter em vista que o escoamento do prazo somente extinguirá o contrato de prestação de serviço desde que não se verifique a incidência do art. 600, supramencionado, segundo o qual não se conta no prazo do contrato o tempo em que o prestador de serviço deixou de servir por sua culpa. Assim, nesse caso, havendo paralisação do serviço por culpa do prestador, sendo o contrato por prazo determinado, opera-se suspensão do prazo, que somente volta a ter seu curso quando reiniciada a prestação da atividade contratada. Disso decorre que o escoamento do prazo, por si só, não é suficiente para *terminar* o contrato.

2.3.13.3 Conclusão da obra

Também é causa de extinção do contrato de prestação de serviços a conclusão da obra para a qual a avença foi criada. O cumprimento da prestação, ou seja, da obrigação objeto do contrato, é, nas palavras de Roberto De Ruggiero,[229] "o modo mais perfeito e natural da extinção das obrigações", uma vez que é da própria essência da relação obrigatória ser ela destinada a desaparecer e não durar indefinidamente. Segundo aponta o autor, o cumprimento é a exata execução da prestação por parte do devedor. Em outras palavras, "cumprimento, *solutio* é a extinção da obrigação em virtude de realizar-se a prestação devida".[230] Vale dizer que

---

[229] RUGGIERO, Roberto De. *Instituições de direito civil*: introdução e parte geral. Trad. da 6. ed. italiana pelo Dr. Ary dos Santos. São Paulo: Saraiva, 1934. v. 3, p. 85-86.
[230] ENNECCERUS, Ludwig; KIPP, Theodor; WOLFF, Martín. *Tratado de derecho civil:* derecho de obligaciones cit., v. 1, t. 2, p. 298.

a palavra *solutio* significava, originalmente, a dissolução pelo devedor do vínculo obrigatório, e mais tarde foi limitada, em sentido estrito, ao cumprimento obrigacional.

Como assevera Karl Larenz,[231] o devedor fica liberado mediante o cumprimento somente quando efetua a prestação tal como era devida, ou seja, no tempo, e lugar fixados, de modo completo e na forma adequada.

Clóvis Beviláqua,[232] por sua vez, leciona que entre os modos pelos quais se extinguem as obrigações, ocupa o primeiro lugar a sua execução voluntária, por ser o mais natural, o que foi visado no momento de atar-se o vínculo, e o que melhor corresponde à teleologia social que evocou a prodigiosa força ético-jurídica emanada dos contratos e de todas as obrigações. Assim, a execução voluntária consiste no cumprimento, espontâneo ou solicitado, da prestação que incumbe ao devedor. Gustavo Tepedino, Heloisa Helena Barboza e Maria Celina Bodin de Moraes lembram que nessa forma de extinção do contrato, a contratação do serviço está ligada a determinada atividade do profissional em relação a certo trabalho, não havendo que se confundir, entretanto, com o contrato de empreitada que tem por objeto precípuo certa obra pronta.[233]

Como bem leciona Teresa Ancona Lopez,[234] a prestação de serviços concentra-se na obrigação de *fazer*, mas isso não significa que depois de fazer não tenha que *dar* ou *entregar*. E isso, como vimos anteriormente, não implica transformação da prestação de serviços em contrato de empreitada. Ainda preleciona referida autora que quando na prestação de serviços temos no final um trabalho pronto a entregar, estamos diante de obrigação de resultado, mesmo tratando-se de obrigação de fazer, sendo esse o motivo que muitas vezes causa a confusão entre prestação de serviço e empreitada.

O cumprimento exige, pois, a realização de uma prestação que seja conforme a obrigação, tendo essa prestação, geralmente, natureza de pura atividade ou ato, como ocorre na maioria das prestações de serviço.[235] Portanto, concluída a obra, estará extinto o contrato. É o caso, por exemplo, do dentista que conclui o tratamento, do médico que, igualmente, termina os procedimentos inclusive cirúrgicos, do

---

[231] LARENZ, Karl. *Derecho de obligaciones* cit., t. 1, p. 409.
[232] BEVILÁQUA, Clóvis. *Direito das Obrigações* cit., 8. ed., p. 85.
[233] TEPEDINO, Gustavo; BARBOZA, Heloisa Helena; MORAES, Maria Celina Bodin de. *Código Civil interpretado conforme a Constituição da República* cit., v. 2, p. 337.
[234] LOPEZ, Teresa Ancona. *Comentários ao Código Civil* cit., v. 7, p. 234-235.
[235] ENNECCERUS, Ludwig; KIPP, Theodor; WOLFF, Martín. *Tratado de derecho civil: derecho de obligaciones* cit., v. 1, t. 2, p. 300.

advogado que conclui o patrocínio da causa que lhe fora confiada, ou finaliza o parecer que lhe fora encomendado, ou do prestador contratado para prestar reparos numa casa, posto que, nessas situações, "findo o serviço *ipso facto* extingue-se o contrato".[236]

2.3.13.4 Resilição unilateral do contrato mediante denúncia

O contrato de prestação de serviço também se extingue, nos dizeres do Código Civil, pela *rescisão* mediante *aviso prévio*. Trata-se, na verdade, de resilição unilateral, procedida mediante denúncia imotivada, em contrato por prazo indeterminado, devendo o art. 607 ser lido em consonância com o art. 599. Aplica-se, nesse caso, a regra contida no art. 473 do Código Civil, cujo *caput* dispõe que "a resilição unilateral, nos casos em que a lei expressa ou implicitamente o permita, opera mediante denúncia notificada à outra parte", de maneira que seus efeitos têm início com a chegada da notificação à outra parte.

Orlando Gomes,[237] ao enfrentar o tema da resilição e suas várias formas, ensina que há também a resilição convencional, ou seja, aquela em que as partes estabeleceram no próprio contrato a faculdade de resilir qualquer dos contratantes. Dessa forma, se as partes estipularam a possibilidade de resilição antes da expiração do contrato, por parte de qualquer delas, a resilição, apesar de se efetuar em virtude da declaração de vontade de um só dos estipulantes é, em verdade, convencional, porque resulta de acordo feito no momento da conclusão do contrato. Todavia, lembra o autor, embora essa resilição seja por mútuo consentimento, não se pode falar que se trata propriamente de um distrato.

A resilição é um direito das partes nos contratos sem prazo estipulado,[238] sem que tenham necessariamente as partes direito a receberem perdas e danos uma das outras, com exceção à hipótese do parágrafo único do art. 473 do CC, o qual estabelece que dada a natureza do contrato, se uma das partes houver feito investimentos consideráveis para a sua execução, a denúncia unilateral só produzirá efeito depois de transcorrido prazo compatível com a natureza e o vulto dos investimentos.

Outra hipótese de aplicação das perdas e danos ocorrerá caso a denúncia imotivada não observe os prazos de que trata o art. 599, a saber, não seja

---

[236] NADER, Paulo. *Curso de direito civil* cit., 4. ed., v. 3, p. 292.
[237] GOMES, Orlando. *Contratos* cit., 26. ed., p. 222-223.
[238] ANDRIGHI, Nancy; BENETI, Sidnei; ANDRIGHI, Vera. In: TEIXEIRA, Sálvio de Figueiredo (Coord.). *Comentários ao novo Código Civil* cit., v. 9, p. 266.

feita com antecedência de oito dias, caso a retribuição seja fixada mensalmente; quatro dias, no caso de retribuição ajustada por semana ou quinzena; na véspera, se a retribuição tiver sido avençada por prazo inferior a uma semana. Havendo descumprimento desses prazos legais, estará o contratante que resilir obrigado ao pagamento das perdas e danos, uma vez que esses prazos prefixados têm a finalidade de dar à outra parte a possibilidade de preparar-se para a nova situação. Portanto, observados esses prazos, a outra parte deve conformar-se com a produção dos efeitos da denúncia e da resilição, a saber, a própria extinção da relação de serviços.[239]

2.3.13.5 Resilição bilateral ou distrato

Embora não a tenha mencionado o Código, é certo que o contrato também se extingue no caso de resilição bilateral, observando-se, nesse aspecto, a regra contida no art. 472 do *Codex*, o qual dispõe que "o distrato faz-se pela mesma forma exigida para o contrato".

"Toda relação obrigacional", ensina Orlando Gomes,[240] "pode extinguir-se pelo acordo de vontade das partes", realizando-se a extinção mediante *contrato liberatório*, a que se dá o nome de distrato. Como bem lembra referido autor, operada a dissolução do vínculo pelo *contrarius consensus* caem todos os créditos criados pela relação obrigacional anteriormente avençada entre as partes. Por outras palavras, "o que criaram pela vontade comum pela vontade comum destroem. E assim, o vínculo contratual pode, a todo tempo, desatar-se pelo concurso das vontades que o procriaram", sendo "em síntese, um contrato para extinguir outro".[241]

Clóvis Beviláqua conceitua o distrato como o acordo entre duas pessoas obrigacionalmente vinculadas, para o efeito de extinguir-se a obrigação contraída, por convenção, seguindo em tudo as regras do contrato, do qual é antítese direta. É o que os romanistas chamam de *consensus contrarius*.[242]

O distrato, lecionam Nelson Nery Junior e Rosa Maria de Andrade Nery,[243] "é o negócio jurídico consistente no acordo entre as partes contratantes, com o objetivo de extinguirem o vínculo obrigacional estabelecido pelo contrato", ou seja, é a dissolução convencional do contrato,

---
[239] LARENZ, Karl. *Derecho de obligaciones*, t. 2, p. 297-298.
[240] GOMES, Orlando. *Obrigações* cit., 17. ed., p. 150.
[241] GOMES, Orlando. *Contratos* cit., 26. ed., p. 222-223.
[242] BEVILÁQUA, Clóvis. *Direito das Obrigações* cit., 8. ed., p. 119.
[243] NERY JUNIOR, Nelson; NERY, Rosa Maria de Andrade. *Código Civil comentado* cit., 6. ed., p. 539.

distinguindo-se tanto do dissenso como do mútuo dissenso pois o distrato é verdadeiro contrato, ou seja, um acordo, enquanto o dissenso e o mútuo dissenso são o desacordo.

A regra do art. 472 do CC, que impõe seja o distrato feito pela mesma forma exigida para o contrato, merece breve reflexão. Isso porque, essa regra somente tem aplicação nos contratos "de forma prescrita em lei",[244] ou seja, quando for da sua substância, o distrato não pode ser feito, senão da mesma forma pela qual fora realizado o contrato.

Assim, para os casos em que a lei exige escritura pública para a validade do contrato, somente através de escritura pública pode haver o distrato, não podendo as partes procedê-lo por meio de instrumento particular, ou mesmo verbal diante de testemunhas. Por outro lado, se a lei não exige forma determinada a certos contratos, a modalidade adotada pelas partes, quando da formação do contrato, não as obriga a observá-la quando do distrato. Dessa forma, o contrato feito mediante escritura pública sem que a lei assim o exigisse, pode desfazer-se através de escrito particular, não havendo impedimento nem mesmo a que as partes promovam o distrato verbalmente quanto ao contrato realizado por escrito, bastando apenas que haja testemunhas para eventual necessidade de prova da ocorrência do distrato.[245]

2.3.13.6 Inadimplemento de qualquer das partes

Também é causa de extinção do contrato de prestação de serviços o inadimplemento de qualquer das partes. Ao tratar da inexecução contratual, assevera Orlando Gomes que na doutrina clássica conhecem-se três modos pelos quais o devedor deixa de cumprir a obrigação, sendo eles: 1) a inexecução voluntária; 2) o cumprimento tardio; e, 3) o cumprimento defeituoso. Tais espécies são, segundo o autor, violações negativas do crédito, na medida em que o devedor não faz o que deveria fazer, não age como deveria agir, ou não cumpre a obrigação totalmente, ou não a cumpre pontualmente, ou a cumpre defeituosamente.[246]

---

[244] Veja-se, a título exemplificativo, o art. 108 do CC, o qual estabelece: "Não dispondo a lei em contrário, a escritura pública é essencial à validade dos negócios jurídicos que visem à constituição, transferência, modificação ou renúncia de direitos reais sobre imóveis de valor superior a trinta vezes o maior salário mínimo vigente no País". O distrato, nesses casos, somente poderá ocorrer através de escritura pública, nos termos do que determina o art. 472 do mesmo *Codex*.

[245] GOMES, Orlando. *Contratos* cit., 26. ed., p. 223.

[246] GOMES, Orlando. *Transformações gerais do direito das obrigações*. São Paulo: RT, 1967. p. 141.

Sendo o inadimplemento por parte do prestador de serviço, o tomador terá duas opções à sua escolha, sendo uma delas perseguir o cumprimento da obrigação específica, de que trata o art. 461, § 1.º, do Código de Processo Civil. Como vimos anteriormente, tratando-se de obrigações personalíssimas, *intuitu personae*, dispunha o art. 878 do Código revogado que "na obrigação de fazer, o credor não é obrigado a aceitar de terceiro a prestação, quando for convencionado que o devedor a faça pessoalmente", e vimos também que embora não tenha o Código vigente disposição correspondente, o espírito dessa regra permanece.[247]

Outra opção será a resolução do contrato, com pagamento de perdas e danos pelo prestador inadimplente, aplicando-se-lhe o art. 247 do CC, segundo o qual "incorre na obrigação de indenizar perdas e danos o devedor que recusar a prestação a ele só imposta, ou só por ele exequível". A obrigação material poderá ser executada por outrem, nos termos do que dispõem os arts. 461, 632 a 641, 644 e 645 do CPC.[248]

Como observa Caio Mário da Silva Pereira,[249] deve-se distinguir o inadimplemento da impossibilidade inimputável: se esta for parcial, não se resolve o contrato, mas reduz proporcionalmente a retribuição; se for total, cessará a relação contratual, liberando ambas as partes de qualquer obrigação.

Também quanto à inadimplência, aplica-se a regra contida no art. 248 do CC, o qual permite ao tomador, no caso de recusa ou mora do prestador, contratar terceiro se o fato por este puder ser executado, à custa do prestador, sem prejuízo da indenização cabível, bem como, em caso de urgência. Não executando o prestador o serviço avençado, poderá o tomador, independentemente de autorização judicial, executar ou mandar executar referido serviço, sendo depois ressarcido pelo prestador inadimplente.

As regras contidas no Código de Processo Civil, no que dizem respeito às obrigações de fazer, preocupam-se muito mais com o princípio da manutenção dos contratos, evitando-se sua extinção, do que propriamente com a extinção contratual e o inerente dever de indenizar por parte do inadimplente.

Estabelece o art. 475 do CC que a parte lesada pelo inadimplemento pode pedir a resolução do contrato, se não preferir exigir-lhe o cumprimento, cabendo, em qualquer dos casos, indenização por perdas e danos.

---

[247] AZEVEDO, Álvaro Villaça. *Teoria geral das obrigações e responsabilidade civil* cit., 11. ed., p. 48.
[248] Idem, p. 49.
[249] PEREIRA, Caio Mário da Silva. *Instituições de direito civil* cit., 2009. v. 3, p. 327.

Outrossim, sendo a prestação de serviços um contrato bilateral e sinalagmático, aplica-se a regra da *exceptio non adimpleti contractus*, ou seja, exceção de contrato não cumprido, contida no art. 476 do CC, o qual estatui que "nos contratos bilaterais, nenhum dos contratantes, antes de cumprida a sua obrigação, pode exigir o implemento da do outro". Para Teresa Ancona Lopez essa exceção de contrato não cumprido não terá guarida nos casos em que houver perigo para a outra parte, como, por exemplo, no caso do médico que não atende o chamado urgente de seu cliente devido à inadimplência deste.[250]

Para alguns doutrinadores,[251] somente em casos de impossibilidade de realização da obrigação através da tutela específica é que seriam devidas as perdas e danos. Ocorre, todavia, que mesmo nos casos de cumprimento da obrigação através da tutela específica de que trata o CPC, haverá o dever de imposição quanto às perdas e danos, pois em muitos casos a demora em si já será suficiente para trazer prejuízos, quer sejam de ordem material, quer de ordem moral.

Quando se fala em extinção do contrato por inadimplemento de qualquer das partes, há que se ter em mente ainda o pacto comissório, também chamado de cláusula resolutiva, disposta no art. 474 do CC, no capítulo relativo à extinção contratual. Pacto comissório expresso é o nome que se dá à cláusula resolutiva expressamente consignada no contrato. Por esse pacto, "a faculdade de resolução cabe apenas ao contratante prejudicado com o inadimplemento, jamais ao que deixou de cumprir as obrigações", sendo que o art. 475 do CC assevera que a parte lesada tem direito à indenização, ainda que opte pela execução do contrato. Nesse caso, diferentemente da cláusula resolutória tácita, a expressa não depende de pronunciamento judicial, resolvendo-se o contrato de pleno direito. Ainda que haja manifestação judicial, a sentença será declaratória, e não constitutiva como ocorre com a resolução tácita.

Como observa Orlando Gomes,[252] "a aceitação de cumprimento retardado, a concessão de prazo suplementar ou a tolerância com o atraso implicam *renúncia* do direito de invocar o pacto". De fato, havendo previsão expressa quanto à resolução, não há necessidade de "resolução judicial", pois, caso assim se entender estar-se-á impondo ao art. 474 do CC verdadeira inutilidade da norma.

---

[250] LOPEZ, Teresa Ancona. *Comentários ao Código Civil* cit., v. 7, p. 236.
[251] TEPEDINO, Gustavo; BARBOZA, Heloisa Helena; MORAES, Maria Celina Bodin de. *Código civil interpretado conforme a Constituição da República* cit., v. 2, p. 337.
[252] GOMES, Orlando. *Contratos* cit., 26. ed., p. 208-209.

Pontes de Miranda afirma que nos casos de resolução por impossibilidade da prestação, haverá mora se o devedor não comunica ao credor antes do dia em que deve adimplir a obrigação que houve impossibilidade de cumprimento, e alegar que não foi responsável pela impossibilidade, de sorte que se a notícia for verdadeira, não sobrevém a mora, não sendo responsável o prestador, enquanto que sendo falsa a notícia, ou o devedor presta, ou seja, cumpre a obrigação antes da mora, ou nela incorre, se ainda for útil a prestação, pois do contrário será hipótese de inadimplemento.[253]

2.3.13.7 Impossibilidade de continuação do contrato em decorrência de força maior

Segundo a doutrina, "a impossibilidade de cumprir a obrigação por força maior faz resolver o contato, sem nenhum pagamento".[254] A força maior é conhecida no direito anglo-saxão e americano como ato de Deus (*act of God*), sendo uma das formas pelas quais é extinto o contrato. A força maior exclui a responsabilidade do devedor tendo em vista que não pode ser evitada, impedida, a teor do que dispõe o art. 393 do CC, o qual estabelece que "o devedor não responde pelos prejuízos resultantes de caso fortuito ou força maior, se expressamente não se houver por eles responsabilizado". O parágrafo único do mesmo dispositivo esclarece que "o caso fortuito ou de força maior verifica-se no fato necessário, cujos efeitos não era possível evitar ou impedir".

Embora tenha silenciado o Código quanto ao caso fortuito como forma de extinção do contrato, da análise conjunta da legislação verifica-se o dever de sua incidência como forma terminativa do contrato.[255]

Álvaro Villaça Azevedo,[256] ao tratar da impossibilidade no cumprimento obrigacional, assevera que devemos analisar a existência ou não de culpa do devedor, pois se a obrigação não se consuma por fato alheio à sua vontade, com completa ausência de culpa de sua parte, resolve-se

---

[253] PONTES DE MIRANDA, Francisco Cavalcanti. *Tratado de direito privado* cit., v. 23, p. 107; *Tratado de direito privado* cit., v. 22, p. 79-81.
[254] ANDRIGHI, Nancy; BENETI, Sidnei; ANDRIGHI, Vera. In: TEIXEIRA, Sálvio de Figueiredo (Coord.). *Comentários ao novo Código Civil* cit., v. 9, p. 266.
[255] TEPEDINO, Gustavo; BARBOZA, Heloisa Helena; MORAES, Maria Celina Bodin de. *Código civil interpretado conforme a Constituição da República* cit., v. 2, p. 338-339.
[256] AZEVEDO, Álvaro Villaça. *Teoria geral das obrigações e responsabilidade civil* cit., 11. ed., p. 51.

a obrigação, voltando as partes à situação anterior, não podendo qualquer delas reclamar indenização da outra em caso de prejuízos sofridos. Exemplifica referido autor com o caso de determinado pianista, contratado para promover um concerto de piano, e que, no trajeto ao teatro sofre acidente, sendo levado ao hospital, o que o impossibilitou de cumprir a prestação de fazer, ficando obrigado a restituir ao contratante os valores que lhe tiverem sido adiantados para a execução do concerto. Outra seria a situação se não executasse em decorrência de culpa de sua parte o concerto para o qual fora contratado, caso tivesse viajado para outra cidade, ou mesmo tivesse se esquecido da data avençada, sendo que nesse caso responderia pelos prejuízos causados, pelas perdas e danos.

Também observa Teresa Ancona Lopez que a impossibilidade de cumprimento da obrigação em decorrência de força maior, sem que haja culpa das partes, acarreta a extinção do contrato sem qualquer pagamento pelas partes, voltando elas ao *statu quo ante*, desfazendo-se o vínculo contratual com o dever de devolução dos valores pertencentes a cada uma delas.[257]

O art. 478 do CC, inserido no capítulo relativo à extinção do contrato, traz ainda a possibilidade de resolução da avença decorrente de onerosidade excessiva imposta a uma das partes, "em virtude de acontecimentos extraordinários e imprevisíveis", e embora o art. 479 permita à parte contra a qual se invoque a resolução por onerosidade excessiva a possibilidade de oferecer modificações equitativas com vistas à manutenção do contrato, não deixa de ser uma das formas de extinção contratual, decorrente de força maior. Essa regra pode ser associada àquela contida no art. 317, relativa à teoria da imprevisão, segundo a qual, "quando, por motivos imprevisíveis, sobrevier desproporção manifesta entre o valor da prestação devida e o do momento de sua execução, poderá o juiz corrigi-lo, a pedido da parte, de modo que assegure, quanto possível, o valor real da prestação", com o que se permite ao juiz a possibilidade de revisão e resolução dos contratos, levando em consideração as circunstâncias objetivas do caso concreto, e levando em conta, por conseguinte, a situação pessoal das partes no equilíbrio econômico do contrato, sendo mister recordar que o CDC (art. 6.º, V) permite a revisão contratual por fatos supervenientes que tornem as prestações excessivamente onerosas, independentemente da previsibilidade do fato.[258]

---

[257] LOPEZ, Teresa Ancona. *Comentários ao Código Civil* cit., v. 7, p. 236-237.
[258] TEPEDINO, Gustavo; BARBOZA, Heloisa Helena; MORAES, Maria Celina Bodin de. *Código civil interpretado conforme a Constituição da República*. 2. ed. rev. e atual. Rio de Janeiro: Renovar, 2007. v. 1, p. 616.

3

DO DESCUMPRIMENTO CONTRATUAL E DA RESPONSABILIDADE CIVIL DOS PRESTADORES DE SERVIÇOS

3.1 BREVES CONSIDERAÇÕES SOBRE A RESPONSABILIDADE CIVIL

Henri Lalou inicia sua obra clássica afirmando corretamente que a ideia de responsabilidade evoca a de obrigação e de garantia, com o que, em linguagem vulgar, responsável é aquele que está obrigado a indenizar. O mesmo autor ainda leciona que o problema da responsabilidade está inserido em todas as matérias relativas à atividade humana. Assim, toda vez em que se analisa a questão da responsabilidade, são temas intrinsecamente relacionados à obrigação que liga alguém a outrem, bem como a garantia de que essa mesma obrigação que vincula as partes será efetivamente cumprida.[1] Por outras palavras, o tema relativo à responsabilidade civil está sempre a permear o direito das obrigações, no qual estão inseridas as relações contratuais, entre as quais aquela objeto do presente estudo.

Ao longo das eras têm sido cada vez mais aprimorados os mecanismos capazes de tornar as relações contratuais equivalentes e seguras, de maneira que havendo ruptura ou risco à segurança obrigacional desejada, tratou a legislação de prover meios de compensação ao prejudicado na relação contratual. Daí ser hoje um dos assuntos mais debatidos tanto no âmbito científico como no âmbito judicial, sobretudo diante do aumento crescente de discussões que adentram nos tribunais justamente à procura de solução às questões diretamente ligadas à responsabilidade

---

[1] LALOU, Henri. *Traité pratique de la responsabilité civile*. 5. ed. Paris: Librairie Dalloz, 1955. n. 1, p. 1. No original: "L'idée de responsabilité appelle celles d'obrigation et de garantie. Dans le langage vulgaire, le responsable est celui qui est obligé d'indemniser." E ainda: "Le problème de la responsabilité se pose dans toutes les matières qui concernent l'activité humaine".

civil. Ademais, como bem observou Miguel Maria de Serpa Lopes,[2] um dos mais árduos e complexos problemas jurídicos é inegavelmente o da responsabilidade civil.

Por outro lado, além dos casos descritos no capítulo anterior, ensejadores da responsabilidade civil na relação decorrente do contrato de prestação de serviços, tratados nos arts. 602, 603 e 608, do Código Civil, garantidores de pagamento relativo às perdas e danos, de que dispõem o art. 402 e seguintes, o tema, com efeito, entrelaça-se com as regras relativas às obrigações de fazer, contidas nos arts. 247 a 249 do *Codex*, além de interligar-se com aquelas dispostas no art. 389 e seguintes, relativamente ao inadimplemento das obrigações, à mora, às perdas e danos, e até mesmo no que diz respeito à cláusula penal, além da aplicação, por óbvio, dos arts. 186 e 187, combinados com o art. 475, o qual estabelece a regra da indenização por perdas e danos decorrentes do inadimplemento, independentemente do pedido de resolução, e, finalmente, entrelaça-se com o art. 927 e seguintes, relativamente à responsabilidade civil.

A obrigação de indenizar relativamente à responsabilidade contratual "nasce no momento em que a prestação deveria ser realizada", pouco importando que a impossibilidade de cumprimento da obrigação ocorra anteriormente, salvo se acarretar desde logo a extinção da obrigação.[3]

Em nosso sentir, uma análise do tema por meio do estudo conjunto das regras contidas nos dispositivos mencionados permitirá uma plena compreensão dos reflexos da responsabilidade mesma na seara da prestação de serviços, sendo prudente, pensamos, uma breve reflexão sobre essa tão debatida responsabilidade civil.

A questão relativa à responsabilidade civil foi objeto de profundas alterações ao longo da história. Mesmo entre nós, como veremos mais adiante, o CDC, promulgado na vigência do Código Civil de 1916, chegou a inovar sensivelmente os paradigmas da responsabilidade civil, vez que instituiu a responsabilidade objetiva nas relações de consumo. O Código Civil de 2002, acompanhando os avanços sociais e jurídicos, houve por bem estabelecer em determinados casos a responsabilidade objetiva, com fundamento na teoria do risco, mantendo, como regra, a responsabilidade subjetiva.

Ao discorrerem sobre os fundamentos da responsabilidade sem culpa, Ludwig Enneccerus, Theodor Kipp e Martín Wolff já observavam constituir-se uma aspiração da evolução do direito moderno que o

---

[2] LOPES, Miguel Maria de Serpa. *Curso de direito civil*: fontes acontratuais das obrigações – responsabilidade civil. São Paulo: Freitas Bastos, 1961. v. 5, p. 186.
[3] GOMES, Orlando. *Obrigações* cit., 17. ed., p. 186.

homem responda por todo o dano, inclusive o não culpável, que traga seu ato, ou seja, que responda ainda que haja executado um ato com a necessária previsão e prudência sem possibilidade alguma de prever o resultado danoso. Entretanto, sustentam os autores, não é justo que o homem responda também pelas consequências imprevisíveis do ato não culposo, pois isso paralisaria ou entorpeceria a atividade dos homens mais prudentes, uma vez que todo ato, até o mais desejado, acarretaria o risco de indenização, de forma que o dano que não deriva da culpa do homem, não havendo razão especial para decidir-se o contrário, é melhor que seja suportado por aquele que foi afetado.[4] Extrai-se do pensamento desses autores que o tema relativo à responsabilidade civil e os anseios de que todo dano seja indenizado encontra seu contraponto justamente no fato de serem complexas as relações humanas, devendo, portanto, ser o tema tratado de maneira a não obstar a constante evolução social e econômica impulsionada também pelas relações contratuais.

Disso decorre que o assunto relativo à responsabilidade civil tem especial relevância não apenas no que diz respeito à prestação de serviços, mas a toda e qualquer seara, posto que, como bem assevera José de Aguiar Dias,[5] "toda manifestação da atividade humana traz em si o problema da responsabilidade". Lembra o autor que a palavra responsabilidade contém a raiz latina *spondeo*, "fórmula conhecida, pela qual se ligava solenemente o devedor, nos contratos verbais do direito romano".

Cumpre, entretanto, registrar, que não se haverá de cogitar em responsabilidade civil enquanto inexistir prejuízo,[6] sendo certo, porém, que relativamente à inadimplência contratual o prejuízo é implícito, tanto que o art. 389 do CC parece pressupor o dano imediato, impondo ao devedor, desde logo, a responsabilidade, o que nos remete ao antigo e sempre atual princípio do *neminem laedere*. Nas palavras de Hans Albrecht Fischer,[7] "o escopo ideal de toda a reparação de danos é conseguir que o lesado não fique nem mais pobre nem mais rico do que estaria se o fato danoso não se houvesse produzido".

Sobre o tema ensina Antunes Varela que "a responsabilidade civil tem uma função essencialmente *indenizatória, ressarcitiva* ou *reparadora*,

---

[4] ENNECCERUS, Ludwig; KIPP, Theodor; WOLFF, Martín. *Tratado de derecho civil*: parte geral. 13. rev. por Hans Carl Nipperdey. Trad. Blas Pérez González e José Alguer. 2. ed. Barcelona: Bosch, 1950. v. 2, t. 1, p. 450-451.
[5] DIAS, José de Aguiar. *Da responsabilidade civil*. 8. ed. Rio de Janeiro: Forense, 1987. v. 1, p. 1-3.
[6] Idem, p. 4.
[7] FISCHER, Hans Albrecht. *A reparação dos danos no direito civil*. Trad. Antônio de Arruda Ferrer Correia. São Paulo: Saraiva, 1938. p. 192-193.

só acessória ou secundariamente assumindo o caráter *punitivo*, ao invés do que sucede com a responsabilidade criminal, cuja função primordial é de caráter *punitivo* e *preventivo*".[8]

Nas palavras de Caio Mário da Silva Pereira,[9] a *responsabilidade civil* consiste na efetivação da reparabilidade abstrata do dano em relação a um sujeito passivo da relação jurídica que se forma, de sorte que reparação e sujeito passivo compõem o binômio da *responsabilidade civil*, que então se enuncia como o *princípio que subordina a reparação à sua incidência na pessoa do causador do dano*, de sorte que, "onde houver a subordinação de um sujeito passivo à determinação de um dever de ressarcimento, aí estará a responsabilidade civil". Embora muito do que o direito moderno apresenta encontre suas raízes na elaboração romana, leciona o autor não ter chegado o direito romano a construir uma teoria da responsabilidade civil, como, aliás, nunca se deteve na elaboração teórica de nenhum instituto.[10] A ideia de punir o dano, segundo referido doutrinador, vem do ordenamento mesopotâmico, como o Código de Hamurabi, o qual instituiu dano idêntico àquele que o causou. Semelhantes regramentos são encontrados no Código de Manu, bem como no direito hebreu, não tendo grandes avanços o tratamento do tema no direito helênico. Entretanto, observa, o estudo da responsabilidade civil não se detém nos sistemas retro mencionados, pois embora historicamente todas as noções se entrecruzem, é o direito romano que oferece subsídios a qualquer elaboração jurídica, "porque, de um modo ou de outro, foi a sabedoria romana que permitiu a criação do substracto essencial da formação dos sistemas que, nesses dois mil anos de civilização cristã, vicejam" na cultura dos povos, sobretudo do ocidente.

Segundo preleciona José de Aguiar Dias,[11] a princípio, o dano escapava ao âmbito do direito, na medida em que dominava a vingança privada, que embora selvagem não deixava de ser humana, nascida da reação natural e espontânea contra o mal sofrido. Depois disso, em razão do uso, consagrou-se em regra jurídica o talião, sendo que o legislador se apropriou da iniciativa popular, intervindo para declarar quando e em que condições teria a vítima o direito à retaliação, regra que se verifica inclusive na Lei das XII Tábuas. Com a evolução social, que percebeu ser inócua a retaliação, pois apenas alargava a dimensão do dano – onde antes era apenas um lesado agora eram dois –, chega-se à composição, com o que o causador da ofensa passaria a reparar o dano através da

---

[8] VARELA, Antunes. *Direito das obrigações*. Rio de Janeiro: Forense, 1977. p. 206 e 229.
[9] PEREIRA, Caio Mário da Silva. *Responsabilidade civil*. 9. ed. rev. 6. tir. Rio de Janeiro: Forense, 2001. p. 11.
[10] Idem, p. 1-2.
[11] DIAS, José de Aguiar. *Da responsabilidade civil* cit., 8. ed., v. 1, p. 19-21.

prestação de uma *poena*, que servia como um resgate da culpa, pelo qual o ofendido alcançava o perdão, passando o legislador, posteriormente, a sancionar o uso da *poena*, e cabendo posteriormente ao Estado a prerrogativa de punição, surgindo, então, a ação de indenização. Foi com a *Lex Aquilia* que se abriram novos horizontes à responsabilidade civil, sendo que seu maior valor consistiu em substituir as multas fixas por uma pena proporcional ao dano causado.[12]

Nas preciosas palavras de Karl Larenz,[13] o fato de que todo devedor responda, em princípio, por qualquer dívida diante do credor com todo o seu patrimônio – como estatuído no art. 391 do nosso *Codex* – não é natural, senão que descansa em uma larga evolução do direito das obrigações e do direito de execução. Originariamente, tanto no direito romano como no direito germânico respondia o devedor com sua própria pessoa, e isso em virtude de um contrato especial de responsabilidade, de uma espécie de autogarantia.

Em caso de descumprimento, podia o credor apoderar-se da pessoa do devedor, detê-lo e inclusive vendê-lo como escravo. Por conseguinte, o devedor era realmente objeto da intervenção do credor, que podia utilizar contra ele uma coação direta. Pouco a pouco se deixou sentir a inadequação de tal objetivação da pessoa, e em lugar da responsabilidade da pessoa foi aparecendo a do patrimônio do devedor. Desaparece assim da mente dos juristas romanos a "vinculação" do devedor (*obligatio* = vínculo), sua submissão à vontade e poder do credor, para passar ao primeiro plano o momento ético do "estar obrigado", do dever (*debere*). Assim, de acordo com a concepção atual, todo aquele que assume uma obrigação responde, em caso de descumprimento, com tudo o que lhe pertence.

No direito brasileiro, a responsabilidade civil contratual ou negocial, como veremos a seguir, poderá gerar o dever específico de cumprimento, além de, em determinados casos, gerar o pagamento das perdas e danos sofridos pela vítima do descumprimento da avença.

3.2 RESPONSABILIDADE CIVIL PELA INEXECUÇÃO DA OBRIGAÇÃO

Inicialmente, cumpre observar os ensinos de Orlando Gomes,[14] para quem o inadimplemento, no estreito sentido do vocábulo, verifica-se "quando o devedor não cumpre a obrigação, voluntária ou involuntariamente".

---

[12] PEREIRA, Caio Mário da Silva. *Responsabilidade civil* cit., 9. ed., p. 4.
[13] LARENZ, Karl. *Derecho de obligaciones* cit., t. 1, p. 33-34.
[14] GOMES, Orlando. *Obrigações* cit., 17. ed., p. 173.

Com efeito, a inexecução ou inadimplemento da obrigação, ou seja, da própria prestação a que se obrigou, acarreta o dever de reparabilidade. Em outras palavras, o inadimplemento, em suas diversas faces, gera dano, e impõe ao devedor a obrigação de repará-lo, a teor do que dispõe o art. 389 do CC, segundo o qual, "não cumprida a obrigação, responde o devedor por perdas e danos, mais juros e atualização monetária segundo índices oficiais regularmente estabelecidos, e honorários de advogado", ressalvadas, evidentemente, as hipóteses que abordaremos mais adiante, nas quais não haverá o dever de indenizar.

Rogério Ferraz Donnini observa corretamente que "o dano desponta à medida que a obrigação pactuada não é cumprida ou na hipótese de cumprimento inadequado, falho, distante, portanto, daquilo que foi acordado entre credor e devedor".[15]

Assim, a consequência do inadimplemento da obrigação, leciona Silvio Rodrigues,[16] é o dever de reparar o prejuízo, com o que se a prestação não foi cumprida, nem puder sê-lo proveitosa e utilmente para o credor, apurar-se-á o dano experimentado, impondo-se ao devedor inadimplente o dever de indenizá-lo.

Esclarece Paulo Nader que inadimplemento é descumprimento, total ou parcial, de uma obrigação de dar, fazer ou não fazer; é o não pagamento de dívida nas condições fixadas em negócio jurídico.[17] Ao presente estudo importa a questão do inadimplemento relativamente à obrigação de fazer, da qual é espécie a prestação de serviços. Daí que, conforme ensina Judith Martins-Costa,[18] "o inadimplemento imputável das obrigações dá ensejo ao nascimento da chamada *responsabilidade negocial* ou *responsabilidade pelo inadimplemento obrigacional*". Isso porque a prestação da obrigação, uma vez concluído o contrato, deve ser levada a efeito no tempo contratual ou moral, no modo e condições aprazadas, de forma que o prestador liberta-se da obrigação mediante o seu pleno cumprimento, ou mediante o pagamento das perdas e danos sofridos pelo outro contratante em razão do descumprimento contratual.

---

[15] DONNINI, Rogério Ferraz. *Responsabilidade pós-contratual no novo Código Civil e no Código de Defesa do Consumidor*. São Paulo: Saraiva, 2004. p. 22.
[16] RODRIGUES, Silvio. *Direito civil*: parte geral das obrigações. 30 ed. atual. São Paulo: Saraiva, 2002. v. 2, p. 235.
[17] NADER, Paulo. *Curso de direito civil*: obrigações. 4. ed. rev. e atual. Rio de Janeiro: Forense, 2009. v. 2, p. 396.
[18] MARTINS-COSTA, Judith. In: TEIXEIRA, Sálvio de Figueiredo (Coord.). *Comentários ao Código Civil*: do inadimplemento das obrigações. 2. ed. Rio de Janeiro: Forense, 2009. v. 5, t. 2, p. 116.

Os contratos, em que as partes regulam suas relações por meio de normas a que dão força de lei, porque constituem lei supletiva, como estabelece o aforismo *contractus contrahentibus legem ponit*,[19] torna-se obrigação preexistente e, portanto, fonte de responsabilidade. Essa força obrigatória dos contratos é encontrada na feliz dicção do art. 1.134, alínea 1.ª, do Código Civil francês, o qual estabelece que "as convenções legalmente formadas constituem lei para aqueles que as celebraram", vale dizer, a violação ou inobservância do contrato implica em responsabilidade estatuída pela própria lei, quer seja quanto à exata execução, quer seja quanto ao valor capaz de ressarcir o prejuízo sofrido pelo contraente que teve frustrada sua legítima expectativa à correspectiva prestação do contraente faltoso, violador da regra *pacta sunt servanda*.

O inadimplemento ou inexecução da obrigação, parcial ou total, constitui verdadeiro ato ilícito, por causar sempre um prejuízo, seja ele de ordem moral ou material. Assim, ocorrendo o ilícito em razão do inadimplemento ou inexecução da obrigação, prevê o direito a aplicação de sanções ao inadimplente. O inadimplemento, por qualquer das partes, assevera Carlos Alberto Bittar,[20] acarreta a "resolução da obrigação, rompendo-se o vínculo e surgindo, para o responsável, outra obrigação, a de reparação do dano", havendo, pois, uma substituição da obrigação aprazada, em razão do rompimento do liame, pela obrigação de ressarcimento dos prejuízos sofridos pelo lesado.

Como lembram Gustavo Tepedino, Heloisa Helena Barboza e Maria Celina Bodin de Moraes,[21] não somente a obrigação principal está sujeita ao inadimplemento e às consequências dele advindas, mas também a ele estão sujeitas as obrigações acessórias, "sejam aquelas previstas expressamente no título, sejam as que decorrem diretamente da lei e aquelas inerentes à própria relação obrigacional", uma vez que merecem igual importância os chamados deveres anexos, oriundos da cláusula geral de boa-fé, disposta no art. 422 do Código Civil, entre os quais se extraem os deveres gerais de informação, lealdade, cooperação, proteção dos interesses recíprocos, sigilo quando essencial ao contrato ou ao interesse de uma ou ambas as partes contratantes, sendo que a inobservância a esses deveres impõe a obrigação de indenizar, fundada na responsabilidade contratual.

---

[19] DIAS, José de Aguiar. *Da responsabilidade civil* cit., 8. ed., v. 1, p. 113.
[20] BITTAR, Carlos Alberto. *Curso de direito civil*. Rio de Janeiro: Forense Universitária, 1994. v. 1, p. 406.
[21] TEPEDINO, Gustavo; BARBOZA, Heloisa Helena; MORAES, Maria Celina Bodin de. *Código Civil interpretado conforme a Constituição da República* cit., 2. ed., v. 1, p. 698.

A responsabilização da parte inadimplente se dará em diferentes graus, de acordo com a extensão do inadimplemento, podendo ocorrer em menor ou maior proporção de acordo com a forma de descumprimento, considerando-se a amplitude, inclusive, dos danos causados.

3.2.1 Formas de inexecução da obrigação

Embora não tenha o Código Civil esmiuçado as diversas formas pelas quais pode ocorrer a inexecução da obrigação, certo é que da conjugação do art. 389 com o art. 394 do CC, o legislador dá indícios, ou seja, elementos para que se verifique a existência do inadimplemento, posto que se refere a lei tanto ao não cumprimento pleno da obrigação como ao não cumprimento pelo modo e tempo devidos, como causa de reparação pelas perdas e danos.

Ao analisar a teoria do inadimplemento das obrigações, Paulo Nader observa que o Código Civil vigente, embora tenha aperfeiçoado a matéria, organizando-a, e agrupando no mesmo local os capítulos da mora e da cláusula penal, diferentemente do Código revogado, sistematizou, todavia, lacunosamente a questão, "uma vez que não discrimina as suas modalidades, além de não conceituar satisfatoriamente a figura da *inadimplência*".[22]

Agostinho Alvim trata magistralmente da questão em sua clássica obra, e ensina que o inadimplemento, por parte do devedor, pode ser absoluto – que se divide em total ou parcial –, ou traduzir-se em simples mora.[23] Carlos Alberto Bittar,[24] por sua vez, defende que o inadimplemento ou inexecução da obrigação classifica-se em: a) total (inexecução completa); b) parcial (execução defeituosa ou imperfeita), e; c) mora (retardamento ou atraso), sendo esta a divisão que preferimos, embora, na essência não haja divergência com relação àquela primeiramente esposada. Vejamos, portanto, cada uma dessas formas.

Para Orlando Gomes,[25] a mora do devedor é equiparada ao inadimplemento propriamente dito, mas com este não se confunde, pois nesse caso a indenização tem por fim a substituição do cumprimento obrigacional. Tanto no que se refere à mora quanto ao inadimplemento, "para

---

[22] NADER, Paulo. *Curso de direito civil* cit., 4. ed., v. 2, p. 396.
[23] ALVIM, Agostinho. *Da inexecução das obrigações e suas consequências.* 2. ed. São Paulo: Saraiva, 1955. p. 19.
[24] BITTAR, Carlos Alberto. *Curso de direito civil* cit., p. 407.
[25] GOMES, Orlando. *Obrigações* cit., 17. ed., p. 173.

que emerja a obrigação de reparar, é mister que se caracterize a culpa do devedor moroso ou inadimplente", como leciona Silvio Rodrigues,[26] não havendo reparação quando se tratar de descumprimento decorrente de força maior ou caso fortuito, como adiante estudaremos.

Quando se fala em inexecução culposa da obrigação, é necessário trazer à baila as nuances relativas à culpa. Isso porque, como lembra Antonio Junqueira de Azevedo,[27] a culpa, em sentido amplo, sendo elemento essencial à responsabilidade civil subjetiva, seja negocial ou extranegocial, pode ser caracterizada como o nexo de imputação psicológica do ato do agente. Leciona referido doutrinador que os autores medievais, na tentativa de classificar as diversas hipóteses de conduta culposa, cunharam a célebre graduação da culpa em grave (*culpa lata*), leve (*culpa levis*) e levíssima (*culpa levissima*), sendo em 1675 definida por Agostinho Barbosa segundo o cuidado do "qualquer" pai de família, diligente pai de família, e diligentíssimo pai de família (respectivamente, *quivis pater familias*, *diligens pater familias*, e *diligentissimus pater familias*).

3.2.1.1 Do inadimplemento total ou absoluto

O inadimplemento total da obrigação ocorre quando há o pleno descumprimento da prestação contratada, sem possibilidade de cumprimento, respondendo o prestador pelos danos daí advindos. O art. 392 do *Codex* assevera que cada parte responderá nesse caso por culpa, ressalvadas as exceções previstas em lei. No caso do inadimplemento total, o devedor não promove a prestação, tampouco se dispõe à sua realização, quer seja por desinteresse, arrependimento, dolo, má-fé, emulação, entre outras causas.

Quando se trata de responsabilidade negocial, cujo dano tem sua fonte no inadimplemento de um negócio jurídico, geralmente um contrato, posto ser ele o negócio jurídico bilateral por excelência, verifica-se que o próprio fato do inadimplemento configura ao mesmo tempo ilícito e dano, ficando o credor limitado a demonstrar o descumprimento da obrigação, cabendo ao devedor a prova de que embora não realizada a prestação sua responsabilidade restou excluída em razão de caso fortuito ou de força maior, ou que o descumprimento obrigacional não lhe pode ser imputado (art. 396, CC/2002).[28] Em alguns casos a lei impõe ao prestador a prova

---

[26] RODRIGUES, Silvio. *Direito civil* cit., v. 2, p. 242.
[27] AZEVEDO, Antonio Junqueira de. *Novos estudos e pareceres de direito privado*. São Paulo: Saraiva, 2009. p. 428.
[28] MARTINS-COSTA, Judith. *Comentários ao Código Civil* cit., 2. ed., p. 181.

de sua não imputabilidade, como se verifica nos contratos consumeristas, através da previsão contida no CDC que *determina* a inversão do ônus da prova (art. 6.º, VIII) nos casos de verossimilhança da alegação ou hipossuficiência do consumidor, sendo que em outros casos, independentemente de ausência de culpa, a lei impõe a responsabilidade pelo fato, como por exemplo, o art. 933 do CC, que estabelece verdadeira responsabilidade objetiva àqueles sujeitos elencados nos incisos I a V do art. 932, interessando-nos na presente reflexão apenas os incisos III e IV.

Washington de Barros Monteiro lembra que se o inadimplemento for completo, completo também será o ressarcimento, e, por outro lado, caso se trate de inadimplemento parcial, a responsabilidade será proporcional ao prejuízo experimentado pelo credor.[29] O inadimplemento da prestação, além de poder se dar de forma total ou parcial, pode dizer respeito à obrigação principal, como também a outras obrigações, chamadas acessórias, assumidas expressamente ou inerentes à própria relação contratual entabulada.[30]

Essa inexecução da obrigação pode ocorrer de forma voluntária ou involuntária, sendo que quando há inadimplemento voluntário está-se diante de ato culposo ou doloso do devedor, e, quando se tratar de inadimplemento involuntário, estar-se-á diante de caso fortuito ou força maior, ou ainda, de fato do Poder Público ou ato de terceiro, impeditivo do cumprimento, rompendo-se o nexo causal nessas hipóteses, salvo se as partes convencionarem diversamente. Orlando Gomes observa corretamente que o inadimplemento pode resultar de fato imputável ao devedor ou evento estranho à sua vontade, que determine a impossibilidade de cumprir a prestação, sendo que no primeiro caso haverá a inexecução culposa, uma vez que tomada a palavra culpa no sentido de violação de um dever jurídico, não resta dúvida de que todo inadimplemento voluntário reveste-se de caráter culposo, salvo tratando-se de inadimplemento resultante de caso fortuito ou de força maior. A violação quanto ao cumprimento da obrigação pode ser intencional ou pode resultar de negligência do devedor, estando reunidas em uma única categoria como espécies da inexecução culposa – a inexecução dolosa e a culposa –, posto que ambas são imputáveis ao devedor, e, de maneira geral, decorrente da culpa em sentido largo, pois se por qualquer modo concorre o

---

[29] MONTEIRO, Washington de Barros. *Curso de direito civil: direito das obrigações* – 1.ª parte cit., v. 4, p. 315.
[30] TEPEDINO, Gustavo; BARBOZA, Heloisa Helena; MORAES, Maria Celina Bodin de. *Código civil interpretado conforme a Constituição da República* cit., 2. ed., v. 1, p. 696.

devedor para o inadimplemento, inobservando o dever de diligência, a inexecução é culposa.[31]

Há hipóteses em que antes mesmo do início do prazo designado para a prestação do serviço o prestador noticia que não executará o serviço contratado, ou pratica uma ação injusta que acarreta obstáculo ao cumprimento da obrigação, sendo verdadeira hipótese de inadimplemento antecipado do contrato.[32] Esse inadimplemento antecipado pode ocorrer devido ao desinteresse do prestador, ou até mesmo a fatores alheios à sua vontade. Araken de Assis preleciona que quando ocorrem situações em que o obrigado a determinada prestação declara que não pode ou não quer adimplir a obrigação, estar-se-á diante do que se designa "quebra positiva de contrato", ou, segundo o autor, mais apropriadamente, "inadimplemento antecipado". Com isso, observa o autor, as espécies de quebra positiva de contrato se diluem no quadro geral do inadimplemento absoluto e permitem a resolução.[33]

Ensina Miguel Maria de Serpa Lopes que tanto uma situação de suspeita de que o devedor não efetuará a prestação como no caso de afirmação antecipada do propósito de não adimplir verificam-se circunstâncias que exigem deferir-se ao credor uma posição protetora, sobretudo quando, por sua vez, está obrigado a cumprir uma prestação organicamente vinculada a uma outra, ainda futura, de que é credor, porém já tendo sobre ela impendente a afirmação categórica de que não será cumprida.[34]

Ocorrendo o inadimplemento absoluto, total, as partes são conduzidas à resolução do contrato, respondendo o devedor por perdas e danos, como dispõe o art. 389 do Código Civil. Cumpre observar, todavia, que qualquer que seja a forma do inadimplemento, todos os bens do devedor respondem pelo descumprimento da obrigação, a teor do que dispõe o art. 391 do CC.

Embora as partes sejam conduzidas à resolução contratual decorrente do inadimplemento da prestação, o art. 249 do CC estatui que "se o fato puder ser executado por terceiro, será livre ao credor mandá-lo executar à custa do devedor, havendo recusa ou mora deste, sem prejuízo da indenização cabível". O parágrafo único do mesmo dispositivo, por outro

---

[31] GOMES, Orlando. *Obrigações* cit., 17. ed., p. 173-175.
[32] TEPEDINO, Gustavo; BARBOZA, Heloisa Helena; MORAES, Maria Celina Bodin de. *Código Civil interpretado conforme a Constituição da República* cit., 2. ed., v. 1, p. 699.
[33] ASSIS, Araken de. *Resolução do contrato por inadimplemento*. 4. ed. rev. e atual. São Paulo: RT, 2004. p. 106-109.
[34] LOPES, Miguel Maria de Serpa. *Exceções substanciais* cit., p. 294-295.

lado, estabelece que "em caso de urgência, pode o credor, independentemente de autorização judicial, executar ou mandar executar o fato, sendo depois ressarcido". Assim, não sendo o caso de obrigação personalíssima, mas sendo obrigação que possa ser realizada por terceiros, que não o próprio devedor, pode o credor fazer ou determinar que se faça a obrigação inadimplida.[35] Essa inovação do Código vigente, ao permitir, nos casos de urgência, a prerrogativa de o credor executar a prestação imediatamente, cobrando posteriormente do devedor, torna menos danoso o efeito da inadimplência àquelas hipóteses cuja ação cominatória, embora de êxito provável, pudesse se tornar inútil em razão da própria urgência da prestação que se contratou.

Portanto, não se tratando de caso de urgência, a opção do credor é a resolução contratual ou a busca, através da justiça, de tutela específica, ou seja, de cumprimento forçado da obrigação, ou, em outras palavras, da execução da obrigação de fazer, nos termos do art. 461, § 3.º, do CPC, com imposição, inclusive, de multa diária caso o devedor, em desobediência à determinação judicial, não execute o contrato, nos termos do § 4.º do referido dispositivo. Também quanto às relações de consumo prevê o art. 84, § 3.º, do CDC, que na ação que tenha por objeto o cumprimento da obrigação de fazer, o juiz conceda tutela específica da obrigação ou determine providências que assegurem o resultado prático equivalente ao do adimplemento, de forma que sendo relevante o fundamento da demanda e havendo justificado receio de ineficácia do provimento final, pode o juiz conceder a tutela liminarmente ou após justificação prévia, citado o devedor.

Ainda no tocante à execução das obrigações de fazer, encontramos nos arts. 632 a 638 do CPC importantes regras. Estabelece o art. 632 do diploma processual que, quando o objeto da execução for uma obrigação de fazer, o devedor será citado para satisfazê-la no prazo que o juiz lhe assinar, se outro prazo não estiver determinado no título executivo,[36] e, caso não satisfaça a obrigação no prazo assinalado pelo juiz, pode o credor na própria ação executiva requerer ou o cumprimento da prestação à custa do devedor executado, ou as perdas e danos, que serão apuradas em liquidação, convertendo-se elas em indenização ao contratante lesado, a teor do que dispõe o art. 633, prosseguindo a execução para cobrança da quantia arbitrada a título de perdas e danos. É bem verdade que havendo

---

[35] BITTAR FILHO, Carlos Alberto; BITTAR, Márcia Sguizzardi. *Código civil de 2002*: inovações. São Paulo: IOB Thomson, 2005. p. 35.
[36] O art. 585 do CPC, elenca o rol dos títulos executivos, de maneira que a nós interessa, sobretudo, o instrumento particular assinado pelo devedor e por duas testemunhas (contrato, termo de confissão etc.), ou mesmo a escritura pública ou outro documento público assinado pelo devedor.

cláusula penal lançada em contrato, dispensa-se a liquidação. O art. 634 do CPC assevera que se o fato puder ser prestado por terceiro, é lícito ao juiz, a requerimento do exequente, decidir que aquele o realize à custa do executado, adiantando o credor as despesas para cumprimento da prestação pelo terceiro. O cumprimento da obrigação pelo terceiro, não se tratando, por óbvio, de prestação personalíssima, não afasta a possibilidade de o credor pleitear contra o devedor a indenização cabível, como lhe permite o art. 249 do CC, anteriormente mencionado.

Não há dúvidas de que o inadimplemento acarreta danos, e nesse sentido, Pontes de Miranda afirma que "se o dano foi devido ao devedor não ter prestado, a indenização é em lugar da prestação devida", ou seja, "a pretensão à indenização substitui a pretensão à prestação, como meio prático para a execução forçada".[37]

3.2.1.2 Do inadimplemento parcial

O inadimplemento contratual pode também ser parcial, ou seja, relativo, dividindo-se em inadimplemento relativo em que a quase totalidade da obrigação foi executada, também conhecida como adimplemento substancial, e em inadimplemento relativo em que muito falta à execução plena da prestação avençada. O inadimplemento parcial também é aquele denominado pela doutrina como adimplemento ruim, defeituoso, ou insatisfatório. Isso porque, quer seja a obrigação cumprida em grande ou pequena extensão, quer tenha sido cumprida de maneira defeituosa, em desconformidade com as cláusulas contratuais, não há dúvida de estar-se diante de inadimplemento parcial. Pontes de Miranda,[38] ao discorrer sobre o tema, leciona que o inadimplemento ou o adimplemento insatisfatório caracteriza-se pelo ato que não é tal qual se exigiu, quer seja o ato de terceiro ou do próprio prestador, se assim foi convencionado, pois "o devedor não só está obrigado a prestar, mas sim a prestar de tal maneira que satisfaça. Se adimple de jeito que não baste, ou que cause dano, ou imponha despesas, satisfatoriamente não adimple", de maneira que "o devedor está obrigado a indenizar os danos que o credor sofra em seu patrimônio, ou em outros bens jurídicos, em consequência do adimplemento insatisfatório",[39] sendo que aquele que alega adimplemento insatisfatório da

---

[37] PONTES DE MIRANDA, Francisco Cavalcanti. *Tratado de direito privado* cit., v. 22, p. 182.
[38] Idem, p. 79.
[39] PONTES DE MIRANDA, Francisco Cavalcanti. *Tratado de direito privado* cit., v. 23, p. 165-167.

prestação deve prová-lo, sem que tenha que provar a culpa do prestador, podendo este alegar que ainda que houvesse adimplemento satisfatório o dano ocorreria, aplicando-se analogicamente o art. 399 do CC. Em outras palavras, adimplemento ruim é também inadimplemento.[40]

O inadimplemento parcial se verifica tanto quando ocorre o início do cumprimento da obrigação, mas em certo momento deixa o devedor de executar sua obrigação relativamente à forma, ou lugar, ou mesmo às especificações com vistas à perfeição técnica do objeto do contrato, como também se verifica quando ocorrer o cumprimento de maneira indevida desde o início da prestação. Nas palavras de Washington de Barros Monteiro,[41] o devedor deixa de cumprir a obrigação pelo modo e no tempo devidos.

O inadimplemento parcial também enseja aplicação dos dispositivos supradescritos no tocante à tutela específica com vistas a obrigar o prestador ao cumprimento obrigacional, e ainda no sentido de que o credor poderá pleitear perdas e danos, além do refazimento ou complementação do serviço contratado, ou resolver o contrato além de pleitear as perdas e danos.

O art. 636 do CPC dispõe que tanto nos casos em que deixar o prestador de cumprir o contrato como nos casos de cumprimento incompleto ou defeituoso, o credor poderá requerer ao juiz, no prazo de dez dias, que o autorize a concluir o contrato, ou a repará-lo, por conta do prestador relapso, o qual será ouvido, e em seguida, avaliará o juiz o custo das despesas necessárias e condenará o prestador ao pagamento. Na hipótese de se tratar de prestação personalíssima, havendo inadimplemento, a obrigação converte-se em perdas e danos, como estabelece o parágrafo único do art. 638 do CPC.[42]

O adimplemento ruim, defeituoso ou insatisfatório, afirma Araken de Assis,[43] também poderá servir de fundamento à ação *quanti minoris*, na qual se pleiteie a diminuição do valor efetivamente avençado, ou à ação visando a redibição. Pontes de Miranda,[44] por sua vez, leciona que o adimplemento insatisfatório (adimplemento ruim) dá ensejo à exceção *non*

---

[40] PONTES DE MIRANDA, Francisco Cavalcanti. *Tratado de direito privado* cit., v. 38, p. 143.
[41] MONTEIRO, Washington de Barros. *Curso de direito civil: direito das obrigações* – 1.ª parte cit., v. 4, p. 315.
[42] É este o teor do art. 638, CPC: Nas obrigações de fazer, quando for convencionado que o devedor a faça pessoalmente, o credor poderá requerer ao juiz que lhe assine prazo para cumpri-la. Parágrafo único. Havendo recusa ou mora do devedor, a obrigação pessoal do devedor converter-se-á em perdas e danos, aplicando-se, outrossim, o disposto no art. 633.
[43] ASSIS, Araken de. *Resolução do contrato por inadimplemento* cit., 4. ed., p. 128.
[44] PONTES DE MIRANDA, Francisco Cavalcanti. *Tratado de direito privado* cit., v. 26, p. 100.

rite adimpleti contractus, que é exceção dilatória tal como a exceção *non adimpleti contractus*, sendo que para aquela, não importa se a deficiência é quantitativa ou qualitativa, pois aquele que figurar polo passivo da exceção deve aumentar ou melhorar a prestação feita, inclusive, se possível, pela substituição do objeto da prestação insatisfatoriamente realizada.

Para alguns doutrinadores,[45] somente em casos de impossibilidade de realização da obrigação através da tutela específica é que seriam devidas as perdas e danos. Ocorre, todavia, que mesmo nos casos de cumprimento da obrigação através da tutela específica, haverá o dever de imposição quanto às perdas e danos, pois a demora em si já será suficiente para trazer prejuízos, quer sejam estes de ordem material ou mesmo moral, em determinadas situações.

3.2.1.3 Da mora

A mora no cumprimento da obrigação é tema a merecer detida reflexão, dentro da teoria do inadimplemento. Segundo ensina Agostinho Alvim,[46] "no campo da inexecução das obrigações, é sobretudo o instituto da mora que requer mais delongado exame, não só porque ela é mais frequente do que o inadimplemento absoluto, mas ainda por causa das dificuldades que o seu estudo apresenta". Ludwig Enneccerus, Theodor Kipp e Martín Wolff obtemperam que a mora do devedor é o atraso, contrário ao direito, da prestação por uma causa a ele imputável, enquanto a mora do credor, ou *mora accipiendi*, é um atraso do cumprimento fundado na omissão do credor à cooperação (especialmente a aceitação) indispensável de sua parte.[47]

Pontes de Miranda,[48] por outro lado, afirma que mora vem de *memor*, de lembrar, recordar, assim como "memória", posto que com a ausência da execução da prestação, quer seja em decorrência de culpa do devedor ou credor, a parte afetada fica a meditar. Assim, a mora do devedor (*mora debitoris*) é o retardo, a demora, contrária a direito, da prestação, por alguma causa imputável a ele, enquanto que a mora do credor (*mora creditoris, mora accipiendi*) é o retardo no adimplemento pelo credor,

---

[45] TEPEDINO, Gustavo; BARBOZA, Heloisa Helena; MORAES, Maria Celina Bodin de. *Código Civil interpretado conforme a Constituição da República* cit., v. 2, p. 337.
[46] ALVIM, Agostinho. *Da inexecução das obrigações e suas consequências* cit., 2. ed., p. 20-21.
[47] ENNECCERUS, Ludwig; KIPP, Theodor; WOLFF, Martín. *Tratado de derecho civil: derecho de obligaciones* cit., v. 1, t. 2, p. 257 e 286.
[48] PONTES DE MIRANDA, Francisco Cavalcanti. *Tratado de direito privado* cit., v. 23, p. 117.

porque o credor omite a cooperação indispensável, concluindo o autor que "não há mora sem demora", de sorte que quando a obrigação não pode mais ser feita não há mora, há impossibilidade da prestação.

Nas precisas palavras de Agostinho Alvim,[49] "haverá mora, no caso em que a obrigação não tenha sido cumprida no lugar, no tempo, ou na forma convencionados, subsistindo, em todo caso, a possibilidade de cumprimento", considerando-se que, segundo ele, o inadimplemento, por parte do devedor, pode ser absoluto – que se divide em total ou parcial –, ou traduzir-se em simples mora, sendo esta definida como "retardamento culposo", utilizando a expressão retardamento para exprimir simplesmente o atraso, e o termo mora, para exprimir o retardamento culposo, ou mais precisamente a falta prevista no art. 394 do CC, complementado pelo art. 396 do mesmo diploma.

A mora é definida por Orlando Gomes como impontualidade culposa, ou seja, quando decorre de fato ou omissão imputável ao devedor.[50] Para a conceituação da mora é imprescindível o elemento subjetivo que se configura pela culpa, ao lado do elemento objetivo, que é o retardamento do cumprimento da obrigação. Na impontualidade não culposa o retardamento tem causa fortuita, decorrente de obstáculo transitório, sendo que se a obrigação não está subordinada a termo essencial e continuar a ter utilidade para o credor, o atraso não importa necessariamente em rescisão do contrato.

Álvaro Villaça Azevedo corretamente observa que o art. 394 do CC estabelece que a mora existe quando o credor não recebe do devedor, por culpa deste, o objeto da prestação jurídica, no tempo, lugar e pelo modo convencionado, sendo que qualquer meio empregado para obviar o cumprimento da obrigação "em que se atue, pelo menos, com culpa, é suficiente para colocar em mora quem dele se utilizar".[51]

A doutrina debate a exigência ou não do elemento culpa para a caracterização da mora do devedor, levantando-se o embate entre a culpa e a imputabilidade. Pontes de Miranda separa o princípio da imputabilidade do princípio da culpa, defendendo que à mora somente importa a imputabilidade, e que pode haver imputabilidade sem haver culpa, apoiando-se na redação do art. 396 do Código, segundo o qual "não havendo fato ou omissão imputável ao devedor, não incorre este em mora".[52] Ainda

---

[49] ALVIM, Agostinho. *Da inexecução das obrigações e suas consequências* cit., 2. ed., p. 19-28.
[50] GOMES, Orlando. *Obrigações* cit., 17. ed., p. 201-202.
[51] AZEVEDO, Álvaro Villaça. *Teoria geral das obrigações e responsabilidade civil* cit., 11. ed., p. 183.
[52] PONTES DE MIRANDA, Francisco Cavalcanti. *Tratado de direito privado* cit., v. 23, p. 126-129.

segundo referido doutrinador, no sistema jurídico brasileiro a mora do devedor ou resulta da incidência da regra jurídica *dies interpellat pro homine*, verificada no caput do art. 397 do CC,[53] ou da interpelação, de que trata o parágrafo único do citado dispositivo.

Com isso, aponta o autor, nosso direito teria adotado a atitude de não se exigir culpa para a ocorrência da mora, encerrando o princípio da imputabilidade, ou da causação, ao invés do princípio da culpa, com o que restaria demonstrado que pode haver mora sem que haja culpa, pois o próprio art. 396 assevera que "não havendo fato ou omissão imputável ao devedor, não incorre este em mora", comprovando que "o que se opõe à mora é a *iusta causa* para não se adimplir", extraindo dessa reflexão que mora é falta ao adimplemento, não só demora, ou retardo, com o que afirma ser possível haver mora e haver responsabilidade pela culpa (impossibilidade, deterioração), assim como ser possível haver mora e não haver qualquer culpa (e.g., todos os devedores do devedor faliram, a fazenda de onde lhe viria o dinheiro para pagar as notas promissórias incendiou-se ou foi inundada), ou ser possível haver mora que não pode ser purgada, porque só se poderia prestar no momento em que, *ex hypothesi*, não se prestou",[54] enfatizando ainda o autor que o que interessa para a caracterização da mora é poder-se imputar ao devedor ato ou omissão.

Judith Martins-Costa,[55] na mesma esteira de Pontes de Miranda, afirma que "a *summa divisio* em matéria de inadimplemento é a que discerne entre a sua *causa*, isto é, se a prestação devida não se realizou por fato *imputável ao devedor* ou fato *não imputável ao devedor*", afirmando categoricamente que "a culpa não integra o conceito de mora",[56] pois discerne a autora entre princípio da imputabilidade e princípio da culpa, sustentando a possibilidade de haver imputação sem culpa. Aponta a autora que a doutrina, não somente a brasileira, está separada em dois grupos: os que defendem que a imputabilidade – e, portanto, a mora – é sempre culposa, entre os quais se destacam Clóvis do Couto e Silva,[57]

---

[53] É esta a redação do art. 397, CC: "O inadimplemento da obrigação, positiva e líquida, no seu termo, constitui de pleno direito em mora o devedor". Por sua vez, dispõe o parágrafo único do mesmo dispositivo: "Não havendo termo, a mora se constitui mediante interpelação judicial ou extrajudicial".

[54] PONTES DE MIRANDA, Francisco Cavalcanti. *Tratado de direito privado* cit., v. 23, p. 129.

[55] MARTINS-COSTA, Judith. *Comentários ao Código Civil* cit., 2. ed., p. 218. A autora, à p. 109, também se refere à mora como o não cumprimento da obrigação por fato imputável ao devedor ou ao credor, não exigindo para sua verificação a culpa.

[56] Idem, p. 335. Confira-se ainda o tema à p. 131-137.

[57] SILVA, Clóvis do Colto e. *A obrigação como processo*. Rio de Janeiro: FGV, 2006. p. 100.

Ruy Rosado de Aguiar Junior,[58] Agostinho Alvim,[59] Silvio Rodrigues,[60] Miguel Maria de Serpa Lopes,[61] Clóvis Beviláqua,[62] Gustavo Tepedino, Heloisa Helena Barboza e Maria Celina Bodin de Moraes,[63] sendo que de outro lado, defendendo que basta a imputabilidade, independentemente de culpa, encontram-se Pontes de Miranda,[64] Fabio Konder Comparato,[65] Araken de Assis,[66] Mario Julio de Almeida Costa,[67] entre outros.

---

[58] AGUIAR JUNIOR, Ruy Rosado de. *Extinção dos contratos por incumprimento do devedor*: resolução. 2. ed. 2. tir. Rio de Janeiro: Aide, 2004. p. 94.

[59] ALVIM, Agostinho. *Da inexecução das obrigações e suas consequências* cit., 2. ed., p. 19.

[60] RODRIGUES, Silvio. *Direito Civil* cit., v. 2, p. 242-245. O autor afirma à p. 245 que "da conjugação dos arts. 394 e 396 do Código Civil se deduz que sem culpa do devedor não há mora", defendendo ainda que a "mora é o retardamento derivado da culpa", de maneira que a mora cria uma presunção de culpa que deve ser elidida pelo próprio devedor. Judith Martins-Costa observa que Silvio Rodrigues, embora defendendo o mérito da distinção, entende não estar ela refletida no CC/1916, mas nessa parte não discrepante do CC/2002.

[61] LOPES, Miguel Maria de Serpa. *Curso de direito civil*: obrigações em geral. 6. ed. rev. e atual. por José Serpa Santa Maria. Rio de Janeiro: Freitas Bastos, 1995. v. 2, p. 353-354. Para esse autor a culpa está pressuposta na responsabilidade consequente do inadimplemento imputável.

[62] BEVILÁQUA, Clóvis. *Código Civil dos Estados Unidos do Brasil comentado* cit., v. 4, p. 124. Nas palavras do autor, a culpa é elemento conceitual da mora *solvendi*.

[63] TEPEDINO, Gustavo; BARBOZA, Heloisa Helena; MORAES, Maria Celina Bodin de. *Código civil interpretado conforme a Constituição da República* cit., 2. ed., v. 1, p. 714-715.

[64] PONTES DE MIRANDA, Francisco Cavalcanti. *Tratado de direito privado* cit., v. 23, p. 126.

[65] COMPARATO, Fabio Konder. A mora no cumprimento de obrigações contratuais pecuniárias e suas consequências. *Direito empresarial*: estudos e pareceres. 1. ed. 2. tir. São Paulo: Saraiva, 1995. p. 365.

[66] ASSIS, Araken de. *Resolução do contrato por inadimplemento* cit., 4. ed., p. 101 e ss. O autor, contrapondo-se ao pensamento de Orlando Gomes, para quem inexistindo as dirimentes do caso fortuito e da força maior resta configurado o procedimento culposo, afirma que rondam dúvidas ponderáveis se o ordenamento pátrio introduz a nota da culpa no inadimplemento imputável, diferentemente do inadimplemento *involuntário*, onde, por óbvio, a questão se mostra totalmente estranha. Sustenta-se o autor, para tanto, em doutrina italiana, e às p. 117-120, ao comentar sobre a mora, a culpa e a imputabilidade, afirma que "à primeira vista", analisando-se o art. 394 do CC/2002, como faz a doutrina nacional largamente preponderante, "é lícito integrar o elemento *culpa* à essência" da mora, mas há objeções ponderáveis à tese, pois a mora, na interpretação do art. 396, CC/2002, limita-se à imputação do obrigado à prestação, ou seja, "atraso no cumprimento da prestação, atribuível ao obrigado". Para o citado doutrinador, "em síntese, basta a imputabilidade à resolução".

[67] COSTA, Mario Julio de Almeida. *Direito das obrigações*. 10. ed. Coimbra: Almedina, 2006. p. 1.037 e ss.

Acrescente-se à lista daqueles que entendem pela existência da culpa na mora, Paulo Nader,[68] para o qual a "mora é modalidade de inexecução da obrigação, decorrente de culpa do devedor, omissão do credor ou de ambos". Também Carlos Roberto Gonçalves defende ser a culpa essencial à caracterização da mora do devedor, asseverando que "o inadimplemento, por si só, faz presumir a culpa do devedor", salvo prova de ocorrência de caso fortuito e força maior, pois "essencial à mora é que haja *culpa do devedor* no atraso do cumprimento".[69] De igual forma, Washington de Barros Monteiro afirma ser a inexecução culposa por parte do devedor um dos requisitos da mora, lecionando que "o lado subjetivo [da mora] descansa na culpa do devedor".[70] Maria Helena Diniz,[71] igualmente, afirma que a mora configura-se quando o devedor não cumpre, por culpa sua, a obrigação nos moldes avençados, enfatizando dois elementos caracterizadores da mora, o objetivo, que é a não realização da prestação no tempo, local e modos convencionados, e o subjetivo, que é a inexecução culposa por parte do devedor. Flávio Tartuce,[72] igualmente, entende pela existência de culpa para a caracterização da mora. Portanto, a imputabilidade está ligada à ideia de culpa, como defendemos anteriormente, uma vez que da análise conjunta dos arts. 394 e 396 do CC pode-se extrair que sem culpa do devedor não existe mora.

De modo geral, deixa de haver mora toda vez que o devedor, sem culpa sua, ignora o tempo, lugar, ou o modo do cumprimento da obrigação.[73] Isso porque, como ensina Miguel Maria de Serpa Lopes,[74] a imputabilidade é o principal elemento constitutivo da culpa, e de modo geral, há imputabilidade quando o ato procede de uma livre vontade.

Por outro lado, a mora do credor independe de culpa, como bem observa Silvio Rodrigues.[75] A mora do credor, nas palavras de Álvaro Villaça Azevedo,[76] decorre de sua recusa injustificada em receber a prestação

---

[68] NADER, Paulo. *Curso de direito civil* cit., 4. ed., v. 2, p. 405.
[69] GONÇALVES, Carlos Roberto. *Direito civil brasileiro*: teoria geral das obrigações. 3. ed. rev. e atual. São Paulo: Saraiva, 2007. v. 2, p. 358-365.
[70] MONTEIRO, Washington de Barros. *Curso de direito civil: direito das obrigações –* 1.ª parte cit., v. 4, p. 321-322.
[71] DINIZ, Maria Helena. *Curso de direito civil brasileiro*: teoria geral das obrigações. 24. ed. reformulada. São Paulo: Saraiva, 2009. v. 2, p. 406-407.
[72] TARTUCE, Flávio. *Direito civil: direito das obrigações e responsabilidade civil.* 4. ed. Rio de Janeiro: Forense – São Paulo: Método, 2009. p. 241.
[73] ALVIM, Agostinho. *Da inexecução das obrigações e suas consequências* cit., 2. ed., p. 32.
[74] LOPES, Miguel Maria de Serpa. *Curso de direito civil* cit., v. 5, p. 227.
[75] RODRIGUES, Silvio. *Direito Civil* cit., v. 2, p. 245.
[76] AZEVEDO, Álvaro Villaça. *Teoria geral das obrigações e responsabilidade civil* cit., 11. ed., p. 186.

convencionada, mas exige-se para a configuração da mora do credor que o prestador tenha dado mostras de sua intenção em cumprir a obrigação, ou seja, que demonstre disposição e oferte o cumprimento.

A boa-fé contratual não exclui automaticamente a culpa relativamente à ocorrência da mora, pois a boa-fé nem sempre implica ausência de culpa posto que "o devedor pode, de boa-fé, violar o avençado, pela má apreciação de certos fatos, ou pela errônea interpretação do contrato, e nem por isso se exonerará de responder". Assim, se o erro for de fato, terá havido culpa, pela inadvertência ou negligência, e se for de direito, erro na interpretação do contrato, equivalerá ele ao erro na interpretação da lei, e tal erro não se escusa com a boa-fé, por analogia ao art. 3.º da LINDB.[77] O princípio da boa-fé, ensina Karl Larenz,[78] significa que cada um deve guardar fidelidade à palavra dada e não defraudar a confiança ou abusar dela, pois ela forma a base indispensável de todas as relações humanas; supõe o conduzir-se como convém esperar de quantos com pensamento honrado intervêm na relação como contratantes ou dela tenham participado em virtude de outros vínculos jurídicos.

O conceito de mora está intimamente ligado à possibilidade de cumprimento da obrigação, uma vez que, tornando-se impossível o cumprimento da prestação, estar-se-á diante de inadimplemento absoluto e não de mora. Eis porque o atraso na prestação merece estudo, pois tanto pode ser sintoma de mora como de inadimplemento absoluto.

O fato de recusar-se o prestador a cumprir a obrigação não indica por si só a ocorrência de inadimplemento absoluto, merecendo ser analisado se o contrato é personalíssimo (*intuitu personae*) ou não, ou seja, se a prestação é infungível ou fungível. Sendo o contrato personalíssimo, a recusa na prestação equivale ao inadimplemento absoluto; sendo contrato fungível, ou seja, podendo a prestação ser efetuada por outrem, esse inadimplemento terá o caráter de mora. Em qualquer dos casos, será possível ao credor exigir do devedor indenização. Verifica-se, portanto, que a mora tanto pode ensejar ação cominatória e perdas e danos como também pode ensejar a rescisão contratual, além das perdas e danos. Convencionando as partes os exatos termos quanto ao cumprimento da prestação, verificados estes e não cumprida a obrigação estará em mora o prestador. Não tendo estabelecido as partes, detalhadamente, as condições

---

[77] ALVIM, Agostinho. *Da inexecução das obrigações e suas consequências* cit., 2. ed., p. 25. A expressão LINDB (Lei de Introdução às normas do Direito Brasileiro) substituiu a expressão LICC (Lei de Introdução ao Código Civil), por força da Lei 12.376, de 30 de dezembro de 2010, que alterou a ementa do Decreto-Lei 4.657/1942.

[78] LARENZ, Karl. *Derecho de obligaciones* cit., t. 1, p. 142.

e prazo à prestação, a mora constitui-se através de interpelação judicial ou extrajudicial. Essa interpelação, que Ludwig Enneccerus, Theodor Kipp e Martín Wolff chamam de *requerimento*,[79] não é uma declaração de vontade, não é um negócio jurídico, pois não se dirige a provocar os efeitos da mora, mas é muito mais um ato semelhante aos negócios e precisamente uma reclamação, aproximando-se muito da declaração de vontade unilateral receptícia.

O prestador responde pelos prejuízos a que der causa sua mora, nos termos do que determina o art. 395 do CC, afirmando o parágrafo único do referido dispositivo que se devido à mora se tornar a prestação inútil ao credor, poderá este enjeitá-la, e exigir a satisfação das perdas e danos. Observe-se que a lei fala em prestação inútil, não em prestação diminuída em sua utilidade. No caso de ação do credor com vistas à rescisão do contrato, caberá ao juiz verificar se a prestação se tornou de fato inútil ao credor, em homenagem ao princípio da conservação dos contratos, salvo se houver cláusula resolutiva expressa para a hipótese de inadimplemento e mora da obrigação.

O momento da mora está intimamente ligado ao vencimento da obrigação, de forma que nos contratos em que haja prazo estipulado para o cumprimento da prestação a mora se dá no termo aprazado, não necessitando de interpelação por parte do credor, ou seja, independe de notificação do credor endereçada ao devedor para que efetue a prestação. Assim, quando há data certa, evento certo, ocasião certa estabelecida no contrato para o cumprimento da obrigação, a mora se constitui independentemente de interpelação, aplicando-se a regra conhecida pela expressão latina *dies interpellat pro homine*, conforme estabelecida no *caput* do art. 397, posto que "o inadimplemento da obrigação, positiva e líquida, no seu termo, constitui de pleno direito em mora o devedor". Por outro lado, nos contratos em que não hajam os contraentes estipulado termo para o cumprimento da obrigação, para a constituição em mora do devedor deve o credor notificá-lo, como determina o parágrafo único do art. 397, segundo o qual "não havendo termo, a mora se constitui mediante interpelação judicial ou extrajudicial". Todavia, nada impede que as partes consignem no contrato a dispensa da notificação, ou seja, da interpelação.[80]

A lei permite ao devedor purgar a mora, sem eximir-se quanto ao pagamento das perdas e danos, ou, na dicção do art. 401 do CC, "a importância dos prejuízos" verificados no dia em que ofertar a prestação

---

[79] ENNECCERUS, Ludwig; KIPP, Theodor; WOLFF, Martín. *Tratado de derecho civil: derecho de obligaciones* cit., v. 1, t. 2, p. 258.
[80] GOMES, Orlando. *Obrigações* cit., 17. ed., p. 205.

em atraso. Também ao credor é permitido purgar a mora, recebendo a prestação e sujeitando-se aos efeitos que sua desídia causou, quer seja a si mesmo, quer seja para com o prestador.

A purgação da mora é um favor da lei ao devedor e permite-lhe um meio de neutralizar o direito do credor quanto à rescisão contratual, sendo que para Agostinho Alvim,[81] a purgação pode ocorrer até a contestação da lide. Entretanto, se houver cláusula contratual contendo "pacto comissório" ou "cláusula resolutiva", no sentido de que o não cumprimento da obrigação acarretará, por si só, e de pleno direito, a rescisão do contrato, uma vez verificada a mora não poderá o devedor purgá-la.

Cumpre ainda observar que estando em mora o prestador, responderá, inclusive, pela impossibilidade da prestação decorrente de caso fortuito ou força maior, salvo se provar isenção de culpa ou que o dano ocorreria ainda que cumprida tempestivamente a obrigação. Havendo o dano, o ressarcimento a ser feito ao credor deve levar em consideração não o grau de culpa do prestador, mas o prejuízo efetivamente causado, como se depreende do disposto no art. 944 do CC, o qual estatui que "a indenização mede-se pela extensão do dano", asseverando o parágrafo único que "se houver excessiva desproporção entre a gravidade da culpa e o dano, poderá o juiz reduzir, equitativamente, a indenização". O objetivo da lei e a finalidade do direito, ou mais especificamente do direito das obrigações, não é a punição do culpado, mas o ressarcimento do dano.[82]

3.3 DAS PERDAS E DANOS

No decorrer desta obra, diversas foram as vezes em que falamos do dever das partes quanto à reparação das perdas e danos. O art. 389 do CC, como vimos, estatui que em razão do inadimplemento da obrigação, o devedor responde por perdas e danos, bem como estatui o art. 395 do *Codex* que o devedor em mora responde pelos prejuízos que seu atraso no cumprimento da prestação tiver causado, ou em outras palavras, no caso de mora também responde por perdas e danos.

Embora o Código Civil com certa constância repita o dever de reparar as perdas e danos, Álvaro Villaça Azevedo afirma que a expressão perdas e danos não se apresenta com a felicidade de exprimir seu exato conceito, que nada mais significa do que os prejuízos, os danos,

---

[81] ALVIM, Agostinho. *Da inexecução das obrigações e suas consequências* cit., 2. ed., p. 173-175.
[82] Idem, p. 129.

causados ante o descumprimento obrigacional. Isso porque a palavra dano tem uma enorme variedade de sentido, representando o resultado de qualquer espécie de lesão, que pode ser moral, religiosa, econômica, política, entre outras, estando restrita, no âmbito do Direito, ao prejuízo econômico ou moral.[83]

Karl Larenz conceitua o dano como a diminuição que em consequência de um acontecimento ou evento determinado sofre uma pessoa, em seus bens vitais naturais, em sua propriedade ou em seu patrimônio.[84] Assim, no mundo jurídico, o dano pode ser meramente patrimonial, ou seja, com redução dos interesses econômicos do credor, como pode ainda ser moral, quando a inadimplência ou a mora acarreta uma "dor considerável" na esfera íntima do tomador, sendo que esse dano moral pode ocorrer simultaneamente ao dano patrimonial, ou pode ocorrer sem que haja perda de caráter patrimonial. Na definição de René Savatier,[85] o dano moral é todo o sofrimento humano que não é causado por uma perda pecuniária, tendo aspectos extremamente variados, podendo ser um sofrimento físico, de maneira que a compensação recebe o nome de *pretium doloris*, ou pode ser uma dor moral de origem diversa, uma vez que a vítima pode sofrer em sua reputação, em sua autoridade legítima, em seu pudor, em sua segurança e tranquilidade, em seu amor próprio estético, em sua integridade da inteligência, suas afeições etc. Ainda afirma o autor que às vezes, para salvaguardar um bem moral, a vítima é obrigada a efetuar despesas pecuniárias.

Para exemplificarmos ambos os conceitos, imaginemos a contratação de serviço de *buffet* para as bodas de determinado casal de noivos, os quais no dia do casamento, ou mesmo antes, tomem conhecimento de que o serviço não será prestado ou porque houve falência da empresa prestadora, ou porque outra festa fora contratada para a mesma data e hora. Nesse caso, é evidente que não apenas os noivos suportarão gastos extras para minorar o reflexo do inadimplemento, tendo que

---

[83] AZEVEDO, Álvaro Villaça. *Teoria geral das obrigações e responsabilidade civil* cit., 11. ed., p. 193.
[84] LARENZ, Karl. *Derecho de Obligaciones* cit., t. 1, p. 193.
[85] SAVATIER, René. *Traité de la responsabilité civile*. Paris: Librairie Générale de Droit et de Jurisprudence, 1939. t. 2, n. 525, p. 101. No original: "Nous entendons par dommage moral toute souffrance humaine qui n'est pas causée par une perte pécuniaire. Les aspects en sont donc extrêmement variés. Ce peut être une souffrance physique, les dommage-intérêts qui la compensent méritant alors particulièrement le nom de *pretium doloris*. C'est, plus fréquemment, une douleur morale d'origine diverse: la victime a pu souffrir, notamment, dans sa réputation, dans son autorité légitime, dans sa pudeur, dans sa sécurité et sa tranquilité, dans son amour propre esthétique, dans l'intégrité de son intelligence, dans ses affections etc.".

contratar outro *buffet*, como também sofrerão um dano mental, psíquico, que transcende os limites do simples aborrecimento corriqueiro, ocasionando inquietação e desequilíbrio em sua vida íntima. Em suma, terão sofrido dano patrimonial e moral, indenizáveis por força e nos termos da lei, uma vez que o casamento em qualquer cultura é um dos mais importantes rituais de passagem no meio social, sendo que um inadimplemento contratual dessa ordem deixa indubitavelmente marcas indeléveis nos nubentes.

É de observar que o simples inadimplemento contratual, ou mesmo a mora, não acarreta necessariamente o dano moral, mas este surgirá nas hipóteses em que o descumprimento da obrigação avençada causar transtornos emocionais e morais que extrapolem as circunstâncias normais e os aborrecimentos e transtornos comuns, podendo os danos morais ser cumulados com os danos materiais, a teor do que assevera a Súmula 37 do STJ.[86]

Ainda a título de exemplificação, o Tribunal de Justiça paulista recentemente julgou determinado caso que dizia respeito à inadimplência do prestador de serviço de limusine que, devido a uma pane mecânica, não deixou alternativa à noiva senão descer do veículo e continuar o trajeto de táxi até a igreja onde o casamento, já atrasado, seria celebrado, condenando a Corte paulista o prestador do serviço ao pagamento dos danos materiais e morais.[87] Em nosso entendimento, embora em princípio possa parecer que referido caso refere-se a contrato de transporte, cremos que em razão de sua especificidade (limusine) está muito mais próximo de um contrato de prestação de serviços do que de transporte, posto que há oferta de um serviço especial, com veículo especial, sendo pelo Tribunal paulista tratado como prestação de serviços.

Vemos, portanto, que as perdas e danos abrangem não apenas o prejuízo patrimonial, ou seja, a diminuição material passível de tradução pecuniária, como também abarca o dano moral, aquele que atinge a esfera

---

[86] É esta a redação da Súmula 37 do STJ: "São cumuláveis as indenizações por dano material e dano moral oriundos do mesmo fato".

[87] TJSP, 35.ª Câm. Dir. Priv., Ap. 992.08.058908-0, rel. Des. Clóvis Castelo, j. 24.06.2010, *DOe* 14.07.2010, v.u.: "EMENTA: INDENIZAÇÃO – DANOS MORAIS – CONTRATAÇÃO DE LIMUSINE – TRASLADO DE NOIVA PARA A CERIMÔNIA RELIGIOSA – SERVIÇO NÃO PRESTADO – RECURSO PARCIALMENTE PROVIDO. A empresa proprietária de limusine contratada para realizar o traslado da noiva, no dia do casamento, para a cerimônia religiosa, responde pelo pagamento de indenização por danos morais em face do inadimplemento ao não realizar o serviço contratado ou deixar de disponibilizar tempestivamente outro veículo com as mesmas características, obrigando a contratante a utilizar de serviço de táxi".

da personalidade da vítima, e que encontra amparo no art. 5.º, X, da CF, bem como no art. 186 do CC,[88] sendo o valor arbitrado pelo juiz.

Nas relações contratuais regidas pela Lei Consumerista não é diferente, posto que o art. 6.º, VI, expressamente estatui ser direito básico do consumidor "a efetiva prevenção e reparação de danos patrimoniais e morais, individuais, coletivos e difusos".

O art. 402 do CC assevera que "as perdas e danos devidas ao credor abrangem, além do que ele efetivamente perdeu, o que razoavelmente deixou de lucrar", elencando, portanto, duas espécies de dano indenizável: o dano emergente (*damnum emergens*) e o lucro cessante (*lucrum cessans*). Por sua vez, e em complementação, segundo o art. 403, "ainda que a inexecução resulte de dolo do devedor, as perdas e danos só incluem os prejuízos efetivos e os lucros cessantes por efeito dela direto e imediato", ou seja, as perdas e danos são limitadas aos prejuízos efetivos e os lucros cessantes são limitados ao efeito direto e imediato da inexecução da obrigação. Portanto, essa regra de "efeito direto e imediato" está ligada ao nexo de causalidade. Todavia, se as partes consignarem no contrato que o devedor responda pelos danos indiretos ou remotos não terá aplicação a limitação imposta pelo Código Civil.

Silvio Rodrigues,[89] por sua vez, observa que a ideia que se encontra na lei é a de impor ao culpado pelo inadimplemento o dever de indenizar, e indenizar significa tornar indene, ou seja, reparar o prejuízo causado, não podendo o lesado obter lucro com a indenização, embora, como veremos abaixo ao tratarmos da cláusula penal, em que as partes com antecedência fixam o valor das perdas e danos, em alguns casos poderá ocorrer indenização sem que tenha efetivamente sofrido prejuízo aquele que a recebeu. De qualquer maneira, é importante notar que, de regra, sem a ocorrência de prejuízo não há falar-se em indenização, embora se presuma que todo inadimplemento contratual – bem como a mora –, configure, por si só, um dano ao contraente prejudicado, tanto que a lei, sempre que menciona sua ocorrência, estabelece igualmente o dever quanto ao pagamento das perdas e danos.

O credor, ou seja, o tomador do serviço inadimplido ou adimplido morosamente deve provar que em razão da inércia do prestador sofreu um dano, quer se trate de dano emergente, quer lucro cessante, quer ambos. E para a verificação do dano, leva-se em consideração não apenas

---

[88] "Art. 186. Aquele que, por ação ou omissão voluntária, negligência ou imprudência, violar direito e causar dano a outrem, ainda que exclusivamente moral, comete ato ilícito."

[89] RODRIGUES, Silvio. *Direito civil* cit., v. 2, p. 253.

o desfalque que teve aquele que o sofreu em seu patrimônio, mas tudo o que não entrou ou não entrará nesse patrimônio em virtude de certo fato danoso, uma vez que dano é o que se perdeu bem como o que se deixou de lucrar, pois o dano pode diminuir o patrimônio como também pode impedir-lhe o aumento pela cessação dos lucros esperados.[90]

Ressalte-se que dano emergente é aquele que nasce do inadimplemento, não sendo apenas o que acarreta a diminuição do ativo, mas também o aumento do passivo. A expressão *lucros cessantes* não significa somente aquilo que se estancou, mas também aquilo que o credor deixará de obter ainda que não viesse obtendo antes; há uma privação de ganho, ou seja, um lucro frustrado.[91] A expressão contida no art. 402 do CC, no sentido de que as perdas e danos abrangem também "o que razoavelmente deixou de lucrar" significa que, "até prova em contrário, admite-se que o credor haveria de lucrar aquilo que o bom senso diz que lucraria",[92] ou seja, que pelos antecedentes e projeções seja possível afirmar-se que o contratante lesado, mantendo-se a situação corrente, haveria de ter lucro. A expressão "razoavelmente" não se refere ao *quantum*, mas à existência do próprio prejuízo; é uma restrição para nortear o juiz acerca da prova do prejuízo em sua existência, não em sua quantidade, até porque o valor indenizatório não se pautará pelo razoável, mas pelo valor provado que se deixou de receber.

Segundo obtempera Karl Larenz,[93] temos que nos conformar com um *juízo de probabilidade* em que se trate de um processo causal hipotético, ou seja, com o que haveria ocorrido em uma situação semelhante, sem a realização de um evento gerador de responsabilidade. Essa probabilidade de ganhos entende-se não no momento do evento gerador da responsabilidade, mas na probabilidade daqueles ganhos do ponto de vista do julgador ou do crítico posterior que conheça também o curso ulterior dos fatos e o tenha em conta em sua decisão.

O Código Civil alemão é preciso ao afirmar em seu § 252 que esses lucros cessantes, ou perdidos, objeto do dano compreendido na compensação devida, são considerados perdidos quando no curso normal dos eventos, ou em especiais circunstâncias, particularmente devido a medidas e precauções tomadas, pudessem provavelmente ser esperados, o que demonstra que para a obrigação de pagamento por parte do pres-

---

[90] ALVIM, Agostinho. *Da inexecução das obrigações e suas consequências* cit., 2. ed., p. 189.
[91] Idem, p. 191.
[92] Idem, p. 206.
[93] LARENZ, Karl. *Derecho de obligaciones* cit., t. 1, p. 208-209.

tador inadimplente deva haver uma probabilidade objetiva quanto ao lucro cessante. Portanto, o lucro cessante deve ser previsível na data do descumprimento da obrigação, e as perdas e danos devem resultar direta e imediatamente desse descumprimento contratual.[94]

3.4 DA CLÁUSULA PENAL

Uma das formas de incentivar o cumprimento da prestação, bem como de evitar a desgastante discussão acerca da extensão dos prejuízos decorrentes do descumprimento da obrigação, é o estabelecimento da cláusula penal no contrato, também chamada de pena convencional, e definida por Von Tuhr como o ato pelo qual o devedor promete ao credor uma prestação (consistente geralmente em dinheiro) para o caso de que deixe inadimplida ou não adimplida devidamente, sobretudo pontualmente, uma obrigação, à qual recebe o nome de obrigação principal.[95] Na conceituação de Limongi França,[96] "a cláusula penal é um pacto acessório ao contrato ou a outro ato jurídico, efetuado na mesma declaração ou em declaração à parte, por meio do qual se estipula uma pena, em dinheiro ou outra utilidade, a ser cumprida pelo devedor ou por terceiro, cuja finalidade precípua é garantir, alternativa ou cumulativamente, conforme o caso, em benefício do credor ou de outrem, o fiel e exato cumprimento da obrigação principal, bem assim, ordinariamente, constituir-se na pré-avaliação das perdas e danos e em punição do devedor inadimplente".

A cláusula penal, preleciona José de Aguiar Dias,[97] "é a estimação prévia dos danos", com vistas a suprimir a incerteza da liquidação, evitando o risco de, quando da apuração do prejuízo, se computarem consequências que estejam além ou aquém daquelas derivadas do acontecimento prejudicial, ou seja, do inadimplemento. O prejuízo pode ser maior ou menor do que a estimação antecipada, mas vale a cláusula, que pode ter tanto o caráter de pena quanto de reparação de perdas e danos. Roberto De Ruggiero,[98] ao discorrer sobre o tema, afirma que essa cláusula tem, na verdade, sempre e apenas, conceitualmente, um único fim e uma única função, qual seja, a de reforçar o vínculo contratual, fornecendo

---

[94] RODRIGUES, Silvio. *Direito civil* cit., v. 2, p. 256.
[95] VON TUHR, A. *Tratado de las obligaciones* cit., t. 2, p. 235.
[96] LIMONGI FRANÇA, Rubens. *Teoria e prática da cláusula penal*. São Paulo: Saraiva, 1988. p. 6-7.
[97] DIAS, José de Aguiar. *Cláusula de não indenizar*: chamada cláusula de irresponsabilidade. 4. ed. rev. Rio de Janeiro: Forense, 1980. p. 21.
[98] RUGGIERO, Roberto De. *Instituições de direito civil* cit., 6. ed., v. 3, p. 129.

ao credor um meio de eficácia mais intensa para o cumprimento da obrigação do que teria pela simples ação de crédito derivada da relação contratual sem a referida cláusula. Para esse autor, o meio mais intenso de obrigar o devedor ao cumprimento da obrigação está na ameaça de ver agravada a sua responsabilidade ordinária, se não cumprir exata e pontualmente a prestação.

Karl Larenz,[99] igualmente, leciona que a finalidade dessa cláusula é, em primeiro lugar, estimular o devedor ao cumprimento do contrato. Daí decorre que a quantia da pena contratual é calculada na maioria dos casos de tal modo que coloque o devedor em situação de evitar incorrer na referida cláusula. Ademais, por meio dessa instituição se garante ao credor uma indenização pelos danos originados da infração contratual de natureza não patrimonial, ou cuja quantia em seu caso seria difícil provar.

A cláusula penal, também chamada de pena convencional, é definida por Orlando Gomes como "o pacto acessório pelo qual as partes de um contrato fixam, de antemão, o valor das perdas e danos que por acaso se verifiquem em consequência da inexecução culposa da obrigação", cuja função é a pré-liquidação dos danos, com o que se admite que "para exigir o pagamento da multa, não precisa o credor alegar prejuízo", como preceitua o art. 416 do CC.[100] Álvaro Villaça Azevedo,[101] mencionando que a cláusula penal é a *stipulatio poenae* (estipulação da pena) dos romanos, define-a como a fixação contratual, por escrito, de pena ou sanção de natureza econômica, para os casos de retardo ou descumprimento da obrigação assumida.

Limongi França preleciona que a cláusula penal ou pena convencional não se confunde com a cláusula *liberatória*, também chamada cláusula *penitencial* ou, ainda, cláusula penal *imprópria*, equivalente ao *pactum displicentiae* ou *mulcta poenitentialis* da mais antiga tradição jurídica. Observa o autor que não raro, se estipulam multa penitencial e cláusula penal para fins diferentes em um mesmo negócio jurídico, sendo possível que isso se dê até mesmo em uma única cláusula, importando saber, dentro de um mesmo conspecto doutrinário, o que caracteriza uma e outra para a precisa elucidação de cada uma delas, embora o termo "multa" tem sido aplicado tanto para designar a cláusula penal como a multa penitencial. Ainda segundo referido doutrinador, uma vez que a cláusula punitiva se diversifica da compensatória, pois aquela tem por função pre-

---

[99] LARENZ, Karl. *Derecho de obligaciones* cit., t. 1, p. 369.
[100] GOMES, Orlando. *Obrigações* cit., 17. ed., p. 190.
[101] AZEVEDO, Álvaro Villaça. *Teoria geral das obrigações e responsabilidade civil* cit., 11. ed., p. 224.

ver uma *pena* para o inadimplemento, e esta se destina a *compensar* os danos, é de atentar para a circunstância de que a multa penitencial pode ser ao mesmo tempo *punitiva* e *compensatória*, podendo-se considerar igualmente que além de *compensar* os danos pelo não cumprimento da obrigação também constitua uma penalidade para a *displicência*. Disso decorre que a efetiva diferença específica está substancialmente no fato de que enquanto a cláusula punitiva e a compensatória servem para *reforçar* a obrigação, a cláusula liberatória ou multa penitencial tem a virtude de *enfraquecê-la*, mediante o correlato arrependimento, ou seja, o correlato descumprimento da obrigação assumida e liberação obrigacional, não podendo nesse caso o credor negar-se ao recebimento da multa com a alegação de que prefere beneficiar-se com o cumprimento da obrigação ao invés de receber a multa, sob pena de incidir em *mora credendi*, vez que essa cláusula liberatória é estipulada em favor do devedor – ao contrário das cláusulas punitiva e compensatória, estipuladas em favor do credor –, dado seu fator de enfraquecimento do vínculo obrigacional, não lhe sendo aplicada sequer a regra limitativa do art. 412 do Código Civil.[102]

A obrigação estabelecida na cláusula penal é, de regra, em dinheiro, mas nada obsta que as partes estabeleçam pena convencional que não seja em dinheiro, como bem lembra Pontes de Miranda,[103] para quem, aliás, "uma das funções mais prestantes da cláusula penal é assentar a indenizabilidade de danos no caso de não ser pecuniária, ou de ser difícil avaliação a prestação prometida". Pode até mesmo a cláusula penal ser convencionada, tendo por objeto a prestação (em dinheiro ou não) a terceiro, como por exemplo, um hospital, uma escola, uma associação de classe, ou literária, ou científica; ou pode a cláusula penal estabelecer que o inadimplente ou moroso solva alguma dívida do credor para remição, em sintonia com o parágrafo único do art. 436 do CC, que trata da estipulação em favor de terceiro. Nessa mesma esteira, ensina Álvaro Villaça Azevedo,[104] "essa penalidade pode consistir no pagamento de uma soma em dinheiro, ou no cumprimento de qualquer outra obrigação", seja de dar algum objeto, seja de prestar alguma atividade, sendo imprescindível "que exista a possibilidade de ela converter-se pecuniariamente".

Ressalte-se que relativamente à questão da interveniência de terceiros na própria constituição substancial da cláusula penal, isto é, na possibi-

---

[102] LIMONGI FRANÇA, Rubens. *Teoria e prática da cláusula penal* cit., p. 137-138; 208-209; 257-259 e 323.
[103] PONTES DE MIRANDA, Francisco Cavalcanti. *Tratado de direito privado* cit., v. 26, p. 59-60.
[104] AZEVEDO, Álvaro Villaça. *Teoria geral das obrigações e responsabilidade civil* cit., 11. ed., p. 225.

lidade de ser o terceiro sujeito ativo da pena, ou em outras palavras, na possibilidade de ser estabelecida referida cláusula em favor de terceiro, bem como na possibilidade de ser ele sujeito passivo, ou seja, responsabilizar-se o terceiro pelo pagamento da pena, não há qualquer óbice à resposta positiva por duas razões fundamentais, a saber, inexistência de impedimento legal, e o fato de que tais interveniências de terceiro não desnaturam a cláusula penal. Assim, no caso de terceiro beneficiário a cláusula fica acrescida de quanto diz respeito à estipulação em favor de terceiros, e, no caso de terceiro obrigado ao pagamento da cláusula penal, acede à matéria o que se refere à fiança, podendo, portanto, haver feição complexa da referida cláusula, não retirando a hibridez o aspecto básico e substancial da cláusula penal, como bem observa Limongi França,[105] sendo que quanto ao terceiro responsável pela referida cláusula, deve ele participar de sua estipulação, isto é, deve firmar o contrato ou o ato jurídico posterior que a estabeleça.

Von Tuhr,[106] igualmente, leciona que a pena convencional encerra geralmente uma prestação ao credor, mas pode também consistir em uma prestação a um terceiro, por exemplo, a um estabelecimento beneficente, em cujo caso sua finalidade não será indenizar o credor, senão servir de incentivo ao devedor para o cumprimento pontual de suas obrigações. E isso não significa que o credor esteja a outorgar também ao terceiro a decisão acerca da cobrança da pena vencida, senão que se reserva ele mesmo esse direito. Essa prestação a terceiro não se confunde com a regra prevista no art. 883, parágrafo único, do *Codex*, o qual, ao tratar do pagamento indevido e das hipóteses de repetição do indébito, assevera não ter direito à repetição aquele que deu alguma coisa para obter fim ilícito, imoral, ou proibido por lei, e estabelece, todavia, a critério do juiz, a possibilidade de ser revertido o objeto do pagamento em favor de estabelecimento local de beneficência. Isso porque, enquanto nessa hipótese impera o poder discricionário de o juiz decidir pela repetição em favor de estabelecimento beneficente, na cláusula penal cabe às partes seu estabelecimento em favor de terceiro, que sequer precisa obrigatoriamente ser entidade beneficente, podendo ser pessoa física ou jurídica, filantrópica ou não.

O estabelecimento da cláusula penal pelas partes, segundo o art. 409 do CC, pode ocorrer tanto no ato da concretização do contrato como posteriormente a ele – através de termo de aditamento –, bem como pode se referir à inexecução absoluta da obrigação ou a determinada

---

[105] LIMONGI FRANÇA, Rubens. *Teoria e prática da cláusula penal* cit., p. 171-172.
[106] VON TUHR, A. *Tratado de las obligaciones* cit., t. 2, p. 237.

cláusula contratual, ou ainda, pode referir-se simplesmente à mora. Não pode o pacto acessório ser posterior ao descumprimento, pois nessa hipótese haveria violação da boa-fé que deve ser observada pelas partes, além de violação da função social do contrato. Por ser pacto acessório, sua existência depende do pacto principal, que no presente estudo é a própria prestação de serviços. Assim, sendo nulo o contrato, nula igualmente será a cláusula penal, como asseverava o art. 922 do revogado Código, sem correspondente no vigente *Codex*, mas permanecendo o espírito e funcionalidade daquele dispositivo, resolvendo-se essa também na hipótese de o contrato ser resolvido sem culpa de qualquer das partes, como igualmente constava no art. 923 da norma revogada, não sendo repetidas tais disposições no vigente estatuto justamente por asseverarem o óbvio, uma vez que seria verdadeira injustiça obrigar qualquer das partes ao pagamento ou prestação contida na cláusula penal nas hipóteses de resolver-se a obrigação principal sem culpa ou até mesmo diante da nulidade do contrato. Cumpre lembrar que, por outro lado, a nulidade da cláusula penal, ou mesmo sua ineficácia, não torna nulo ou ineficaz o contrato de prestação de serviços.

Avençada referida cláusula no contrato, estabelece o art. 408 do CC que "incorre de pleno direito o devedor na cláusula penal, desde que, culposamente, deixe de cumprir a obrigação ou se constitua em mora". A culpa é, portanto, essencial tanto no inadimplemento absoluto como na mora, para aplicabilidade da cláusula penal. Entretanto, entendemos que as partes poderão avençar a aplicação da cláusula penal mesmo nas hipóteses de ausência de culpa.

O valor constante da cláusula penal não pode ser superior ao valor da obrigação principal, como determina o art. 412 do CC, embora as partes possam estipular que na hipótese do prejuízo – decorrente do inadimplemento absoluto, da mora, ou da inobservância de determinada cláusula[107] – superar o valor da cláusula penal possa a parte prejudicada exigir indenização suplementar, nos termos do parágrafo único do art. 416, caso em que o valor da cláusula penal servirá como mínimo da indenização, devendo a parte prejudicada provar o prejuízo excedente. Com os dispositivos supra, impede o legislador que as partes estipulem penas elevadas, excessivas e desproporcionais, em desconformidade com a função social do contrato.

O art. 410 do CC assevera que havendo cláusula penal para o caso de inadimplemento total esta se converte em alternativa a benefício ao credor. Pode, porém, o contrato estipular resolução por descumprimento.

---

[107] LIMONGI FRANÇA, Rubens. *Teoria e prática da cláusula penal* cit., p. 136-137.

Assim, havendo cláusula penal para o caso de inadimplemento total, caberá exclusivamente ao prejudicado a escolha entre a resolução com o pagamento da pena em substituição à prestação, ou o cumprimento da obrigação além das perdas e danos. Por outro lado, segundo o art. 411, nos casos de cláusula penal estipulada para a hipótese de infração de uma das cláusulas, ou seja, "instituída em segurança de cláusula especial do contrato", ou mesmo nos casos de mora, poderá ser exigido o cumprimento da obrigação além do valor consignado na cláusula em comento.[108]

Também permite o art. 413 do CC a redução, pelo juiz, do valor constante na cláusula penal se houver o cumprimento parcial da obrigação, ou mesmo se o montante estabelecido no contrato se mostrar "manifestamente excessivo", diante da natureza e da finalidade do negócio, o que prestigia os princípios da razoabilidade e proporcionalidade.

No âmbito do CDC, segundo ensina Nelson Nery Junior,[109] "não estão vedadas as cláusulas penais, mas devem ser estipuladas de modo a não implicarem exoneração ou limitação do dever de o fornecedor indenizar", o que violaria flagrantemente os arts. 25 e 51 da Lei Consumerista.

Embora não se admita indenização sem dano, na prática a cláusula penal pode resultar na hipótese de indenização sem que tenha havido dano algum.[110]

3.5 EXCLUDENTES DA OBRIGAÇÃO DE INDENIZAR

Em matéria de responsabilização pela reparação do dano, embora haja o nexo causal, lembra Álvaro Villaça Azevedo que, "às vezes, o evento [dano] acontece, mas depara com uma exceção; é o que chamamos excludente, que atenua ou extingue a obrigação de indenizar". Para referido autor, as excludentes de responsabilidade são: a) a culpa, exclusiva ou concorrente, da vítima; b) o fato de terceiro; c) o caso fortuito ou de força maior; d) legítima defesa e exercício regular de um direito; e) estado de necessidade; f) a cláusula de não indenizar, no campo exclusivamente da responsabilidade contratual.[111]

---

[108] GOMES, Orlando. *Obrigações* cit., 17. ed., p. 191.
[109] GRINOVER, Ada Pellegrini et al. *Código de Defesa do Consumidor comentado pelos autores do anteprojeto* cit., 9. ed., p. 577.
[110] ALVIM, Agostinho. *Da inexecução das obrigações e suas consequências* cit., 2. ed., p. 196.
[111] AZEVEDO, Álvaro Villaça. *Teoria geral das obrigações e responsabilidade civil* cit., 11. ed., p. 255.

Entre as excludentes retro mencionadas, vejamos mais detalhadamente aquelas que, em nosso sentir, têm maior aplicabilidade relativamente às relações contratuais, a saber, o caso fortuito e a força maior, o fato de terceiro, a culpa exclusiva da vítima, a cláusula de não indenizar, e a renúncia.

No tocante às excludentes do dever de indenizar decorrente da prestação de serviços, vale lembrar que o CDC apresenta as hipóteses que elidem tal dever, a teor do que dispõe o art. 14, § 3.º, segundo o qual o fornecedor de serviços somente não será responsabilizado se provar que o defeito inexistiu ou que o dano decorreu de culpa exclusiva do consumidor ou de terceiro, e nesse sentido, leciona Carlos Roberto Gonçalves,[112] sendo profissional liberal poderá alegar culpa concorrente da vítima. O autor ainda registra que embora não elenque o CDC como excludentes o caso fortuito e a força maior, são causas admitidas como excludentes mesmo na seara consumerista, pois rompem o nexo causal, especialmente quando não guardam nenhuma relação com sua atividade, como já proferiu o STJ (REsp 120.647-SP, 3.ª T., rel. Min. Eduardo Ribeiro, *DJU* 15.05.2000, p. 156).

3.5.1 O caso fortuito e a força maior

O Código Civil vigente estabelece em seu art. 393 que "o devedor não responde pelos prejuízos resultantes de caso fortuito ou força maior, se expressamente não se houver por eles responsabilizado", estatuindo o parágrafo único do citado dispositivo que "o caso fortuito ou de força maior verifica-se no fato necessário, cujos efeitos não era possível evitar ou impedir". Referida regra constava no art. 1.058 do Código Civil de 1916, e foi inserido no sistema pátrio por influência do direito francês, cujo art. 1.148 do Código Civil estatui que não há lugar a nenhuma indenização quando, em decorrência de força maior ou de caso fortuito, o devedor ficar impedido de dar ou fazer aquilo a que se obrigou, ou tiver feito o que lhe era proibido.

Clóvis Beviláqua,[113] ao abordar o assunto, afirma que conceitualmente o caso fortuito e a força maior se distinguem, sendo caso fortuito, na definição de Huc, "o acidente produzido por força física ininteligente, em

---

[112] GONÇALVES, Carlos Roberto. *Direito das obrigações* (Coleção sinopses jurídicas). São Paulo: Saraiva, 2001. v. 6, p. 144.
[113] BEVILÁQUA, Clóvis. *Código Civil dos Estados Unidos do Brasil comentado* cit., v. 4, p. 221.

condições, que não podiam ser previstas pelas partes", enquanto força maior é "o fato de terceiro, que criou, para a inexecução da obrigação, um obstáculo, que a boa vontade do devedor não pode vencer". Para o autor, não é a imprevisibilidade que deve caracterizar o caso fortuito, mas a inevitabilidade, e justamente em razão da força maior ser também inevitável, juridicamente, se assimilam essas duas causas de irresponsabilidade. Após narrar como exemplos uma seca extraordinária, um incêndio, uma tempestade, uma inundação, afirma o autor ser indiferente indagar-se se a impossibilidade do devedor cumprir a obrigação procede de força maior ou caso fortuito, sendo esse o motivo pelo qual nosso Código Civil reuniu os dois fatos na mesma definição, contida no parágrafo único do art. 393, ou seja, como "fato necessário, cujos efeitos não era possível evitar ou impedir".

Ludwig Enneccerus, Theodor Kipp e Martín Wolff afirmam entender-se por força maior um acontecimento conhecível, imprevisível, que não deriva da atividade em questão, mas que nesse sentido vem de fora, e cujo efeito danoso não podia evitar-se pelas medidas de precaução que racionalmente eram de esperar.[114]

Ao discorrer sobre o caso fortuito, Pontes de Miranda preleciona ser aquele que ocorre "sem que o homem, especialmente o devedor, tenha sido causa", tratando-se, de ordinário, de acontecimento natural, "mas pode dar-se que seja ato de terceiro, pelo qual não responde o devedor", embora reconheça o autor que não há conceito de caso fortuito absoluto, pois o mesmo fato pode ser fortuito para determinada pessoa e não o ser para outra.[115] Por outro lado, quanto à força maior, ensina o autor que duas teorias a definem, a saber: a teoria objetiva, que vê força maior no que, por sua natureza, é inevitável, independendo, portanto, da pessoa e da previsibilidade e atuação dela, e a teoria subjetiva, para a qual força maior é todo o caso fortuito que não se poderia evitar com a mais apurada diligência. Em suas palavras, o caso fortuito e a força maior operam "como elemento negativo, que cancela a presunção de culpa, ou conceptualmente exclui prova de culpa". O autor demonstra não ser relevante a distinção entre força maior e caso fortuito,[116] afirmando que a distinção só teria de ser feita, só seria importante, se as regras jurídicas a respeito daquela e deste fossem diferentes, com o que, então, ter-se-ia de definir força maior

---

[114] ENNECCERUS, Ludwig; KIPP, Theodor; WOLFF, Martín. *Tratado de derecho civil: parte geral* cit., v. 2, t. 1, p. 459.
[115] PONTES DE MIRANDA, Francisco Cavalcanti. *Tratado de direito privado*. 2. ed. Rio de Janeiro: Borsoi, 1954. v. 2, p. 264.
[116] PONTES DE MIRANDA, Francisco Cavalcanti. *Tratado de direito privado* cit., v. 23, p. 79.

e caso fortuito, conforme a comodidade da exposição, de maneira que "não ocorrendo tal necessidade, é escusado estarem os juristas a atribuir significados que não têm base histórica, nem segurança em doutrina". Daí que, para o autor, desde que haja o elemento comum da inevitabilidade das consequências (e as consequências é que importam), força maior, de que pode resultar responsabilidade, é a força que impede, inevitavelmente, o adimplemento (maior, porque impede, no todo ou em parte), e caso fortuito é o *casus fortuitus,* cujas consequências não se podem evitar. E ainda assevera o autor que "a responsabilidade do devedor em mora, em se tratando de caso fortuito, ou de força maior, só se estabelece se o dano é consequente, ainda mediatamente, ao inadimplemento",[117] excluindo-se sua responsabilidade se, adimplida a obrigação, o caso fortuito ou a força maior teriam ainda assim causado o dano.

Agostinho Alvim leciona que tais expressões têm sido, na prática, consideradas sinônimas, e andam sempre juntas, posto que as distinções, em outros tempos, feitas pelos civilistas, não têm surtido efeitos.[118] Ensina o autor que os modernos civilistas dividem o caso fortuito em interno e externo, sendo o primeiro o que se liga à empresa (atividade, trabalho) ou à pessoa do devedor, e o segundo, o que está fora dela, ou seja, um acontecimento externo, reservada a este a denominação de força maior, que não se liga à pessoa ou empresa por nenhum laço de conexidade. Assim, por essa divisão, entram no caso fortuito externo todos os acontecimentos que não possam ser atribuídos à culpa do responsável, mas estão ligados à organização que ele mesmo imprimiu ao negócio. Somente se excluiria a responsabilidade pela força maior (caso fortuito externo), ou seja, por um ato sem ligação alguma com a empresa ou negócio, como, por exemplo, fenômenos naturais (terremoto, geada), ordens emanadas do Poder Público (*fait de prince*), e outros semelhantes. Segundo o autor, "as locuções caso fortuito ou força maior, numa lei antiga, significam a exclusão da responsabilidade por fato interno ou externo, indiferentemente", mas na atualidade verificou-se que somente seria excludente o fortuito externo.[119]

Mais adiante, leciona referido autor que uma das importantes questões nessa seara reside em saber se a escusa supõe a impossibilidade absoluta de cumprir a obrigação ou se basta uma dificuldade fora do comum, e afirma que geralmente se diz, e com razão, que a dificuldade de cum-

---

[117] PONTES DE MIRANDA, Francisco Cavalcanti. *Tratado de direito privado* cit., v. 22, p. 186.
[118] ALVIM, Agostinho. *Da inexecução das obrigações e suas consequências* cit., 2. ed., p. 335.
[119] Idem, p. 336-338 e p. 353-354.

prir a obrigação não exonera o devedor. Ainda que seja com sacrifício e aumento de ônus, terá ele que cumpri-la, e só se exonerará se lhe não for isso possível. Todavia, observa, há certas dificuldades que quase podem ser consideradas como impossibilidade, tal o aumento de ônus que o cumprimento da obrigação acarretaria ao devedor, e, nesse caso, elas não podem deixar de constituir escusa legítima, a tal ponto de o vigente Código trazer no art. 478 a possibilidade da resolução por onerosidade excessiva do contrato.

De qualquer maneira, é necessário muito cuidado para não transformar simples dificuldade em caso fortuito. Por outro lado, a diligência a que está obrigado o devedor, se, por um lado, impõe-lhe a obrigação de suportar maior ônus do que o esperado, não lhe impõe, todavia, a obrigação de arruinar-se, e quando isso ocorre, ou seja, quando se verifica a exigência de previdência fora do comum, ou sacrifícios insuportáveis, não está em mora o devedor.[120] Em outras palavras, diz-se que caso fortuito refere-se ao caráter imprevisto do evento, enquanto a força maior diz respeito ao caráter invencível do obstáculo. Seja como for, defende referido doutrinador parecer mais acertado manter as duas expressões (caso fortuito e força maior), dando a cada uma delas o seu sentido próprio.[121]

Álvaro Villaça Azevedo,[122] por sua vez, assevera que caso fortuito é o acontecimento provindo da natureza, sem qualquer intervenção da vontade humana, como por exemplo, a inundação de um rio, que impeça o devedor de cumprir a obrigação, e, por outro lado, força maior é o fato de terceiro, ou do credor, ou seja, é a atuação humana, não do devedor, que impossibilita o cumprimento obrigacional. Tanto no caso fortuito como na força maior inexiste culpa do devedor, que fica liberado da obrigação sem qualquer pagamento de indenização. Observa ainda o autor que nenhum critério diferenciador entre esses institutos jurídicos apresentados pela doutrina se reveste de precisão. Fato é que ambos são inevitáveis, ensejando a completa impossibilidade do cumprimento obrigacional. "Na prática", afirma, "os efeitos são iguais, tanto do caso fortuito como da força maior".[123]

Importante perceber que, conquanto seja causa excludente do dever de indenizar, as partes podem estipular que a responsabilidade persistirá mesmo diante de caso fortuito e força maior, a teor do que permite a

---

[120] Idem, p. 351-352.
[121] Idem, p. 356.
[122] AZEVEDO, Álvaro Villaça. *Teoria geral das obrigações e responsabilidade civil* cit., 11. ed., p. 240-241.
[123] Idem, p. 257.

segunda parte do *caput* do art. 393 do *Codex*. A estipulação pela qual as partes abrem mão do benefício dessas excludentes de responsabilidade deve ser expressa, e equivale à verdadeira renúncia.

O art. 399 do CC, todavia, traz uma exceção à regra da excludente em análise. Trata-se da mora seguida da impossibilidade da prestação diante de caso fortuito e força maior. Nessas circunstâncias, a superveniência de caso fortuito e força maior durante o atraso na prestação não terá o condão de eximir o prestador moroso do dever de indenizar, uma vez que "existindo culpa do devedor, antes da verificação do caso fortuito ou de força maior, não estará ele isento de responsabilidade indenizatória",[124] salvo se provar isenção de culpa ou que o dano ocorreria, mesmo se houvesse prestado tempestivamente a obrigação.

Entretanto, cumpre observar que para essa exceção à exclusão de responsabilidade não se pode suscitar cláusula expressa na tentativa de afastar a aplicabilidade do art. 399 do CC, ou seja, será nula qualquer cláusula contratual que vise exonerar qualquer das partes de sua responsabilidade pelo impedimento de cumprimento da obrigação, decorrente de caso fortuito e força maior advindos após a mora, pois estaria em confronto com a norma legal, cogente, que se sobrepõe nesse aspecto à vontade das partes, e impede até mesmo qualquer ofensa ao princípio da boa-fé contratual, valendo ressaltar a regra contida no parágrafo único do art. 2.035 do Código Civil, o qual estatui que "nenhuma convenção prevalecerá se contrariar preceitos de ordem pública, tais como os estabelecidos por este Código para assegurar a função social da propriedade e dos contratos".

No tocante às relações de consumo, regidas pelo CDC, observa-se que não há qualquer menção à exclusão de responsabilidade decorrente de caso fortuito e força maior, levando-nos à reflexão sobre a possibilidade ou não da exoneração de responsabilidade em tais hipóteses diante do silêncio da Lei Consumerista. O art. 14 do CDC estabelece responsabilidade objetiva dos fornecedores de serviços, ou seja, havendo dano, não se indaga se houve culpa ou não por parte do prestador, salvo tratando-se de profissional liberal o prestador do serviço, pois nesse caso, por determinação expressa do § 4.º do art. 14, "a responsabilidade pessoal dos profissionais liberais será apurada mediante a verificação de culpa". Mas o fato de não exigir a lei culpa do prestador pessoa jurídica para imputar-lhe o dever de indenizar atingiria também as hipóteses de caso fortuito e de força maior? Seria taxativo o rol de excludentes do dever de indenizar contido no § 3.º do art. 14, que somente traz como excludente

---
[124] Idem, p. 242.

a hipótese em que o prestador provar que o defeito inexiste ou quando provar culpa exclusiva do consumidor ou de terceiro?

Exemplifiquemos para facilitar a reflexão, com algumas hipóteses: aluno vítima de bala perdida dentro da sala de aula, cujo disparo tenha sido efetuado fora das dependências do estabelecimento, ou vítima em decorrência de tufão, tempestade, terremoto ou qualquer outra força da natureza que cause a queda do teto ou telhado ou outro resultado que venha a ceifar a vida de aluno ou de qualquer outra pessoa dentro do estabelecimento (consumidor por equiparação nos termos do art. 17 do CDC); cliente que esteja na parte interior de estabelecimento bancário, salão de beleza ou qualquer outro enquadrado como fornecedor de serviço, e seja vitima de enchente, tornado, tufão, de veículo desgovernado que venha a entrar no estabelecimento causando ferimento ou morte de clientes, ou seja vítima de bala perdida, cujo disparo tenha sido efetuado fora das dependências do prestador de serviço e sem qualquer relação com ele, vindo ser vitimado nas dependências do estabelecimento; clientes que estejam no interior de qualquer estabelecimento cujas vidas sejam ceifadas em decorrência de terremoto. Essas e muitas outras hipóteses levam-nos a indagar se haveria aplicabilidade da excludente de responsabilidade decorrente de caso fortuito e força maior, mesmo diante do silêncio do CDC.

Entendemos que os exemplos mencionados são tipicamente hipóteses de fortuito externo, sem qualquer relação com o prestador, e, portanto, no caso fortuito (fortuito externo) e de força maior há o rompimento do nexo causal, resultando na excludente de indenizar, independentemente do fato de estar-se diante de responsabilidade objetiva ou subjetiva do prestador. Essa ruptura no nexo causal, capaz de excluir o dever de indenizar, aplica-se tanto nos casos em que a vítima esteja vinculada por contrato (responsabilidade negocial) quanto nos casos em que não haja liame contratual (responsabilidade extranegocial).

Acrescente-se ainda, em reforço a esta reflexão, que nem mesmo as hipóteses de responsabilidade objetiva de que trata o art. 932 do CC afastam a excludente de responsabilidade decorrente de caso fortuito e força maior, sendo inaplicável apenas a excludente relativa aos atos dos terceiros referidos naquele dispositivo, como assevera o art. 933 do mesmo diploma legal.

Caberá ao devedor a prova de que o inadimplemento deveu-se em razão de caso fortuito ou de força maior, não sendo aplicadas tais excludentes se teve culpa na realização ou superveniência do fato que pretende utilizar como exclusão de sua responsabilidade.[125]

---

[125] BEVILÁQUA, Clóvis. *Código Civil dos Estados Unidos do Brasil comentado* cit., v. 4, p. 222.

3.5.2 A culpa exclusiva ou concorrente da vítima

O dever de indenizar, preleciona Karl Larenz,[126] pode diminuir ou desaparecer quando o prejudicado seja também responsável pelo dano. É o que conhecemos por culpa concorrente ou exclusiva da vítima no evento danoso. Essa concorrência de responsabilidades pode derivar do fato de o prejudicado haver cooperado no dano de forma que lhe seja imputável, ou de que haja se omitido a evitar o dano que ameaça, ou a minorar o que seja realizado.

Ludwig Enneccerus, Theodor Kipp e Martín Wolff,[127] ao tratarem da culpa da vítima, ensinam com propriedade que o ordenamento jurídico não pode permitir que o dano sofrido seja imposto exclusivamente a cargo do agente quando o próprio prejudicado haja contribuído culposamente à causa do dano, descuidando de seu próprio interesse. Portanto, essa modalidade de excludente tem sua razão de ser justamente no fato de que a vítima, em razão de culpa exclusivamente a ela atribuída, apresenta-se como causadora do evento danoso, afastando um dos requisitos da indenização que é o liame de causalidade, ou seja, rompendo o nexo de causalidade, sem o qual não há dever de reparação. Ainda segundo os autores referidos, a conduta do prejudicado tem que haver constituído uma concausa do dano experimentado, ou ao menos, de seu maior volume, e também nesse caso somente se considera causal a conduta que seja adequada ao dano, sendo necessário que essa conduta da vítima seja culposa.

Embora seja causa excludente de responsabilidade, entende-se que a culpa da vítima exclui ou atenua a responsabilidade do agente, conforme seja exclusiva ou concorrente, conforme ensina José de Aguiar Dias.[128] Assim, na culpa exclusiva da vítima inexistirá o dever de reparação, enquanto que havendo culpa concorrente, entre a vítima e o agente causador do prejuízo, "a responsabilidade fica atenuada, repartindo-se entre os culpados a indenização, na proporção em que o juiz entender justa, de acordo com as circunstâncias do caso", e, na hipótese de ausência de equivalência entre o grau de culpa de cada parte, a divisão da responsabilidade, ou seja, dos danos entre os culpados, deve obedecer ao critério proporcional a esse grau,[129] em observância aos princípios da razoabilidade e proporcionalidade.

---

[126] LARENZ, Karl. *Derecho de obligaciones* cit., t. 1, p. 219.
[127] ENNECCERUS, Ludwig; KIPP, Theodor; WOLFF, Martín. *Tratado de derecho civil:* derecho de obligaciones cit., v. 1, t. 2, p. 79.
[128] DIAS, José de Aguiar. *Da responsabilidade civil.* 8. ed. rev. e aum. Rio de Janeiro: Forense, 1987. v. 2, p. 810.
[129] AZEVEDO, Álvaro Villaça. *Teoria geral das obrigações e responsabilidade civil* cit., 11. ed., p. 255.

O Código Civil de 1916 não se referiu à culpa exclusiva nem à culpa concorrente como excludentes do dever de reparação do dano, obra que coube à doutrina e à jurisprudência, como observa Caio Mário da Silva Pereira.[130] Já o Código Civil de 2002 estabelece expressamente a fixação da indenização de acordo com o grau de culpa da vítima e do agente. Enquanto o parágrafo único do art. 944 estatui que se houver excessiva desproporção entre a gravidade da culpa e o dano, poderá o juiz reduzir, equitativamente, a indenização. O art. 945 assevera, por sua vez, que se a vítima tiver concorrido culposamente para o evento danoso, a sua indenização será fixada tendo-se em conta a gravidade de sua culpa em confronto com a do autor do dano, positivando a excludente que já era largamente ensinada e aplicada no direito pátrio. Assim, como leciona o citado autor, se a vítima contribui com ato seu na construção dos elementos do dano, o direito não pode permanecer estranho a essa situação. Com isso, a indenização poderá inexistir no caso de culpa exclusiva da vítima, como também, segundo preleciona Carlos Roberto Gonçalves,[131] poderá ser reduzida pela metade havendo culpa da vítima correspondente a 50%, como igualmente poderá ser reduzida de 1/4, 2/5, dependendo de cada caso.

Portanto, se o prejudicado for responsável pela origem ou pelo agravamento do dano, então o dever de indenizar, bem como seu alcance, dependerá das circunstâncias e em particular da necessidade de determinar-se até que ponto o dano foi preponderantemente causado por uma ou por outra parte. A obrigação de indenizar pode, em suma, ser diminuída ou desaparecer segundo o alcance da responsabilidade concorrente. É decisivo em primeiro lugar o *grau de causalidade bilateral*, não de culpabilidade, a qual somente é levada em conta nas circunstâncias consideradas em outros casos. *Causalidade*, em sentido estrito, de acordo com as ciências naturais, é conceito que não admite gradação: existe ou não de modo absoluto. Se apesar disso a lei tenta diferenciar entre maior ou menor causalidade concorrente, temos que recorrer aos diversos graus de adequação, de periculosidade de uma conduta ou de uma exploração industrial, tratando-se aqui de causalidade adequada.[132]

Havendo dolo do ofensor, não se pode falar em concorrência de culpa, segundo ensina Pontes de Miranda,[133] pois com o dolo, a culpa

---

[130] PEREIRA, Caio Mário da Silva. *Responsabilidade civil* cit., 9. ed., p. 298.
[131] GONÇALVES, Carlos Roberto. *Responsabilidade civil*. 10. ed. rev. atual. e ampl. 2. tir. São Paulo: Saraiva, 2008. p. 795.
[132] LARENZ, Karl. *Derecho de Obligaciones* cit., t. 1, p. 226.
[133] PONTES DE MIRANDA, Francisco Cavalcanti. *Tratado de direito privado* cit., v. 22, p. 201.

não concorre. Se o dolo houve por parte dos dois contratantes, nenhum deles pode alegar o dolo do outro, aplicando-se aqui o art. 150 do CC, o qual estabelece que "se ambas as partes procederem com dolo, nenhuma pode alegá-lo para anular o negócio, ou reclamar indenização".

Enquanto o CC trata expressamente da concorrência culposa da vítima como causa de redução do valor indenizatório no art. 945, supramencionado, o CDC, por sua vez, ao dispor sobre as causas excludentes de responsabilidade do fornecedor de serviços fala apenas na culpa exclusiva do consumidor. Ocorre que o CDC impôs a responsabilidade objetiva, e nela, portanto, não se discute a existência ou não de culpa, razão pela qual, lamenta Sergio Cavalieri Filho,[134] o CDC tenha sido tão técnico para falar em fato do serviço e tenha em seu art. 14, § 3.º, II, falado em *"culpa* exclusiva do consumidor ou de terceiro, em lugar de *fato* exclusivo dos mesmos", pois em se tratando de responsabilidade civil objetiva estabelecida pela Lei Consumerista, "tudo é resolvido no plano do nexo de causalidade, não se chegando a cuidar da culpa". De qualquer maneira, o sentido da norma contida no CDC diz respeito à origem da causa ser exclusivamente atribuída à vítima, o que rompe o nexo causal e afasta, por conseguinte, o dever de reparação do prejuízo.

E nessa esteira, a redação contida na Lei Consumerista nos permite à primeira vista extrair que a culpa concorrente não estaria incluída no rol de excludentes ou atenuantes do dever de reparação. Entendemos, todavia, que, embora não conste no rol das excludentes do CDC a culpa concorrente, ela é plenamente aplicável à relação consumerista, não somente por não haver incompatibilidade, mas, sobretudo, em homenagem aos princípios da razoabilidade e da proporcionalidade, capazes de elidir o locupletamento indevido que teria a vítima, caso recebesse, integralmente, indenização, havendo concorrido culposamente para o evento causador de seu prejuízo, uma vez que "mesmo em sede de responsabilidade objetiva, é possível a participação da vítima (culpa concorrente) na produção do resultado" como, por outro lado, tem admitido a jurisprudência em casos de responsabilidade civil do Estado, razão pela qual a concorrência de culpas pode ter lugar na responsabilidade objetiva disposta no CDC, desde que o defeito do serviço prestado ou a prestar não tenha sido a causa preponderante do acidente de consumo, não podendo o prestador valer-se dessa excludente, caso o fato da vítima seja inócuo para a produção do resultado danoso.[135] Inobstante a redação do CDC, que apenas arrolou

---

[134] CAVALIERI FILHO, Sergio. *Programa de responsabilidade civil.* 8. ed. rev. e ampl. 3. reimpr. São Paulo: Atlas, 2009. p. 487.
[135] Idem, p. 487-488.

a culpa exclusiva da vítima como excludente do dever de indenizar, o Tribunal de Justiça do Estado de São Paulo tem, inúmeras vezes, decidido pela aplicabilidade da culpa concorrente, mesmo em matéria regida pela Lei Consumerista,[136] havendo o Superior Tribunal de Justiça também adotado a culpa concorrente na seara consumerista.[137]

3.5.3 O fato de terceiro

Também é causa excludente de responsabilidade o ato de terceiro, estranho ao contrato, que impeça o cumprimento da prestação nos moldes avençados, desde que tenha sido impossível ao prestador evitar a ação

---

[136] TJSP, 7.ª Câm. "B" Dir. Priv., Ap. 994.07.107789-3, rel. Des. Edmundo Lellis Filho, j. 19.10.2010, *DOe* 19.11.2010, v.u., EMENTA: "Direito do Consumidor – Acidente no manuseio de invólucro contendo produto químico nocivo à saúde – Gotejador obstruído – Consumidor que aperta o invólucro, vindo a ser atingido (no olho) pela explosiva evasão do produto – Culpa concorrente reconhecida – Condenação mantida".
TJSP, 27.ª Câm. Dir. Priv., Ap. 992.07.064138-1, rel. Des. Hugo Crepaldi, j. 09.11.2010, *DOe* 07.12.2010, v.u., EMENTA: "APELAÇÃO – SERVIÇOS DE TELEFONIA – INDENIZATÓRIA – INDEFERIMENTO DA PETIÇÃO INICIAL – Valor da causa condizente com o teor econômico da demanda – Possibilidade de formulação de pedido genérico, conquanto certo e determinado – Afastada a extinção por inépcia da inicial – Causa madura – Julgamento do mérito, nos termos do art. 515, § 3.º do CPC – DANOS MORAIS – Mensagem obscena gravada na caixa postal do usuário – Telefone de uso comercial – Defeito na segurança do serviço – Responsabilidade da prestadora – LUCROS CESSANTES – Falta de comprovação e quantificação – DANOS MATERIAIS – Inativação da linha – Culpa concorrente – Ausência de inspeção técnica na instalação telefônica – Inadimplemento parcial do usuário – Inexigibilidade das cobranças durante o período em que os serviços de telefonia foram incontroversamente suspensos – Sucumbência Recíproca – Recurso parcialmente provido". Confira-se ainda, do mesmo Tribunal, aplicando a culpa concorrente do consumidor, as seguintes decisões: 22.ª Câm. Dir. Priv., Ap. 990.10.118754-0, rel. Des. Matheus Fontes, j. 25.11.2010, *DOe* 12.01.2011, v.u.; 24.ª Câm. Dir. Priv., Ap. 991.03.086293-1, rel. Des. Rômolo Russo, j. 13.12.2010, v.u.; 18.ª Câm. Dir. Priv., Ap. 991.06.032783-4, rel. Des. Jurandir de Sousa Oliveira, j. 21.09.2010, *DOe* 12.11.2010, v.u.

[137] STJ, 4.ª T., REsp 287.849/SP, rel. Min. Ruy Rosado de Aguiar, m.v., j. 17.04.2001, *DJ* 13.08.2001, p. 165 (RDR, v. 21, p. 392; RSTJ, v. 154, p. 463; RT, v. 797, p. 226), EMENTA: "CÓDIGO DE DEFESA DO CONSUMIDOR. Responsabilidade do fornecedor. Culpa concorrente da vítima. Hotel. Piscina. Agência de viagens. – Responsabilidade do hotel, que não sinaliza convenientemente a profundidade da piscina, de acesso livre aos hóspedes. Art. 14 do CDC, – A culpa concorrente da vítima permite a redução da condenação imposta ao fornecedor. Art. 12, § 2.º, III, do CDC. – A agência de viagens responde pelo dano pessoal que decorreu do mau serviço do hotel contratado por ela para a hospedagem durante o pacote de turismo. Recursos conhecidos e providos em parte".

do terceiro. José de Aguiar Dias afirma que nessa hipótese de fato de terceiro impediente da execução do contrato, "é claro que, não tendo relação nenhuma com o contratante, a que não está, também, subordinado, esse terceiro não pode ser considerado em posição igual ao auxiliar, subordinado ou dependente", devendo ser verificado se essa intervenção do terceiro, causadora do fato danoso, se reveste ou não da exterioridade capaz de caracterizá-la como força maior. Portanto, explica o autor, o fato de terceiro exonerará ou não o contratante conforme esteja em conexão com o meio ou organismo empregado pelo prestador no desempenho de sua atividade, ou seja, no desempenho de sua obrigação contratual, de sorte que se essa conexão existe, se o fato, embora de terceiro, pode ser considerado como interior à atividade do contratante, não é possível admitir a isenção de responsabilidade.[138]

Com efeito, o terceiro, cujo fato causador do descumprimento obrigacional do prestador acarrete um dano de cuja responsabilidade fique exonerado o contraente, haverá de ser entendido como toda e qualquer pessoa não apenas estranha à relação contratual, como também estranha à própria atividade do prestador. Isso porque, em se tratando de preposto, sócio, aprendiz, empregado, ou qualquer outra pessoa de que se utilize o prestador na execução do serviço contratado, não poderá este se eximir do dever de indenizar por não restar caracterizado o fato de terceiro, uma vez que nessa hipótese, estar-se-á diante da chamada responsabilidade civil por fato de terceiro, nos termos do que dispõe o art. 932, III, do CC, segundo o qual tanto o empregador como o comitente são também responsáveis pela reparação civil decorrentes de ato de seus empregados, serviçais e prepostos, no exercício do trabalho que lhes competir ou em razão dele.

Portanto, pode ser considerado terceiro qualquer pessoa que não seja o contraente agente causador do dano e a vítima, devendo a culpa ser exclusiva do terceiro, de maneira que o fato por ele causado deve ser ilícito, afirmando Álvaro Villaça Azevedo que esse ato culposo de terceiro em muitas situações se enquadra perfeitamente como caso fortuito ou força maior, quando o evento por ele causado não possa, por qualquer modo, ser evitado, tornando impossível o cumprimento contratual.[139]

Paulo Nader lembra que a parte responde por culpa, tanto por conduta própria quanto de terceiro, a quem se liga com autoridade, do que se extrai que se o terceiro não está vinculado ao prestador por meio de

---

[138] DIAS, José de Aguiar. *Cláusula de não indenizar* cit., 4. ed., p. 144.
[139] AZEVEDO, Álvaro Villaça. *Teoria geral das obrigações e responsabilidade civil* cit., 11. ed., p. 255-256.

autoridade, não haverá responsabilidade do contraente, inserindo-se o caso no fato de terceiro.[140]

Nas palavras de Maria Helena Diniz,[141] se a ação de terceiro causou o dano, esse terceiro será o único responsável pela composição do prejuízo, exonerando-se o prestador de serviço do dever de indenizar. Ensina a autora ser imprescindível que haja nexo de causalidade entre o fato do terceiro e o dano para que ocorra essa força exoneratória do fato de terceiro, de forma que não poderá haver liame causal entre o contraente aparente responsável e o prejuízo ocasionado, além de não poder ser o fato de terceiro provocado pelo ofensor contraente, pois havendo concorrência de culpa entre ambos será o contraente o responsável integral pela reparação do prejuízo, devendo ainda o fato de terceiro ser ilícito, e o acontecimento ser normalmente imprevisível e inevitável, embora não seja necessária a prova de sua absoluta irresistibilidade e imprevisibilidade.

Daí por que se pode afirmar que, no tocante ao contrato de prestação de serviços, quando o dano decorre de fato de terceiro, não se verifica o nexo causal entre o dano e prestador, ou, em outras palavras, não há defeito do serviço contratado, não havendo falar-se em responsabilidade civil do contraente, diferentemente do que ocorre, por exemplo, no contrato de transporte, no qual, por força da Súmula 187 do STF, "a responsabilidade contratual do transportador, pelo acidente com o passageiro, não é elidida por culpa de terceiro, contra o qual tem ação regressiva".

3.5.4 Cláusula de não indenizar

Outra forma de exclusão de responsabilidade, embora silente tanto o Código Civil revogado como o atual, é a cláusula de não indenizar, também chamada cláusula de irresponsabilidade – embora parte da doutrina[142] critique esta última nomenclatura ao argumento de que essa cláusula de exoneração convencional não afasta a responsabilidade propriamente, apenas o dever de reparação, com o que se mostra imprópria a expressão, e mera metonímia –, sendo essa cláusula somente admitida na responsabilidade contratual.[143] Segundo preleciona Agostinho Alvim,[144] assim como

---

[140] NADER, Paulo. *Curso de direito civil* cit., 4. ed., v. 2, p. 396.
[141] DINIZ, Maria Helena. *Curso de direito civil brasileiro* cit., 23. ed., v. 7, p. 116.
[142] Cf. DIAS, José de Aguiar. *Cláusula de não indenizar* cit., 4. ed., p. 38-39; PEREIRA, Caio Mário da Silva. *Instituições de direito civil*: teoria geral das obrigações. 22. ed. rev. e atual. por Guilherme Calmon Nogueira da Gama. Rio de Janeiro: Forense, 2009. v. 2, p. 345.
[143] PEREIRA, Caio Mário da Silva. *Responsabilidade civil* cit., 9. ed., p. 305.
[144] ALVIM, Agostinho. *Da inexecução das obrigações e suas consequências* cit., 2. ed., p. 359.

o devedor pode assumir responsabilidade que lhe não cabe, pode também afastar as que a lei atribui, pela cláusula de não responsabilidade.

Álvaro Villaça Azevedo observa que as partes podem, no contrato, isentar-se de pagamento indenizatório, no caso de inadimplemento obrigacional ou de execução inadequada por meio da referida cláusula.[145] José de Aguiar Dias,[146] por sua vez, afirma que a cláusula de irresponsabilidade é, por definição, uma convenção e, também por definição, pressupõe uma obrigação eventual e futura de indenizar, que ela, antecipadamente afasta. A definição de Silvio Rodrigues,[147] por sua vez, vai além, no sentido de que a cláusula de não indenizar é aquela estipulação através da qual uma das partes contratantes declara, com a concordância da outra, que não será responsável pelo dano por esta experimentado, resultante da inexecução ou da execução inadequada de um contrato, dano esse que, sem a cláusula, deveria ser ressarcido pelo estipulante. Embora completa a definição de Silvio Rodrigues, cremos que o fundamento da cláusula não seja afirmarem as partes que não serão responsáveis pelo dano, mas que em sendo responsáveis, não indenizarão a parte lesada por convenção expressa e válida, e, como afirma Caio Mário da Silva Pereira,[148] a relevância dessa cláusula está na natureza jurídica do instituto, pois não tem a convenção o efeito de suprimir a responsabilidade, o que em verdade não se poderia fazer, porém o de afastar a obrigação dela decorrente, ou, em outras palavras, "pela convenção, o devedor, que era responsável e que continua responsável, exime-se de ressarcir o dano causado".

Pela cláusula de não indenizar, portanto, o que se exclui não é o cumprimento da obrigação, mas a sua sanção habitual, visto que cláusula contratual que isentasse o devedor do cumprimento da obrigação importaria em nulidade do contrato.[149] A cláusula de não indenizar ou de irresponsabilidade importa a supressão de qualquer reparação, tendo por fundamento a autonomia da vontade e a liberdade de contratar, ou, nas palavras de José de Aguiar Dias, a cláusula de irresponsabilidade é, por excelência, a consagração do princípio da autonomia da vontade, ou mais especificamente, da liberdade contratual.[150] A cláusula de não indenizar,

---

[145] AZEVEDO, Álvaro Villaça. *Teoria geral das obrigações e responsabilidade civil* cit., 11. ed., p. 260.
[146] DIAS, José de Aguiar. *Cláusula de não indenizar* cit., 4. ed., p. 39-40.
[147] RODRIGUES, Silvio. *Direito civil*: responsabilidade civil. 19. ed. atual. São Paulo: Saraiva, 2002. v. 4, p. 179.
[148] PEREIRA, Caio Mário da Silva. *Instituições de direito civil* cit., v. 2, p. 345.
[149] ALVIM, Agostinho. *Da inexecução das obrigações e suas consequências* cit., 2. ed., p. 359-360.
[150] DIAS, José de Aguiar. *Cláusula de não indenizar* cit., 4. ed., p. 22-23 e p. 61.

segundo acertadamente apontou referido autor, não suprime a responsabilidade, porque não a pode eliminar, mas afasta a obrigação decorrente da responsabilidade, ou seja, afasta a própria reparação, sendo que as partes não podem dispor sobre aquela, mas apenas sobre esta.[151]

A instituição da referida cláusula não pode ser ilimitada ou aceita em toda e qualquer hipótese, razão pela qual acertadamente assevera Álvaro Villaça Azevedo poder ser a cláusula admitida, desde que preenchidos três requisitos, a saber: a) bilateralidade, ou seja, que ambas as partes acordem quanto à sua instituição; b) ausência de ofensa à norma cogente, à ordem pública e aos bons costumes; c) não acobertamento do dolo de qualquer das partes.[152]

De fato, é inadmissível cláusula de não indenizar quando presente o dolo no descumprimento obrigacional. Orlando Gomes,[153] ao discorrer sobre a excludente de responsabilidade fundada na possibilidade de as partes convencionarem expressamente que o devedor fica isento de prestar a culpa – *pacto ne culpa praestetur* –, afirma que quanto ao dolo não há discrepância, uma vez que "o *pacto de dolo non praestando* é, desde os romanos, unanimemente condenado", tendo-se por nula toda estipulação destinada a exonerar antecipadamente o devedor da responsabilidade que incorreria no caso de dolo, pois tal pacto atingiria a própria existência do vínculo obrigacional, vale dizer, o devedor que se eximisse de responsabilidade decorrente do inadimplemento doloso não estaria, na verdade obrigado, sendo flagrante a nulidade do pacto. Também Pontes de Miranda afirma que "a responsabilidade por dolo não se pode pré-excluir por negócio jurídico, seja em cláusula incerta, seja em pacto adjecto".[154]

Havendo dolo, malícia, não se pode admitir a referida cláusula, o que, evidentemente não se aplica apenas à cláusula de não responsabilidade, mas a todas as convenções, uma vez que o direito não pode tolerar o ilícito, o imoral.[155] Isso porque é repugnante ao senso jurídico e à regra moral admitir a impunidade do dolo, afirmando José de Aguiar Dias que quando se procura inserir cláusula de irresponsabilidade no caso de dolo no inadimplemento da obrigação, ao dolo previsto e por ocorrer já antecede o dolo com que se convenciona, pois só de má-fé, só com dolo

---

[151] Idem, p. 38-39.
[152] AZEVEDO, Álvaro Villaça. *Teoria geral das obrigações e responsabilidade civil* cit., 11. ed., p. 260.
[153] GOMES, Orlando. *Obrigações* cit., 17. ed., p. 189.
[154] PONTES DE MIRANDA, Francisco Cavalcanti. *Tratado de direito privado* cit., v. 23, p. 72.
[155] DIAS, José de Aguiar. *Cláusula de não indenizar* cit., 4. ed., p. 48.

atual, só com intenção contemporânea de prejudicar se pode estabelecer a imunidade para o dolo futuro. Não se admite que a cláusula de não indenizar afaste responsabilidade decorrente de descumprimento da obrigação por dolo, posto ser ele fator de desequilíbrio social, e, portanto, delito civil.[156]

Com efeito, para a validade da cláusula em comento, é imperioso que a causa seja lícita, e por *causa* se entende como a *vantagem*, diversa da obrigação, oferecida por uma parte e em vista da qual a outra contrata. A licitude da cláusula de exoneração da responsabilidade deve ser apurada com vistas à vantagem pela qual o credor (da indenização) se decidiu a consentir naquela estipulação. Caso haja a decretação de nulidade da cláusula, o contrato não é atingido pela nulidade, considerando-se apenas não escrita a cláusula combatida, homenageando-se o princípio da continuidade dos contratos. Se, todavia, o contrato for declarado nulo, a convenção exoneratória também ficará comprometida pelo decreto de nulidade.[157]

Havendo culpa grave, seus efeitos ao dolo se equiparam, por representar o comportamento do homem em grande escala descuidado e negligente,[158] de maneira que não se poderá admitir a expressa exoneração de responsabilidade nos casos de inadimplemento contratual decorrente de culpa grave, pois se estaria privilegiando contraentes desidiosos e mal intencionados, o que seria verdadeiro incentivo à falta de zelo, cuidado, prudência e perícia no cumprimento das obrigações avençadas. Yussef Said Cahali afirma que, "sob o aspecto prático, os autores tendem a equiparar a culpa grave, o erro crasso, a ignorância supina ao dolo; enquanto a culpa levíssima tende a confundir-se com o caso fortuito ou a força maior".[159]

Não nos parece coerente com os princípios da boa-fé e da função social do contrato que se permita a possibilidade de exclusão de responsabilidade decorrente de culpa grave, crassa, magna, pois se estaria a perverter o próprio direito. O Código das Obrigações suíço,[160] no art. 100, alínea 1.ª, estabelece ser nula toda cláusula ou estipulação que libere

---

[156] Idem, p. 118.
[157] Idem, p. 59-60.
[158] RUGGIERO, Roberto De. *Instituições de direito civil* cit., 6. ed., v. 3, p. 104.
[159] CAHALI, Yussef Said. Culpa (Direito civil). In: LIMONGI FRANÇA, Rubens (Coord.). *Enciclopédia Saraiva do Direito*. São Paulo: Saraiva, 1979. v. 22, p. 21-28. A citação encontra-se na p. 25.
[160] É esta a redação do art. 100, alínea 1.ª, do Código das Obrigações da Suíça: "Est nulle toute stipulation tendant à libérer d'avance le débiteur de la responsabilité qu'il encourrait en cas de dol ou de faute grave".

de antemão o devedor da responsabilidade em que ele incorreria no caso de dolo ou de culpa grave. Da mesma forma, o § 276, alínea 3.ª, do Código Civil alemão,[161] estabelece que o devedor não pode ser liberado antecipadamente da responsabilidade pelo dolo, ou pela intenção, e o § 277 do BGB, que trata do padrão de cuidado nos negócios, afirma que uma pessoa que deva somente o cuidado habitualmente exercido em seus negócios não é liberada da responsabilidade pela culpa grave (*gross negligence*).

Como leciona Pontes de Miranda,[162] "no direito brasileiro, só a pré-exclusão da responsabilidade pelo dolo é inadmissível, mas as circunstâncias podem fazer *imoral* o pacto de pré-exclusão da responsabilidade pela culpa grave". Defendemos que independentemente das circunstâncias, sempre será imoral incluir na cláusula de não indenizar a culpa grave como causa excludente do dever de reparação, pelas razões supraelencadas. Assim, se a culpa grave é aquela em que o agente atua com "grosseira falta de cautela, com descuido injustificável ao homem normal, impróprio ao comum dos homens", na qual há previsão do resultado da conduta ativa ou omissiva, também chamada de culpa consciente e que se avizinha do dolo eventual do Direito Penal, como apontou Sérgio Cavalieri Filho,[163] não podemos tê-la como permitida na cláusula "excludente de responsabilidade". Apenas a título comparativo, veja-se que o Código Brasileiro da Aeronáutica, Lei 7.565, de 19 de dezembro de 1986, não apenas dispõe em seu art. 247 ser nula qualquer cláusula tendente a exonerar a responsabilidade do transportador ou ainda tendente a limitar a indenização em valor inferior à referida lei, como equipara a culpa grave ao dolo nos arts. 271, I, e 278, I.

Maria Helena Diniz, ao tratar sobre o tema, afirma que a culpa será *grave* quando, dolosamente, houver negligência extrema do agente, não prevendo aquilo que é previsível ao comum dos homens.[164] O que se extrai é que a atitude dolosa está intimamente ligada à culpa grave, visto que, sem aquela, não haveria falar-se nesta. Judith Martins-Costa,[165] por sua

---

[161] É esta a redação do § 276, alínea 3.ª, do Código Civil alemão, em sua versão na língua inglesa: "The obligor may not be released in advance from liability for intention". Por sua vez, dispõe o § 277 do BGB: "A person who owes only the care that he customarily exercises in his own affairs is not released from liability for gross negligence".
[162] PONTES DE MIRANDA, Francisco Cavalcanti. *Tratado de direito privado* cit., v. 23, p. 73.
[163] CAVALIERI FILHO, Sergio. *Programa de responsabilidade civil* cit., 8. ed., p. 37.
[164] DINIZ, Maria Helena. *Curso de direito civil brasileiro* cit., 23. ed., v. 7, p. 44.
[165] MARTINS-COSTA, Judith. *Comentários ao Código Civil* cit., 2. ed., p. 193.

vez, afirma que no direito civil a função do dolo "consiste em conotar a forma mais grave de culpa".

Antonio Junqueira de Azevedo,[166] ao tratar do tema, leciona que essa culpa é tida como grave por conta de sua particular intensidade. Segundo referido autor, se na culpa grave não está presente o elemento característico do dolo, qual seja, a intenção (dolo *puro*) ou a assunção do risco de produzir o resultado danoso (dolo eventual), "ela se equipara ao dolo por conta da intensidade da negligência, isto é, da gravidade da desatenção para com os interesses da contraparte ou do interessado", embora, à evidência, culpa grave não seja dolo, pois naquela não apenas não se intenciona o dano, como não se assume o risco de que ele ocorra, sabendo o agente apenas que o ato (ativo ou omissivo) represente ou tenha previsão de resultar em dano, sem, no entanto, desejá-lo ou assumir o risco de que ele venha a ocorrer. Ainda lembra referido doutrinador que essa equiparação se deve ao fato de haver nas cláusulas exoneratórias e limitativas de responsabilidade "certa tendência à abusividade", que se admitidas sem restrição levariam a um comportamento antissocial, e representariam forte estímulo à negligência, à desatenção, em situação contrária à ordem pública contratual e ao interesse social, exemplificando com a norma contida no art. 51, I, do CDC. Escora o autor seu posicionamento em Roppo e Trabucchi, posto que o Código Civil italiano ao tratar da cláusula de exoneração da responsabilidade estabelece no art. 1.229 ser "nulo qualquer pacto que exclui ou limita antecipadamente a responsabilidade do devedor por dolo ou culpa grave".[167]

Enquanto na sistemática do Código Civil admite-se a validade da cláusula de não indenizar inserta na quase totalidade dos contratos,[168] entre os quais o de prestação de serviços, o mesmo não ocorre nos contratos dessa natureza regidos pelo Código de Defesa do Consumidor, o qual,

---

[166] AZEVEDO, Antonio Junqueira de. *Novos estudos e pareceres de direito privado* cit., p. 430-432.

[167] É esta a redação do Código Civil italiano: "Art. 1229. Clausole di esonero da responsabilità. E' nullo qualsiasi patto che esclude o limita preventivamente la responsabilità del debitore per dolo o per colpa grave (1490, 1579, 1681, 1694, 1713, 1784, 1838, 1900). E' nullo (1421 e seguenti) altresí qualsiasi patto preventivo di esonero o di limitazione di responsabilità per i casi in cui il fatto del debitore o dei suoi ausiliari (1580) costituisca violazione di obblighi derivanti da norme di ordine pubblico (prel. 31)".

[168] Dizemos na quase totalidade dos contratos, pois há alguns nos quais é inadmissível a cláusula de não indenizar, como se extrai da Súmula 161, do STF, segundo a qual "em contrato de transporte, é inoperante a cláusula de não indenizar". Ademais, o art. 734 do CC, também assevera ser "nula qualquer cláusula excludente da responsabilidade" do transportador pelos danos causados às pessoas transportadas e suas bagagens.

no *caput* de seu art. 25 estatui ser "vedada a estipulação contratual de cláusula que impossibilite, exonere ou atenue a obrigação de indenizar", tendo como fundamento a proteção da parte mais fraca nas relações de consumo, que é o próprio consumidor, cuja vontade encontra-se reduzida perante o poderio econômico do fornecedor do serviço, não podendo, por esse motivo, sofrer exclusão ou mesmo redução a indenização a que possa ter direito. Mesmo o art. 24, ao tratar da garantia legal de adequação do produto ou serviço, veda, igualmente, a exoneração contratual do fornecedor.

Além da disposição contida no *caput* do art. 25 do CDC, também merece registro o art. 51, I, segundo o qual são nulas cláusulas contratuais relativas ao fornecimento de serviço que "impossibilitem, exonerem ou atenuem a responsabilidade do fornecedor por vícios de qualquer natureza dos produtos e serviços ou impliquem renúncia ou disposição de direitos", excepcionando, todavia, que "nas relações de consumo entre o fornecedor e o consumidor pessoa jurídica, a indenização poderá ser limitada, em situações justificáveis". Nesse sentido, afirma Claudia Lima Marques que essa fórmula parece ampla em demasia, pois, logicamente existem direitos disponíveis e direitos indisponíveis, e, dessa forma, a *ratio* parece ser que *aqueles destacados* no CDC são indisponíveis, logo, não podem ser objeto de renúncia.[169]

As normas que regem as relações de consumo são, por força do art. 1.º do CDC, normas de ordem pública, e decorrem do interesse social em tornar equivalentes as transações havidas sob o manto da referida lei. Eis porque tais normas são inafastáveis, conquanto a vontade das partes as conduza a estipularem no contrato cláusula de não indenizar. Tratando-se de contrato de prestação de serviços inserido nas relações consumeristas, será nula a cláusula de não indenizar, especialmente pelo fato de o consumidor, além de não ter força para negociar as cláusulas contratuais, na maioria das vezes sequer tem como opção a contratação de outros prestadores, e, ainda que tenha essa opção, continua sem concorrer para a discussão e elaboração das cláusulas contratuais. Apenas a cláusula exoneratória será nula, não o contrato de prestação de serviços, e como aponta Zelmo Denari,[170] ter-se-á como não escrita referida cláusula, devendo ser desconsiderada pelo usuário da prestação de serviços. Isso porque, segundo observa Nelson Nery Junior,[171] no regime do CDC,

---

[169] MARQUES, Claudia Lima. *Contratos no Código de Defesa do Consumidor* cit., 5. ed., p. 924.
[170] GRINOVER, Ada Pellegrini et al. *Código de Defesa do Consumidor comentado pelos autores do anteprojeto* cit., 9. ed., p. 230.
[171] Idem, p. 576.

toda e qualquer cláusula que contenha óbice ao dever legal do fornecedor de indenizar, é considerada abusiva e, portanto, nula de pleno direito, sendo ilegítima sua inclusão no contrato de consumo, estando vedadas cláusulas de exoneração da responsabilidade do fornecedor por danos derivados da mora ou cumprimento defeituoso da prestação, bem como as que exonerem o fornecedor de sua responsabilidade por atos de seus representantes, auxiliares, funcionários ou prepostos, enfim, de qualquer pessoa por ele utilizada na execução do serviço contratado.

A questão relativa à cláusula de não indenizar já despertava profundas reflexões bem antes do advento do CDC. Ao tratar sobre a cláusula em comento, afirmava José de Aguiar Dias a admissão, em certa medida, da cláusula de não indenizar na prestação de serviços.[172] E, ainda no tocante ao fornecimento de serviços, já observava o autor que em vários contratos de fornecimento de serviços já se tinha ensaiado a cláusula de irresponsabilidade: empresas de gás, iluminação, água, telefone etc., razão pela qual lecionava que a essa cláusula se opunha causa terminante de nulidade, uma vez que essas explorações são exercidas a título de monopólio, de maneira a deixar sem liberdade aquele contra quem é estipulada,[173] razão pela qual defendia o autor que fossem repelidas tais cláusulas nessas hipóteses, sobretudo no campo das concessões de serviços públicos. E essa preocupação com a relação entre os contraentes nas relações consumeristas também se deve ao fato de que, em sua grande parte, trata-se de contratos de adesão, e neles, muitas vezes sequer há assinatura do contrato, e quando há, o aderente apõe sua assinatura sem sequer ter tempo para ler ou interpretar as cláusulas, uma vez que diante da urgência das relações de massa, o formalismo contratual é sacrificado diante da necessidade imediata da utilização dos serviços, fato que levou o autor a corretamente defender que quando a cláusula estivesse em contrato de adesão ela não poderia ser validada se não houvesse liberdade de escolha,[174] assunto que ficou pacificado diante da expressa norma contida no CDC.

Vale ainda lembrar, quanto aos contratos de adesão, na seara da relação de consumo, que a Lei 11.785, de 22 de setembro de 2008, alterou o § 3.º, do art. 54 do CDC, para estabelecer que "os contratos de adesão escritos serão redigidos em termos claros e com caracteres ostensivos e legíveis, cujo tamanho da fonte não será inferior ao corpo doze, de modo a facilitar sua compreensão pelo consumidor", sendo essa

---

[172] DIAS, José de Aguiar. *Cláusula de não indenizar* cit., 4. ed., p. 212.
[173] Idem, p. 223.
[174] Idem, p. 64-65.

regra complementada pelo disposto no § 4.º, segundo o qual as cláusulas que implicarem limitação de direito do consumidor deverão ser redigidas com destaque, permitindo sua imediata e fácil compreensão.

Como vimos, portanto, o sistema do CDC proíbe cláusula limitativa de responsabilidade do fornecedor de serviços, podendo referida cláusula apenas constar nas relações regidas pelo CC. Observe-se ainda que a cláusula de não responsabilidade somente é eficaz quando corresponder a uma vantagem paralela em benefício do outro contratante.[175] Entretanto, pode haver no contrato a cláusula limitativa de responsabilidade pela qual os contraentes convencionem um limite ao valor devido em caso de prejuízo causado por qualquer deles, ou, como preleciona José de Aguiar Dias,[176] por meio dessa cláusula limitativa de responsabilidade determina-se antecipadamente o valor que o devedor pagará a título de perdas e danos, caso seja declarado responsável pelo descumprimento da obrigação. Essa cláusula, afirma a autor, não se confunde com a *cláusula penal*, pois naquela "é ausente a função de *pena*". Também observa o autor que, em regra, a cláusula penal é invocada pelo credor e que a cláusula limitativa é invocada pelo devedor. No entanto, lembra o autor, essa cláusula limitativa de responsabilidade pode ficar sujeita a fraudes, pois pode esconder verdadeira cláusula de exoneração quando o valor se mostrar tão ínfimo em comparação ao dano, e nessa hipótese, quando o valor desse limite for tão ínfimo que representar lesão ao credor verifica-se flagrante nulidade dessa cláusula, justamente por dissimular verdadeira fraude.[177]

No entanto, como vimos, quer se trate de cláusula de não indenizar, quer se trate de cláusula limitativa de responsabilidade, sua utilização fica restrita aos contratos regidos pelo Código Civil – com exceção do contrato de transporte de pessoas por força do art. 734, segundo o qual é nula qualquer cláusula excludente de responsabilidade àquele tipo contratual –, pois com relação aos contratos regidos pela sistemática do Código de Defesa do Consumidor, são referidas cláusulas fulminadas pela nulidade absoluta, por serem consideras abusivas, não prevalecendo a vontade das partes para afastar o direito à reparação integral do prejuízo que vier a sofrer a vítima.

No Anteprojeto de Código de Obrigações elaborado por Caio Mário da Silva Pereira em 1964, constava no art. 924 disposição expressa sobre a cláusula ora em comento, sendo seu inteiro teor o seguinte: "A cláusula

---

[175] DINIZ, Maria Helena. *Curso de direito civil brasileiro* cit., 23. ed., v. 7, p. 120.
[176] DIAS, José de Aguiar. *Cláusula de não indenizar* cit., 4. ed., p. 125.
[177] Idem, p. 127-129.

de não indenizar somente prevalecerá se for bilateralmente ajustada, e não contrariar a lei expressa, a ordem pública, e os bons costumes, e nem tiver por objeto eximir o agente dos efeitos do seu dolo". Na mesma esteira, o art. 921, III, do Anteprojeto, afirmava não haver obrigação de reparar o dano quando convencionalmente excluída a obrigação de indenizar. Essas propostas não foram inseridas de maneira expressa no Projeto que se transformou posteriormente no Código Civil de 2002.

Observe-se, finalmente, que uma vez convencionada a cláusula de não responsabilidade, ela se equipara à renúncia do direito de obter reparação pelos danos que porventura vier a sofrer qualquer das partes,[178] embora, como veremos a seguir, o instituto da renúncia somente pode ser admitido após a ocorrência do dano, e equiparando-se à renúncia, não pode ser presumida a cláusula.

3.5.5 Renúncia da vítima à indenização

Embora não seja especificamente excludente de responsabilidade civil, poderá inexistir o dever de reparação do prejuízo nos casos de renúncia da vítima à indenização, como lembra Caio Mário da Silva Pereira.[179] Assim, a renúncia é modalidade particular de extinção subjetiva do direito à reparação do prejuízo sofrido. Na renúncia da vítima à indenização, há abdicação do direito de reparação sem que haja a transferência de seu crédito a outrem.

A definição de Clóvis Beviláqua,[180] nesse aspecto, é precisa ao afirmar que "renúncia é um ato jurídico pelo qual o titular de um direito dele se despoja", de forma que essa renúncia pode referir-se a diversos direitos, como, por exemplo, aos de crédito, propriedade ou hereditários, podendo ela ser expressa ou tácita. Mas apenas deixar de exercer um direito não importa em renúncia, pois esta deve deduzir-se de circunstâncias que a pressuponham claramente. A renúncia somente é inadmissível quando contraria um interesse de ordem pública.

A renúncia é, portanto, ato unilateral que se qualifica como abdicativa, no sentido de que "importa exclusivamente em destruição de um direito para o sujeito, sem correlativa criação de relação jurídica para outrem". Toda renúncia atinge a esfera jurídica de alguém, quer seja para acrescentar,

---

[178] PEREIRA, Caio Mário da Silva. *Instituições de direito civil* cit., v. 2, p. 345.
[179] PEREIRA, Caio Mário da Silva. *Responsabilidade civil* cit., 9. ed., p. 306.
[180] BEVILÁQUA, Clóvis. *Teoria geral do direito civil*. 2. ed. Rio de Janeiro: Francisco Alves, 1929. p. 363-365.

quer seja para evitar uma diminuição do patrimônio de outrem. Além de ser ato privativo do renunciante, deve este ser pessoa capaz para que se tenha por válida a renúncia ao direito de ser indenizado.

Uma vez que são irrenunciáveis direitos públicos ou que envolvam matéria de ordem pública, a renúncia não poderá ocorrer quando se tratar de dano decorrente do descumprimento de contrato inserido nas relações consumeristas, a teor do que dispõem os arts. 25 e 51 do CDC. Pode, todavia, haver renúncia da vítima à indenização nos contratos de prestação de serviços regidos pela sistemática do Código Civil, por não haver incompatibilidade ou ilicitude, desde que a manifestação abdicativa do renunciante seja inequívoca e espontânea, por escrito público ou particular.

Caio Mário da Silva Pereira,[181] escorado em Santos Briz, afirma que a renúncia da vítima à indenização é ato unilateral, abdicativo, abstrato e irrevogável. Assim, sendo ato unilateral, o contraente prejudicado enuncia sua vontade de não receber a indenização a que tenha direito, sendo, portanto, um negócio jurídico liberatório, que independe da aceitação do contraente causador do dano, não se tratando de transação entre as partes. É ato abdicativo, porque importa em verdadeiro abandono do direito, puro e simples, ou seja, do direito à reparação, não tendo caráter de transferir direito a qualquer outra pessoa, ou, em outras palavras, não é translatício, não é cessão de direito ou de crédito, sendo a declaração de renúncia *não receptícia*, não se dirigindo especificamente a ninguém.

A renúncia é ato abstrato justamente por não ser causal, pois decorre da vontade interna e individual do renunciante, não se perquirindo qual o motivo da renúncia, ou seja, não se perquirindo se a intenção decorreu de parentesco, amizade, ou qualquer outra motivação. É irrevogável a renúncia, até mesmo para preservar a segurança jurídica, não podendo nem o renunciante nem seus herdeiros pretender receber a indenização que fora por vontade própria rejeitada.

A renúncia não poderá ser verbal, ainda que pronunciada na presença de testemunhas, e somente poderá ser exarada após a ocorrência do dano, isto é, somente poderá ter por objeto direito existente, não valendo para direito futuro ou eventual, uma vez que somente após a ocorrência do dano é que nasce para o ofendido o direito à reparação, sendo somente a partir de então eficaz a declaração de renúncia à indenização.[182]

---

[181] PEREIRA, Caio Mário da Silva. *Responsabilidade civil* cit., 9. ed., p. 306-307.
[182] Idem, p. 307.

3.6 VÍCIOS REDIBITÓRIOS, DEFEITO E FATO DO SERVIÇO

Nas relações contratuais, sempre surgem temas de grande importância tais como os vícios redibitórios, defeito e fato do serviço objeto da prestação, o que merece algumas reflexões sobre a sistemática de tais institutos tanto no Código Civil como no Código de Defesa do Consumidor.

Cumpre inicialmente lembrar que redibir é reaver o preço ou a contraprestação, qualquer que seja ela.[183]

O Código Civil dispõe sobre a matéria relativa aos vícios redibitórios ou ocultos nos arts. 441 a 446, inseridos no Título V, que trata dos contratos em geral. Dispõe o art. 441 que "a coisa recebida em virtude de contrato comutativo pode ser enjeitada por vícios ou defeitos ocultos, que a tornem imprópria ao uso a que é destinada, ou lhe diminuam o valor". Silvio Rodrigues lembra que a maioria das outras legislações cuida dos vícios redibitórios no capítulo da compra e venda, pois esse é o campo em que ordinariamente o problema se propõe, sendo que no Código brasileiro o legislador sistematizou a matéria dentro da parte geral dos contratos, admitindo seu aparecimento em todos os negócios comutativos.[184] Contratos comutativos, como vimos anteriormente, são aqueles nos quais, segundo Álvaro Villaça Azevedo,[185] "existe equivalência de prestações, ou seja, as partes contratantes, logo ao nascer do contrato, sabem o que vão ganhar e o que vão perder, têm a previsibilidade de seus interesses contratuais".

O contraente tomador do serviço, no qual se verifique vício ou defeito no objeto da própria prestação, em vez de rejeitar a prestação, redibindo o contrato, poderá reclamar o abatimento do preço (art. 442). Para tanto, confere-lhe o art. 445 os prazos ali descritos, de trinta dias "se a coisa for móvel, e de um ano se for imóvel", ou quando por sua natureza o vício somente puder ser conhecido mais tarde, da ciência do vício ou defeito conta-se o prazo de até cento e oitenta dias "em se tratando de bens móveis", e de um ano "para os bens imóveis". Nesse aspecto, uma vez que a regra relativa aos vícios redibitórios encontra-se inserida na parte geral

---

[183] PONTES DE MIRANDA, Francisco Cavalcanti. *Tratado de direito privado* cit., v. 38, p. 282.
[184] RODRIGUES, Silvio. Vício redibitório – II. In: LIMONGI FRANÇA, Rubens (Coord.). *Enciclopédia Saraiva do Direito*. São Paulo: Saraiva, 1982. v. 77, p. 198-204. A citação encontra-se na p. 198.
[185] AZEVEDO, Álvaro Villaça. *Teoria geral dos contratos típicos e atípicos* cit., 3. ed., p. 75.

dos contratos, e uma vez que se aplica aos contratos comutativos, entre os quais o de prestação de serviços, é evidente que a aplicação do instituto vai além dos bens móveis ou imóveis, atingindo igualmente os serviços duráveis e não duráveis, os quais devem ser entendidos e interpretados em sintonia com aquelas expressões utilizadas pelo legislador.

O art. 441 afirma que a regra dos vícios redibitórios tem aplicação nos contratos comutativos, e como vimos anteriormente, o contrato de prestação de serviços é comutativo, uma vez que as prestações de ambas as partes são conhecidas desde o momento da celebração da avença e "guardam entre si uma relativa equivalência de valores",[186] de sorte que a regra dos vícios ocultos não está limitada apenas aos contratos de compra e venda ou à doação onerosa, sendo, pois, aplicável a todo e qualquer contrato em que esteja presente a comutatividade.[187] Ademais, já observara Miguel Maria de Serpa Lopes,[188] enquanto em outras legislações prevalece o critério de constituírem os vícios redibitórios um elemento natural próprio só aos contratos de compra e venda, o nosso Código Civil distendeu-os a todos os contratos comutativos.

O art. 441, ao tratar dos vícios ou defeitos, refere-se à "coisa recebida", dando a impressão de que ao instituto não se incluiriam os serviços. Corretamente lembra Pontes de Miranda não se poder pensar somente em titularidade de domínio, nem, sequer, somente em titularidade sobre bens corpóreos, ou corpóreos e incorpóreos suscetíveis de propriedade, pois os serviços, por exemplo, podem ser juridicamente viciados.[189] Portanto, mesmo havendo o *Codex* apenas falado em "coisa recebida", certo é que não excluiu a possibilidade de vícios redibitórios relativamente aos serviços prestados. Por outras palavras, conforme ensina Araken de Assis,[190] consiste no programa contratual de que trata o art. 441 a circulação de bens e serviços.

Diante dos parâmetros impostos pela legislação civil, haverá vício ou defeito da prestação do serviço toda vez que este tenha se tornado

---

[186] PEREIRA, Caio Mário da Silva. *Instituições de direito civil* cit., 2009. v. 3, p. 58.
[187] SIMÃO, José Fernando. *Vícios do produto no novo Código Civil e no Código de Defesa do Consumidor*. São Paulo: Atlas, 2003. p. 54.
[188] LOPES, Miguel Maria de Serpa. *Curso de direito civil*: fontes das obrigações: contratos. 3. ed. rev. e aum. v. 3. São Paulo: Freitas Bastos, 1960. v. 3, p. 174.
[189] PONTES DE MIRANDA, Francisco Cavalcanti. *Tratado de direito privado* cit., v. 38, p. 142.
[190] ASSIS, Araken de; ANDRADE, Ronaldo Alves de; ALVES, Francisco Glauber Pessoa. In: ALVIM, Arruda; ALVIM, Thereza (Coord.). *Comentários ao Código Civil brasileiro*: direito das obrigações (arts. 421 a 578). Rio de Janeiro: Forense, 2007. v. 5, p. 313.

impróprio à utilização ou tenha sofrido diminuição em seu valor. Presente o vício que torne impróprio o objeto da prestação avençada ou diminua-lhe o valor, caberá ao tomador escolher entre a redibição, ou seja, a rejeição do serviço, ou o abatimento do preço. A cada vício ou defeito descoberto pelo tomador, tem início novo prazo decadencial. Caso o serviço já tenha sido prestado, somente tem o tomador à sua disposição essa última ação, que poderá ser cumulada com perdas e danos. Isso porque o mínimo que espera o tomador é receber não apenas o serviço, mas serviço de qualidade, e quando se fala em qualidade do objeto da prestação, deve-se ter em mente os ensinos de Pontes de Miranda,[191] no sentido de que os catálogos, os prospectos, os anúncios, os cartazes e menções em vitrina, mostruários e classificações por lugares, números, letras ou outras indicações exprimem afirmações de existirem as qualidades a que se alude, explícita ou implicitamente, sendo, porém, que há qualidades que se supõem existir sem se precisar de qualquer referência.

Caio Mário da Silva Pereira informa que o fundamento da norma em comento é o princípio de garantia, de sorte que às partes garante a lei o direito a receber a prestação contratada sem vícios ou defeitos que tornem impróprio o serviço, ou importem em diminuição de seu valor.[192] Devem tais vícios ou defeitos ser ocultos, pois, sendo evidentes, entende-se que o contratante levou-os em consideração no momento da contratação e, inobstante, aceitou o serviço, renunciando a garantia que a lei confere. Lembra referido autor não se reputar oculto o defeito somente porque o contratante não o enxergou, pois nesse caso houve de sua parte negligência que não merece proteção. Devem ainda tais vícios ou defeitos ser desconhecidos do tomador do serviço, pois havendo deles tido conhecimento, mesmo que não sejam aparentes, não poderá queixar-se de sua existência. Outrossim, observa o autor que somente aos vícios e defeitos já existentes ao tempo da contração, ou da execução do serviço quando não ocorrer a prestação simultânea à conclusão do contrato, e que perdurem até o momento da reclamação, é que serão objeto de redibição ou abatimento do preço, pois os vícios e defeitos posteriores à execução do contrato não serão redibidos ou abatidos no preço, ou, em outras palavras, concebe--se que o defeito chegue ao conhecimento do tomador após a conclusão do negócio, mas antes da prestação ser efetivada,[193] o que lhe permite a recusa da execução do contrato. Pensamos, todavia, que, mesmo após

---

[191] PONTES DE MIRANDA, Francisco Cavalcanti. *Tratado de direito privado* cit., v. 38, p. 280.
[192] PEREIRA, Caio Mário da Silva. *Instituições de direito civil* cit., 2009. v. 3, p. 105.
[193] ASSIS, Araken de; ANDRADE, Ronaldo Alves de; ALVES, Francisco Glauber Pessoa. *Comentários ao Código Civil brasileiro* cit., v. 5, p. 316.

executado o serviço, pode haver o abatimento do preço, aliás, é muito mais evidente que o vício ou defeito na maioria dos serviços executados somente sejam percebidos após sua efetiva realização, o que justifica, plenamente, o amparo legal ao tomador prejudicado que somente teve condições de constatar a existência de vício ou defeito após a execução do serviço que contratou.

Uma vez executada a redibição, a relação obrigacional se extingue como se não tivesse sido concluída.[194]

Finalmente, não é qualquer vício ou defeito que fundamenta o pedido de redibição ou abatimento do preço, mas somente aqueles que, de fato, prejudicam a utilidade do serviço contratado, tornando-o inapto às suas finalidades, ou que reduza efetivamente o valor econômico do serviço contratado. Como observam Gustavo Tepedino, Heloisa Helena Barboza e Maria Celina Bodin de Moraes,[195] atentaria contra a boa-fé (art. 422), configurando-se abuso de direito (art. 187), pretender-se resolver o contrato com base em defeitos insignificantes.

Von Tuhr corretamente observa que os defeitos do objeto da prestação podem ser perdoados unilateralmente pelo credor, se este dá a conhecer que se conforma com a prestação, apesar de defeituosa.[196] Essa conformidade com a prestação defeituosa pode declarar-se tacitamente, como ocorre, sobretudo, se o credor aceita a prestação ciente e consciente de que é defeituosa, podendo ainda ocorrer sem necessidade de declaração do devedor, por meio de um simples ato de vontade, bastando que o credor disponha do objeto da prestação ou o consuma. Com efeito, a própria lei cria essa ficção de aprovação do credor a respeito das qualidades e defeitos do objeto da prestação quando não reclama ele, credor, nos prazos que lhe são conferidos.

Conforme lembra Orlando Gomes,[197] o prazo para propor ação *quanti minoris* ou estimatória é de decadência, de maneira que "se o credor não age no seu transcurso, extingue-se o direito ao desfazimento do contrato ou ao abatimento do preço". Acrescente-se que os efeitos quanto aos prazos se aplicam também à ação redibitória. Transcorrido o prazo de caducidade, ou seja, de decadência, ensinam Ludwig Enneccerus, Theodor Kipp e Martín Wolff que o direito de que se trate deixa de existir,

---

[194] ENNECCERUS, Ludwig; KIPP, Theodor; WOLFF, Martín. *Tratado de derecho civil: derecho de obligaciones* cit., v. 2, t. 2, p. 66.
[195] TEPEDINO, Gustavo; BARBOZA, Heloisa Helena; MORAES, Maria Celina Bodin de. *Código civil interpretado conforme a Constituição da República* cit., v. 2, p. 62.
[196] VON TUHR, A. *Tratado de las obligaciones* cit., t. 2, p. 3.
[197] GOMES, Orlando. *Obrigações* cit., 17. ed., p. 152.

enquanto que no caso de prescrição, cumprido o prazo desta, o direito somente está paralisado mediante uma exceção.[198]

Os prazos suprarreferidos não correrão na constância de cláusula de garantia, a teor do que determina o art. 446 do CC, ou seja, caso as partes tenham convencionado prazo de garantia à prestação do serviço, durante esse prazo não correrá aquele mencionado anteriormente, devendo, entretanto, o tomador denunciar o defeito ao prestador nos trinta dias seguintes ao descobrimento do vício ou defeito, sob pena de decadência. Conhecendo o prestador de serviços a existência do vício ou defeito, e não os revelando ao tomador, há o silêncio malicioso ou o intencional, com o que poderá o tomador, concluído o contrato ou durante a sua execução, requerer anulação por dolo do prestador, nos termos do art. 147 do CC, segundo o qual, "nos negócios jurídicos bilaterais, o silêncio intencional de uma das partes a respeito de fato ou qualidade que a outra parte haja ignorado, constitui omissão dolosa, provando-se que sem ela o negócio não se teria celebrado", sendo que esse silêncio, essa omissão dolosa, ou dolo negativo, conforme aponta Miguel Maria de Serpa Lopes,[199] caracteriza-se pelo comportamento de uma das partes contratantes haver silenciado sobre fatos e circunstâncias que, segundo a lei, os usos do comércio ou a natureza do negócio jurídico, deviam ter sido revelados, e isso com o propósito de conduzir a outra parte ao engano, de modo a induzi-la a concluir um negócio que não concluiria se tivesse conhecimento. Também não se permite a supressão da garantia ao exercício da ação redibitória ou estimatória quando se estiver diante de contrato de adesão, em razão do contido no art. 424 do CC, o qual estabelece que "nos contratos de adesão, são nulas as cláusulas que estipulem a renúncia antecipada do aderente a direito resultante da natureza do negócio".[200]

A responsabilidade por vícios e defeitos somente desaparece se o tomador a ela renunciou, e essa renúncia será inoperante se por dolo ocultou o prestador os vícios e defeitos da atividade a que se obrigou por contrato. Assim, caso embora verificado o vício ou o defeito ainda houver possibilidade de perfeita execução do serviço, desejando o tomador, deve o outro contraente eliminar tal vício ou defeito para que não incorra em

---

[198] ENNECCERUS, Ludwig; KIPP, Theodor; WOLFF, Martín. *Tratado de derecho civil:* parte geral cit., v. 2, t. 1, p. 504.
[199] LOPES, Miguel Maria de Serpa. *O silêncio como manifestação da vontade* cit., p. 120.
[200] TEPEDINO, Gustavo; BARBOZA, Heloisa Helena; MORAES, Maria Celina Bodin de. *Código civil interpretado conforme a Constituição da República* cit., v. 2, p. 72.

inadimplência.[201] Cumpre aqui observar que nos termos do art. 209 do CC, "é nula a renúncia à decadência fixada em lei".

Em seu art. 4.º, II, "d", vemos que o CDC eleva a princípio a ação governamental com vistas à proteção efetiva do consumidor pela garantia dos serviços "com padrões adequados de qualidade, segurança, durabilidade e desempenho", impondo a observância ao princípio de garantia e aos princípios de segurança e ausência de riscos aos consumidores dos serviços disponíveis no mercado de consumo, como se verifica na redação do art. 8.º. Nessa esteira, ao tratar da responsabilidade pelo fato do serviço, assevera o art. 14 que o "o fornecedor de serviços responde, independentemente da existência de culpa, pela reparação dos danos causados aos consumidores por defeitos relativos à prestação dos serviços, bem como por informações insuficientes ou inadequadas sobre sua fruição e riscos". O § 1.º do referido dispositivo vai além, e dá a necessária diretriz para se saber quando há defeito na prestação do serviço, ao afirmar que "o serviço é defeituoso quando não fornece a segurança que o consumidor dele pode esperar, levando-se em consideração as circunstâncias relevantes, entre as quais: I – o modo de seu fornecimento; II – o resultado e os riscos que razoavelmente dele se esperam; III – a época em que foi fornecido".

O defeito, como estatuído pela norma suprarreferida, surge quando a prestação do serviço não fornece a segurança esperada, quer seja essa segurança atinente ao modo de seu fornecimento, ao resultado e riscos razoáveis, à época da prestação do serviço, e aqui, vale dizer, ligam-se os elementos do defeito com o conceito da própria inadimplência contratual, sobre a qual tratamos anteriormente. Isso porque, quer o defeito se verifique por trazer à prestação do serviço insegurança pela forma de execução eleita pelo prestador, pelo resultado desejado em contraposição ao efetivamente executado, ultrapassando a razoabilidade dos riscos conhecidos e suportados pelo consumidor, quer ainda o tempo em que houver sido executado, estar-se-á diante de inadimplemento contratual, uma vez que do homem médio não se pode imaginar que contrate o recebimento de serviços cuja execução incorra nos incisos contidos no § 1.º do art. 14 do CDC.

Cumpre observar que não se considera defeito do serviço a utilização de novas técnicas disponíveis no mercado, como se extrai do § 2.º, do art. 14, do CDC. Vale dizer, a adoção de novas técnicas na prestação do serviço contratado não será considerada defeituosa mesmo que eventualmente

---

[201] PONTES DE MIRANDA, Francisco Cavalcanti. Tratado de direito privado cit., v. 38, p. 144-145.

não alcance as finalidades desejadas pelas partes. Entendemos, porém, ser fundamental para a aplicação dessa regra que o prestador, fornecedor do serviço, esclareça ao consumidor sobre a novidade da técnica e até mesmo dos riscos de não se obter idêntico resultado àquelas disponíveis no mercado de consumo. Do contrário, o consumidor pode ser induzido em erro por ausência de informação, e acreditar estar contratando uma determinada prestação de serviço, quando na verdade estará recebendo outro tipo de prestação, que pode ou não atingir o objeto do contrato. Nesse sentido, não pode o consumidor ser tratado como *cobaia*, como objeto de teste para novas técnicas que surgem a cada dia no mercado, salvo se cabal e expressamente tiver concordado e aceito os riscos razoáveis decorrentes da utilização de uma técnica nova que, embora se espere que atinja a mesma finalidade daquelas conhecidas e utilizadas até então, nem sempre alcance o fim desejado. Entender-se o contrário, parece-nos atentar contra o princípio do reconhecimento da vulnerabilidade do consumidor (art. 4.º, I), bem como atentar contra seu direito básico à informação adequada e clara sobre os diferentes serviços, com especificação de suas características, composição, qualidade, além da informação sobre os riscos que aquele determinado serviço possa apresentar (art. 6.º, III). E, justamente para evitar prejuízos ao consumidor, o CDC estatui como direito básico a facilitação da defesa de seus direitos, com a inversão do ônus da prova a seu favor, quando houver verossimilhança de suas alegações ou quando for hipossuficiente na relação existente (art. 6.º, VIII).

Havendo o CDC estabelecido no *caput* do art. 14 a responsabilidade objetiva dos fornecedores de serviço que não sejam profissionais liberais – pois quanto a estes dispõe o § 4.º que sua responsabilidade é apurada mediante a verificação de culpa –, para que tais fornecedores se eximam da responsabilidade, devem provar que tendo prestado o serviço, o defeito inexiste (art. 14, § 3.º, I), ou provar a culpa do consumidor ou terceiro na ocorrência do defeito e, por conseguinte, do dano, assunto anteriormente enfrentado.

Ao tratar da responsabilidade por vício do serviço, o art. 20 do CDC afirma que o fornecedor de serviços responde pelos vícios de qualidade que os tornem impróprios ao consumo ou lhes diminuam o valor, bem como por aqueles vícios decorrentes da disparidade relativa às indicações constantes da oferta ou mensagem publicitária, podendo o consumidor exigir, alternativamente e à sua escolha: (a) a reexecução do serviço, sem custo adicional e desde que cabível ou possível; (b) a restituição imediata da quantia paga pelo serviço, corrigida monetariamente, sem prejuízo de eventuais perdas e danos; (c) o abatimento proporcional do preço.

Aqui merece registro o ensino de Claudia Lima Marques no sentido de que essa disposição do CDC "não significa que todas as obrigações de fazer passam a ser obrigações *de resultado*", pois se a obrigação for de meio (tratamento médico ou cirurgia, por exemplo), somente pode ser exigido que o fornecedor preste um serviço adequado para os fins que razoavelmente dele se esperam (salas de cirurgia com o material necessário, limpas, com preparo para emergências, ou tratamento médico, exames e remédios adequados àquele caso específico), não se podendo exigir que aquele serviço atinja determinado resultado (a cura ou o prolongamento da vida), e sendo o serviço considerado obrigação de resultado (vacinação, transfusão de sangue etc.), basta a demonstração do descumprimento do contrato, ou seja, o vício do serviço.[202]

Enquanto o art. 441 do CC trouxe apenas a possibilidade de o tomador do serviço redibir o contrato e rejeitar a obrigação (ação redibitória), ou promover a reclamação e requisitar de abatimento do preço (ação *quanti minoris* ou estimatória), o CDC dá ao consumidor a possibilidade de exigir a reexecução do serviço contratado, além das idênticas ações disponíveis no sistema do Código Civil. É bem verdade que inexiste óbice a que, nos contratos regidos pelo CC, as partes optem pela reexecução do serviço, desde que útil e oportuno ao tomador. Em qualquer caso, uma vez escolhida a opção pelo tomador, e aceita pelo prestador, não terá mais escolha aquele, devendo sujeitar-se à sua própria decisão.[203]

Estatui o § 1.º do citado art. 20 da Lei Consumerista que "a reexecução dos serviços poderá ser confiada a terceiros devidamente capacitados, por conta e risco do fornecedor", ou seja, caso tenha o consumidor perdido a confiança no prestador, posto que todo contrato decorre precipuamente da confiança entre as partes, permite a legislação que a reexecução do serviço seja feita por outro prestador, estranho à relação contratual, mas por conta e risco do fornecedor, o qual não poderá obstar o direito de opção do consumidor, nem mesmo pretender nova chance se esta não lhe for concedida pelo desiludido consumidor. A própria Lei Consumerista esclarece o que são considerados serviços impróprios ou viciados, ao dispor no § 2.º do referido dispositivo serem impróprios os serviços que se mostrem inadequados para os fins que razoavelmente deles se esperam, bem como aqueles que não atendam as normas regulamentares de prestabilidade.

---

[202] MARQUES, Claudia Lima. *Contratos no Código de Defesa do Consumidor* cit., 5. ed., p. 924.
[203] PONTES DE MIRANDA, Francisco Cavalcanti. *Tratado de direito privado* cit., v. 38, p. 283.

Tratando-se de prestação de serviço que tenha por objetivo a reparação de qualquer produto, dispõe o art. 21 ser considerada implícita a obrigação de utilizar o prestador componentes de reposição adequados e novos, ou que mantenham as especificações técnicas do fabricante, e somente havendo autorização do consumidor poderá o fornecedor de serviços utilizar peça recondicionada ou de "linha paralela". Caso descumpra o prestador a regra estatuída pela legislação consumerista, estar-se-á diante de vício do serviço, sanável, como vimos, pela reexecução do serviço pelo próprio prestador ou por terceiro à custa e risco daquele, pela restituição da quantia paga devidamente atualizada, ou pelo abatimento do preço, respondendo ainda pelas perdas e danos. Ressalte-se ainda, que havendo dano causado por componente ou peça incorporada ao serviço, tanto o fabricante da referida peça quanto o construtor ou importador, além daquele que executou o serviço, são solidariamente responsáveis (art. 25, §§ 1.º e 2.º).

Uma vez que a Lei Consumerista tem por objeto a proteção integral do consumidor, nem mesmo a ignorância do fornecedor sobre os vícios de qualidade por inadequação dos serviços que disponibiliza no mercado de consumo o exime de responsabilidade, a teor do que assevera o art. 23.

Quanto aos prazos decadenciais para o exercício do direito de reclamar pelos vícios aparentes ou de fácil constatação, o art. 26 estabelece dois, a saber: (a) trinta dias, quando se tratar de fornecimento de serviço não durável; (b) noventa dias, quando se tratar de fornecimento de serviço durável. O prazo para que o consumidor reclame pelos vícios tem início a partir da execução do serviço, como estatui o § 1.º do referido dispositivo, ou seja, executado o serviço contratado, no dia seguinte tem início seu prazo decadencial para reclamação.[204] Estabelece o § 2.º que os prazos de decadência são obstados, ou seja, deixam de fluir desde o momento em que o consumidor apresenta reclamação ao fornecedor quanto aos vícios e defeitos do serviço, e somente voltam a fluir após a resposta negativa deste, resposta essa que deve ser transmitida de forma inequívoca, isto é, a reclamação pelo defeito dirigida ao prestador, fornecedor, "enquanto não respondida, impede a fluência do prazo de decadência".[205] Dependendo das circunstâncias de cada caso, conforme explicaremos no próximo capítulo ao tratarmos da decadência, poder-se-á estar diante de hipótese de suspensão ou de impedimento, de forma que, superadas as causas

---

[204] CAHALI, Yussef Said. *Prescrição e decadência.* 2. tir. São Paulo: RT, 2008. p. 235.
[205] Idem, p. 232.

obstativas, poderá ter início ou reinício o prazo decadencial pelo tempo que faltava para seu término quando da reclamação formulada.

A lei não exige forma especial a essa reclamação, o que permite seja ela verbal ou escrita (carta – preferencialmente com AR –, e-mail, telegrama, notificação extrajudicial via cartório, notificação judicial etc.), sendo que o Decreto 6.523, de 31 de julho de 2008, que entrou em vigor em 1.º de dezembro daquele mesmo ano, regulamenta o CDC, fixa normas gerais sobre o Serviço de Atendimento ao Consumidor – SAC, e estabelece em seu art. 15, § 3.º, que "é obrigatória a manutenção da gravação das chamadas efetuadas para o SAC, pelo prazo mínimo de noventa dias, durante o qual o consumidor poderá requerer acesso ao seu conteúdo", asseverando o § 4.º que "o registro eletrônico do atendimento será mantido à disposição do consumidor e do órgão ou entidade fiscalizadora por um período mínimo de dois anos após a solução da demanda". Por sua vez, o art. 16 do referido Decreto assevera que "o consumidor terá direito de acesso ao conteúdo do histórico de suas demandas, que lhe será enviado, quando solicitado, no prazo máximo de setenta e duas horas, por correspondência ou por meio eletrônico, a seu critério". Registre-se ainda, por oportuno, que a Portaria 49, de 12 de março de 2009 (*DOU*, 13.03.2009, p. 63), da Secretaria de Direito Econômico do Ministério da Justiça, em seu art. 1.º, considera prática abusiva o prestador de serviço recusar ou dificultar, quando solicitada pelo consumidor ou por órgão competente, a entrega de cópia da gravação das chamadas para o Serviço de Atendimento ao Consumidor, no prazo de dez dias, e o art. 2.º dispõe que "a recusa do fornecimento da gravação gera presunção relativa de veracidade das reclamações do consumidor quanto à violação do Decreto 6.523/2008". Através da gravação das chamadas telefônicas permite-se apontar exatamente se houve ou não reclamação do consumidor, e considerando a possibilidade de o juiz inverter o ônus da prova, caberá ao fornecedor trazer em juízo a prova de que não houve reclamação por parte daquele. Ocorre, porém, que se o consumidor comunica ou reclama do vício ao fornecedor sem, contudo, escolher entre a redibição e a minoração da contraprestação, o fornecedor pode notificar o consumidor a escolher entre as opções que a lei elenca, ou para que se pronuncie sobre a redibição, e nesse caso, havendo silêncio do consumidor significa que não quer a redibição, mas apenas a permanência do serviço mediante a diminuição da contraprestação, se cabível.[206]

---

[206] PONTES DE MIRANDA, Francisco Cavalcanti. *Tratado de direito privado* cit., v. 38, p. 283.

Também deixa de correr o prazo decadencial desde o momento em que se instaure inquérito civil até o momento do seu encerramento. O inquérito civil é aquele instaurado pelo Ministério Público para apurar a existência de fundamento para a propositura de ação civil pública de que trata o § 1.º, do art. 8.º, da Lei 7.347/1985 (LACP).[207] E, nesse aspecto, Nelson Nery Junior e Rosa Maria de Andrade Nery observam que por encerramento do inquérito civil deve ser entendido tanto a data em que o consumidor for cientificado da confirmação do seu arquivamento pelo Conselho Superior do Ministério Público, isto é, pela homologação de arquivamento promovida pelo referido Conselho, confirmando decisão do órgão do Ministério Público, nos termos do art. 9.º da Lei 7.347/1985 – que trata da ação civil pública de responsabilidade por danos causados ao consumidor –, como a data do ajuizamento da ação civil pública. Ainda lembram referidos autores que como a ação redibitória é constitutiva negativa, o prazo estipulado para o exercício da pretensão material é de decadência.[208]

Ainda quanto ao prazo decadencial, estabelece o § 3.º do art. 26 do CDC, tratando-se de vício oculto, somente no momento em que ficar evidenciado o defeito é que tem início aqueles prazos de trinta ou noventa dias, quer sejam os serviços não duráveis ou duráveis, respectivamente, com o que não fica o consumidor desprotegido, caso o defeito somente se verifique em prazo considerável após a execução da prestação, regra essa que em muito se assemelha àquela contida no art. 445, § 1.º, do CC, cujo prazo igualmente tem seu início estendido para o momento em que o tomador tiver ciência do vício nos casos em que este, por sua natureza, somente possa ser conhecido mais tarde. Havendo garantia contratual ao serviço executado, findo o prazo desta, nem por isso fica privado o consumidor de invocar o dispositivo em comento, pois, sendo oculto o vício, o prazo para requerer a reexecução do serviço, a redibição do contrato ou o abatimento do preço (art. 20, CDC), somente terá início a partir do momento em que o defeito se tornou evidente, pouco importando se restou evidenciado após o prazo da garantia contratual.

Yussef Said Cahali,[209] em sua obra dedicada exclusivamente à análise da prescrição e da decadência, ao referir-se precisamente sobre os prazos do art. 26 do CDC, afirma que, por se tratar de prazos decadenciais, são eles inalteráveis pela vontade das partes. Dessa forma, o tomador

---

[207] MARQUES, Claudia Lima. *Contratos no Código de Defesa do Consumidor* cit., 5. ed., p. 1.188.
[208] NERY JUNIOR, Nelson; NERY, Rosa Maria de Andrade. *Código civil anotado e legislação extravagante*. 2. ed. rev. e ampl. São Paulo: RT, 2003. p. 929.
[209] CAHALI, Yussef Said. *Prescrição e decadência* cit., p. 230.

ou consumidor deve exercer seu direito dentro do prazo conferido pela lei; em outras palavras, caso reclame ao prestador ou fornecedor e este negue a existência de vício ou defeito, ou, ainda que os reconheça recuse a reexecução do serviço, a redibição ou o abatimento do preço, deve o tomador ou consumidor intentar ação para que seja declarada a existência do vício ou defeito, de sorte que, a partir de então, seja determinada uma das opções eleitas pelo lesado.

Ainda em relação aos prazos contidos no CDC, a prescrição é tratada no art. 27, o qual estatui prescrever em cinco anos a pretensão à reparação pelos danos causados pelo fato do serviço, tendo início tal prazo a partir do conhecimento do dano e de sua autoria, não bastando apenas que se conheça o dano sofrido, mas que além do conhecimento do dano tenha o consumidor conhecimento de quem o causou, sem o que não terá início o prazo prescricional. A prescrição somente atinge os direitos individuais, uma vez que os direitos difusos e coletivos são imprescritíveis. Em outras palavras, "como os titulares do direito difuso ou coletivo são indetermináveis e indeterminados, respectivamente, não se pode apená-los com a prescrição de pretensão condenatória", sendo ainda tais direitos de interesse social (art. 1.º do CDC), "de sorte que consulta ao interesse público sua imprescritibilidade".[210]

O art. 27 do CDC, ao estabelecer regra quanto à prescrição, está a referir-se à responsabilidade por fato do serviço, de que trata o art. 14, ou seja, a regra relativa à prescrição aplica-se aos danos sofridos nos casos de defeitos na prestação do serviço, e àqueles decorrentes de informações insuficientes ou inadequadas sobre a fruição de tais serviços e seus respectivos riscos. Ademais, como já dissemos anteriormente, esse defeito do serviço existe justamente quando ausente a segurança que o consumidor dele pode esperar, considerando-se as circunstâncias relevantes no que respeitam ao modo de fornecimento, ao resultado e aos riscos razoavelmente esperados daquele serviço contratado, e até mesmo quanto à época de seu fornecimento.

Assim, a prescrição inserta no CDC está intimamente ligada aos casos em que houver dano ao consumidor em decorrência da falta de plena segurança do serviço prestado, vale dizer, aplica-se quando houver vício de qualidade por insegurança. Segundo defende parte da doutrina,[211] não se cogitando de vício de qualidade por insegurança, mas de vício aparente ou de fácil constatação, aplica-se o prazo decadencial do art.

---

[210] NERY JUNIOR, Nelson; NERY, Rosa Maria de Andrade. *Código Civil anotado e legislação extravagante* cit., p. 930.
[211] CAHALI, Yussef Said. *Prescrição e decadência* cit., p. 233.

26. Por outro lado, embora a prescrição seja tema que será tratado no capítulo seguinte, podemos antecipar que enquanto o CDC estabelece um prazo prescricional único, ou seja, quinquenal, no Código Civil são estabelecidos vários prazos prescricionais, de maneira que o prazo será igual, maior, ou até mesmo menor, dependendo das circunstâncias e da espécie de reparação, isto é, do objeto pretendido pela parte lesada.

Não observados pelo consumidor os prazos decadenciais de que trata o art. 26, inobstante a verificação do vício, não poderá exigir a reexecução do serviço, a redibição do contrato ou o abatimento do preço, mas terá o prazo prescricional de cinco anos para pleitear a reparação pelos danos que tiver sofrido em decorrência do serviço.[212]

Quando se confrontam as regras concernentes à decadência e prescrição dispostas no CC e no CDC, verifica-se que este "acabou 'atravessando' a disciplina dos contratos" reguladas por aquele, "sendo ainda hoje difícil discernir o negócio jurídico que estaria sob a cobertura do direito comum daquele sob a cobertura do direito consumerista".[213]

No CC, admite-se que os contraentes convencionem que o prestador não seja responsável pelo vício ou defeito oculto, desde que essa exclusão de responsabilidade não decorra de dolo do prestador, hipótese em que será nula tal cláusula, justamente por ser odioso ao direito a exoneração de qualquer responsabilidade decorrente de dolo, como vimos anteriormente.[214] Aquele prestador que conhecia o vício ou defeito e não informou ao tomador, caso se trate de prestação de serviço continuado, deve restituir a este o valor pago, acrescido das perdas e danos; se não conhecia os vícios ou defeito apenas restituirá o valor pago, acrescido das despesas do contrato, que eventualmente tiver tido o tomador. Ressalte-se que no CDC há proibição expressa relativa à cláusula que exonere o fornecedor do serviço de sua responsabilidade, como vimos anteriormente.

---

[212] STJ, 4.ª T., REsp 683.809/RS, rel. Min. Luis Felipe Salomão, j. 20.04.2010, *DJe* 03.05.2010, v.u., EMENTA: "DIREITO DO CONSUMIDOR. AÇÃO DE INDENIZAÇÃO POR DANOS MATERIAIS E MORAIS DECORRENTES DE VÍCIOS NO SERVIÇO. PRESCRIÇÃO. CINCO ANOS. INCIDÊNCIA DO ART. 27 DO CDC. 1. Escoado o prazo decadencial de 90 (noventa) dias previsto no art. 26, II, do CDC, não poderá o consumidor exigir do fornecedor do serviço as providências previstas no art. 20 do mesmo Diploma – reexecução do serviço, restituição da quantia paga ou o abatimento proporcional do preço –, porém, a pretensão de indenização dos danos por ele experimentados pode ser ajuizada durante o prazo prescricional de 5 (cinco) anos, porquanto rege a hipótese o art. 27 do CDC. 2. Recurso especial conhecido e provido".

[213] CAHALI, Yussef Said. *Prescrição e decadência* cit., p. 235.

[214] PONTES DE MIRANDA, Francisco Cavalcanti. *Tratado de direito privado* cit., v. 38, p. 286.

3.7 EXCEÇÕES RELATIVAS AO DESCUMPRIMENTO CONTRATUAL: *EXCEPTIO NON ADIMPLETI CONTRACTUS* E *EXCEPTIO NON RITE ADIMPLETI CONTRACTUS*

Uma vez que as prestações – e, por conseguinte, as contraprestações – devam ser fielmente cumpridas da maneira, no lugar e no tempo estipulados pelas partes, ou ainda que não as tenham estipulado expressamente, observando-se as regras dos arts. 133 e 134 CC, anteriormente abordados, quando ocorre o descumprimento da prestação por uma das partes, ou mesmo seu cumprimento incompleto ou defeituoso, exigindo-se a prestação correspectiva da outra parte, são-lhe conferidas exceções capazes de obstar a exigência pretendida. Em tais casos, tem a parte acionada duas modalidades de exceção, a saber, *exceptio non adimpleti contractus* (exceção de contrato não cumprido), ou *exceptio non rite adimpleti contractus* (exceção de contrato não cumprido adequadamente). Essas duas modalidades de exceção de que dispõe a parte cuja correspectiva prestação lhe é exigida sem o cumprimento ou o adequado cumprimento por parte do outro contraente, como veremos a seguir, são meios de obstar a contraprestação a fim de restabelecer a equivalência entre cada prestação, respeitando-se os princípios da equidade e da boa-fé. Observe-se, desde logo, que cumprida a prestação de maneira imperfeita, em desacordo com os termos avençados no contrato, executando-se mal, tem lugar a *exceptio non rite adimpleti contractus*, que nada mais é do que uma outra face da exceção de contrato não cumprido, dela não se diferenciando de maneira substancial.

O art. 476 do CC, referindo-se à exceção de contrato não cumprido, estabelece que "nos contratos bilaterais, nenhum dos contratantes, antes de cumprida a sua obrigação, pode exigir o implemento da do outro". E o art. 477, por sua vez, complementa o assunto, dispondo que "se, depois de concluído o contrato, sobrevier a uma das partes contratantes diminuição em seu patrimônio capaz de comprometer ou tornar duvidosa a prestação pela qual se obrigou, pode a outra recusar-se à prestação que lhe incumbe, até que aquela satisfaça a que lhe compete ou dê garantia bastante de satisfazê-la".

Em monografia que tratou exclusivamente sobre o tema, Miguel Maria de Serpa Lopes afirma em seu prefácio que a exceção de contrato não cumprido (*exceptio non adimpleti contractus*) está intimamente ligada ao problema da sinalagmaticidade dos contratos, e como vimos anteriormente, o contrato de prestação de serviços é bilateral e sinalagmático, a ele se aplicando, portanto, referida exceção.[215] Segundo o autor, a *exceptio non adimpleti contractus* pertence exclusivamente aos contratos sinalagmáticos, não havendo matéria nem possibilidade para o seu desenvolvimento fora dos vínculos sinalagmáticos, sendo que a *fides* é elemento fundamental e intrínseco a essa exceção, no sentido de respeito à palavra dada, à execução simultânea das obrigações.[216]

Cumpre observar que a parte cuja exceção é conferida, utiliza-a caso não opte pela invocação do pacto comissório, ou cláusula resolutória, expressa ou tácita, de que trata o art. 475 do CC, e ao qual nos referimos no segundo capítulo. A teoria da equivalência das prestações aliada à ideia de impedir-se o enriquecimento indevido são explicações razoáveis do mecanismo da resolução dos contratos ou da exceção de inexecução.[217]

3.7.1 *Exceptio non adimpleti contractus* e *exceptio non rite adimpleti contractus*

Ao tratar da *exceptio non adimpleti contractus*, ou exceção de contrato não cumprido, observam Ludwig Enneccerus, Theodor Kipp e Martín Wolff que o contrato ou a lei podem determinar quem tem que realizar primeiro a prestação em um contrato bilateral. Em nota, afirmam os autores que se nada convencionaram as partes, em virtude de lei, deve primeiro executar a prestação o obrigado a prestar serviços, e aquele que tem direito a estes somente tem que pagar a retribuição ao terminar o tempo aprazado, e nesse aspecto, pensamos que a retribuição também pode convencionar-se não apenas quando terminado o tempo estabelecido, mas também quando terminado o serviço avençado. Prelecionam os autores que cada uma das partes pode exigir e demandar a prestação, mas a outra parte pode opor uma exceção dilatória, sendo que aquele que se nega a receber a contraprestação e, fundando-se nisso, não quer, em absoluto, realizar a obrigação que lhe incumbe, não pode utilizar essa exceção. Referida exceção dilatória baseia-se na injustiça dessa exigência. Tratando-se de obrigações dirigidas a prestações sucessivas, a exceção pode também basear-se em que não se efetuou, todavia, a contraprestação correlativa a uma prestação parcial anterior. O devedor tem, portanto,

---

[215] LOPES, Miguel Maria de Serpa. *Exceções substanciais* cit., p. 7.
[216] Idem, p. 136.
[217] Idem, p. 187.

direito de retenção de sua contraprestação para evitar a injustiça que implica a exigência da prestação prévia.[218]

Uma exceção igual, obtemperam os autores citados, nesse caso denominada exceção de contrato não cumprido pertinentemente, ou adequadamente (*exceptio non rite adimpleti contractus*), também tem o credor (devedor na ação de cumprimento), quando o devedor (credor na ação em que pretende o recebimento da contraprestação) somente tem cumprido em parte, ou de modo defeituoso, até que a prestação seja completada ou melhorada da maneira pertinente. Mas essa exceção não tem lugar quando, segundo as circunstâncias, a retenção seja contrária à boa-fé, por exemplo, quando somente está atrasada uma pequena parte restante da prestação devida, que no momento não possa prestar a outra parte, ou quando o cumprimento tenha que ser melhorado de outra maneira, com o que, por regra geral, o credor, tomador do serviço, somente poderá reter, para a segurança dessas pretensões atrasadas, uma parte suficiente da prestação, e que corresponda àquela parte que falta ser cumprida.[219]

Uma vez que a exceção pressupõe a existência de um contracrédito, aquela desaparece, naturalmente, quando este se extingue e na medida em que se extingue, por tornar-se impossível a prestação, isto é, se o contraente contra quem se alega a exceção não prestou parte de sua obrigação, sem culpa sua, e esta se tornou impossível, não será obrigado ao complemento ou melhora da prestação, mas o valor da prestação poderá ser reduzido, proporcionalmente. O mesmo não ocorre quando a exceção decorre de cumprimento incompleto por culpa do prestador, pois nesse caso, não apenas cabe essa exceção, como também cabe indenização pelas perdas e danos sofridos pelo tomador. Se o tomador pretende desde logo a redibição ou a diminuição do preço, não se está diante da exceção de contrato não cumprido, pois é de sua essência o complemento ou melhora da prestação, para só então verificar-se a possibilidade de diminuição do preço.

Nas palavras dos autores retrocitados, a *exceptio non adimpleti contractus* é um contradireito do obrigado que torna ineficaz a pretensão do credor, pretensão que se fundamenta por si só. Não obstante, o demandado não tem que provar seu direito de exceção, já que seu nascimento resulta automaticamente do contrato bilateral alegado pelo demandante. Antes, porém, o demandante tem que desvirtuar a exceção mediante a contra-exceção (réplica), que ele tem que provar, do cumprimento ou dever de

---

[218] ENNECCERUS, Ludwig; KIPP, Theodor; WOLFF, Martín. *Tratado de derecho civil: derecho de obligaciones* cit., v. 1, t. 2, p. 165-169.

[219] Idem, p. 166.

prestação do demandado. Assim, é dominante a opinião de que a *mora accipiendi* não elimina a exceção de contrato não cumprido (*exceptio non adimpleti contractus*).

A presença do direito de exceção, evita, por si só, a mora do tomador. Tanto a *exceptio non adimpleti contractus* como a *exceptio non rite adimpleti contractus*, sendo exceções dilatórias, não têm como consequência o desestímulo da demanda, mas apenas que se busque a prestação simultaneamente à contraprestação. Se uma das partes deve efetuar a prestação previamente, poderá, não obstante, negar excepcionalmente sua prestação (mas se seu contracrédito ainda não está vencido não pode em troca exigir a simultaneidade da contraprestação com a sua prestação), se a situação econômica da outra parte piorou notavelmente depois da conclusão do contrato, havendo risco de que não haja a necessária contraprestação. Mas tendo nesse caso a exceção uma finalidade assecuratória, não terá lugar se a outra parte presta caução.[220]

Miguel Maria de Serpa Lopes esclarece que a *exceptio non adimpleti contractus* é exceção dilatória no sentido de que difere a eficácia da ação até cessarem os seus efeitos paralisadores, vale dizer, uma vez desaparecida a exceção dilatória o autor pode removimentar a sua demanda.[221] Por exceção dilatória entende-se aquela que não tranca definitivamente a possibilidade de uma nova ação, como ocorreria, por exemplo, no caso da exceção de prescrição, a qual priva inteiramente o autor de intentar uma nova demanda. É uma forma compulsória indireta de obrigar o demandante a cumprir a prestação que lhe incumbe, movido pelo interesse de evitar a paralisação da vida do contrato, de forma que a ação pode ser reiterada desde que o autor se prontifique a cumprir sua prestação. Nessa modalidade de exceção, paralisa-se a ação em virtude de não se ter cumprido uma determinada obrigação. Essa exceção é também chamada dependente, porque se encontra estreitamente vinculada com a *actio*, da qual depende, mas é uma exceção que comporta ao mesmo tempo uma ação, ou seja, aquele que a detém pode tanto valer-se de ação como pode invocá-la caso demandado. Portanto, a *exceptio non adimpleti contractus* paralisa a ação do autor ante a alegação do réu de não ter recebido a contraprestação que lhe é devida, estando o cumprimento de sua obrigação, por seu turno, dependente do adimplemento da prestação do demandante, com o que não se discute nessa exceção o mérito propriamente dito do direito pretendido. O réu excipiente não nega a obrigação; repele, porém, a sua exigibilidade, por um fundamento ínsito

---

[220] Idem, p. 167-168.
[221] LOPES, Miguel Maria de Serpa. *Exceções substanciais* cit., p. 103-108 e 192-193.

à própria relação vinculativa, e, por conseguinte, paralisa não somente a ação, como também neutraliza a exigibilidade do débito do excipiente, embora vencida a prestação.[222]

Para que se possa ter êxito na exceção de contrato não cumprido, é essencial que o demandado excipiente seja legítimo credor de uma prestação exigível, ainda não executada e não oferecida à execução, cabendo ao réu excipiente a prova de ser credor de uma prestação exigível, não sendo indispensáveis a liquidez e certeza desse crédito alegado, sendo que ao juiz cabe a verificação da existência e exigibilidade do crédito alegado por aquele que invoca referida exceção. Por outro lado, não havendo simultaneidade quanto ao momento do adimplemento das prestações, não há fundamento para ter lugar a *exceptio non adimpleti contractus*.[223] Ademais, referida exceção é oponível, quer se trate de inadimplemento absoluto, total ou parcial, quer se cogite de um simples *inadimplemento mora*, e ainda, a circunstância de ter ou não havido culpa ou dolo por parte do autor excepto é indiferente, pois o dolo e a culpa não são elementos essenciais à sua arguição, bastando que o autor tenha acionado o réu excipiente sem haver cumprido sua prestação, sendo que este não incide em mora desde que o retardo da prestação correspectiva se prenda ao exercício da exceção oposta.[224]

Pode-se igualmente ter lugar essa exceção de contrato não cumprido nas hipóteses de vício intrínseco da coisa, de vício redibitório, ou ainda, nos casos de defeito do objeto da prestação, estando esta em desconformidade com o que se prometeu ou se acordou na avença. Também é de observar que deve haver proporção entre a oposição da exceção pelo réu excipiente e a prestação não cumprida pelo autor excepto, pois caso se trate de inadimplemento de leve teor por parte deste, em homenagem ao princípio da boa-fé, não poderá o réu valer-se dessa exceção. Em outras palavras, entre ambos os inadimplementos deve haver justo nexo de causalidade por proporcionalidade, pois havendo desproporção entre a prestação descumprida e a prestação a ser cumprida deixa de ser aplicada a oposição da *exceptio non adimpleti contractus*.[225]

Observe-se ainda que a exceção de contrato não cumprido não tem lugar, ou seja, não pode ser invocada por aquele cujo contrato estabeleceu o cumprimento da prestação em primeiro lugar. Também não tem lugar a exceção, por estar fora do estado de boa-fé, quando aquele que

---

[222] Idem, p. 135.
[223] Idem, p. 263-264 e 271.
[224] Idem, p. 284 e 290.
[225] Idem, p. 311.

a opõe já declarou não mais querer a contraprestação ou quando a tenha recusado mesmo tendo havido o oferecimento regular pela outra parte.[226] A *exceptio non adimpleti contractus* não poderá ser oposta pelo réu se sua contraprestação se tornou impossível, seja por força maior ou caso fortuito, seja por fato a ele imputável, pois em tais casos falta o elemento substancial para o manejo da exceção, ou seja, falta a própria prestação a que o réu está obrigado, e que poderia reter até o cumprimento da equivalente prestação do autor, de forma que, tornando-se impossível a prestação do réu, não há o que reter e, portanto, não cabe a exceção.[227]

Por outro lado, se a prestação do autor se tornou impossível, por força maior, caso fortuito (aqui não responderá por perdas e danos), ou por fato culposo que lhe é imputado (aqui responde por perdas e danos), e mesmo assim exige a prestação da outra contraparte, age de má-fé. Se o réu ignora a impossibilidade da prestação do autor, poderá opor a exceção de contrato não cumprido, mas, se conhece essa impossibilidade, não cabe a exceção e sim uma defesa de ordem reconvencional.

Finalmente, ambas as exceções supramencionadas podem ser objeto de renúncia, desde que não afetem um princípio de ordem pública. Essa renúncia pode ocorrer antecipadamente, quando da formação do contrato, ou ainda, após seu surgimento, mas antes de ser oposta, ou, finalmente, após ser oposta, mas antes da sentença. Pode também essa renúncia ocorrer sob a forma tácita, como ocorre, por exemplo, se o possível excipiente concede ao prestador uma dilação do crédito, ou seja, dilação no prazo de cumprimento capaz de permitir o perfeito cumprimento da prestação. Outra forma de renúncia da *exceptio* pode ocorrer quando uma das partes efetua sua prestação antecipadamente, com o que fica inutilizada aquela exceção.[228]

3.8 A RESPONSABILIDADE CIVIL DO PRESTADOR DE SERVIÇOS NA QUALIDADE DE PESSOA JURÍDICA

Vimos anteriormente que o prestador de serviços responde pelos danos que o inadimplemento – total ou parcial – e a mora acarretarem ao tomador. E essa responsabilidade pelos danos causados tanto tem lugar nas relações regidas pelo Código Civil como pelo Código de Defesa do Consumidor.

---

[226] Idem, p. 312.
[227] Idem, p. 355-357.
[228] Idem, p. 327 e 329.

Uma vez que o fornecimento de serviço é a principal atividade do mundo moderno, conforme aponta Teresa Ancona Lopez,[229] a questão a ser analisada é saber no que difere essa responsabilidade quando tratar-se de pessoa jurídica o prestador de serviço. Também cumpre analisar os contornos dessa responsabilidade quando estivermos diante de responsabilidade subjetiva, que é a regra na sistemática do diploma civil, e quando estivermos diante da responsabilidade objetiva, exceção estabelecida pelo art. 933 do CC, e, finalmente, quando estivermos diante da responsabilidade objetiva de que trata o *caput* do art. 14 do CDC, ou quando estivermos diante da responsabilidade subjetiva – verdadeira exceção à regra da Lei Consumerista – estabelecida no § 4.º, do mesmo dispositivo.

As atividades desenvolvidas por pessoa jurídica regida pelo Código Civil, segundo a autora citada, referem-se geralmente às microempresas, uma vez que os serviços prestados pelas grandes empresas, e que, portanto, atingem grande grupo de pessoas, são regulados por legislação especial e pelo direito empresarial, sendo tais serviços aqueles relativos às telecomunicações, especialmente os de telefonia, TV a cabo, *internet*, transporte aéreo, serviços bancários, entre outros, o que, segundo aponta a autora, reduziu no mundo contemporâneo a importância do capítulo relativo à prestação de serviços contido no Código Civil, em razão das regulamentações especiais relativas a cada área desenvolvida pelos grandes prestadores de serviços.[230]

Entretanto, é de observar que mesmo as prestações de serviços desenvolvidas pelas grandes empresas, com caráter técnico e com vistas ao alcance de grande público – quer tenham ou não tipicidade própria diversa do conceito de prestação de serviços, como é o caso do transporte aéreo, do fornecimento de hospedagem, de energia, de seguro etc. –, conquanto tenham leis especiais, regras próprias, e até mesmo tipicidade distinta, a elas igualmente terão aplicabilidade as regras do CDC, preservando-se os consumidores, os quais são favorecidos com as regras materiais e processuais por ele estabelecidas, em razão, justamente, de sua vulnerabilidade econômica, técnica, e negocial.

Conforme já observara Caio Mário da Silva Pereira,[231] no direito brasileiro a responsabilidade civil se assenta no princípio fundamental da culpa, sem embargo de algumas disposições isoladas abrigarem a doutrina do risco. Lembra o autor que o preceito capital repousa no art. 186 do CC (antigo art. 159, CC/1916), segundo o qual "aquele que, por ação ou

---

[229] LOPEZ, Teresa Ancona. *Comentários ao Código Civil* cit., v. 7, p. 190.
[230] Idem, p. 191.
[231] PEREIRA, Caio Mário da Silva. *Responsabilidade civil* cit., 9. ed., p. 32.

omissão voluntária, negligência ou imprudência, violar direito e causar dano a outrem, ainda que exclusivamente moral, comete ato ilícito". Essa regra contida no art. 186 está intimamente ligada àquela do art. 927, segundo o qual "aquele que, por ato ilícito (arts. 186 e 187), causar dano a outrem, fica obrigado a repará-lo", bem como às regras subsequentes, que aprofundam o tema relativo à obrigação de indenizar.

As pessoas jurídicas de direito privado, leciona Alvino Lima,[232] assim como as pessoas físicas, são dotadas de uma capacidade jurídica que é quase igual à destas, mas para colocar essa capacidade jurídica em movimento, a pessoa jurídica tem a capacidade de agir, capacidade de praticar atos jurídicos, por intermédio de seus órgãos ou representantes legais, de maneira que a responsabilidade da pessoa jurídica é uma consequência lógica dessa capacidade real e ampla de agir, reconhecida pelo direito, endossando o pensamento de Ferrara, segundo o qual, quem direta ou indiretamente tem o direito de participar da vida jurídica, podendo agir bem ou mal, deve igualmente recolher os frutos da sua atividade, sejam vantagens ou riscos, lucros ou danos. Por outra lado, a responsabilidade das pessoas jurídicas de direito público, em geral, embora mais complexa, é regida, em substância, pelos mesmos princípios gerais que regulam a responsabilidade das pessoas jurídicas de direito privado, e as soluções são comumente idênticas.[233]

Quer se trate de pessoa física, quer se trate de pessoa jurídica, a inobservância ao contrato ensejará o dever de reparar o dano que vier a sofrer o contratante. A responsabilidade, pois, de regra, é subjetiva, com a ressalva estabelecida no parágrafo único do art. 927 do CC, segundo o qual "haverá a obrigação de reparar o dano, independentemente de culpa, nos casos especificados em lei, ou quando a atividade normalmente desenvolvida pelo autor do dano implicar, por sua natureza, risco para os direitos de outrem".

Não incidindo a pessoa jurídica prestadora de serviços nas hipóteses de atividades que por sua própria natureza impliquem risco para os direitos de outrem, bem ainda, não exercendo atividade em massa, ou seja, no mercado de consumo, a relação será regida pelo CC, sendo, pois, subjetiva a responsabilidade, cabendo ao tomador eventualmente lesado pela inobservância do contrato a prova de culpa do prestador faltoso. E para que tal ocorra, pouco importa que na relação contratual tanto o tomador como o prestador sejam pessoas jurídicas, ou que o tomador seja pes-

---

[232] LIMA, Alvino. *A responsabilidade civil pelo fato de outrem.* 2. ed. rev. e atual. por Nelson Nery Jr. São Paulo: RT, 2000. p. 155.

[233] Idem, p. 177.

soa física e o prestador pessoa jurídica, pois o elemento decisivo para a aplicação do Código Civil será a posição de equivalência entre as partes e a não inserção daquela atividade no mercado de consumo.

Por outro lado, tratando-se de pessoa jurídica que, devido à sua atuação profissional no mercado de consumo, no momento da concretização do contrato esteja em posição de superioridade perante o contratante, a aplicação do CDC exsurge como elemento capaz de afastar o desequilíbrio existente entre as partes, respondendo de forma objetiva pelos danos que vier a causar, ou seja, independentemente de culpa, além de competir-lhe a prova de que não houve o defeito no serviço prestado, ou que o evento danoso tenha ocorrido em virtude de culpa exclusiva ou concorrente da vítima, ou de terceiro estranho à relação contratual e à própria atividade, não sujeito ao prestador, considerada a inversão do ônus da prova, por ser direito protetivo ao consumidor, conferido como um de seus direitos básicos (art. 6.º, VIII).

Como observamos anteriormente, às relações regidas pelo CDC também servirão como excludentes de responsabilidade do prestador de serviços o caso fortuito e a força maior, pois quebram o nexo de causalidade entre o dano e o prestador. Essa responsabilidade objetiva é estendida também aos órgãos públicos, ou seja, aos entes administrativos centralizados ou descentralizados, de maneira a estarem abrangidas as autarquias, fundações sociedades de economia mista, empresas públicas, inclusive as concessionárias ou permissionárias de serviços públicos.[234]

3.9 PRESTAÇÃO DE SERVIÇOS POR PESSOA JURÍDICA E OBRIGAÇÃO PERSONALÍSSIMA

Vimos no segundo capítulo desta obra que a prestação de serviço, segundo a vontade das partes contratantes, pode ou não ser investida de caráter personalíssimo, embora a doutrina comumente defenda como regra o caráter *intuitu personae*. Washington de Barros Monteiro,[235] por sua vez, preleciona que nas obrigações de fazer, a personalidade do obrigado assume quase sempre significação especial, e que mesmo numa simples locação (prestação) de serviços, em que não se reclame aptidão especial do prestador, costuma o tomador levar em consideração o temperamento,

---

[234] GRINOVER, Ada Pellegrini et al. *Código de Defesa do Consumidor comentado pelos autores do anteprojeto* cit., 9. ed., p. 204.
[235] MONTEIRO, Washington de Barros. *Curso de direito civil: direito das obrigações –* 1.ª parte cit., v. 4, p. 92.

a índole e a correção daquele, e afirma ainda que nas obrigações de fazer o erro sobre a pessoa constitui defeito do consentimento nos termos do art. 139, II, do CC. Entretanto, como estudamos anteriormente, não podemos afirmar que o Código imprimiu como regra a pessoalidade da prestação de serviços, pois a legislação deixou ao arbítrio das partes a decisão sobre quando se contratará tendo como requisito o caráter personalíssimo, e quando se contratará sem a exigência do caráter pessoal do prestador.

Igualmente, falamos sobre a diferença entre o art. 247 do CC – que trata da obrigação de fazer, não estabelecendo que toda obrigação de fazer seja personalíssima, mas apenas estatuindo que quando for *intuitu personae,* incorre o obrigado no dever de indenizar o tomador, caso se recuse ao cumprimento da prestação – e aquele encontrado no sistema alemão (§ 613), o qual estabelece o caráter personalíssimo apenas aos casos em que paire dúvida sobre a vontade das partes.

A prestação de serviços, que nas palavras de Roberto De Ruggiero é uma das mais importantes e mais espalhadas relações contratuais da sociedade moderna,[236] terá ou não caráter personalíssimo dependendo da vontade das partes combinada às circunstâncias e ao objeto do contrato em si mesmo considerado. E nesse aspecto, é de observar que, mesmo nos contratos em que o prestador de serviços seja pessoa jurídica, poderá haver situações peculiares que motivem nas partes o interesse em estabelecer como personalíssimo aquele contrato específico.

Portanto, em situações especiais, mesmo pessoas jurídicas prestadoras de serviço podem em sua atividade ser contratadas em caráter personalíssimo. Um exemplo é a contratação de determinado escritório de contabilidade, de advocacia, de estética e beleza etc., em que há por parte do prestador contornos evidentemente empresariais na forma de gerir a prestação do serviço, mas é aquela sociedade em particular que o cliente pretende para a prestação do serviço que busca receber. Imaginemos que determinada pessoa jurídica tenha sido constituída por alguém cuja projeção profissional, acadêmica, social ou econômica inspire no tomador não apenas a expectativa de um serviço segmentado, mas também a expectativa de elevação conceitual daquele próprio serviço, que possa lhe trazer os benefícios desejados e motivadores da contratação; nessas condições, estar-se-á diante de verdadeiro caráter personalíssimo, mesmo tratando-se de pessoa jurídica o prestador do serviço, ainda que aquele fundador tenha ou não falecido, e, caso vivo, ainda que não atue diretamente no serviço prestado, pois o seu próprio nome ou de sua empresa transfere

---

[236] RUGGIERO, Roberto De. *Instituições de direito civil* cit., 6. ed., v. 3, p. 300.

à execução da atividade um esperado diferencial profissional, acadêmico, econômico ou social, ou, às vezes, apenas confere prestígio à pessoa do tomador. Um exemplo de pessoa jurídica prestadora de serviços com caráter personalíssimo ocorre na área de serviços de TV a cabo, em que determinada empresa tenha a oferecer ao consumidor canais televisivos específicos, não encontrados na concorrente, ou ainda quando não há concorrente. Nessa hipótese, aquele que contrata o serviço exatamente para ter acesso àqueles específicos canais tem o evidente intuito de conferir ao contrato o caráter personalíssimo, vez que as empresas concorrentes não poderão suprir seus anseios, ou poderão inexistir.

Considerando que a prestação de serviços é espécie das obrigações de fazer, as quais podem ser contratadas *intuitu personae*, levando em conta as condições pessoais do devedor, seja por se tratar de um técnico, seja por ser ele titular de qualidades reputadas essenciais para o negócio,[237] não temos dúvida em afirmar que também as pessoas jurídicas podem ser contratadas em caráter personalíssimo, quer se trate de relação contratual regida pelo Código Civil ou pelo Código de Defesa do Consumidor. E nesse sentido, mesmo diante da possibilidade que o credor tem de, em caso de inadimplemento – total ou parcial – ou mesmo de mora, obter o cumprimento através de outrem, à custa do devedor, não desnatura o fato de que, quando da contratação e até o momento da inadimplência, o contrato tenha sido concretizado de maneira personalíssima.

3.10 RESPONSABILIDADE CIVIL DA PESSOA JURÍDICA E DO PROFISSIONAL CAUSADOR DO DANO

Pode ocorrer que determinado prestador de serviços, pessoa jurídica, na execução do contrato utilize não aquele profissional que atraiu a confiança do contratante, não aquele cujo nome foi fundamental na decisão do tomador, mas utilize algum profissional ou técnico que integre a equipe da qual se serve para o adimplemento obrigacional. Nesse caso, assim como naquele em que a pessoa jurídica seja empresa de médio ou grande porte, que necessariamente utilize inúmeros profissionais ou técnicos na execução da prestação contratada, está-se diante da chamada responsabilidade civil por fato de outrem, ou por fato de terceiro.

O art. 932, III, do Código Civil, estabelece que são também responsáveis pela reparação civil "o empregador ou comitente, por seus empregados, serviçais e prepostos, no exercício do trabalho que lhes

---

[237] PEREIRA, Caio Mário da Silva. *Instituições de direito civil* cit., v. 2, p. 58.

competir, ou em razão dele". É a chamada responsabilidade civil pelo fato de terceiro, ou de outrem, figura jurídica que não se confunde com o fato de terceiro,[238] sobre o qual tratamos anteriormente, causa excludente de responsabilidade na medida em que afasta a própria imputabilidade daquele que poderia ser responsável pelo dano. Essa responsabilidade por fato de terceiro, também chamada de responsabilidade complexa, é uma forma excepcional de responsabilidade por meio da qual uma pessoa passa a responder pelo dano decorrente de um ato ilícito cometido por outrem, por estar a este ligado direta ou indiretamente, em virtude de lei ou de contrato.

Henri Lalou,[239] discorrendo sobre o art. 1.384 do Código Civil francês, cujas disposições, nesse tema, em muito se assemelham às nossas, afirma que uma das características da responsabilidade pelo fato de outrem é a inaplicabilidade de suas regras em matéria contratual, e observa que o *Code*, em matéria contratual, elenca diversos textos com regras especiais à responsabilidade por fato de outrem, sendo que esses textos se explicam mais por uma ideia de garantia do que de responsabilidade. Isso se deve ao fato de que nas relações contratuais a atuação dos funcionários e prepostos, ou de qualquer pessoa ligada ao contratado e por ele designada para o cumprimento da obrigação, equivale à própria atuação do prestador, o que descartaria a ideia de terceiro.

José de Aguiar Dias corretamente obtempera que, quando a inexecução do contrato resulta de ato de terceiro, cumpre indagar a situação em que se encontrava em relação ao responsável pela obrigação, com o que se esse terceiro substituía o contraente por vontade deste, na execução do contrato, está-se diante de responsabilidade contratual.[240] Por outro lado, se, conquanto não participe do contrato, o terceiro impede ou ajuda a impedir o cumprimento da prestação, trata-se de responsabilidade delitual, salvo se essa colaboração no impedimento de cumprimento contratual foi prestada ao contraente, e nesse caso a vítima pode optar entre acionar o cúmplice com base no delito, e o contratante com base na inexecução do contrato. Para que haja a responsabilidade contratual, é necessário um laço de causalidade entre o dano e a inexecução do contrato.

Em razão disso, o art. 932 do CC se refere à chamada responsabilidade contratual por fato de outrem,[241] no sentido de que aquele contra quem

---
[238] LOPES, Miguel Maria de Serpa. *Curso de direito civil* cit., v. 5, p. 244.
[239] LALOU, Henri. *Traité pratique de la responsabilité civile* cit., 5. ed., p. 661-662 e 680-682.
[240] DIAS, José de Aguiar. *Da responsabilidade civil* cit., 8. ed., v. 1, p. 195-196.
[241] Idem, p. 206.

a vítima agirá, isto é, aquele contra quem o lesado tem ação, mesmo não sendo, na concepção leiga, o causador direto do dano, deve reparar os prejuízos causados por aqueles "terceiros" elencados no dispositivo.

Já vimos que o ato de terceiro sem qualquer relação com o prestador pode, dependendo das circunstâncias, importar em excludente de responsabilidade, desde que não apenas seja o terceiro estranho ao prestador, como ainda, não tenha podido este prever ou impedir a intervenção daquele na relação contratual. Aqui não nos referimos a esse aspecto, mas ao fato de o dano causado ser consequência direta da execução de profissional designado pelo prestador, ou seja, representante, preposto, agente, ajudante, substituto, enfim qualquer pessoa destacada pelo próprio contratante para a execução do contrato. Parece-nos que nessa hipótese está-se diante de responsabilidade contratual por fato próprio.

É de observar que a pessoa jurídica estará isenta de responsabilidade desde que, juntamente com o ato de seu representante, preposto, agente, ajudante ou substituto, também estejam presentes as causas excludentes de responsabilidade anteriormente referidas. Isso porque, as causas exoneratórias do dever de reparação existentes em relação aos atos dos profissionais comissionados pelo contratado são também a ele extensivas, com o que este somente responderá se houver imposição de reparação àqueles, e ainda, se forem ilícitos os atos por tais auxiliares praticados, para que responda o próprio contratado. O principal aqui é o vínculo hierárquico de subordinação existente entre o prestador contratado e aquele por meio do qual executou ou pretendeu executar o serviço.[242]

Se antes se procurava fundamentar a responsabilidade do prestador na culpa *in vigilando* e na culpa *in eligendo*, o art. 933 afasta qualquer discussão nesse sentido ao asseverar que as pessoas referidas no art. 932, nos incisos I a IV, responderão "ainda que não haja culpa de sua parte", pelos atos dos terceiros referidos naquele dispositivo. Há evidente exceção à regra da responsabilidade subjetiva para torná-la objetiva quando o serviço é prestado através de auxiliares vinculados à pessoa do prestador e que exerçam suas atividades sob o comando e direção deste. Enquanto no sistema anterior a culpa do preposto, empregado ou auxiliar deveria ser provada pela vítima, e cuja culpa do comitente era presumida, no atual sistema a culpa cede lugar à responsabilidade sem culpa, mas poderá o responsável eximir-se do dever de reparação se provar que o ato de seu subalterno está abrangido nas causas excludentes de responsabilidade. Essa responsabilidade objetiva da pessoa jurídica já estava presente nas

---
[242] LOPES, Miguel Maria de Serpa. *Curso de direito civil* cit., v. 5, p. 270 e 277.

relações de consumo, como se extrai do *caput* do art. 14 do CDC, pelo qual o prestador responde independentemente de culpa.

Embora nada impeça que a vítima ingresse em juízo contra o preposto, auxiliar, empregado ou profissional causador do dano, separada ou conjuntamente ao próprio contratado – tanto que o art. 932 do CC inicia-se com a sentença "são também responsáveis" –, na prática, o que ocorre é a ação ser intentada direta e exclusivamente perante o contratado, por razões não apenas contratuais e morais, como também econômicas, pois é a pessoa jurídica quem detém, geralmente, melhor condição financeira para suportar a reparação do prejuízo, permitindo-lhe o art. 934 que, após o ressarcimento, mova ação regressiva contra o causador do dano para ver-se ressarcida da importância que pagou ao lesado pela reparação do dano.

Importante lembrar que sendo o causador do dano preposto, auxiliar, agente ou substituto, sem vínculo de emprego para com o prestador contratado, este poderá intentar ação regressiva desde que a comissão ou retribuição a que tenham direito aqueles seja inferior ao valor do prejuízo que causaram, uma vez que se o valor do prejuízo for igual ou inferior à retribuição ou comissão que têm a receber do contratado, poderá este descontar de uma única vez, sem necessidade de agir regressivamente em juízo, pois não há impedimento no âmbito civil ao referido desconto integral dos proventos ou comissões relativos àqueles por quem se fez substituir o prestador na execução do contrato.

O mesmo não ocorre quando tratar-se de empregado em razão do princípio da intangibilidade do salário, que tem como principal objetivo a proteção do salário do empregado contra descontos abusivos efetuados pelo empregador. O art. 462 da CLT, conquanto em seu *caput* disponha ser vedado ao empregador efetuar qualquer desconto nos salários do empregado, salvo quando resultar de adiantamentos, de dispositivos de lei ou de contrato coletivo, assevera em seu § 1.º que em caso de dano causado pelo empregado, o desconto será lícito, desde que essa possibilidade tenha sido acordada ou na ocorrência de dolo do empregado. Vale dizer, tratando-se de empregado o causador do dano culposo – negligência, imprudência ou imperícia –, o prestador, empregador, poderá descontar diretamente de seu salário o valor relativo ao prejuízo que causou, desde que exista expressa previsão no contrato de trabalho firmado entre as partes através da qual o empregado autorize tal desconto, ou, caso inexista previsão contratual de desconto salarial decorrente de dano que vier a causar, desde que haja dolo do empregado na conduta danosa. Tanto o dolo quanto a culpa do empregado na ocorrência do dano devem estar plenamente comprovadas para que se proceda ao desconto salarial permitido em lei.

E nesse aspecto, incluem-se até mesmo os danos morais, pela interpretação conjunta da citada norma com os princípios e direitos constitucionalmente estabelecidos, embora relutem certos doutrinadores a amparar o desconto decorrente de danos morais ocasionados pelos empregados ao argumento de que somente o dano patrimonial seria passível de desconto e não o moral "já que a norma foi editada quando ainda não se admitia dano moral".[243] Ao contrário desse entendimento, que parece ser minoritário, entendemos ser irrelevante o fato de a justiça laboral haver demorado muito mais a aceitar a reparação moral, pois os tribunais dos Estados – conquanto timidamente – e a significativa doutrina pátria, tal como a estrangeira, já aplicavam e defendiam a reparação moral.

Trata-se o § 1.º, do art. 462 da CLT, de exceção ao princípio constitucional da irredutibilidade do salário (art. 7.º, VI, da CF). Como observa Sergio Pinto Martins,[244] em caso de culpa, o desconto só será admitido se houver sido estipulado no contrato de trabalho, além da necessidade da demonstração do prejuízo do empregador, pelo ato praticado pelo empregado, e em caso de dolo do empregador, o desconto não precisa sequer estar autorizado no contrato de trabalho. Amauri Mascaro Nascimento,[245] sobre o tema, igualmente leciona que em caso de danos acarretados pelo empregado no patrimônio do empregador ou de terceiro, desde que relacionados com o serviço, é permitido o desconto havendo dolo do empregado, e que depende de concordância do empregado o desconto, se o dano é causado por culpa, de forma que os danos decorrentes de fatos puramente acidentais ou fortuitos não são descontáveis, pois nesse caso, ensina o autor, não há culpa do empregado e sim circunstâncias alheias à sua vontade.

A fim de não ferir a dignidade do trabalhador, conquanto tenha agido com culpa ou dolo para a ocorrência do dano, caso o prejuízo causado pelo empregado seja superior ao valor de seu salário, deverá ter intocável no mínimo 30% de seus vencimentos, permitindo-se, portanto, que o empregador proceda ao desconto máximo de 70% em decorrência do dano, por analogia ao art. 82, parágrafo único, da CLT,[246] e ainda pela aplicação

---

[243] CASSAR, Vólia Bomfim. *Direito do trabalho*. Niterói: Impetus, 2008. p. 889.
[244] MARTINS, Sergio Pinto. *Direito do trabalho* cit., 25. ed., p. 292.
[245] NASCIMENTO, Amauri Mascaro. *Curso de direito do trabalho* cit., 24. ed., p. 1.061.
[246] É esta a redação do art. 82, da CLT: "Quando o empregador fornecer, in natura, uma ou mais das parcelas do salário mínimo, o salário em dinheiro será determinado pela fórmula Sd = Sm – P, em que Sd representa o salário em dinheiro, Sm o salário

da Orientação Jurisprudencial 18, da Seção de Dissídios Coletivos (SDC), do Tribunal Superior do Trabalho.[247] Portanto, sendo o valor do dano superior ao valor do salário, o empregador poderá descontar no máximo 70% do salário, e a diferença, descontar nos meses subsequentes até a plena quitação do prejuízo, embora haja quem defenda a impossibilidade de desconto superior ao salário e considere o excedente como "dívida civil", de maneira que esta, tal qual a dívida comercial, não poderia ser descontada do salário do empregado,[248] pensamento com o qual não concordamos, pois não traz a lei tal limitação, ao contrário, dá elementos e autorização para o desconto integral do prejuízo que tiver causado o empregado, pois entender-se diferentemente representaria permitir, sobretudo nos casos de dolo, a ausência de reparação plena pelo empregado maldoso. De qualquer maneira, o que ocorre, na prática, é um verdadeiro parcelamento do valor do dano, decorrente de acordo entre empregador e empregado, a fim de que o trabalhador não sofra com descontos de valores elevados, embora permitidos pela lei, com o que se preserva sua dignidade e, sobretudo, manutenção de sua família.

A questão que se coloca em ambos os casos (desconto decorrente de dolo ou de culpa do empregador), embora a doutrina seja silente nesse aspecto, é a de se saber qual o momento em que o desconto pode ser efetuado nos vencimentos do empregado, ou seja, se a partir da reclamação do tomador do serviço, se a partir do ingresso do tomador em juízo pleiteando a reparação, ou somente após o efetivo desembolso pelo empregador. Respeitadas as devidas diferenças e proporções, no CDC, quando há um dano causado em razão de fato do produto ou serviço, o parágrafo único do art. 13 estabelece nascer o direito de regresso após o efetivo pagamento ao prejudicado.

E a Lei Consumerista com razão, assim o estabelece, pois para que se saiba o verdadeiro prejuízo, aquele primeiramente chamado a por ele responder deve efetuar o pagamento da indenização para, depois, agir em regresso, pois diversas hipóteses podem levar o prestador ao não

---

mínimo e P a soma dos valores daquelas parcelas na região, zona ou subzona. Parágrafo único – O salário mínimo pago em dinheiro não será inferior a 30% (trinta por cento) do salário mínimo fixado para a região, zona ou subzona".

[247] É esta a redação da OJ-SDC 18: "**Descontos autorizados no salário pelo trabalhador. Limitação máxima de 70% do salário base.** Os descontos efetuados com base em cláusula de acordo firmado entre as partes não podem ser superiores a 70% do salário base percebido pelo empregado, pois deve-se assegurar um mínimo de salário em espécie ao trabalhador".

[248] MARTINS, Sergio Pinto. *Direito do trabalho* cit., 25. ed., p. 290-292.

ressarcimento do prejuízo da vítima, seja em razão da decadência, seja em razão da prescrição, ou até mesmo em razão de eventual renúncia da vítima à indenização a que teria direito. A Lei Trabalhista, diferentemente da consumerista, apenas estabelece que o empregador poderá efetuar o desconto do dano causado no salário, sem indicar se o empregador tenha que primeiro ter reparado para, só então, proceder ao desconto. E na prática, o empregador desconta mesmo sem ter primeiramente efetuado o pagamento do dano, no que incide a mesma situação supradescrita, no sentido de haver diversas hipóteses que podem levar o prestador ao não ressarcimento do prejuízo da vítima, seja em razão da decadência, seja em razão da prescrição, ou até mesmo em razão de eventual renúncia da vítima à indenização.

Outro importante aspecto é que, embora geralmente seja o prestador cobrado pelo prejuízo que seu empregado tiver causado, nada obsta que este responda a ação de maneira solidária, ou seja, que no polo passivo da demanda figurem tanto o prestador como o empregado causador do dano, não sendo porém, exclusiva a responsabilidade do empregado, pois agiu em nome daquele, uma vez que o risco da atividade econômica não pode jamais recair sobre o empregado, em conformidade com o disposto no art. 2.º, da CLT.

É de observar que nas relações consumeristas, quando para o evento danoso concorrem outras pessoas, sejam elas físicas ou jurídicas, aquele que efetivamente indeniza a vítima tem direito de regresso contra os demais coautores, nos termos do parágrafo único do art. 13 do CDC, o qual estatui que "aquele que efetivar o pagamento ao prejudicado poderá exercer o direito de regresso contra os demais responsáveis, segundo sua participação na causação do evento danoso". Essa regra, embora inserida como parágrafo único ao art. 13, que trata da responsabilidade do comerciante, tem plena aplicabilidade igualmente ao fabricante, ao construtor, ao importador, ou, o que importa ao presente estudo, aos prestadores e fornecedores de serviços, que tenham no evento danoso tido o concurso de outro profissional, pessoa física ou jurídica, igualmente responsável pela segurança daquele fornecimento.

A ação regressiva tanto pode ser ajuizada em processo autônomo, como é facultada a possibilidade de prosseguir o prestador acionado nos mesmos autos com vistas ao recebimento em caráter regressivo do valor proporcional ao grau de responsabilidade do cocausador do dano, uma vez que é vedada a denunciação da lide nas ações cuja matéria seja regida pelo CDC, a teor do que dispõe o art. 88, "para evitar prejuízo ao consumidor com a demora" que essa denunciação acarretaria à efetiva reparação da vítima, denunciação essa que não é vedada quando se estiver diante de relação contratual regida pelo CC.[249]

3.11 RESPONSABILIDADE CIVIL DO PRESTADOR DE SERVIÇOS NA QUALIDADE DE PROFISSIONAL LIBERAL

A prestação de serviços, quer esteja inserida na seara do Código Civil, quer esteja inserida no campo do Código de Defesa do Consumidor, é em grande parte executada por profissionais liberais, e nesse caso, em ambas as legislações, não se fala em responsabilidade objetiva, mas subjetiva, na qual a verificação da culpa se mostra fundamental para se saber se o prestador é ou não responsável pelo dano que vier a causar no exercício de seu mister.

A primeira indagação que surge é a de se saber o que é profissional liberal e qual serviço não é exercido por profissional liberal, evitando-se a generalização da expressão e buscando-se o pensamento da lei (*mens legis*) ao estabelecer no art. 14, § 4.º, do CDC, que "a responsabilidade pessoal dos profissionais liberais será apurada mediante a verificação de culpa". Deveria o profissional liberal ser entendido necessariamente como portador de diploma de nível superior (contador, fisioterapeuta, psicólogo, médico, advogado, dentista, engenheiro, arquiteto etc.) para ser considerado como tal? A lei não fala sobre isso, e cremos que nem seria mesmo necessário, uma vez que em nosso sentir não há necessidade de que o profissional liberal seja portador de qualquer diploma de nível superior para que seja assim identificado e esteja, portanto, inserido na disposição da norma supra, ressalvados os casos em que o exercício profissional não apenas implique em ser o prestador portador do referido diploma, como também decorra do registro nos órgãos de classe daquela determinada categoria profissional.

Corretamente observa Sergio Cavalieri Filho que "*profissional liberal*, como o próprio nome indica, é aquele que exerce uma profissão livremente, com autonomia, sem subordinação. Em outras palavras, presta serviços pessoalmente, por conta própria, independentemente do grau

---
[249] GONÇALVES, Carlos Roberto. *Responsabilidade civil* cit., 10. ed., p. 438.

de escolaridade",[250] com o que não apenas aqueles profissionais supracitados podem ser considerados profissionais liberais, mas também todos aqueles que prestem serviços com autonomia, por sua própria conta, sem subordinação, como por exemplo, o marceneiro, o eletricista, o pintor, a costureira, enfim todos aqueles que, tendo ou não diploma de nível superior exercem por contra própria uma profissão. A esses, confere a Lei Consumerista uma exceção à regra geral da responsabilidade objetiva, de sorte que somente responderão, caso provada sua culpa no dano causado ao tomador do serviço. Não é diferente o entendimento de Nestor Duarte,[251] para quem "consideram-se profissionais liberais aqueles que celebram contratos de prestação de serviço, agindo com autonomia, em razão de suas qualificações técnicas ou científicas".

Portanto, quer se trate de profissional cuja atividade exija formação superior e inscrição nos órgãos de classe (OAB, CREA, CRM, CREFITO, CRO, CRC etc.), quer se trate de profissional de nível técnico, quer se trate de profissional para cuja atividade não exige a legislação qualquer formação acadêmica, desde que todos eles exerçam suas funções com independência, sem subordinação, por conta própria, não temos dúvida em afirmar estarmos diante de verdadeiros profissionais liberais, destinatários da norma em comento.

Registre-se, por oportuno, que o fato de determinado profissional não necessitar, para o exercício de suas atividades, de nenhum diploma de nível superior ou técnico, não o torna um *profissional não qualificado* no sentido costumeiro e vulgar da expressão, tendo em vista a dignidade que o trabalho confere a todos os seres humanos, independentemente do serviço que se proponham a executar.

Por outras palavras, o fato de não haver imperativo legal de formação técnica ou superior a determinadas áreas de atividade profissional, não insere o prestador na situação daquele que "não possua título de habilitação", de que trata o art. 606 do CC. Portanto, não se confunde profissional "não habilitado", mencionado no art. 606 do CC – e que em certos casos pode até mesmo configurar o crime de exercício ilegal da profissão, tipificado no Código Penal –, com o profissional "não qualificado" no sentido próprio do termo, pois as atividades para as quais a lei não exigiu qualificação especial, ou titulação superior, ou técnica para

---

[250] CAVALIERI FILHO, Sergio. *Programa de direito do consumidor* cit., 1. ed., p. 261-262.
[251] DUARTE, Nestor. *Código Civil comentado* cit., 3. ed., p. 167.

o exercício profissional, não podem ser excluídas ou ter minorada sua importância social e econômica; ao contrário, são igualmente protegidas pela legislação consumerista, somente respondendo subjetivamente, ou seja, por culpa, como suprademonstrado.

O fundamento dessa exceção à regra da responsabilidade objetiva decorre, segundo o autor citado, do próprio exercício pessoal desses profissionais liberais, uma vez que seus contratos têm caráter *intuitu personae* na maioria das vezes com base na confiança recíproca, sendo seus serviços negociados, não contratados por adesão, não sendo justo sua equiparação à responsabilidade dos prestadores de serviços em massa, cujas atividades são empresarialmente exercidas, mediante planejamento e fornecimento em série, não se fazendo, por isso mesmo, presentes na atividade do profissional liberal, aqueles motivos justificadores da responsabilidade objetiva dos prestadores de serviços em massa.

É de observar que em se tratando de atividade cuja execução da prestação se refira à obrigação de meio, a responsabilidade é subjetiva, devendo a culpa ser provada pela vítima, de maneira que quando a atividade desenvolvida implicar em obrigação de resultado, ou seja, quando o prestador se obrigar a atingir o resultado desejado pelo contratante, aplicam-se as regras da responsabilidade subjetiva com culpa presumida, cabendo ao prestador elidir essa presunção, provando que de sua parte não houve culpa. Por outras palavras, o fato de responderem de maneira subjetiva não os isenta da responsabilidade de que trata o *caput* do art. 14, ou seja, por defeitos relativos à prestação dos serviços, bem como por informações insuficientes ou inadequadas sobre sua fruição e riscos.

3.12 RESPONSABILIDADE DO PRESTADOR DE SERVIÇOS EM RELAÇÃO A TERCEIROS

No que se refere à responsabilidade do prestador de serviços perante terceiros, estranhos à relação contratual havida entre aquele e o tomador ou consumidor, algumas considerações se fazem necessárias.

Quando se estiver diante de prestação de serviços regida pelo CC, a responsabilidade decorrente do dano causado a terceiro pelo prestador de serviços se insere no âmbito da responsabilidade extracontratual ou aquiliana, também chamada *ex delicto*.

Portanto, relativamente aos danos que eventualmente o prestador venha causar a terceiros, estranhos à relação contratual havida entre eles, prestador e tomador, a responsabilidade em relação a terceiros lesados pela execução da atividade é regulada pelos dispositivos relativos ao ato ilícito, não sendo tais terceiros considerados contratantes por ficção jurídica, como ocorre na Lei Consumerista. O terceiro vitimado pela prestação de serviço da qual não faz parte, fundado no art. 186, poderá exigir a reparação do dano sofrido nos termos do art. 927, no prazo prescricional de três anos, a teor do que dispõe o art. 206, § 3.º, inciso V, do *Codex*,[252] prazo conferido às pretensões nascidas da responsabilidade extracontratual.

Mesmo tratando-se de prejuízo causado por auxiliar do prestador, a relação contratual existente é entre o tomador e o prestador, de forma que é contra este que deve se voltar através da competente ação. Nas palavras de Von Tuhr,[253] o auxiliar do devedor não está vinculado ao credor por nenhuma relação contratual, com o que o credor lesionado em seus interesses pelo auxiliar do devedor não tem nenhuma ação direta contra ele, a menos que sua conduta tenha os caracteres de um delito contra o credor, como ocorre, por exemplo, quando o auxiliar deteriora uma coisa pertencente àquele.

O mesmo não ocorre quando o dano é causado a terceiro em decorrência de atividade desenvolvida no mercado de consumo por aqueles que o próprio Código de Defesa do Consumidor definiu como fornecedores de serviços. Isso porque na seção relativa à responsabilidade pelo fato do serviço – na qual esclarece o art. 14, § 1.º, que o serviço é defeituoso quando não fornece a segurança que o consumidor dele pode esperar, levando-se em consideração as circunstâncias relevantes, entre as quais o modo de seu fornecimento, o resultado e os riscos que razoavelmente dele se esperam, e a época em que foi fornecido –, com a "virtude de preencher, completar o espectro de abrangência do conceito de consumidor, estendendo a proteção" a uma maior gama de situações em que possa ocorrer o dano,[254] encontra-se estatuído no art. 17 que, para os efeitos da referida seção, "equiparam-se aos consumidores todas as vítimas do

---

[252] É esta a redação do art. 206, § 3.º, V, do Código Civil: "Prescreve: (...) § 3.º Em três anos: (...) V – a pretensão de reparação civil;".
[253] VON TUHR, A. *Tratado de las obligaciones* cit., t. 2, p. 106-107.
[254] ALVIM, Arruda; ALVIM, Thereza; ALVIM, Eduardo Arruda; SOUZA, James J. Marins de. *Código do consumidor comentado e legislação correlata*. São Paulo: RT, 1991. p. 49.

evento". É o chamado consumidor por equiparação, também denominado *bystander*, que por ficção jurídica é equiparado ao consumidor relativamente aos acidentes de consumo, sustentando Claudia Lima Marques ser esse art. 17 uma complementação da proteção do terceiro, contida no art. 2.º da Lei Consumerista.[255]

O terceiro que sofre dano decorrente do fornecedor de serviços quando este executa prestação àquele que efetivamente adquiriu tal serviço no mercado de consumo, mesmo nada tendo adquirido daquele prestador, é equiparado ao consumidor diante do acidente de consumo verificado, pois não faria o menor sentido que a lei apenas obrigasse ser a prestação de serviços segura para aquele que a adquiriu, deixando à própria sorte terceiros que fossem vítimas de prestação da qual não fizeram parte na formação do contrato. Essa regra do art. 17 do CDC se justifica "pela relevância social que atinge a prevenção e a reparação" dos danos decorrentes de acidente de consumo.[256]

Se, por exemplo, alguém contrata o serviço de dedetização em sua propriedade, ou serviço para ministração de defensivos agrícolas ou fungicidas, e, por defeito na prestação do serviço, em razão da quantidade excessiva do produto utilizado, a plantação do vizinho vem a perder-se, ou seus animais adoeçam e morram, o vizinho, estranho ao contrato de prestação de serviços, é, *ex vi lege*, equiparado ao consumidor para o fim de pleitear a necessária reparação e ter em seu favor todos os benefícios conferidos pela Lei Consumerista, que vão desde a responsabilidade objetiva, até a inversão do ônus da prova. Essa não será a solução para o caso de o motorista da prestadora de serviços vir a colidir, no trajeto à propriedade do contratante, com outro veículo, caso em que se estará diante de responsabilidade puramente extracontratual, sem aplicação do art. 17 do CDC, pois o acidente no trajeto e o dano causado a qualquer veículo não decorre da execução do objeto do contrato de prestação de serviços, a saber, da própria dedetização, caindo na vala comum da responsabilidade aquiliana, regida pelo Código Civil, por não poder falar-se em defeito do serviço.

No caso de dano cuja regra para reparação esteja no CDC, havendo mais de um autor do prejuízo, sendo apenas um deles acionado pela vítima, fazemos remissão à regra mencionada anteriormente, relativa à

---

[255] MARQUES, Claudia Lima. *Contratos no Código de Defesa do Consumidor* cit., 5. ed., p. 356.
[256] CAVALIERI FILHO, Sergio. *Programa de direito do consumidor* cit., p. 262.

possibilidade de ação regressiva nos termos do parágrafo único do art. 13, o qual faculta que referida ação seja ajuizada em processo autônomo, ou em prosseguimento pelo prestador acionado, nos mesmos autos, com vistas ao recebimento em caráter regressivo, do valor proporcional ao grau de responsabilidade do coautor do dano, vedada a denunciação da lide (art. 88).

3.13 O TERCEIRO CONSUMIDOR POR EQUIPARAÇÃO NO CDC

Quando se trata de responsabilidade civil, sobretudo com relação a terceiro, estranho à relação de consumo, é forçoso lembrar, como já afirmamos anteriormente, que na seção em que trata da responsabilidade por fato do produto e do serviço, o CDC, no art. 17, estatui que "equiparam-se aos consumidores todas as vítimas do evento". Ao contrário das regras contidas no CC, em cujo diploma o terceiro prejudicado por ato do prestador na execução do contrato terá a seu favor as regras da responsabilidade civil aquiliana, *ex delicto*, ou extracontratual, no CDC o terceiro lesado é, por ficção da lei, equiparado ao próprio consumidor, independentemente da ausência de relação contratual entre ele, terceiro prejudicado, e o fornecedor de serviços.

Com essa ficção criada pela Lei Consumerista, o terceiro, quando vítima, tem à sua disposição, para defesa de seus interesses, notadamente para a reparação do dano, todos os benefícios conferidos à relação contratual entre o fornecedor e o consumidor, tomador do serviço. Nas palavras de Cláudia Lima Marques, Antônio Herman V. Benjamin e Bruno Miragem,[257] "basta ser 'vítima' de um produto ou serviço para ser privilegiado com a posição de consumidor legalmente protegido pelas normas sobre responsabilidade objetiva", ou pelas normas da responsabilidade subjetiva, quando for profissional liberal o fornecedor, cujos benefícios, além de outros, destacamos a efetiva reparação dos danos materiais ou morais e a facilitação da defesa com a inversão do ônus da prova.

No exemplo que demos supra, de contratação de dedetização, de ministração de defensivos agrícolas ou fungicidas, de fertilizantes e agrotóxicos, os terceiros que padecerem com o serviço prestado ao seu vizinho terão

---

[257] MARQUES, Cláudia Lima; BENJAMIN, Antônio Herman V.; MIRAGEM, Bruno. *Comentários ao Código de Defesa do Consumidor* cit., p. 277.

à disposição as regras protetivas do CDC por estarem equiparados aos consumidores, ou seja, àqueles que efetivamente contrataram o serviço. E pode ocorrer que os terceiros, vítimas, sequer sejam vizinhos daquele que contratou o serviço, como por exemplo, na hipótese de esses componentes químicos afetarem rios e lagos, ou acarretarem contaminação do lençol freático.

Trata-se, nas palavras de Zelmo Denari,[258] de preocupação do CDC em proteger os denominados *bystanders*, ou seja, aquelas pessoas estranhas à relação de consumo, mas que sofreram prejuízo em razão dos defeitos intrínsecos ou extrínsecos do produto ou serviço.

---

[258] GRINOVER, Ada Pellegrini et al. *Código de Defesa do Consumidor comentado pelos autores do anteprojeto* cit., 9. ed., p. 208.

DA PRESCRIÇÃO E DA DECADÊNCIA

4.1 PRESCRIÇÃO E DECADÊNCIA: DO CÓDIGO CIVIL DE 1916 AO CÓDIGO CIVIL DE 2002

Um dos temas de grande importância, e sem o qual não estaria completo o presente estudo, é aquele relativo à prescrição e à decadência. Embora tenhamos iniciado de maneira perfunctória a questão no capítulo anterior, quando tratamos dos vícios redibitórios, podemos agora, de maneira mais abrangente, discorrer sobre as nuances que o tema envolve, tanto na esfera do CC como no âmbito do CDC.

Conforme obtempera Roberto De Ruggiero,[1] a influência que o tempo tem sobre as relações jurídicas é bastante grande, bem como a que tem sobre todas as coisas humanas. A influência do tempo é, segundo o autor, também bastante variada. Assim, há direitos que não podem surgir senão em certas contingências de tempo; direitos que não podem ter senão uma duração preestabelecida fixada em lei ou pela vontade privada; direitos que não podem ser exercidos fora de certo prazo; direitos que se adquirem ou que se perdem em razão do decurso de certo período de tempo, de maneira que o tempo mostra sua importância desse e de outros modos, e frequentemente não se apresenta apenas como o único fator que produz tais efeitos, mas com ele concorrem outros fatores, como por exemplo, o comportamento de uma pessoa, sua abstenção ao exercício de um poder, e existência ou inexistência de um fato, enfim, junto com outros fatores que são decisivos para a produção de efeitos do tempo.

Essa influência do tempo, a que Von Tuhr chama de "virtude curativa do tempo",[2] pode, portanto, acarretar aquelas situações que conhecemos

---

[1] RUGGIERO, Roberto De. *Instituições de direito civil* cit., 6. ed., v. 1, p. 316.
[2] VON TUHR, A. *Tratado de las obligaciones* cit., t. 2, p. 175.

como prescrição e decadência, também chamada de caducidade. Embora entre ambos haja considerável analogia, aponta Clóvis Beviláqua ser mister distinguir a decadência ou caducidade dos direitos, determinada pela extinção dos prazos assinados à sua duração, da prescrição, pois diferem as regras a que obedecem cada um desses institutos, embora apontasse referido autor que a doutrina ainda não se mostrava firme e clara no domínio desse tema, inobstante o esforço dos doutrinadores. Os desvios e erros de doutrina quanto à prescrição, na visão do autor, decorreram da confusão entre esta e o usucapião, confusão que aos poucos foi sendo corrigida nos códigos. Nosso Código Civil, portanto, seguiu a orientação contida no Código Civil alemão, no sentido de inserir a prescrição nas regras gerais, e deixar o instituto do usucapião na parte relativa ao direito das coisas.[3]

Ocorre, todavia, que o Código Civil de 1916, como bem observou Agnelo Amorim Filho,[4] tornava a questão relativa à prescrição e à decadência ainda mais complexa e eriçada de obstáculos, pois englobou indiscriminadamente, sob uma mesma denominação e subordinados a um mesmo capítulo, os prazos de prescrição e os prazos de decadência, dando-lhes, por conseguinte, tratamento igual, e por vezes fazendo uso da terminologia absolutamente inadequada, como observou a doutrina e a jurisprudência.

A forma como restou tratada a matéria no Código Civil revogado mereceu a censura de Luiz F. Carpenter,[5] no sentido de que o Código poderia, na parte sobre prescrição das ações, ter conseguido um lugar de destaque, afastando-se dos outros códigos, abandonando a rotina que eles seguiam, e "acolhendo corajosamente as últimas aquisições da doutrina jurídica mais adiantada e razoável, nesse assunto da prescrição". Para referido autor, o Código de 1916 apenas repetiu velhas máximas e textos que se encontravam nos outros códigos e que já pertenciam à nossa legislação anterior. O autor, além da crítica, fazia também um elogio, "embora incompleto", admitia, relativamente à imitação do Código alemão, no sentido de fazer constar a prescrição na parte geral, mas esse elogio é incompleto, pois embora o Código tenha reunido inúmeras hipóteses de prescrição – cuja quantidade de textos era tão vasta e tão esparsa que aos próprios advogados, muitas vezes, escapava a alegação de prescrição,

---

[3] BEVILÁQUA, Clóvis. *Teoria geral do direito civil* cit., 2. ed., p. 367-374.
[4] AMORIM FILHO, Agnelo. Critério científico para distinguir a prescrição da decadência e para identificar as ações imprescritíveis. *RT*, São Paulo: RT, v. 300, ano 49, out. 1960, p. 7-37. A citação encontra-se à p. 8.
[5] CARPENTER, Luiz F. *Da prescrição*. 3. ed. Atualização e notas do Prof. Arnoldo Wald. Rio de Janeiro: Nacional de Direito, 1958. v. 1, p. 12-14.

e com isso causando injustiças, pois o juiz não podia, diferentemente do que ocorre hoje, reconhecer e decretar de ofício a prescrição[6] – deixou de fora muitos casos de prescrição de curto prazo que eram apontados por ilustres autores, como Clóvis Beviláqua, Almeida Oliveira e Carlos de Carvalho, e justamente por omitir tais prazos, o código "caminhou para trás, retrogradou". Na visão do citado doutrinador, poucos assuntos seriam de tanta utilidade como a prescrição das ações, caso o Código houvesse sido mais completo na enumeração daqueles casos prescricionais que não estavam inseridos na regra geral da prescrição ordinária.

Ao longo das eras, sempre esteve a doutrina a debater-se sobre a distinção entre prescrição e decadência, se ambas seriam idênticas, se a prescrição extinguia a ação e o direito, ou somente a ação, ou somente o direito, se a decadência extinguia somente o direito ou com este a ação, e daí por diante. A distinção entre esses institutos, ensina Miguel Maria de Serpa Lopes,[7] deve primeiramente ser encarada do ponto de vista histórico-evolutivo, uma vez que as fontes romanas apontam que a diversidade entre essas duas figuras era colocada de lado, uma vez que utilizavam com amplo sentido a expressão *praescriptio*. Sem embargo, o conceito de prescrição no direito romano é de que ela atingia a *actio*, ou seja, atingia o próprio meio processual mediante o qual se fazia valer o direito; o direito sobrevivia, sem, contudo, ter ação a ampará-lo, e, por exemplo, tratando-se de obrigação, extinta a ação em decorrência da prescrição, permanecia o crédito, desprovido da tutela da ação, sob a forma de obrigação natural.[8]

Chironi e Abello chegaram a afirmar que entre os modos principais pelos quais o direito termina, tem particular importância a prescrição, que é o modo pelo qual, por via do decurso do tempo ou pela inércia do seu titular, extingue-se o direito e com isso a ação em que tem a natural tutela. Mais adiante, prelecionam que com a prescrição se extingue o direito, e, junto, a ação que o protege. E ainda mais adiante, observam que na decadência se percebe uma forma especial de prescrição, com conteúdo mais enérgico do que o existente na ordinária.[9] No mesmo

---

[6] Vide CPC, art. 219, § 5.º, com a redação conferida pela Lei 11.280/2006, cujo art. 11 revogou expressamente o art. 194 do Código Civil, o qual impedia o juiz, de ofício, suprir a alegação de prescrição.

[7] LOPES, Miguel Maria de Serpa. *Curso de direito civil*: introdução, parte geral e teoria dos negócios jurídicos. 2. ed. São Paulo: Freitas Bastos, 1957. v. 1, p. 576.

[8] RUGGIERO, Roberto De. *Instituições de direito civil* cit., 6. ed., v. 1, p. 324.

[9] CHIRONI, G. P.; ABELLO, L. *Trattato di diritto civile italiano*: parte geral. Torino: Fratelli Bocca Editori, 1904. v. 1, p. 684-692.

sentido ensina Roberto De Ruggiero,[10] ou seja, que a prescrição tem efeito extintivo sobre o próprio direito, já que com a ação prescreve ao mesmo tempo o próprio direito, não porque se confunda direito com ação, mas porque sendo a tutela judiciária um caráter imanente e essencial do direito, perdida a tutela, também com ela se perdeu o direito, coincidindo os dois conceitos (prescrição e decadência), posto que, arremata o autor, não teria utilidade prática a sobrevivência de um direito sem ação, pois não poderia fazer-se valer.

Por sua vez, Francesco Carnelutti distinguiu a decadência da prescrição afirmando que aquela (decadência) concerne à eficácia do tempo como distância, na medida em que exprime a extinção de uma situação jurídica (ativa, poder) pela não prática de um ato dentro de certo prazo, enquanto essa (prescrição) respeita não a distância, mas a duração, e por isso, é fato jurídico temporal, ou seja, ato omissivo. Para o autor, a prescrição, ao contrário da decadência, não é conceito que pertence à estática, mas à dinâmica do direito, lecionando que "ao passo que a decadência é expressão da inexistência de uma situação (ativa), a prescrição e a perempção são expressões de um fato ou, com mais precisão, de uma omissão prolongada no tempo (por um certo tempo)", e assim se esclarece o princípio segundo o qual tanto a prescrição como a perempção admitem suspensão e interrupção, não admitidas na decadência. A decadência, arremata o autor, importa um dever que se exerça numa certa *distantia temporis*, e à prescrição importa que uma omissão tenha certa duração.[11]

Entre nós, Luiz F. Carpenter,[12] supracitado, defende que a prescrição liberatória – que é igualmente extintiva – em última análise, é a extinção do direito pelo não uso da demanda prolongado durante certo tempo, embora também aponte que a prescrição nada tem que ver com o não uso dos direitos, pois a prescrição é a extinção dos direitos pelo não uso das demandas, uma vez que a regra geral é que os direitos não se perdem pelo não uso, embora essa regra comporte exceções, como nos casos dos prazos extintivos preclusivos.

Antonio Luiz da Câmara Leal,[13] por sua vez, observa que não é contra a inércia do direito que a prescrição age, mas é contra a inércia da

---

[10] RUGGIERO, Roberto De. *Instituições de direito civil* cit., 6. ed., v. 1, p. 324.
[11] CARNELUTTI, Francesco. *Teoria geral do direito*. Trad. A. Rodrigues Queiró e Artur Anselmo de Castro. Coimbra: Arménio Amado, 1942. p. 468.
[12] CARPENTER, Luiz F. *Da prescrição* cit., v. 1, p. 98.
[13] LEAL, Antonio Luiz da Câmara. *Da prescrição e da decadência*: teoria geral do direito civil. São Paulo: Saraiva, 1939. p. 17-18.

ação, a fim de restabelecer a estabilidade do direito, fazendo desaparecer o estado de incerteza resultante da perturbação, não removida pelo seu titular. O autor coloca-se ao lado do pensamento alemão, no sentido de que é a ação e não o direito que se extingue pela prescrição. Assim, se a inércia é a causa eficiente da prescrição, esta não pode ter por objeto o direito, porque o direito, em si, não sofre extinção pela inércia de seu titular. Isso porque o direito, uma vez adquirido, entra como faculdade de agir (*facultas agendi*) para o domínio da vontade de seu titular, de modo que o seu não uso, ou não exercício, é apenas uma modalidade externa dessa vontade, perfeitamente compatível com sua conservação. Assim, reconhece referido doutrinador que "a prescrição só pode ter por objeto a ação, e não o direito, posto que este sofra também os seus efeitos, porque ela, extinguindo a ação, o torna inoperante".

Essa é a mesma construção doutrinária defendida por Pontes de Miranda,[14] o qual, após conceituar a prescrição como "a exceção, que alguém tem, contra o que não exerceu, durante certo tempo, que alguma regra jurídica fixa, a sua pretensão ou ação", obtempera que os prazos prescricionais não destroem o direito, não cancelam nem apagam as pretensões, apenas encobrem a eficácia da pretensão, de forma a atender a conveniência de que não perdure por demasiado tempo a exigibilidade ou a acionabilidade, embora, lembra o autor, de regra, a prescrição não atinge somente a ação, mas também a pretensão, cobrindo a eficácia desta, e, pois, do direito, quer quanto à ação, quer quanto ao exercício do direito.

Preocupado em não apenas discutir e conceituar os institutos a partir dos seus efeitos e consequências, senão em estabelecer cientificamente as bases da distinção entre prescrição e decadência, ou seja, os princípios desses institutos, brilhantemente sobre o assunto escreveu Agnelo Amorim Filho.[15] Em apertada síntese, o autor parte dos ensinos de Chiovenda quanto à classificação dos direitos subjetivos em duas grandes categorias: **a)** "direitos a uma prestação", os quais têm por finalidade a obtenção de um bem da vida através de uma prestação e em cuja categoria se encontram, entre outros, os direitos pessoais e reais, prestação essa na qual há sempre um sujeito passivo obrigado a uma prestação, seja positiva (dar ou fazer), como nos direitos de crédito, seja negativa (abster-se), como nos direitos de propriedade, e, **b)** "direitos potestativos", nos quais estão

---

[14] PONTES DE MIRANDA, Francisco Cavalcanti. *Tratado de direito privado*. Rio de Janeiro: Borsoi, 1955. v. 6, p. 100-102.
[15] AMORIM FILHO, Agnelo. Critério científico para distinguir a prescrição da decadência e para identificar as ações imprescritíveis cit., p. 7-37.

inseridos aqueles poderes que a lei confere a determinadas pessoas de influírem, com uma declaração de vontade, sobre situações jurídicas de outras pessoas, sem o concurso da vontade dessas, sendo que em alguns casos esses direitos potestativos se exercem e atuam mediante simples declaração de vontade, e em alguns casos com a intervenção necessária do juiz, mas sempre, independentemente da vontade ou concordância da outra parte. Dessa forma, o poder que tem o contratante lesado pelo inadimplemento de pedir a resolução do contrato (art. 475, CC), ou por vícios redibitórios (art. 441, CC), são exemplos desses direitos potestativos, que criam um estado de sujeição para outras pessoas, no sentido de ser desnecessário, quanto a estas, o concurso da vontade ou qualquer atitude de sua parte.

Ocorre que, prossegue o citado autor, essa concepção de direitos potestativos levou à classificação das ações em três grupos principais: condenatórias, constitutivas e declaratórias. Assim, utiliza-se ação condenatória quando se pretende obter do réu uma prestação (positiva ou negativa), de forma que a esse tipo de ação não se valem os direitos potestativos, sendo meio de proteção dos direitos suscetíveis a uma violação (direito a uma prestação). A ação constitutiva (positiva ou negativa) tem lugar quando se busca a obtenção não de uma prestação, mas a criação de um estado jurídico ou a modificação, ou a extinção de um estado jurídico anterior, sendo meio de defesa daqueles direitos insuscetíveis de violação (direitos potestativos). Finalmente, temos a ação declaratória, que tem por objetivo conseguir uma certeza jurídica. As sentenças proferidas na segunda classe de ação, ou seja, constitutiva, não são suscetíveis e nem necessitam de execução, esgotando-se a ação com o provimento judicial que cria, modifica, ou extingue um estado jurídico; mas quando essa ação é cumulada com uma ação condenatória pode-se, então, cogitar de execução, mas essa execução refere-se à ação condenatória.

Assim, o termo inicial da prescrição é o nascimento da ação conferida pela lei, e essa ação tem como fato gerador uma lesão ou violação a um direito. Em outras palavras, "a violação do direito e o início do prazo prescricional são fatos correlatos, que se correspondem como causa e efeito".[16] E nesse sentido, o Código Civil vigente trouxe em seu art. 189 disposição que inexistia no *Codex* revogado, estatuindo que "violado o direito, nasce para o titular a pretensão, a qual se extingue, pela prescrição, nos prazos a que aludem os arts. 205 e 206", assemelhando-se à disposição contida no § 194, alínea 1.ª, do Código Civil alemão, segundo a qual, o direito de reclamar a outrem uma ação ou uma abstenção (pretensão) está

---

[16] Idem, p. 19.

sujeito à prescrição, sendo que o § 199, alínea 1.ª, estabelece o início da prescrição a partir do nascimento da pretensão. O Código de Defesa do Consumidor, ao tratar da prescrição em seu art. 27, igualmente já havia estabelecido idêntico critério de distinção entre ambos os institutos, ao asseverar que prescreve em cinco anos a pretensão à reparação pelos danos causados por fato do produto ou do serviço, iniciando-se a contagem do prazo a partir do conhecimento do dano e de sua autoria.

Diante dessas considerações, ensina o autor que somente os direitos a uma prestação conduzem à prescrição, pois apenas eles são suscetíveis de lesão ou violação, com o que os direitos potestativos (direitos sem pretensão, direitos sem prestação) não podem jamais dar origem a um prazo prescricional, justamente por não estarem sujeitos à lesão ou violação.[17] Portanto, somente as ações condenatórias podem prescrever, pois são as únicas que protegem direitos suscetíveis de lesão ou violação.

A distinção entre prescrição e decadência, ainda observa Agnelo Amorim Filho, decorre do fato de que ambos os institutos, embora tendo fundamentos comuns, divergem quanto ao objeto e aos efeitos. Aos direitos potestativos, cujo exercício a lei não fixou prazo especial, prevalece o princípio geral da perpetuidade, da inesgotabilidade, no sentido de que o direito não se esgota pelo seu não uso. Quando a lei fixa prazo para o exercício de alguns direitos potestativos, o decurso do prazo, sem o exercício do direito, acarreta a extinção deste, pois do contrário, não haveria razão para a fixação de prazo. E isso tem seu fundamento, explica o autor, porque nos direitos potestativos subordinados a prazo, a intranquilidade social não decorre da existência de ação, mas da existência do próprio direito, tanto que há direitos dessa classe, que a lei impôs prazo mesmo que não sejam exercitáveis através de ação, uma vez que "o que intranquiliza não é a possibilidade de ser proposta a ação, mas a possibilidade de ser exercido o direito", e não haveria tranquilidade se fosse extinta a ação, mas mantido o direito. Esse ponto difere totalmente dos direitos à prestação, nos quais a lei não fixa prazo para o exercício deles, mas para a propositura da ação que lhes assegura, de sorte que, não proposta a ação, a lei decreta a extinção desta, e não daqueles. Em outras palavras, nos direitos potestativos, é possível afirmar a extinção de um direito pelo seu não uso, com o que se conclui que "os únicos direitos para os quais podem ser fixados prazos de decadência são os direitos potestativos, e, assim, as únicas ações ligadas ao instituto da decadência são as ações constitutivas, que têm prazo especial de exercício fixado em lei".

---

[17] Idem, p. 19-20.

O próprio autor analisa – em razão da confusão que instalara o Código revogado ao tratar de ambos os institutos no mesmo dispositivo –, que determinados casos podiam apresentar dificuldade de distinção entre prescrição e decadência, como ocorria com os vícios redibitórios, nos quais o comprador tinha à sua disposição tanto ação para abatimento do preço (ação condenatória) como "ação para rescindir o contrato" (ação constitutiva), cumulada com ação para reaver o preço pago, acrescido das perdas e danos (condenatória). Cumpre, por oportuno, observar quanto ao tema, que mesmo renomados autores como Luiz F. Carpenter identificavam nos vícios redibitórios hipótese de prescrição, e não de decadência.[18] Dada essa confusão instaurada pelo Código, somente haveria uma forma de solucionar o impasse, uma vez que não se admite a fluência simultânea de prazos decadenciais e prescricionais: verificar qual dos dois interesses haveria de prevalecer, ou seja, aquele protegido pela prescrição ou aquele protegido pela decadência. E, uma vez que aos prazos de decadência não se admite renúncia, interrupção ou suspensão – ressalvadas as exceções previstas na lei (art. 207 e seguintes do Código Civil vigente) –, além da obrigação de serem declarados de ofício pelo juiz, apresentam um interesse público mais relevante do que os prazos prescricionais, motivo pelo qual se conclui que são prazos de decadência aqueles relativos aos vícios redibitórios.[19]

O Código de Defesa do Consumidor foi mais feliz ao tratar da questão relativa aos institutos da decadência e da prescrição, distinguindo-os corretamente, e estabelecendo as regras a ele relativas nos arts. 26 e 27, respectivamente, sobre os quais tecemos alguns comentários no capítulo anterior, quando, de maneira perfunctória, tratamos dos vícios redibitórios, defeito e fato do serviço. A confusão criada pelo Código revogado foi, com efeito, dissipada no vigente *Codex*, o qual, adotando o mesmo critério científico que fora proposto por Agnelo Amorim Filho, e que já constava no CDC,[20] tratou dos prazos de prescrição nos arts. 205 e 206, e, quanto ao prazo decadencial, embora não o tenha conceituado, estabeleceu-o de forma espalhada, junto a cada tema a ele aplicável, de maneira que relativamente aos vícios redibitórios estabeleceu-os no art. 445, estatuindo que "decai do direito de obter a redibição ou abatimento no preço" aquele que inobservar os prazos nele estabelecidos.

---

[18] CARPENTER, Luiz F. *Da prescrição* cit., v. 2, p. 513-514.
[19] AMORIM FILHO, Agnelo. Critério científico para distinguir a prescrição da decadência e para identificar as ações imprescritíveis cit., p. 23-24.
[20] NERY JUNIOR, Nelson; NERY, Rosa Maria de Andrade. *Novo Código Civil anotado e legislação extravagante*. 2. ed. rev. e ampl. São Paulo: RT, 2003. p. 260

4.2 DA DECADÊNCIA NO CDC E NO CC

Feitas as considerações anteriores, verifica-se que a decadência é a perda ou extinção do próprio direito pela inércia de seu titular, ou seja, pelo seu não exercício, no prazo que a lei conferiu. De maneira indireta, extingue a ação caso esta tenha seu nascedouro junto com o direito que se poderia exercer, ou seja, quando o direito tutelado tivesse que ser exercido através de ação.

Vimos no capítulo anterior que o CDC instituiu prazos decadenciais relativamente aos vícios redibitórios no art. 26, em seus incisos e parágrafos, conferindo o direito de reclamar pelos vícios aparentes ou de fácil constatação no prazo de trinta dias, quando se tratar de fornecimento de serviço não durável, ou no prazo de noventa dias, quando se tratar de fornecimento de serviço durável, e, em ambos os casos, o prazo tem início no dia imediato ao fornecimento do serviço. Tratando-se de vício oculto, dispõe o § 3.º que o prazo se inicia no momento em que ficar evidenciado o defeito. Esse parágrafo, embora à primeira vista pareça tornar perpétuo o direito de reclamação pelo vício, deve ser interpretado, por uma questão de bom senso e de razoabilidade, levando-se em consideração a "vida útil" do serviço prestado, em observância à sua distinção entre durável e não durável, utilizando-se o mesmo fundamento defendido por Sergio Cavalieri Filho quanto aos vícios ocultos do produto, de maneira que não permaneça referido direito indefinida e eternamente à disposição do consumidor.[21]

Esses prazos de decadência, na dicção do § 2.º do art. 26, são obstados, ou seja, deixam de fluir desde o momento em que o consumidor apresenta reclamação ao fornecedor quanto aos vícios e defeitos do serviço, e somente voltam a fluir após a resposta negativa deste, resposta essa que deve ser transmitida de forma inequívoca, ou seja, a reclamação pelo defeito dirigida ao prestador, fornecedor, impede a fluência dos referidos prazos enquanto não for respondida a reclamação. Outra causa obstativa à fluência do prazo decadencial é a instauração de inquérito civil até seu encerramento, entendido este como a data em que o consumidor for cientificado da confirmação do arquivamento do inquérito pelo Conselho Superior do Ministério Público, isto é, pela homologação de arquivamento promovida pelo referido Conselho, confirmando decisão do órgão do Ministério Público (art. 9.º, LACP), ou, entendido esse encerramento como a data do ajuizamento da ação civil pública.

---

[21] CAVALIERI FILHO, Sergio. *Programa de direito do consumidor* cit., 1. ed., p. 280.

O art. 207 do CC, que é regra geral, ao tratar da decadência, estabeleceu que "salvo disposição legal em contrário, não se aplicam à decadência as normas que impedem, suspendem ou interrompem a prescrição". Por outro lado, nos termos do art. 208, "aplica-se à decadência o disposto nos arts. 195 e 198, inciso I", ou seja, enquanto o art. 195 permite aos relativamente incapazes e às pessoas jurídicas promoverem ação contra os seus assistentes ou representantes legais, que derem causa à prescrição, ou não a alegarem oportunamente, o art. 198, I, estatui não correr prescrição contra os incapazes de que trata o art. 3.º (menores de dezesseis anos; enfermo ou deficiente mental que não tenham o necessário discernimento para a prática dos atos da vida civil; e os que, mesmo por causa transitória, não puderem exprimir sua vontade). Com isso, por força do que dispõe o citado art. 208 do CC, há exceção à regra de que prazo decadencial não se sujeita às causas de impedimento, suspensão ou interrupção, e, por conseguinte, a decadência não corre contra os incapazes, tal qual a prescrição, bem como fica permitido tanto aos relativamente incapazes como às pessoas jurídicas promoverem ação contra os seus assistentes ou representantes legais, que derem causa à decadência, ou não a alegarem oportunamente.

Verifica-se ainda que o art. 26, § 2.º, do CDC, é igualmente uma exceção à regra geral, segundo a qual os prazos decadenciais não estão sujeitos a impedimento, suspensão ou interrupção, como ocorre no instituto da prescrição. Nesse aspecto, embora alguns doutrinadores defendam ser caso de suspensão,[22] enquanto outros afirmam ser caso de interrupção,[23] em nosso sentir, dependendo do caso, será um ou outro, sendo que, para a apuração, deve-se fazer a seguinte distinção: a) quando a reclamação pelos vícios aparentes é feita imediatamente ao seu descobrimento; b) quando a reclamação pelos vícios aparentes é feita durante o curso do prazo decadencial; c) quando a reclamação disser respeito a vício oculto.

Tratando-se da primeira hipótese, ou seja, de reclamação feita no momento da prestação do serviço, uma vez que o prazo decadencial somente começaria no dia imediato, tem-se que a expressão "obstar" utilizada pelo CDC deve ser interpretada como verdadeira causa de **impedimento**, e não de suspensão. Isso porque, não se suspende o prazo que

---

[22] Cf. NERY JUNIOR, Nelson; NERY, Rosa Maria de Andrade. *Código Civil anotado e legislação extravagante* cit., p. 929; GRINOVER, Ada Pellegrini et al. *Código de Defesa do Consumidor comentado pelos autores do anteprojeto* cit., 9. ed., p. 239; SIMÃO, José Fernando. *Vícios do produto no novo Código Civil e no Código de Defesa do Consumidor* cit., p. 120-121.
[23] MARQUES, Cláudia Lima; BENJAMIN, Antônio Herman V.; MIRAGEM, Bruno. *Comentários ao Código de Defesa do Consumidor* cit., p. 371.

não começou a correr. Assim, no momento em que de forma inequívoca o fornecedor responder de maneira negativa à reclamação, o consumidor tem seu prazo decadencial íntegro, vez que sequer deixou transcorrer qualquer fração do tempo conferido pela lei. Não se trata de interrupção, cujo efeito é desconstituir o prazo decorrido e conceder novo prazo integral. Também não se trata de suspensão, uma vez que o prazo sequer teve seu início. Trata-se, isto sim, de impedimento ao próprio início do prazo decadencial; daí por que terá o consumidor o prazo integral, após cessada a causa obstativa.

Tratando-se da segunda hipótese, ou seja, de reclamação realizada durante o prazo decadencial, quer ocorra essa reclamação tão logo tenha se iniciado o prazo, quer se proceda à reclamação no curso de sua fluência, ou mesmo quando já está prestes a findar, nessa hipótese a expressão "obstar" utilizada pelo CDC deve ser interpretada como verdadeira causa de **suspensão**. Isso porque, havendo-se já iniciado o prazo decadencial, feita a reclamação, resta paralisado o prazo remanescente, enquanto não houver, por parte do fornecedor, a resposta negativa de forma inequívoca, com o que, advinda esta, o prazo volta a correr pelo tempo que faltava para seu término. Vale dizer, soma-se o prazo decorrido anteriormente à reclamação àquele decorrido após a resposta negativa do fornecedor.

Quanto à terceira hipótese, relativa à reclamação decorrente de vício oculto, poderá ser **tanto caso de impedimento como de suspensão** da decadência; será impedimento na hipótese de a reclamação ser feita no ato do descobrimento, e será suspensão caso seja a reclamação procedida pelo consumidor logo após iniciado o prazo, ou, caso seja feita essa reclamação quando já se encontrar no meio do prazo decadencial, ou mesmo quando já esteja próximo ao seu término.

Portanto, a distinção somente será possível analisando-se detidamente em qual das três hipóteses mencionadas está inserida a reclamação do consumidor – se antes ou após o descobrimento do vício –, para se afirmar com precisão se é caso de impedimento ou suspensão do prazo de decadência, uma vez que o art. 26 do CDC utilizou-se da expressão "obstar", a qual, indubitavelmente, pode referir-se tanto a impedimento como a suspensão. Qualquer, porém, que seja o caso, após a resposta negativa de forma inequívoca por parte do fornecedor, ou após o término do inquérito civil, deve o consumidor exercer, dessa vez judicialmente, o direito à reexecução do serviço, ou a devolução do que houver pago, devidamente corrigido, e sem prejuízo das perdas e danos, ou ainda, o abatimento do preço, proporcionalmente ao vício do serviço existente, nos termos do art. 20 da Lei Consumerista e, como observa Arruda

Alvim,[24] haverá solidariedade entre os fornecedores de serviços não em razão do fornecimento, mas por força dos arts. 7.º, parágrafo único, e 25, § 1.º. Ainda que não estabelecesse a Lei Consumerista a solidariedade entre os causadores do dano, o art. 942 do CC teria aplicação a essas relações de consumo em que se verificasse a ocorrência de dano por mais de um fornecedor de serviço.

No que se refere à decadência no Código Civil, notadamente quanto aos vícios redibitórios, cujos prazos já mencionamos anteriormente – de trinta dias "se a coisa for móvel, e de um ano se for imóvel", ou quando por sua natureza o vício somente puder ser conhecido mais tarde, da ciência do vício ou defeito, conta-se o prazo de até cento e oitenta dias "em se tratando de bens móveis", e de um ano "para os bens imóveis", devendo entender-se tais prazos para além dos bens móveis ou imóveis, atingindo igualmente os serviços duráveis e não duráveis, que devem ser interpretados em sintonia com aquelas expressões utilizadas no art. 445 pelo legislador –, o art. 446, ao estabelecer que "não correrão os prazos do artigo antecedente na constância de cláusula de garantia", apresenta em nosso sentir hipótese de impedimento, uma vez que sequer tem início o prazo decadencial imposto pela lei na pendência da referida cláusula. Assim, o prazo decadencial somente tem início quando, na pendência da cláusula de garantia, o tomador do serviço verificar o vício e deixar de denunciar o defeito nos trinta dias seguintes ao seu descobrimento, sujeitando-se, portanto, à decadência.

Cumpre observar que o Código Civil, ao revogar a primeira parte do Código Comercial (Lei 556, de 25 de junho de 1850) – cujo art. 210 estabelecia a responsabilidade pelos vícios e defeitos ocultos, que tornassem a coisa imprópria ao uso a que se destinava, ou que lhe diminuísse o valor, e cujo art. 211 dispunha ser o prazo decadencial de dez dias para que o comprador, imediatamente após a entrega, reclamasse do vendedor falta na quantidade, ou defeito na qualidade, reclamação essa que não tinha lugar quando o vendedor exigisse que o comprador examinasse "os gêneros antes de os receber", bem como não tinha lugar após o pagamento do preço –, unificou os prazos decadenciais quaisquer que sejam os contratos comutativos.

Em ambos os diplomas, isto é, quer se esteja diante das regras estabelecidas pelo Código de Defesa do Consumidor, quer se esteja diante das

---

[24] ALVIM, Arruda; ALVIM, Thereza; ALVIM, Eduardo Arruda; SOUZA, James J. Marins de. *Código do Consumidor comentado e legislação correlata*. São Paulo: RT, 1991. p. 58.

normas estatuídas pelo Código Civil, transcorrido o prazo de decadência, o direito de que se trate deixa de existir.[25]

Ainda quanto à decadência, é de observar que quando fixada pela própria lei a renúncia feita pelo tomador será nula, como dispõe o art. 209 do CC. Por conseguinte, se o prazo decadencial foi estabelecido pelas partes, nada obsta a que seja a decadência renunciada por aquele a quem pudesse aproveitar.

Outra importante regra concernente à decadência é encontrada no art. 210 do CC, segundo o qual, quando estabelecida por lei, o juiz deve de ofício conhecê-la, e nesse sentido, ensina Maria Helena Diniz,[26] o órgão judicante só poderá conhecer, *ex officio*, a decadência *ex vi legis*, porque sendo de ordem pública e de interesse social é irrenunciável. Caso a decadência tenha sido estabelecida pelas partes, caso seja convencional a decadência, a parte a quem aproveita pode alegá-la em qualquer grau de jurisdição, não podendo, entretanto, o juiz suprir a alegação e conhecê-la de ofício, como estatui o art. 211, porque nesse caso, "tendo caráter de ordem privada, é renunciável, e sua não arguição pela parte interessada é um dos modos da renúncia tácita que o magistrado não pode impedir".

Nada impede que solucionado, no prazo decadencial, o vício encontrado, outro prazo decadencial advenha como consequência de outro vício encontrado pelo tomador ou pelo consumidor. Isso porque, quanto à decadência inexiste a proibição contida no art. 202 relativamente aos casos de prescrição, no sentido de que somente uma única vez possa ela ser interrompida. Finalmente, tratando-se de prazo decadencial estabelecido pela lei, não poderão as partes alargar ou restringir o prazo, por se tratar de regra de ordem pública.

4.3 DA PRESCRIÇÃO NO CDC E NO CC

Pelas considerações anteriormente lançadas, tem-se que a prescrição é a perda ou extinção da pretensão (ação) pela inércia de seu titular, ou seja, pelo não exercício desta, no prazo que a lei dispôs. Não extingue o direito, ficando este apenas encoberto, sem ter ação que o ampare. A definição de Clóvis Beviláqua é muito precisa no sentido de que a "prescrição é a perda da ação atribuída a um direito, e de toda a sua

---

[25] ENNECCERUS, Ludwig; KIPP, Theodor; WOLFF, Martín. *Tratado de derecho civil*: parte geral cit., v. 2, t. 1, p. 504.
[26] DINIZ, Maria Helena. *Curso de direito civil brasileiro*: teoria geral do direito civil. 27. ed. São Paulo: Saraiva, 2010. v. 1, p. 431-432.

capacidade defensiva, em consequência do não uso delas, durante um determinado espaço de tempo", ou seja, o que torna inválido o direito não é o seu não exercício, mas o não uso de sua propriedade defensiva, da ação que o reveste e protege. E essa ação, considerada do ponto de vista social, é o princípio tutelar por meio do qual a sociedade se interpõe entre o portador do direito e o ofensor. É justamente essa proteção que desaparece quando se deixa de exercê-la, ou por outras palavras, "é um órgão que se atrofia pelo desuso". A prescrição é, pois, segundo o autor, uma regra de ordem, de harmonia e de paz, imposta pela necessidade de certeza nas relações jurídicas.[27]

Acertadamente, preleciona Von Tuhr que a prescrição serve ao interesse público, garantindo a segurança jurídica e descongestionando os Tribunais, e protege o indivíduo contra moléstias injustificadas, baseadas em direitos de existência muito remota. Ainda, segundo o autor, a instituição da prescrição repousa na probabilidade, baseada na experiência, de que um direito derivado de fundamentos de fato muito antigos, ou nunca existiu, ou já tenha caducado.[28]

Ao tratar da prescrição, Clóvis Beviláqua declara que o transcurso do tempo é também forma de extinguir as obrigações por lhes tirar a eficácia da ação, sendo que é a esse resultado que se dá o nome de prescrição extintiva ou negativa, decorrente da inércia do credor.[29] Entretanto, parece-nos mais acertada a lição de Álvaro Villaça Azevedo,[30] o qual, ao abordar a extinção dos contratos, indaga se o apagamento, tão só, da possibilidade de se exigir o objeto da prestação contratual poderia ser considerado como extinção do negócio jurídico. O próprio autor responde afirmando que nesse caso, ocorre mera neutralização, pois, embora o contrato exista, as obrigações nele assumidas já não podem ser exigidas, exemplificando com o caso da ocorrência de prescrição, em que o credor já não pode exigir do devedor o cumprimento da prestação, embora a obrigação de pagar continue a existir como obrigação natural. Segundo lembra referido doutrinador, em razão da prescrição, "a obrigação contratual, que, antes, era civil, não se extingue, mas se transforma em natural, permanecendo, pois, o contrato", de maneira que, "ocorrendo futuramente o cumprimento obrigacional espontâneo, ele é válido e, aí sim, restará extinto o negócio".

---
[27] BEVILÁQUA, Clóvis. *Teoria geral do direito civil* cit., 2. ed., p. 370-372.
[28] VON TUHR, A. *Tratado de las obligaciones* cit., t. 2, p. 175.
[29] BEVILÁQUA, Clóvis. *Direito das obrigações* cit., 8. ed., p. 120.
[30] AZEVEDO, Álvaro Villaça. *Teoria geral dos contratos típicos e atípicos* cit., 3. ed., p. 83.

Portanto, aquele que paga dívida prescrita, além de não ter a seu favor o direito de repetir o que pagou (repetição de indébito), a teor do expresso art. 882 do CC, segundo o qual "não se pode repetir o que se pagou para solver dívida prescrita, ou cumprir obrigação judicialmente inexigível", também não pode acusar o credor de enriquecimento ilegítimo.[31] Tanto procede o entendimento de que a prescrição não extingue a obrigação, uma vez que passa a existir como obrigação natural, a ponto de Augusto Teixeira de Freitas em sua Consolidação das Leis Civis, ao discorrer sobre o tema, que inserira no art. 853, afirmar que há uma obrigação natural de pagar dívidas prescritas, e ainda lembrar que "o devedor pode querer desonerar-se dessa obrigação".[32]

Com efeito, tanto a natureza da prescrição como os prazos prescricionais sempre foram objeto de debates e críticas, sendo que, quanto aos prazos, a crítica dizia respeito ao largo tempo estipulado em lei para que se operasse a prescrição. Nas Ordenações do Reino de Portugal, que vigoraram entre nós até o advento do Código Civil de 1916, o prazo prescricional era de trinta anos, e agindo o devedor com má-fé não se aplicava a regra da prescrição, com o que se tornava imprescritível a ação, a teor do disposto no Livro Quarto, Título LXXIX, das Ordenações Filipinas,[33] sendo que Augusto Teixeira de Freitas,[34] nas notas ao art. 854 de sua Consolidação, lembra que no direito romano não se examinava a boa-fé do réu que prescreve, sendo que a compilação Filipina mandou examinar a boa-fé por influencia do Direito Canônico, de sorte que a Lei de 18 de agosto de 1769, § 12, fez cessar essa influência, e, independentemente dessa interpretação, aponta o autor que a prescrição era alegada e atendida

---

[31] BEVILÁQUA, Clóvis. *Teoria geral do direito civil* cit., 2. ed., p. 372 e 396.
[32] FREITAS, Augusto Teixeira de. *Consolidação das Leis Civis.* 5. ed. anotada por Martinho Garcez. Rio de Janeiro: Jacintho Ribeiro dos Santos Livreiro, 1915. p. 441. Confira-se ainda: LOPES, Miguel Maria de Serpa. *Curso de direito civil* cit., v. 1, p. 576.
[33] ALMEIDA, Candido Mendes de. *Codigo philippino ou ordenações e leis do reino de Portugal.* 14. ed. Rio de Janeiro: Typographia do Instituto Philomathico, 1870. p. 896-898. É esta a redação do Livro IV, Título LXXIX, ao tratar das prescrições: "Se alguma pessoa fôr obrigada á outra em alguma certa cousa, ou quantidade, por razão de algum contracto, ou quase contracto, poderá ser demandado até trinta annos, contados do dia, que essa cousa, ou quantidade haja de ser paga, em diante. E passados os ditos trinta annos, não poderá ser mais demandado por essa cousa, ou quantidade; por quanto por a negligencia, que a parte teve, de não demandar em tanto tempo sua cousa, ou divida, havemos por bem, que seja prescripta a aução, que tinha para demandar. Porém esta Lei não haverá lugar nos devedores, que tiverem má fé; porque estes taes não poderão prescrever per tempo algum, por se não dar occasião de peccar, tendo o alheo indevidamente" (*sic*).
[34] FREITAS, Augusto Teixeira de. *Consolidação das Leis Civis* cit., 5. ed., p. 442.

nos Tribunais, sem que alguém se lembrasse de exigir a boa-fé. Havia ainda prazos prescricionais superiores a trinta anos, como se verificava quanto aos prazos prescricionais de quarenta anos relativamente às ações das Igrejas, Mosteiros e do Fisco (L. 24 Cod. Sacr. Eccles. L. 4 Cod. de praescript. 30 vel 40 an.). A prescrição das dívidas ativas e passivas do Fisco encontravam-se dispostas no Decreto 857, de 12 de novembro de 1851, que tinha por objetivo explicar o art. 20 da Lei de 30 de novembro de 1841, de maneira que quanto às dívidas ativas o prazo era de quarenta anos,[35] e quanto às dívidas passivas era o prazo prescricional de cinco anos.[36] Por ser considerado excessivo o prazo prescricional de trinta anos das Ordenações, o Código Civil de 1916 o estabeleceu em vinte anos, quanto às ações pessoais.[37]

Vimos anteriormente que no CDC a prescrição está disposta no art. 27, o qual estabelece prescrever em cinco anos a pretensão à reparação pelos danos causados pelo fato do serviço, tendo início o prazo prescricional a partir do conhecimento do dano e de sua autoria. Afirmamos naquela ocasião que a prescrição somente atinge os direitos individuais, uma vez que os direitos difusos e coletivos são imprescritíveis, ou seja, "como os titulares do direito difuso ou coletivo são indetermináveis e indeterminados, respectivamente, não se pode apená-los com a prescrição de pretensão condenatória", sendo ainda tais direitos de interesse social

---

[35] Era esta a redação do art. 9.º do Decreto 857, de 12.11.1851: "A prescripção de 40 annos posta em vigor pelo citado art. 20 da Lei de 30 de novembro de 1841, com referencia ao capitulo 210 do *Regimento da Fazenda*, a respeito da dívida activa da Nação, opera a completa desoneração dos devedores da Fazenda Nacional do pagamento das dividas, que incorrem na mesma prescripção, de maneira que, passados os 40 annos, não póde haver contra elles penhora, execução, ou outro qualquer constrangimento". (sic)

[36] Enquanto o art. 1.º do Decreto 857, de 12.11.1851, estabelecia que a prescrição de 5 anos a respeito da dívida passiva da Nação operava a completa desoneração da Fazenda Nacional quanto ao pagamento de suas dívidas, era esta a redação do art. 3.º, do referido Decreto: "Todos aquelles, que pretenderem ser credores da Fazenda Nacional, por ordenados, soldos, congruas, ou gratificações e outros vencimentos de empregos; por pensões, tenças, meio soldo e Monte Pio; por preço de arremataçoes e contractos de qualquer natureza, e pagamentos de despezas feitas e serviços prestados; e por quaesquer reclamações, indemnisações, e restituições, deverão requerer o reconhecimento e liquidação de suas dividas, a expedição de despachos, ordens e títulos para o pagamento, e fazer o assentamento das que o precisarem dentro dos 5 annos; e passado este prazo, ficará prescripto a favor da Fazenda Nacional todo o direito que tiverem" (*sic*).

[37] Era esta a redação do art. 177, do Código Civil de 1916: "As ações pessoais prescrevem, ordinariamente, em 20 (vinte) anos, as reais em 10 (dez), entre presentes, e entre ausentes, em 15 (quinze), contados da data em que poderiam ter sido propostas".

(art. 1.º, CDC), de sorte que sua imprescritibilidade diz respeito ao interesse público.[38]

A prescrição quinquenal de que trata o art. 27 do CDC refere-se, como anteriormente narrado, à responsabilidade por fato do serviço de que trata o art. 14, relativa aos danos decorrentes de defeito na prestação do serviço, bem como nos casos de informações insuficientes ou inadequadas sobre a fruição de tais serviços e seus respectivos riscos. Como anteriormente verificado, a prescrição inserta no CDC está intimamente ligada aos casos em que houver dano ao consumidor por falta de plena segurança do serviço prestado, ou seja, aplica-se quando houver vício de qualidade por insegurança. O termo inicial do prazo prescricional, estatui a segunda parte do dispositivo em comento, é o conhecimento do dano e sua autoria, ou seja, não basta o conhecimento do dano para o início do cômputo do prazo prescricional, mas é necessário que além do conhecimento do dano saiba a vítima quem é o seu agente causador, quem é o autor, regra chamada por Humberto Theodoro Júnior de *duplo conhecimento*.[39] Havendo mais de um autor, pouco importa que o consumidor desconheça os demais, seu prazo já terá início, podendo agir direta e exclusivamente contra aquele que saiba ser um dos autores, tendo em vista a disposição que impõe a responsabilidade solidária, uma vez que, nas palavras de Caio Mário da Silva Pereira,[40] "a prescrição inicia-se na data em que o interessado pode, sem embaraço, manifestar a pretensão em juízo".

Entretanto, o CDC é silente quanto à prescrição relativa à Seção III (arts. 18 a 25), que trata dos vícios de qualidade do serviço no art. 20, os quais o tornam impróprio ao consumo ou lhe diminuam o valor, bem como aqueles vícios decorrentes da disparidade com as indicações constantes da oferta ou mensagem publicitária, vícios esses a que a lei confere a possibilidade de o consumidor exigir, alternativamente, a reexecução dos serviços, a restituição da quantia paga, sem prejuízo de eventuais perdas e danos, ou o abatimento do preço.

Para esses casos, sobretudo para a ação de perdas e danos, decorrente da impropriedade dos serviços que se mostrem inadequados para

---

[38] NERY JUNIOR, Nelson; NERY, Rosa Maria de Andrade. *Código Civil anotado e legislação extravagante* cit., p. 930.
[39] THEODORO JÚNIOR, Humberto. *Comentários ao novo Código Civil*: dos atos jurídicos lícitos: dos atos ilícitos: da prescrição e da decadência: da prova. Rio de Janeiro: Forense, 2008. v. 3, t. 2, p. 438.
[40] PEREIRA, Caio Mário da Silva. *Instituições de direito civil*: introdução ao direito civil: teoria geral de direito civil. 23. ed. rev. e atual. por Maria Celina Bodin de Moraes. Rio de Janeiro: Forense, 2009. v. 1, p. 594.

os fins que deles razoavelmente se esperam, ou que não atendam as normas regulamentares de prestabilidade, não tratou expressamente a Lei Consumerista quanto à prescrição, o que conduziria a três soluções: a) aplicar-se por analogia o prazo prescricional quinquenal do art. 27 do CDC; b) aplicar-se o prazo de dez anos contido na regra geral do art. 205 do CC,[41] como se verifica em algumas decisões;[42] ou, c) aplicar-se a prescrição de três anos do art. 206, § 3.º, V, destinada à reparação civil, que a doutrina majoritária entende como abrangendo tanto a responsabilidade extracontratual como a responsabilidade contratual, prazo esse menor, portanto, do que aquele conferido pela Lei Consumerista.

Alberto do Amaral Júnior defende a aplicação, por analogia, dos dispositivos – notadamente o art. 12, § 3.º – contidos na Seção II do CDC à responsabilidade pelos vícios dos produtos ou serviços de que trata a Seção III.[43] Com isso, se por analogia se aplicariam as regras relativas ao fato do produto e do serviço também aos vícios, podemos concluir que nessas também estão inseridas aquelas relativas à prescrição quinquenal.

Também se filia a essa corrente José Fernando Simão,[44] o qual cita os ensinos de Thereza Alvim, no sentido de que jamais poderíamos entender que a questão das perdas e danos oriundos dos vícios no CDC "deveria sujeitar-se às normas de direito comum, ou seja, os três anos previstos no Código Civil". Tratando-se a Lei Consumerista de norma especial, de verdadeiro microssistema, deve ser aplicado, por analogia, o prazo prescricional de cinco anos para as ações de responsabilidade civil decorrentes de vícios, assim como o estabeleceu o CDC para os casos de responsabilidade por fato do produto. Portanto, por analogia, tanto as ações de perdas e danos que tenham como fundamento a Seção II, bem como aquelas fundadas na Seção III, prescrevem no prazo de cinco anos.

Cumpre, por oportuno, esclarecer nosso pensamento na aplicação analógica da prescrição quinquenal tanto para os casos de vícios (Seção III) como para os casos de fato do serviço (Seção II). Entendemos que

---

[41] É esta a redação do art. 205 do Código Civil: "A prescrição ocorre em dez anos, quando a lei não lhe haja fixado prazo menor.".

[42] TJSP, 14.ª Câm. Dir. Piv., Ap. 990.10.306214-0, rel. Des. Melo Colombi, j. 01.09.2010, *DOe* 20.09.2010, v.u.

[43] AMARAL JÚNIOR, Alberto do. A responsabilidade pelos vícios dos produtos no código de defesa do consumidor. *Revista de Direito do Consumidor*, São Paulo: RT, v. 2, abr./jun. 1992, p. 100-123. A citação encontra-se à p. 118.

[44] SIMÃO, José Fernando. *Vícios do produto no novo Código Civil e no Código de Defesa do Consumidor* cit., p. 124-125.

a aplicação analógica decorre tão somente em razão da existência do microssistema que rege de maneira abrangente a relação de consumo, ou seja, por haver regramento específico para as questões fundadas nas relações de consumo, deve-se nele buscar as respostas e soluções às questões sobre as quais aparentemente silenciou. Essa aplicação analógica não decorre do fato de estabelecer o CC prazo prescricional menor, pois, como veremos a seguir, a prescrição trienal refere-se à responsabilidade civil extracontratual, diferentemente, portanto, da responsabilidade da Lei Consumerista, flagrantemente contratual. Em nosso sentir, a aplicação analógica do CC não prejudicaria o consumidor quanto ao prazo prescricional relativamente à responsabilidade por vícios, uma vez que seria igual ou até mesmo superior ao disposto na Lei Consumerista. Não se aplica o CC pelo fato de a lei especial representar verdadeiro microssistema, pelo qual se teve em mente um prazo quinquenal para a prescrição por responsabilidade, qualquer que fosse sua causa.

Em razão do silêncio do CDC quanto ao prazo prescricional relativo à responsabilidade pelos vícios dos produtos e dos serviços de que trata a Seção III (arts. 18 a 25), o Superior Tribunal de Justiça tem reiteradamente aplicado o prazo de dez anos, contido no art. 205 do Código Civil, rejeitando a aplicação analógica do art. 206, § 3.º, V, do *Codex*, ao entendimento de que o prazo de três anos somente se aplica à responsabilidade civil extracontratual.[45] Assim, o STJ tem afastado o entendimento de que se aplica, analogicamente, quanto aos vícios dos

---

[45] STJ, 4.ª T., REsp 1.276.311/RS, rel. Min. Luis Felipe Salomão, j. 20.09.2011, *DJe* 17.10.2011, v.u., EMENTA: "DIREITO CIVIL E DO CONSUMIDOR. RECURSO ESPECIAL. RELAÇÃO ENTRE BANCO E CLIENTE. CONSUMO. CELEBRAÇÃO DE CONTRATO DE EMPRÉSTIMO EXTINGUINDO O DÉBITO ANTERIOR. DÍVIDA DEVIDAMENTE QUITADA PELO CONSUMIDOR. INSCRIÇÃO POSTERIOR NO SPC, DANDO CONTA DO DÉBITO QUE FORA EXTINTO POR NOVAÇÃO. RESPONSABILIDADE CIVIL CONTRATUAL. INAPLICABILIDADE DO PRAZO PRESCRICIONAL PREVISTO NO ART. 206, § 3.º, V, DO CÓDIGO CIVIL. 1. O defeito do serviço que resultou na negativação indevida do nome do cliente da instituição bancária não se confunde com o fato do serviço, que pressupõe um risco à segurança do consumidor, e cujo prazo prescricional é definido no art. 27 do CDC. 2. É correto o entendimento de que o termo inicial do prazo prescricional para a propositura de ação indenizatória é a data em que o consumidor toma ciência do registro desabonador, pois, pelo princípio da "actio nata", o direito de pleitear a indenização surge quando constatada a lesão e suas consequências. 3. A violação dos deveres anexos, também intitulados instrumentais, laterais, ou acessórios do contrato – tais como a cláusula geral de boa-fé objetiva, dever geral de lealdade e confiança recíproca entre as partes –, implica responsabilidade civil contratual, como leciona a abalizada doutrina com respaldo em numerosos precedentes desta Corte, reconhecendo que, no caso, a negativação caracteriza ilícito contratual. 4. O caso não se amolda a nenhum dos prazos específicos do Código Civil, incidindo o prazo prescricional

produtos e dos serviços, a prescrição quinquenal, de que trata o art. 27 do CDC, para aplicar a regra mais alargada contida no Código Civil, rejeitando a interpretação de que, principiologicamente, o CDC optou pela unificação dos prazos prescricionais em cinco anos.

Enquanto o Código de Defesa do Consumidor estabelece um prazo prescricional único, ou seja, quinquenal, no Código Civil são estabelecidos vários prazos prescricionais, com o que o prazo será igual, maior, ou até mesmo menor, dependendo das circunstâncias e da espécie da pretensão, vale dizer, dependendo do objeto pretendido pela parte lesada. Embora possa parecer que nas relações contratuais o prazo prescricional para a ação de reparação de danos seja de três anos, preleciona Humberto Theodoro Júnior que o art. 206, § 3.º, inciso V, ao estabelecer o prazo prescricional de três anos para a "pretensão de reparação civil" está a tratar da obrigação que nasce de ato ilícito *stricto sensu*, não se aplicando às hipóteses de violação do contrato, pois as perdas e danos nesse caso mostram-se com função secundária. Dessa forma, aplica-se à pretensão derivada de contrato a prescrição decenal do art. 205, ou outra especial aplicável concretamente à espécie, como a quinquenal do art. 206, § 5.º, I, relativamente à pretensão de cobrança de dívidas líquidas constantes de instrumento público ou particular, seja originária ou subsidiária a pretensão.[46]

Como observa referido autor, tratando-se de regime principal fundado em contrato, a ele deve aderir o dever de indenizar como acessório, com função própria do plano sancionatório, de forma que enquanto não prescrita a pretensão principal (referente à obrigação contratual), não pode prescrever a respectiva sanção (a obrigação pelas perdas e danos). Em outras palavras, "enquanto se puder exigir a prestação contratual (porque não prescrita a respectiva pretensão), subsistirá a exigibilidade do acessório (pretensão ao equivalente econômico e seus acréscimos legais)". Observa-se semelhança entre nossa regra e aquela contida no art. 2.946 do Código Civil italiano, o qual estabelece que "salvo nos casos em que a lei dispõe diversamente, o direito se extingue pela prescrição, decorrido o prazo de dez anos",[47] enquanto a aliena 1.ª do art. 2.947 dispõe que o ressarcimento relativo ao dano derivado de fato ilícito prescreve em cinco anos, do dia

---

de dez anos previsto no art. 205, do mencionado Diploma. 5. Recurso especial não provido.".

[46] THEODORO JÚNIOR, Humberto. *Comentários ao novo Código Civil* cit., v. 3, t. 2, p. 389.

[47] No original: "Salvi i casi in cui la legge dispone diversamente, i diritti si estinguono per prescrizioni con il decorso di dieci anni (att. 248 e seguenti)".

em que o fato se verificou.[48] Portanto, semelhantemente ao que ocorre na Itália, no sentido de que o prazo prescricional maior é destinado às questões que tenham fundamento na responsabilidade contratual, ficando o prazo prescricional menor restrito à responsabilidade extracontratual, é como deve ser interpretada a questão da prescrição relativamente à responsabilidade contratual no sistema brasileiro.[49]

Nessa mesma esteira, ou seja, no sentido de que a prescrição trienal refere-se à responsabilidade extracontratual e não à contratual, é o ensino de Araken de Assis,[50] pois em princípio, assevera o autor, tratando-se de dívida líquida e certa constante de instrumento público ou particular, o prazo de prescrição é de cinco anos, como dispôs o art. 206, § 5.º, I, do CC, "extinguindo-se, simultaneamente, o direito à resolução do contrato em virtude de seu inadimplemento", acrescentando ainda que "a pretensão a perdas e danos, conexa ao direito à resolução (art. 475), prescreverá no prazo ordinário (art. 205)", ou seja, em dez anos.

De fato, não se mostraria adequado impor-se ao contratante prazo prescricional de três anos quanto à pretensão de reparação civil fundada na própria relação contratual, quando a prescrição para execução do contrato, ou cobrança de dívida líquida nele consignada, foi estabelecida em cinco anos, pois interpretar o contrário equivale a estabelecer dois prazos prescricionais decorrentes de um mesmo contrato, o que, parece-nos, seria uma incongruência legislativa. A consequência, portanto, somente pode ser a aplicação do prazo prescricional de cinco anos, por ser o mesmo prazo em que a dívida contratual pode ser exigida (206, § 5.º, I, CC), bem como ser o prazo para os profissionais liberais em geral perseguirem seus honorários, contado o prazo da conclusão dos serviços ou da cessação do respectivo contrato (206, § 5.º, II, CC). Caso se rejeite essa interpretação, é de rigor a aplicação do prazo prescricional de dez anos, por ser o prazo ordinário, contido no art. 205, na ausência de outro prazo específico à espécie, o que, em nosso sentir, tornaria muito longo o prazo da prescrição, trazendo a incidência das mesmas críticas havidas

---

[48] No original: "Il diritto al risarcimento del danno derivante da fatto illecito (2043 e seguenti) si prescrive in cinque anni dal giorno in cui il il fatto si è verificato".

[49] O Tribunal de Justiça do Estado de São Paulo, por exemplo, tem diversos julgados em que mesmo diante de discussão no âmbito contratual foi aplicado o prazo prescricional de 10 anos, como, por exemplo, se verifica nestas decisões: 14.ª Câm. Dir. Priv., Ap. 991.03.065830-7, rel. Des. Melo Colombi, j. 15.09.2010, *DOe* 13.10.2010, v.u.; 7.ª Câm. Dir. Priv., Ap. 994.09.036093-7, rel. Des. Elcio Trujillo, j. 06.10.2010, *DOe* 19.10.2010, v.u.

[50] ASSIS, Araken de. *Resolução do contrato por inadimplemento* cit., 4. ed., p. 154-155.

quando era vintenário o maior prazo prescricional. Qualquer que seja o prisma pelo qual se analise a questão, surge cristalina a incoerência em terem os contraentes prazo prescricional de cinco anos para cobrança de seu crédito, e, desproporcionalmente, terem apenas três anos para pleitearem reparação civil fundada no mesmo contrato, ou seja, uma regra discriminatória evidentemente teratológica. Por outro lado, aplicar o prazo de cinco anos para cobrança do crédito decorrente do contrato, e o prazo de dez anos para a reparação civil fundada no mesmo contrato, mostra idêntica desproporção, talvez não imaginada ou desejada pelo legislador.

Ao contrário do se possa imaginar à primeira vista, os prazos prescricionais estabelecidos pelo CC para fins de ação de reparação de danos fundada no contrato, mostram-se, portanto, ou idênticos ou muito mais generosos do que aqueles instituídos pela Lei Consumerista. Com isso, será de cinco anos o prazo prescricional para, por exemplo, pleitear a parte lesada o valor estipulado a título de cláusula penal ou pena convencional, bem como para o prestador pleitear o recebimento do preço avençado no contrato.

Embora parte da doutrina defenda que o prazo prescricional de três anos relativo à pretensão de reparação civil refira-se apenas à responsabilidade extracontratual, aquiliana, *ex delicto*, sendo maior o prazo prescricional quanto à reparação civil contratual, corrente à qual nos filiamos, há inúmeros doutrinadores, entre os quais Yussef Said Cahali,[51] Arnaldo Rizzardo,[52] Vilson Rodrigues Alves,[53] Gustavo Tepedino, Heloisa Helena Barboza e Maria Celina Bodin de Moraes,[54] para os quais, tendo em vista a dicção ampla do preceito, considerando-se o fato de o Código não fazer qualquer distinção quanto à origem ou à natureza da pretensão reparatória, tem incidência o dispositivo que estabelece o prazo prescricional de três anos à pretensão a reparação civil, tanto na responsabilidade civil contratual como extracontratual.

Nessa mesma esteira, Rui Stoco assevera que o Código revogado se afastou da distinção entre ações reais e pessoais, sendo que para as ações de reparação de danos a lei civil preferiu unificar o prazo de prescrição em três anos no art. 206, § 3.º, salvo com relação ao prazo para o segu-

---

[51] CAHALI, Yussef Said. *Prescrição e decadência* cit., p. 164-165.
[52] RIZZARDO, Arnaldo. *Parte geral do Código Civil*: Lei 10.406, de 10.01.2002. 6. ed. Rio de Janeiro: Forense, 2008. p. 660-661.
[53] ALVES, Vilson Rodrigues. *Da prescrição e da decadência no Código Civil de 2002*. 4. ed. rev. ampl. e atual. Campinas-SP: Servanda, 2008. p. 377-390.
[54] TEPEDINO, Gustavo; BARBOZA, Heloisa Helena; MORAES, Maria Celina Bodin de. *Código civil interpretado conforme a Constituição da República* cit., 2. ed., v. 1, p. 411.

rado promover ação de reparação contra a seguradora ou denunciá-la à lide, ou mesmo desta contra aquele, cujo prazo prescricional de um ano é expressamente estatuído pelo CC. Segundo aponta o autor, qualquer ação visando à obtenção de reparação civil, não importando o fato gerador nem o bem atingido, prescreve em três anos, uma vez que, na interpretação do autor, o CC estabeleceu prazo único para as ações com pretensão à reparação civil, seja para o dano material ou moral, decorrente de ato ilícito ou de relação contratual, ressalvado o prazo relativo ao contrato de seguro como supramencionado.[55]

Observe-se, contudo, que referido doutrinador obtempera que as ações de reparação civil eram consideradas ações pessoais no Código revogado, o qual a elas estabelecia prazo geral prescricional de 20 (vinte) anos, e se o prazo era muito alongado, e até mesmo exagerado e anacrônico, de modo a justificar sua redução, por outro lado, "a sua drástica e exacerbada redução a três anos não se justifica, máxime à luz de outros preceitos" espalhados na legislação. Corretamente ensina o autor ser maléfica e perversa a dissociação do Código Civil quanto ao prazo prescricional de 5 (cinco) anos contido no art. 27 do CDC, pois está-se a conferir maior proteção ao consumidor do que às vítimas de outros ilícitos abrigados na legislação civil. Se no passado vozes na doutrina criticavam o longo prazo de duração da prescrição sob o fundamento de que prazos vintenários não se justificavam em face do ritmo da vida moderna, reservados que deveriam estar aos remotos tempos em que as comunicações se resumiam na precariedade e na lentidão das viagens a cavalo, o que deveria conduzir à adoção de prazos prescricionais mais curtos de forma a integrar o sistema de prescrição à modernidade,[56] certo é que mesmo com a redução efetuada pelo CC não findou o problema da injustiça que o prazo alargado causava, mas, ao contrário, preleciona o autor, criou-se outra injustiça, outra perversão legislativa.

Também se distanciou o CC do prazo prescricional estatuído para as ações reparatórias nas quais figure o Poder Público, por força do Decreto 20.910, de 6 de janeiro de 1932,[57] ainda em vigor, e cujo art. 1.º dispõe que todo e qualquer direito ou ação contra a Fazenda Federal, Estadual ou Municipal, seja qual for sua natureza, prescreve em cinco

---

[55] STOCO, Rui. *Tratado de responsabilidade civil*: doutrina e jurisprudência. 7. ed. rev. atual. e ampl. São Paulo: RT, 2007. p. 212, 216 e 220.

[56] DIAS, José de Aguiar. *Da responsabilidade civil* cit., 8. ed., v. 2, p. 830-831.

[57] É esta a redação do art. 1.º do Decreto 20.910/1932: "As dívidas passivas da União, dos Estados e dos Municípios, bem assim todo e qualquer direito ou ação contra a Fazenda federal, estadual ou municipal, seja qual for a sua natureza, prescrevem em cinco anos contados da data do ato ou fato do qual se originarem".

anos, sendo tal regra confirmada pelo art. 2.º do Decreto-lei 4.597, de 19 de agosto de 1942,[58] no sentido de que referido prazo quinquenal de prescrição refere-se a todo e qualquer direito e ação contra autarquias, entidades e órgãos paraestatais. Veja-se ainda, que a Lei 9.494, de 10 de setembro de 1997, estatui em seu art. 1.º-C, incluído pela Medida Provisória 2.180-35, de 2001, que "prescreverá em cinco anos o direito de obter indenização dos danos causados por agentes de pessoas jurídicas de direito público e de pessoas jurídicas de direito privado prestadoras de serviços públicos". Diversas outras leis estabelecem prazo prescricional de cinco anos.[59] Nota-se, pois, uma desproporção em se pretender aplicar o prazo prescricional de três anos, do Código Civil, quanto à pretensão à reparação civil, para as relações contratuais.

Portanto, como bem observa o autor supracitado, se o prazo prescricional de cinco anos é estabelecido quanto à pretensão de reparação por danos causados na relação consumerista (art. 27, CDC), se é esse o mesmo prazo estabelecido para as ações de responsabilidade civil contra as pessoas jurídicas de direito público (Fazenda Pública), "nada justifica que, para as ações da mesma natureza, fincadas na lei civil codificada, o prazo seja de apenas três anos",[60] o que mostra o equívoco do dispositivo contido no art. 206, § 3.º, por contrariar o ideal de igualdade e o princípio da isonomia previsto na Constituição Federal.

Assim, como defendemos anteriormente, não basta a suposta e pretensa unificação de determinado preceito para nele inserir situações que estejam em descompasso com outras regras ao mesmo tema relacionadas, como é o caso da prescrição relativa à reparação de danos fundada na responsabilidade contratual, descompasso tal que leva-nos ao entendimento de que referido prazo é mais alargado, aplicando-se ou a prescrição quinquenal decorrente da sistematização da regra, ou a prescrição geral, de dez anos, do art. 205 do Código Civil. Sobre o tema é possível encontrar decisões proferidas pelo Superior Tribunal de Justiça, aplicando o prazo de prescrição decenal, do art. 205 do Código Civil, para as ações

---

[58] É esta a redação do art. 2.º do Decreto-lei 4.597/1942: "O Decreto 20.910, de 6 de janeiro de 1932, que regula a prescrição quinquenal, abrange as dívidas passivas das autarquias, ou entidades e órgãos paraestatais, criados por lei e mantidos mediante impostos, taxas ou quaisquer contribuições, exigidas em virtude de lei federal, estadual ou municipal, bem como a todo e qualquer direito e ação contra os mesmos".

[59] Cf. DELGADO, Mario Luiz. A pretensão de reparação civil e as controvérsias quanto ao novo prazo prescricional. In: DELGADO, Mario Luiz; ALVES, Jones Figueiredo (Coord.). *Novo Código Civil*: Questões Controvertidas: Responsabilidade Civil. São Paulo: Método, 2006. v. 5, p. 399-423.

[60] STOCO, Rui. *Tratado de responsabilidade civil* cit., 7. ed., p. 219.

de reparação de danos que tenham fundamento na relação contratual e respectiva inadimplência.[61]

Finalmente, no tocante às regras de transição relativamente aos prazos em curso quando da entrada em vigor do Código Civil de 2002, em homenagem ao princípio da segurança jurídica,[62] o art. 2.028 estabeleceu serem os da lei anterior os prazos reduzidos pelo vigente *Codex,* se na data em que entrou em vigor já houvesse transcorrido mais da metade do tempo estabelecido na lei revogada. Disso decorre que, em 11 de janeiro de 2003, quando entrou em vigor o Código atual, aqueles prazos estabelecidos pelo Código revogado que estavam em curso e que ainda não haviam atingido a metade do prazo anteriormente determinado, passaram a ser computados pelo novo prazo, a partir da data de entrada em vigor das novas regras. Disso decorre que, caso alguma pretensão de ressarcimento, cujo prazo prescricional vintenário tenha nascido, por hipótese, no ano de 1992, no momento da entrada em vigor do Código atual, teria ocorrido o transcurso de onze anos, ensejando a continuidade do cômputo do prazo estabelecido pela lei revogada, com o que, nessa hipótese, o término do prazo prescricional ainda estaria por ocorrer no ano de 2012, caso ausente qualquer hipótese de suspensão ou interrupção.

---

[61] STJ, 4.ª T., REsp 1.121.243/PR, rel. Min. Aldir Passarinho Junior, j. 25.08.2009, *DJe* 05.10.2009. v.u.: "EMENTA: CIVIL E PROCESSUAL. AÇÃO DE RESSARCIMENTO DE DANOS. NULIDADE DO ACÓRDÃO. VIOLAÇÃO AO ART. 535 DO CPC. INEXISTÊNCIA. PRESCRIÇÃO. INOCORRÊNCIA. JUROS DE MORA. INADIMPLEMENTO CONTRATUAL. TERMO INICIAL. DATA DA CITAÇÃO. PRECEDENTES. I. Quando resolvidas todas as questões devolvidas ao órgão jurisdicional, o julgamento em sentido diverso do pretendido pela parte não corresponde a nulidade. II. A pretensão autoral, de direito pessoal, obedece ao prazo prescricional decenal. III. Tratando-se de responsabilidade contratual, os juros incidirão a partir da citação. IV. Recurso especial conhecido em parte e, nessa extensão, provido.". Confira-se ainda: STJ, 4.ª T., REsp 1.222.423/SP, rel. Min. Luis Felipe Salomão, j. 15.09.2011, *DJe* 01.02.2012, v.u.: "EMENTA: DIREITO CIVIL E PROCESSUAL CIVIL. RECURSO ESPECIAL. OMISSÃO. INEXISTÊNCIA. REEXAME DE PROVAS. INVIABILIDADE. INADIMPLEMENTO CONTRATUAL. PRAZO PRESCRICIONAL PREVISTO NO ART. 206, § 3.º, V, DO CÓDIGO CIVIL. INAPLICABILIDADE. 1. Não caracteriza omissão, contradição ou obscuridade quando o Tribunal apenas adota outro fundamento que não aquele defendido pela parte. 2. O art. 206, § 3.º, V, do Código Civil cuida do prazo prescricional relativo à indenização por responsabilidade civil extracontratual, disciplinada pelos arts. 186,187 e 927 do mencionado Diploma. 3. A Corte local apurou que a presente execução versa sobre montante relativo a não cumprimento de obrigação contratual, por isso que não é aplicável o prazo de prescrição previsto no art. 206, § 3.º, V, do Código Civil. 4. Recurso especial não provido".

[62] ROSENVALD, Nelson. *Código Civil comentado* cit., p. 2.213.

5
CONCLUSÕES

O contrato de prestação de serviços como conhecemos hoje é, pois, fruto das constantes transformações havidas desde os tempos mais remotos. É bem verdade que na sociedade rudimentar de outrora, na qual era amplamente arraigado o conceito escravagista, inicialmente pouco valor foi dispensado ao contrato de prestação de serviços, pois o trabalho era desenvolvido pelos escravos sem qualquer contraprestação pela sua atividade, trabalho pelo qual recebiam do senhorio moradia, alimento e vestuário, de maneira que não era contratual sua relação. Todavia, não apenas os escravos prestavam serviços nessa modalidade, mas também um grande número de libertos, evoluindo a contratação de homens livres mais do que a *locação* de escravos, vez que quanto a estes era a relação considerada locação de bem ou coisa (*res*), e quanto àqueles, considerava-se o serviço mesmo ofertado, sendo que com as mudanças econômicas, causadas, sobretudo, pelas guerras, aqueles que trabalhavam passaram a ocupar lugar de destaque acima dos que viviam à custa do trabalho dos outros.

Dentre as modalidades de *locatio conductio* do direito romano, ou seja, *locatio conductio rei* (permitir a outrem o uso, ou uso e gozo de uma coisa), *locatio conductio operarum* (prestação de um serviço), ou *locatio conductio operis* (realização de uma obra), tornou-se muito mais alargado aquela relativa ao que conhecemos hoje por prestação de serviço. Portanto, com o dinamismo das sociedades posteriormente ao período romano, verificou-se a necessidade de não apenas manter-se a positivação relativa àquela modalidade contratual, como adequá-la aos novos tempos, à presente realidade.

Assim, o contrato de prestação serviços que, inspirado no espírito romano, mostrou-se incapaz de fazer frente a essa nova realidade social, sofreu transformações, dele sendo retiradas aquelas formas de prestação que se mostravam em descompasso com o próprio conceito de prestação de serviços.

Disso decorre que, se no passado a prestação de serviços – chamada anteriormente "locação de serviços" – abarcava sob essa denominação genérica uma grande variedade de prestação de trabalho humano, verificou-se a necessidade de dela retirar diversas atividades que, inobstante serem de alguma forma prestação de atividade do ser humano, contêm elementos próprios, como é o caso do contrato de trabalho, no qual a atividade prestada o é mediante subordinação hierárquica, com pagamento de salário, e habitualmente, a quem (empresa, individual ou coletiva, que assume os riscos da atividade econômica), detendo o direito de direção, beneficia-se, em outras palavras, lucra, com a atividade exercida pelo empregado. É o caso, também, do contrato de trabalho doméstico, que saindo do âmbito do direito civil, passou a constituir um contrato específico, tendo como característica a prestação à pessoa ou à família no âmbito residencial, de natureza contínua, inexistindo fins econômicos no trabalho exercido.

Também a prestação de trabalho rural foi extraída da seara civil, passando a ser contrato próprio, exercido em região rural, prestado com subordinação e mediante salário, a empregador rural, em propriedade rural ou prédio rústico. Outra forma de contrato que tomou lugar à parte das regras contidas no Código Civil é a prestação de serviço voluntário, prestação essa não onerosa, não remunerada, regida pela Lei 9.608/1998. Com o advento da Lei 10.029/2000, permitiu-se até mesmo a prestação voluntária de serviços administrativos e serviços auxiliares de saúde e de defesa civil prestados às Polícias Militares e aos Corpos de Bombeiros Militares, com as regras e especificidades que mencionamos no primeiro capítulo, e que mereceu nossa crítica naquela oportunidade em razão do desvirtuamento das regras constitucionais, além de outras peculiaridades que demonstram tratar-se de verdadeira contratação de mão de obra barata, de pessoas que, sem esperança de outro meio de subsistência, encontram no Poder Público a opção de trabalho temporário, sob a denominação de voluntário, e que, por eufemismo da lei, recebe contraprestação chamada "auxílio mensal".

Extraídas as atividades supradescritas da seara da prestação de serviços contida no Código Civil, restou neste, de maneira exclusiva, aquela prestação em que uma das partes promete uma atividade, sua ou de terceiro, mediante retribuição, sem subordinação ou dependência econômica, sendo verdadeira obrigação de fazer. Na atividade prometida, está abrangida toda espécie de serviço ou trabalho, material ou imaterial.

O contrato de prestação de serviços é um só, e tem sua estrutura estabelecida pelo Código Civil, e, como estudamos, é bilateral no sentido de que cada parte se obriga perante a outra a uma prestação com vistas ao recebimento de uma contraprestação avençada; é comutativo na medida em que as partes desde o início conhecem as prestações equivalentes assumidas por cada uma delas; é sinalagmático, pois a contraprestação econômica assumida por cada parte tem sua causa na justa e natural expectativa de que receberá a prestação que lhe foi prometida pela outra parte; é consensual e não solene, na medida em que se aperfeiçoa pelo simples acordo de vontades, não sendo necessária qualquer materialidade ou forma exterior, ou seja, pode ser escrito ou verbal, sendo suficiente qualquer forma de manifestação da vontade de contratar que seja compreensível à outra parte, uma vez que é regido pelo princípio da liberdade de forma, mostrando-se imprescindível o consentimento, expresso ou tácito, sendo que o silêncio, em determinados casos, equivalerá à necessária manifestação da vontade, ou seja, quando o silente deve e pode falar e se cala, gerando no outro a convicção de que tal silêncio mostra-se incompatível com vontade diversa; é contrato oneroso uma vez que ambas as partes auferem vantagens econômicas, havendo reciprocidade de esforço econômico, e retribuição pelo serviço prestado, mas que, a depender da vontade das partes, pode em determinados casos ser gratuito, como ocorre, por exemplo, com alunos bolsistas – parciais ou integrais –, hipótese em que, embora para eles não seja oneroso o contrato, não ficam alijados das regras protetivas à prestação de serviços, o que demonstra que esse tipo contratual pode ou não ter retribuição, e essa retribuição pode ou não ser em dinheiro, não descaracterizando o caráter econômico da contraprestação o fato de se dar em bens que não o dinheiro, como por exemplo, a retribuição *in natura*, ou seja, retribuição em utilidades como moradia, alimentos, vestiário, condução etc.; pode ou não ter caráter personalíssimo, ou seja, *intuitu personae*, a depender do que avençarem as partes contratantes, e terá tal caráter toda vez em que o prestador for considerado elemento determinante na sua execução.

Embora a doutrina afirme o caráter personalíssimo do contrato de prestação de serviços, não se pode interpretar que o CC tenha imposto tal caráter nesses contratos, uma vez que a norma, ao silenciar sobre a questão, deixa ao arbítrio das partes, em razão da conveniência delas, a possibilidade de se atribuir ou não o caráter personalíssimo à prestação. Mesmo o antigo art. 878, não reproduzido no vigente *Codex*, ao dispor que "na obrigação de fazer, o credor não é obrigado a aceitar de terceiro a prestação, quando for convencionado que o devedor a faça pessoalmente", não permitia, em nosso sentir, a afirmação de que é regra geral o caráter personalíssimo no referido contrato. Ao contrário, somente mostra que o caráter personalíssimo se verifica quando há convenção, de maneira que, inexistindo convenção sobre esse aspecto, não se poderá falar em caráter personalíssimo da prestação. E veja-se, nesse sentido, ser muito mais frequente a contratação em que silenciam as partes sobre o caráter personalíssimo do quem aqueles contratos nos quais as partes expressamente afirmam o caráter *intuitu personae* da prestação.

Disso decorre que, embora não reproduzido no Código Civil vigente aquela disposição do art. 878 do Código revogado, conquanto se tenha por aplicável tal regra, mesmo silente a norma atual, tem-se que não muda o sentido daquela disposição, qual seja, a de que será o contrato personalíssimo se e quando as partes assim o convencionarem, não se podendo interpretar, por falta de amparo legal, que, em caso de dúvida, a prestação seja pessoal, ao contrário do que se verifica no § 613 do Código Civil alemão, que, aliás, não apenas estabelece que em caso de dúvida é personalíssimo o contrato, como também afirma que em caso de dúvida o direito ao serviço é intransferível.

O objeto dessa modalidade contratual é uma obrigação de fazer consubstanciada na própria atividade humana, a saber, a atividade cuja finalidade é executar toda espécie de serviço ou trabalho lícito, material ou imaterial. Mesmo quando o dar seja consequência do fazer não há desvirtuamento ou modificação da essência da obrigação, que será sempre de fazer. Vale dizer, quando se contratam os serviços de pesquisa ou parecer, o ato de dar o resultado da pesquisa ou o parecer escrito decorre da própria obrigação de fazer, não sendo obrigação mista, tampouco de dar.

Como anteriormente vimos, uma vez que a prestação de serviços regida pelo Código Civil, com as transformações socioeconômicas havidas, mostrou-se insuficiente para resolver os embates surgidos com a massificação das atividades e da própria prestação, seguindo o caminho que fora proclamado nos Estados Unidos da América e na Europa, a Constituição Federal brasileira, promulgada em 1988, trouxe previsão da elaboração de um Código de Defesa do Consumidor, o qual surgiu entre nós com a Lei 8.078/1990, instituindo proteção especial ao consumidor, e estabelecendo como regra a responsabilidade objetiva.

Verifica-se com isso que o CDC não revogou as disposições relativas à prestação de serviços contidas no CC, mas apenas regulou, como microssistema e lei especial, aquelas prestações nascidas e fornecidas no mercado de consumo em massa, criando mecanismos de proteção à parte vulnerável na relação consumerista. Não houve a criação de um novo contrato de prestação de serviços; referido contrato é um apenas, e as relações surgidas no âmbito consumerista passaram a sofrer influência e ingerência em todas as fases, ou seja, desde a formação até a responsabilidade pós-contratual. Mesmo permanecendo no CC somente as prestações de serviços oriundas de relação paritária entre as partes, há, e deve mesmo haver, uma verdadeira intersecção de ambas as normas na busca pela melhor aplicabilidade do sistema, e, sobretudo, pela justiça e pacificação sociais. Há, portanto, uma interação entre as normas, de maneira a tornar mais completo o regime protetivo da lei especial.

A responsabilidade civil exsurge nos contratos de prestação de serviços, como vimos anteriormente, quando se estiver diante de inexecução voluntária, de cumprimento tardio, ou mesmo de cumprimento defeituoso. Assim, caso o prestador de serviços se torne inadimplente, o tomador tem a seu dispor a ação para cumprimento da obrigação específica, que segue a regra contida no art. 461, § 1.º, do CPC, e, caso tenham as partes convencionado ser a prestação personalíssima, não estará obrigado a aceitar de terceiro a referida prestação. A tutela específica do próprio cumprimento da prestação é igualmente prevista no art. 84 do CDC. Caso não opte pela execução específica, o tomador tem à sua disposição as normas garantidoras do pagamento das perdas e danos a cargo do prestador inadimplente, de forma que o valor a esse título recebido substitui a prestação que deixou de executar. Pode ainda optar pela execução feita por terceiro, cujo custo será suportado pelo prestador inadimplente, nos termos do que dispõe o art. 284 do CC.

Por outro lado, é de observar que o art. 475 do CC, impõe ao inadimplente o dever de indenizar as perdas e danos, tanto no caso em que o tomador opte pela resolução do contrato como no caso de opção pelo cumprimento da obrigação, evidentemente se ainda tiver alguma utilidade. E, nesse sentido, ressalte-se que o dever de indenizar, tratando-se de responsabilidade contratual, nasce no exato momento em que a prestação deveria ser executada e não o foi, ou ainda, no momento em que foi serodiamente executada, ou mesmo que pontual, tenha sido executada imperfeitamente, deficientemente. Tem-se, portanto, que o dever de indenizar as perdas e danos existirá tanto nas hipóteses de inadimplemento total ou absoluto como também nas hipóteses de inadimplemento parcial, e mesmo nos casos de mora, como estatui o art. 385 do CC.

As perdas e danos que integram a indenização nos casos supramencionados importam, pois, tanto as de caráter patrimonial como as de caráter extrapatrimonial, vale dizer, abrangem tanto os prejuízos de caráter econômico (dano material) como também aqueles de caráter moral (dano moral), ou seja, aqueles que não refletem uma perda pecuniária, mas refletem um sofrimento psíquico, interior, e que se distanciam do aborrecimento comum a que todos estamos sujeitos nas relações interpessoais e contratuais. O dano moral não está necessariamente vinculado ao dano patrimonial, sendo que haverá casos em que o dano moral tenha seu nascedouro juntamente com o dano patrimonial, e haverá casos em que, mesmo inexistindo prejuízo de caráter patrimonial, haverá o dano moral, a ensejar indenização.

Por meio da cláusula penal ou convencional, cujo valor não será superior ao valor da obrigação principal, poderá haver incentivo ao cumprimento contratual, e ao mesmo tempo, o afastamento da discussão acerca da extensão de eventual prejuízo causado pelo inadimplemento por qualquer das partes, sendo, portanto, uma prévia estimativa dos danos. A prestação prometida, nesse caso, embora geralmente seja estabelecida em dinheiro, pode ser ou não avençada em dinheiro, podendo até mesmo ser pactuada sua prestação a terceiro, em dinheiro ou não. Para que referida cláusula opere na hipótese de inadimplemento ou de mora, deve haver a culpa como elemento causador de ambos (art. 408 do CC). O princípio da razoabilidade deve nortear a aplicação da referida cláusula.

São excludentes do dever de indenizar o caso fortuito e a força maior, a culpa exclusiva – e mesmo concorrente – da vítima, o fato de terceiro, a cláusula de não indenizar, e a renúncia da vítima à indenização. Faz-se mister observar que, tratando-se de contrato regido pelo CDC, há proibição expressa de estipulação de cláusula que impossibilite, exonere ou atenue a obrigação de indenizar (art. 25, CDC), bem como estabelece o CDC serem nulas cláusulas contratuais que impossibilitem, exonerem ou atenuem a responsabilidade do fornecedor por vícios de qualquer natureza dos serviços, ou que impliquem renúncia ou disposição de direitos (art. 51, I).

Havendo vício na prestação dos serviços, ou seja, presentes vícios redibitórios, ou defeito, que torne a prestação imprópria, ou que a diminua o valor, pode o tomador redibir o contrato (ação redibitória), rejeitando a própria prestação, ou optar pelo abatimento do preço (ação *quanti mi-*

noris ou estimatória), proporcionalmente ao vício encontrado. O art. 20 do CDC prevê ainda a possibilidade de o consumidor, querendo, exigir a reexecução do serviço viciado. Para tanto, devem ser observados os prazos estipulados em lei (art. 445, CC; art. 26, CDC).

Havendo descumprimento contratual, poderá a parte, cuja correspectiva prestação lhe seja exigida, opor a *exceptio non adimpleti contractus* (exceção de contrato não cumprido), ou *exceptio non rite adimpleti contractus* (exceção de contrato não cumprido adequadamente), nos termos do art. 476 do CC, caso não opte a parte prejudicada pela resolução do contrato. O art. 477 do *Codex* vai além, e permite que após a conclusão do contrato, se sobrevier a uma das partes contratantes diminuição em seu patrimônio capaz de comprometer ou tornar duvidosa a prestação pela qual se obrigou, pode a outra recusar-se à prestação que lhe incumbe, até que aquela satisfaça a que lhe compete ou dê garantia bastante de satisfazê-la.

Quanto à responsabilidade do prestador de serviços no âmbito do CC, impera a responsabilidade subjetiva, tanto quando se tratar de pessoa jurídica como de pessoa física, ou profissional liberal, cumprindo lembrar o art. 927 do CC, segundo o qual "haverá a obrigação de reparar o dano, independente de culpa, nos casos especificados em lei, ou quando a atividade normalmente desenvolvida pelo autor do dano implicar, por sua natureza, risco para os direitos de outrem", enquanto na seara do CDC, quando tratar-se de pessoa jurídica, haverá responsabilidade objetiva, e, por outro lado, tratando-se de profissional liberal, haverá a responsabilidade subjetiva (art. 14, § 4.º). Frise-se que, em situações especiais, mesmo pessoas jurídicas prestadoras de serviços podem, em suas atividades, ser contratadas em caráter personalíssimo.

Tratando-se de pessoa jurídica a causadora do dano, não tem o tomador ação direta contra o empregado, preposto ou auxiliar – embora não proíba a lei a participação destes no polo passivo da demanda promovida pelo tomador –, cuja ação ocasionou referido dano, cabendo responder sozinha a pessoa jurídica, permitindo-se-lhe, a seu critério, intentar ação regressiva contra aquele auxiliar, empregado ou preposto causador do dano.

Na hipótese de haver terceiros vitimados por dano causado pelo prestador, caso seja a prestação regida pelo CC, poderão os terceiros pleitear indenização com fundamento na responsabilidade civil extracontratual, ou seja, aquiliana, enquanto que em se tratando de relação contratual regida pelo CDC, os terceiros são equiparados aos consumidores e, portanto, podem valer-se de todas as garantias conferidas pela lei especial à satisfação do prejuízo que tiverem sofrido.

No tocante à decadência, cumpre observar tanto os prazos conferidos pelo art. 445 do CC como pelo art. 26 do CDC, sendo que, quanto a este, excepcionalmente, haverá suspensão ou impedimento de fluência do prazo nas hipóteses descritas no seu § 2.º, ou seja, em caso de reclamação feita ao fornecedor, até a resposta negativa deste, ou, em caso de instauração de inquérito civil, até seu encerramento.

Por outro lado, relativamente à prescrição, o art. 27 do CDC estabelece o prazo de cinco anos para a parte lesada requerer a reparação do dano decorrente de fato do serviço. Entretanto, silenciando o CDC sobre o prazo prescricional relativo aos vícios e defeitos, deve, por analogia, ser aplicado igualmente o mesmo prazo quinquenal, por ser possível dirimir a questão sem a necessidade de extrair regramento além daquele microssistema.

No que tange ao CC, são estabelecidos vários prazos prescricionais, de maneira que o prazo será igual ou maior do que aquele estabelecido pelo CDC. Isso porque, embora aparentemente seja a prescrição trienal quanto à pretensão de reparação civil nas relações contratuais regidas pelo CC (206, § 3.º, inciso V), fato é que tal prazo refere-se à obrigação que nasce de ato ilícito *stricto sensu*, não se aplicando às hipóteses de violação do contrato. Com efeito, as perdas e danos que decorrem da relação contratual apresentam-se com função secundária, com o que, respeitada a forte corrente doutrinária em contrário, é plenamente aplicável à pretensão de reparação civil derivada de contrato a prescrição quinquenal por interpretação sistemática e analógica do art. 206, § 5.º, I, relativamente à pretensão de cobrança de dívidas líquidas constantes de instrumento público ou particular, seja originária ou subsidiária a pretensão, ou ainda, a prescrição quinquenal relativa ao prazo para os profissionais liberais em geral perseguirem seus honorários, contado referido prazo da conclusão dos serviços ou da cessação do respectivo contrato (art. 206, § 5.º, II, CC), ou, caso se rejeite tal interpretação, será aplicável a prescrição decenal do art. 205, ou outra especial aplicável concretamente à espécie.

Qualquer que seja o prisma pelo qual se analise a questão, surge cristalina a incoerência em se estabelecer prazo prescricional de cinco anos para cobrança de seu crédito e, desproporcional e teratologicamente, apenas três anos para os contraentes pleitearem reparação civil fundada no mesmo contrato. Não nos parece coerente que tenha nascedouro em um mesmo contrato dois prazos prescricionais diversos e prejudiciais à parte lesada, sobretudo quando o prazo para reparação civil decorrente da relação contratual seja inferior ao prazo para cobrança de dívida dele originada.

Portanto, segundo a boa doutrina anteriormente invocada, tratando-se de regime principal fundado em contrato, a ele deve aderir o dever de indenizar como acessório, com função própria do plano sancionatório, de forma que enquanto não prescrita a pretensão principal (referente à obrigação contratual), não pode prescrever a respectiva sanção (a obrigação pelas perdas e danos), ou seja, enquanto se puder exigir a prestação contratual (porque não prescrita a respectiva pretensão), subsistirá a exigibilidade do acessório (pretensão ao equivalente econômico e seus acréscimos legais). Isso porque, não seria coerente, lógico, tampouco justo, o Código Civil pretender unificar os prazos prescricionais a ponto de causar distorção jurídica no sentido de as partes poderem exigir o cumprimento de obrigação ou a cobrança de dívida líquida – ou mesmo cláusula penal – no prazo de cinco anos, e serem obrigadas a pleitear reparação civil decorrente da mesma relação contratual no exíguo prazo de três anos. Tem-se, pois, que a pretensão a perdas e danos, conexa ao direito à resolução (art. 475), prescreverá no prazo de cinco anos, ou no prazo ordinário (art. 205), ou seja, dez anos.

REFERÊNCIAS BIBLIOGRÁFICAS

AGUIAR JÚNIOR, Ruy Rosado de. O novo Código Civil e o Código de Defesa do Consumidor: pontos de convergência. *Revista de Defesa do Consumidor.* São Paulo, v. 48, out.-dez. 2003, p. 55-88.

_____. *Extinção dos contratos por incumprimento do devedor*: resolução. 2. ed. 2. tir. Rio de Janeiro: Aide, 2004.

ALMEIDA, Candido Mendes de. *Codigo Philippino ou Ordenações e Leis do Reino de Portugal.* 14. ed. Rio de Janeiro: Typographia do Instituto Philomathico, 1870.

ALONSO, Javier Prada. *Protección del consumidor y responsabilidad civil.* Madrid – Barcelona: Marcial Pons, Ediciones Jurídicas y Sociales, 1998.

ALONSO, Paulo Sérgio Gomes. *Pressupostos da responsabilidade objetiva.* São Paulo: Saraiva, 2000.

ALVES, José Carlos Moreira. *Direito romano.* 6. ed. rev. e acresc. Rio de Janeiro: Forense, 2003. v. 2.

ALVES, Vilson Rodrigues. *Da prescrição e da decadência no Código Civil de 2002.* 4. ed. rev. ampl. e atual. Campinas: Servanda, 2008.

ALVIM, Agostinho. *Da inexecução das obrigações e suas consequências.* 2. ed. São Paulo: Saraiva, 1955.

ALVIM, Arruda. *Direito Civil*: estudos e pareceres. São Paulo: RT, 1995.

_____; ALVIM, Thereza; ALVIM, Eduardo Arruda; MARINS, James. *Código do Consumidor comentado.* 2. ed. rev. e ampl. São Paulo: RT, 1995.

_____; _____; _____; SOUZA, James J. Marins de. *Código do Consumidor comentado e legislação correlata.* São Paulo: RT, 1991.

AMARAL, Francisco. *Direito Civil*: introdução. 7. ed. rev. atual. e aum. Rio de Janeiro: Renovar, 2008.

AMARAL JÚNIOR, Alberto do. A responsabilidade pelos vícios dos produtos no Código de Defesa do Consumidor. *Revista de Direito do Consumidor*, São Paulo: RT, v. 2, abr.-jun. 1992, p. 100-123.

AMORIM FILHO, Agnelo. Critério científico para distinguir a prescrição da decadência e para identificar as ações imprescritíveis. *RT*, São Paulo: RT, v. 300, ano 49, out. 1960, p. 7-37.

ANDRIGHI, Nancy; BENETI, Sidnei; ANDRIGHI, Vera. In: TEIXEIRA, Sálvio de Figueiredo (Coord.). *Comentários ao novo Código Civil:* das várias espécies de contrato: do empréstimo: da prestação de serviço: da empreitada: do depósito (art. 579 a 652). Rio de Janeiro: Forense, 2008. v. 9.

ASSEMBLEIA-GERAL DA ORGANIZAÇÃO DAS NAÇÕES UNIDAS. *Resolução 39/248, de 09 de abril de 1985.* Disponível em: <http://www.un.org/documents/ga/res/39/a39r248.htm>. Acesso em: 16 nov. 2009.

ASSIS, Araken de. *Resolução do contrato por inadimplemento.* 4. ed. rev. e atual. São Paulo: RT, 2004.

_____; ANDRADE, Ronaldo Alves de; ALVES, Francisco Glauber Pessoa. In: ALVIM, Arruda; ALVIM, Thereza (Coords.). *Comentários ao Código Civil brasileiro*: direito das obrigações (arts. 421 a 578). Rio de Janeiro: Forense, 2007. v. 5.

AZEVEDO, Álvaro Villaça. Anotações sobre o novo Código Civil. Novo Código Civil: aspectos relevantes. *Revista do Advogado,* São Paulo: AASP, ano XXII, n. 68, dez. 2002, p. 7-18.

_____. Responsabilidade civil – I. In: LIMONGI FRANÇA, Rubens (Coord.). *Enciclopédia Saraiva do Direito.* São Paulo: Saraiva, 1981. v. 65, p. 331-346.

_____. *Teoria geral das obrigações e responsabilidade civil.* 11. ed. São Paulo: Atlas, 2008.

_____. *Teoria geral dos contratos típicos e atípicos*: curso de direito civil. 3. ed. São Paulo: Atlas, 2009.

AZEVEDO, Antonio Junqueira de. *Direito dos contratos*: novo Código Civil Brasileiro: o que muda na vida do cidadão. Câmara dos Deputados. Ouvidoria Parlamentar. Centro de Documentação e Informação. Coordenação de Publicações. Brasília, 2003. p. 75-83.

_____. *Estudos e pareceres de direito privado.* São Paulo: Saraiva, 2004.

_____. Insuficiências, deficiências e desatualização do Projeto de Código Civil na questão da boa-fé objetiva nos contratos. *RT*, São Paulo: RT, n. 775, maio 2000, p. 11-17.

_____. *Novos estudos e pareceres de direito privado.* São Paulo: Saraiva, 2009.

BARROS, Alice Monteiro de. *Curso de direito do trabalho.* 4. ed. rev. e ampl. São Paulo: LTr, 2008.

REFERÊNCIAS BIBLIOGRÁFICAS

BENJAMIN, Antônio Herman de Vasconcelos e. In: OLIVEIRA, Juarez de (Coord.). *Comentários ao Código de Proteção do Consumidor*. São Paulo: Saraiva, 1991.

BESSA, Leonardo Roscoe. Vícios dos produtos: paralelo entre o CDC e o Código Civil. In: PFEIFFER, Roberto Augusto Castellanos; PASQUALOTTO, Adalberto (Coord.). *Código de Defesa do Consumidor e o Código Civil de 2002*: convergências e assimetrias. São Paulo: RT, 2005. p. 264-299.

BETTI, Emilio. *Teoria generale delle obbligazione*. Milão: Giuffrè, 1953. t. 2.

BEVILÁQUA, Clóvis. *Código Civil dos Estados Unidos do Brasil comentado*. 4. ed. Rio de Janeiro: Livraria Francisco Alves, 1934. v. 4.

_____. *Código Civil dos Estados Unidos do Brasil comentado*. 3. ed. Rio de Janeiro: Livraria Francisco Alves, 1934. v. 5, t. 2.

_____. *Direito das obrigações*. 8. ed. rev. e atual. Achilles Bevilaqua. Rio de Janeiro: Livraria Francisco Alves, 1954.

_____. *Projecto de Código Civil brazileiro*. Rio de Janeiro: Imprensa nacional, 1900.

_____. In: LACERDA, Paulo de (Coord.). *Manual do Código Civil brasileiro*: do direito das obrigações. Rio de Janeiro: Jacintho Ribeiro dos Santos, 1918. v. 14.

_____. *Teoria geral do direito civil*. 2. ed. Rio de Janeiro: Livraria Francisco Alves, 1929.

BITTAR, Carlos Alberto. A teoria da responsabilidade civil e os novos instrumentos de defesa do consumidor. In: BITTAR, Carlos Alberto (Coord.). *Responsabilidade civil por danos a consumidores*. São Paulo: Saraiva, 1992. p. 1-13.

_____. *Contratos civis*. Rio de Janeiro: Forense Universitária, 1990.

_____. *Curso de direito civil*. Rio de Janeiro: Forense Universitária, 1994. v. 1.

_____. *Curso de direito civil*. Rio de Janeiro: Forense Universitária, 1994. v. 2.

_____. *Reparação civil por danos morais*. 3. ed. rev. atual. e ampl. São Paulo: RT, 1997.

_____. *Responsabilidade civil:* teoria e prática. 1989.

BITTAR FILHO, Carlos Alberto; BITTAR, Marcia Sguizzardi. *Novo Código Civil*: parte geral, obrigações e contratos. São Paulo: IOB Thompson, 2005.

_____. *Código Civil de 2002*: inovações. São Paulo: IOB Thomson, 2005. p. 35.

BOBBIO, Norberto. *Teoria geral do direito*. Trad. Denise Agostinetti. Revisão da tradução Silvana Cobucci Leite. 2. ed. São Paulo: Martins Fontes, 2008.

BONFIM, Edilson Mougenot. *Reforma do Código de Processo Penal*: comentários à Lei 12.403, de 4 de maio de 2011: prisão preventiva, medidas cautelares, liberdade provisória e fiança. 1. ed. 2. tir. São Paulo: Saraiva, 2011.

CAHALI, Yussef Said. *Dano moral*. 2. ed. rev. atual. e ampl. São Paulo: RT, 2000.

_____. Culpa: Direito Civil. In: LIMONGI FRANÇA, Rubens (Coord.). *Enciclopédia Saraiva do Direito*. São Paulo: Saraiva, 1979. v. 22, p. 21-28.

_____. *Prescrição e decadência*. 2. tir. São Paulo: RT, 2008.

CÂMARA DOS DEPUTADOS. *O Projeto de Lei* 508/2003. Disponível em: <www.camara.gov.br>. Acesso em: 22 ago. 2012.

_____. *Projeto de Lei 699/2011, apresentado em 15.03.2011 pelo Deputado Arnaldo Faria de Sá (PTB/SP)*. Disponível em: <http://bd.camara.gov.br/bd/bitstream/handle/bdcamara/1926/regimento_interno_8ed.pdf?sequence=5>. Acesso em: 20 fev. 2012.

CANALES, Manuel Miranda. *Derechos de los contratos*. Lima-Peru: Cultural Cuzco, 1988.

CARNELUTTI, Francesco. *Teoria geral do direito*. Trad. A. Rodrigues Queiró e Artur Anselmo de Castro. Coimbra: Arménio Amado, 1942.

CARPENTER, Luiz F. *Da prescrição*. 3. ed. atual. e notas do Prof. Arnoldo Wald. Rio de Janeiro: Nacional de Direito, 1958. v. 1.

_____. *Da prescrição*. 3. ed. atual. e notas do Prof. Arnoldo Wald. Rio de Janeiro: Nacional de Direito, 1958. v. 2.

CARRION, Valentim. *Comentários à Consolidação das Leis do Trabalho*. 35. ed. atual. por Eduardo Carrion. São Paulo: Saraiva, 2010.

CASSAR, Vólia Bomfim. *Direito do Trabalho*. Niterói: Impetus, 2008.

CASTRO, Guilherme Couto de. *A responsabilidade civil objetiva no direito brasileiro*. 2. Rio de Janeiro: Forense, 1997.

CAVALIERI FILHO, Sergio. *Programa de direito do consumidor*. 1. ed. 2. reimpr. São Paulo: Altas, 2009.

_____. *Programa de responsabilidade civil*. 8. ed. rev. e ampl. 3. reimpr. São Paulo: Atlas, 2009.

CHAVES, Antônio. *Responsabilidade civil*. 1. ed. São Paulo: Bushatsky, 1972.

CHINELATO, Silmara Juny. Tendências da responsabilidade civil no direito contemporâneo: reflexos no Código de 2002. In: DELGADO, Mario Luiz; ALVES, Jones Figueiredo (Coords.). *Novo Código Civil*: questões controvertidas: responsabilidade civil. São Paulo: Método, 2006. v. 5, p. 583-606.

_____. *Responsabilidade civil*. Câmara dos Deputados. Ouvidoria Parlamentar. Centro de Documentação e Informação. Coordenação de Publicações. Brasília, 2003.

CHIRONI, G. P.; ABELLO, L. *Trattato di diritto civile italiano*: parte geral. Torino: Fratelli Bocca Editori, 1904. v. 1.

COELHO, Fábio Ulhoa. *Curso de direito comercial*: direito de empresa. 13. ed. São Paulo: Saraiva, 2009. v. 2.

_____. *Manual de direito comercial*. 12. ed. rev. e atual. São Paulo: Saraiva, 2000.

COMPARATO, Fábio Konder. *Ensaios e pareceres de direito empresarial*. 1. ed. Rio de Janeiro: Forense, 1978.

CORRAL, D. Ildefonso Luis García del. *Cuerpo del derecho civil romano*: primera parte: Digesto. Barcelona: Lex Nova, 1897. t. 3.

_____. *Cuerpo del derecho civil romano*: primera parte: Instituta. *Digesto*. Barcelona: Jaime Molinas, 1889.

COSTA JR., Paulo José da. *Curso de direito penal*. 10. ed. rev. e atual. São Paulo: Saraiva, 2009.

COSTA, Mario Julio de Almeida. *Direito das obrigações*. 10. ed. Coimbra: Almedina, 2006.

CRETELLA JÚNIOR, José. *Curso de direito romano*: o direito romano e o direito civil brasileiro. 24. ed. rev. e aum. Rio de Janeiro: Forense, 2000.

DELGADO, Luiz Delgado. A pretensão de reparação civil e as controvérsias quanto ao novo prazo prescricional. In: DELGADO, Mario Luiz; ALVES, Jones Figueiredo (Coords.). *Novo Código Civil*: questões controvertidas: responsabilidade civil. São Paulo: Método, 2006. v. 5, p. 399-423.

DE LUCCA, Newton. *Direito do Consumidor*: aspectos práticos: perguntas e respostas. 2. ed. Bauru: Edipro, 2000.

_____. *Direito do Consumidor*: teoria geral da relação jurídica de consumo. 2. ed. São Paulo: Quartier Latin, 2008.

DENARI, Zelmo. In: GRINOVER, Ada Pellegrini et al. *Código de Defesa do Consumidor comentado pelos autores do anteprojeto*. 8. ed. Rio de Janeiro: Forense Universitária, 2005.

DIAS, José de Aguiar. *Cláusula de não indenizar*: chamada cláusula de irresponsabilidade. 4. ed. rev. Rio de Janeiro: Forense, 1980.

_____. *Da responsabilidade civil*. 8. ed. rev. e aum. Rio de Janeiro: Forense, 1987. v. 1.

_____. _____. 8. ed. rev. e aum. Rio de Janeiro: Revista Forense, 1987. v. 2.

DINIZ, Maria Helena. *Curso de direito civil brasileiro*: direito de empresa. 2. ed. reformulada. São Paulo: Saraiva, 2009. v. 8.

_____. *Curso de direito civil brasileiro*: responsabilidade civil. 23. ed. reformulada. São Paulo: Saraiva, 2009. v. 7.

_____. *Curso de direito civil brasileiro*: teoria geral do direito civil. 27. ed. São Paulo: Saraiva, 2010. v. 1.

_____. *Curso de direito civil brasileiro*: teoria das obrigações contratuais e extracontratuais. 25. ed. reformulada. São Paulo: Saraiva, 2009. v. 3.

_____. *Curso de direito civil brasileiro*: direito das coisas. 19. ed. rev. e atual. São Paulo: Saraiva, 2004. v. 4.

_____. *Dicionário jurídico*. 2. ed. atual. e aum. São Paulo: Saraiva, 2005. v. 3.

_____. *Tratado Teórico e Prático dos Contratos*. São Paulo: Saraiva, 1993. v. 2.

_____; SILVA, Regina Beatriz Tavares da (Coord.). *Código Civil comentado*. FIUZA, Ricardo (Coord. até 5. ed.). 6. ed. rev. e atual. SILVA, Regina Beatriz Tavares da (Coord.). São Paulo: Saraiva, 2008.

DONNINI, Rogério Ferraz. *A revisão dos contratos no Código Civil e no Código de Defesa do Consumidor*. 2. ed. São Paulo: Saraiva, 2001.

_____. *Responsabilidade pós-contratual no novo Código Civil e no Código de Defesa do Consumidor*. São Paulo: Saraiva, 2004.

DRUMMOND, J. de Magalhães. In: HUNGRIA, Nélson (Coord.). *Comentários ao Código Penal*. Rio de Janeiro: Revista Forense, 1944. v. 9.

DUARTE, Nestor. Obrigações alternativas, divisíveis e indivisíveis. In: Martins Filho, Ives Gandra da Silva; Mendes, Gilmar Ferreira; Franciulli Netto, Domingos (Coord.). *O novo Código Civil*: estudos em homenagem ao Prof. Miguel Reale. São Paulo: LTr, 2003. p. 219-237.

_____. In: PELUSO, Cezar (Coord.). *Código Civil comentado*: doutrina e jurisprudência. 3. ed. rev. e atual. Barueri: Manole, 2009.

_____. Direito intertemporal e prescrição no novo Código Civil. In: CIANCI, Mirna (Coord.). *Prescrição no Código Civil*: uma análise interdisciplinar. São Paulo: Saraiva, 2005. p. 344-360.

ENNECCERUS, Ludwig; KIPP, Theodor; WOLFF, Martín. *Tratado de derecho civil*: derecho de obligaciones. 11. rev. Heinrich Lehmann. Trad. Blas Pérez González e José Alguer. Barcelona: Casa Editorial Bosch, 1947. v. 1, t. 2.

_____. *Tratado de derecho civil*: derecho de obligaciones. 11. rev. por Heinrich Lehmann. Trad. Blas Pérez González e José Alguer. 2. ed. Barcelona: Casa Editorial Bosch, 1950. v. 2, t. 2.

_____. *Tratado de derecho civil*: parte geral. 13. rev. por Hans Carl Nipperdey. Trad. Blas Pérez González e José Alguer. 2. ed. Barcelona: Casa Editorial Bosch. 1950. v. 2, t. 1.

_____. *Tratado de derecho civil*: parte geral. 11. rev. por Heinrich Lehmann. Trad. Blas Pérez González e José Alguer. 2. ed. Barcelona: Casa Editorial Bosch, 1950. v. 2, t. 2.

FARIA, Antonio Bento de. *Código Commercial brasileiro annotado*. 3. ed. Rio de Janeiro: Jacintho Ribeiro dos Santos, 1920. v. 1.

FISCHER, Hans Albrecht. *A reparação dos danos no direito civil*. Trad. Antônio de Arruda Ferrer Correia. São Paulo: Saraiva, 1938.

FIÚZA, César. *Direito Civil*: curso completo. 10. ed. rev. atual. e ampl. Belo Horizonte: Del Rey, 2007. p. 551-552.

FOLHA DE SÃO PAULO. Disponível em: <http://www1.folha.uol.com.br/folha/dinheiro/ult91u82653.shtml>. Acesso em: 14 set. 2010.

FREITAS, Augusto Teixeira de. *Consolidação das Leis Civis*. 5. ed. anotada por Martinho Garcez. Rio de Janeiro: Jacintho Ribeiro dos Santos Livreiro, 1915.

GOMES, Orlando. In: BRITO, Edvaldo (Coord.). *Contratos*. 26. ed. atual. Antonio Junqueira de Azevedo e Francisco Paulo De Crescenzo Marino. Rio de Janeiro: Forense, 2009.

_____. *Direitos reais*. 2. ed. Rio de Janeiro: Forense, 1962.

_____. *Obrigações*. 17. ed. rev. atual. e aum. por Edvaldo Brito. Rio de Janeiro: Forense, 2009. p. 190.

_____. Tendências modernas na teoria da responsabilidade civil. In: FRANCESCO, José Roberto Pacheco di (org.). *Estudos em homenagem ao professor Silvio Rodrigues*. São Paulo: Saraiva, 1989. p. 291-302.

_____. *Transformações gerais do direito das obrigações*. São Paulo: RT, 1967.

GONÇALVES, Carlos Roberto. *Responsabilidade civil.* 10. ed. rev. atual. e ampl. 2. tir. São Paulo: Saraiva, 2008.

_____. In: AZEVEDO, Antônio Junqueira de (Coord.). *Comentários ao Código Civil*: parte especial: direito das obrigações (arts. 927 a 965 CC/2002). São Paulo: Saraiva, 2003. v. 11.

_____. *Direito Civil brasileiro*: teoria geral das obrigações. 3. ed. rev. e atual. São Paulo: Saraiva, 2007. v. 2.

_____. *Direito Civil brasileiro*: parte geral. 6. ed. São Paulo: Saraiva, 2008. v. 1.

_____. *Direito das obrigações.* São Paulo: Saraiva, 2001. v. 6. (Coleção sinopses jurídicas.)

GONÇALVES, Luiz da Cunha. *Princípios de direito civil luso-brasileiro*: direito das obrigações. São Paulo: Max Limonad, 1951. v. 2.

_____. *Tratado de direito civil em comentário ao Código Civil português.* Coimbra/Portugal: Ed. Coimbra, 1933. v. 7.

_____. *Tratado de direito civil em comentário ao Código Civil português.* 2. ed. atual. e aum. 1. ed. brasileira. adaptação ao direito brasileiro completada sob a supervisão dos Ministros Orozimbo Nonato, Laudo de Camargo e Prof. Vicente Ráo. Anotado por Brasil R. Barbosa. São Paulo: Max Limonad, 1955. v. 7, t. 2.

GRINOVER, Ada Pellegrini et al. *Código de Defesa do Consumidor comentado pelos autores do anteprojeto.* 9. ed. rev. atual. e ampl. Rio de Janeiro: Forense Universitária, 2007.

HIRONAKA, Giselda Maria Fernandes Novaes. *Responsabilidade pressuposta.* Belo Horizonte: Del Rey, 2005.

HUNGRIA, Nélson; LACERDA, Romão Côrtes de. In: HUNGRIA, Nélson (Coord.). *Comentários ao Código Penal.* Rio de Janeiro: Revista Forense, 1947. v. 8.

JESUS, Damásio de. *Código Penal anotado.* 19. ed. rev. atual. e ampl. de acordo com a reforma do CPP (Leis 11.689, 11.690 e 11. 719/2008). São Paulo: Saraiva, 2009.

JHERING, Rudolf Von. *O espírito do direito romano.* Trad. Rafael Benaion. Rio de Janeiro: Alba, 1943. v. 1.

JOSSERAND, Louis. *Cours de droit civil positif français*: théorie générale des obligations: les principaux contrats du droit civil: les suretés. Paris: Librairie du Recueil Sirey, 1930. t. 2.

KENNEDY, John Fitzgerald. *Carta que enviou ao Congresso Americano, intitulada "Special Message to the Congress in Protecting the Consumer Interest", no interesse da proteção ao consumidor.* Disponível em: <http://www.presidency.ucsb.edu/ws/index.php?pid=9108>. Acesso em: 15 dez. 2009.

KHOURI, Paulo Roberto Roque Antonio. *Direito do Consumidor*: contratos, responsabilidade civil e defesa do consumidor em juízo. 3. ed. São Paulo: Atlas, 2006.

LALOU, Henri. *Traité pratique de la responsabilité civile.* 5. ed. Paris: Dalloz, 1955.

_____. *Traité pratique de la responsabilité civile.* 5. ed. Paris: Librairie Dalloz, 1955. n. 1.

LARENZ, Karl. *Derecho de Obligaciones.* Madri: Revista de Derecho Privado, 1958. t. 1.

_____. *Derecho de Obligaciones.* Madrid: Revista de Derecho Privado, 1959. t. 2.

_____. *Base del negocio jurídico y cumplimiento de los contratos.* Trad. Carlos Fernández Rodríguez. Granada: Comares, 2002.

LEAL, Antonio Luiz da Câmara. *Da prescrição e da decadência*: teoria geral do direito civil. São Paulo: Saraiva, 1939.

LIMA, Alvino. *A responsabilidade civil pelo fato de outrem.* 2. ed. rev. e atual. por Nelson Nery Jr. São Paulo: RT, 2000.

_____. *Da culpa ao risco.* São Paulo, 1938.

LIMA, Pires de; VARELA, Antunes. *Código Civil anotado* (arts. 762o a 1250o). 4. ed. rev. e actual. Coimbra/Portugal: Ed. Coimbra, 1997. v. 2.

LIMONGI FRANÇA, Rubens. *Manual de direito civil*: doutrina especial dos direitos de posse, de propriedade e de condomínio: doutrina especial dos desmembramentos da propriedade: doutrina especial das limitações de garantia à propriedade. São Paulo: RT, 1971. v. 3.

_____. *Manual de direito civil*: doutrina geral dos direitos obrigacionais. São Paulo: RT, 1969. v. 4, t. 1.

_____. In: LIMONGI FRANÇA, Rubens (Coord.). *Enciclopédia Saraiva do Direito.* São Paulo: Saraiva, 1978. v. 6.

_____. Obrigação de fazer. In: _____ (Coord.). *Enciclopédia Saraiva do Direito.* São Paulo: Saraiva, 1980. v. 55, p. 332-334.

_____. Cláusula penal. In: _____ (Coord.). *Enciclopédia Saraiva do Direito.* São Paulo: Saraiva, 1978. v. 15, p. 116-119.

_____. *Teoria e prática da cláusula penal*. São Paulo: Saraiva, 1988.

LISBOA, Roberto Senise. *Responsabilidade civil nas relações de consumo*. 2. ed. rev. e atual. São Paulo: RT, 2006.

LÔBO, Paulo Luiz Netto. *Responsabilidade civil por vício do produto ou serviço*. Brasília: Brasília Jurídica, 1996.

LOPES, Miguel Maria de Serpa. *Curso de direito civil*: direito das obrigações: contratos. Rio de Janeiro: Freitas Bastos, 1958. v. 4.

_____. *Curso de direito civil*: direito das coisas. 2. ed. São Paulo: Livraria Freitas Bastos S/A, 1962. v. 6.

_____. *Curso de direito civil*: fontes acontratuais das obrigações: responsabilidade civil. Rio de Janeiro: Freitas Bastos, 1961. v. 5.

_____. *Curso de direito civil*: fontes das obrigações: contratos. 3. ed. rev. e aum. São Paulo: Freitas Bastos, 1960. v. 3.

_____. *Curso de direito civil*: introdução, parte geral e teoria dos negócios jurídicos. 2. ed. São Paulo: Freitas Bastos, 1957. v. 1.

_____. *Curso de direito civil*: obrigações em geral. 6. ed. rev. e atual. José Serpa Santa Maria. Rio de Janeiro: Freitas Bastos, 1995. v. 2.

_____. *Exceções substanciais*: exceção de contrato não cumprido *(exceptio non adimpleti contractus)*. Rio de Janeiro: Freitas Bastos, 1959.

_____. *O silêncio como manifestação da vontade*: obrigações em geral. Rio de Janeiro: A. Coelho Branco Filho, 1935.

LOPEZ, Teresa Ancona. In: AZEVEDO, Antônio Junqueira de (Coord.). *Comentários ao Código Civil*: parte especial: das várias espécies de contratos (arts. 565 a 653). São Paulo: Saraiva, 2003. v. 7.

_____. *Nexo causal e produtos potencialmente nocivos: a experiência brasileira do tabaco*. São Paulo: Quartier Latin, 2008.

_____. *O dano estético*. Responsabilidade civil. São Paulo: RT, 2004.

MALUF, Carlos Alberto Dabus. *Código Civil comentado*. FIUZA, Ricardo (Coord. até a 5. ed.). 6. ed. rev. e atual. SILVA, Regina Beatriz Tavares da (Coord.). São Paulo: Saraiva, 2008.

MARQUES, Claudia Lima. *Contratos no Código de Defesa do Consumidor*: o novo regime das relações contratuais. 5. ed. rev. atual. e ampl. São Paulo: RT, 2005. p. 318-319.

_____. Diálogo entre o Código de Defesa do Consumidor e o novo Código Civil: do diálogo das fontes no combate às cláusulas abusivas. *Revista de Direito do Consumidor,* São Paulo: RT, v. 45, jan.-mar. 2003, p. 71-99.

_____; BENJAMIN, Antônio Herman V.; MIRAGEM, Bruno. *Comentários ao Código de Defesa do Consumidor*: arts. 1.o a 74: aspectos materiais. São Paulo: RT, 2003.

_____. Três tipos de diálogos entre o Código de Defesa do Consumidor e o Código Civil de 2002: superação das antinomias pelo "diálogo das fontes". In: PFEIFFER, Roberto Augusto Castellanos; PASQUALOTTO, Adalberto (Coord.). *Código de Defesa do Consumidor e o Código Civil de 2002*: convergências e assimetrias. São Paulo: RT, 2005. p. 11-82.

MARTINS-COSTA, Judith. In: TEIXEIRA, Sálvio de Figueiredo (Coord.). *Comentários ao Código Civil*: do inadimplemento das obrigações. 2. ed. Rio de Janeiro: Forense, 2009. v. 5, t. 2.

_____. A dupla face do princípio da equidade na redução da cláusula penal. In: ASSIS, Araken de et al. (Coord.). *Direito Civil e processo*: estudos em homenagem ao Professor Arruda Alvim. São Paulo: RT, 2007. p. 60-73.

MARTINS, Fran. *Curso de direito comercial:* empresa comercial: empresários individuais: microempresas: sociedades empresárias: fundo de comércio. 33. ed. rev. atual. e ampl. por Carlos Henrique Abrão. Rio de Janeiro: Forense, 2010.

MARTINS, Sergio Pinto. *Comentários à CLT*. 12. ed. São Paulo: Atlas, 2008.

_____. *Direito do Trabalho*. 25. ed. São Paulo: Atlas, 2009.

_____. *Direito Processual do Trabalho*: doutrina e prática forense. 29. ed. São Paulo: Atlas, 2009.

MIRABETE, Julio Fabbrini; FABBRINI, Renato N. *Manual de direito penal*: parte especial (arts. 121 a 234 do CP). 26. ed. rev. e atual. até 11 de março de 2009. São Paulo: Altas, 2009. v. 2.

MIRANDA, Custódio da Piedade Ubaldino. *Teoria geral do negócio jurídico*. São Paulo: Atlas, 1991.

MONTEIRO, Washington de Barros. *Curso de direito das obrigações* – 1.ª parte. 33. ed. rev. e atual. por Carlos Alberto Dabus Maluf. São Paulo: Saraiva, 2007. v. 4.

_____. *Curso de direito civil: direito das obrigações* – 2.ª parte. 35. ed. rev. e atual. por Carlos Alberto Dabus Maluf e Regina Beatriz Tavares da Silva. São Paulo: Saraiva, 2007. v. 5.

_____. *Curso de direito civil: direito das obrigações* – 2ª parte. 29. ed. rev. e atual. São Paulo: Saraiva,1997. v. 5.

_____. *Curso de direito civil: direito das obrigações* – 2ª parte: dos contratos em geral: das várias espécies de contrato: dos atos unilaterais: da responsabilidade civil. 35. ed. rev. e atual. Carlos Alberto Dabus Maluf e Regina Beatriz Tavares da Silva. São Paulo: Saraiva, 2007. v. 5.

NADER, Paulo. *Curso de direito civil*: contratos. 4. ed. rev. e atual. Rio de Janeiro: Forense, 2009. v. 3.

_____. *Curso de direito civil*: obrigações. 4. ed. rev. e atual. Rio de Janeiro: Forense, 2009. v. 2.

NASCIMENTO, Amauri Mascaro. *Curso de direito do trabalho*: história e teoria geral de direito do trabalho: relações individuais e coletivas do trabalho. 24. ed. rev. atual. e ampl. São Paulo: Saraiva, 2009.

NEGRÃO, Ricardo. *Manual de direito comercial e de empresa*. 5. ed. rev. e atual. São Paulo: Saraiva, 2007. v. 1.

NERY JUNIOR, Nelson; NERY, Rosa Maria de Andrade. *Novo Código Civil e legislação extravagante anotados*. São Paulo: RT, 2002.

_____; _____. *Código Civil anotado e legislação extravagante*. 2. ed. rev. e ampl. São Paulo: RT, 2003.

_____. *Código Civil comentado*. 6. ed. rev. ampl. e atual. São Paulo: RT, 2008.

_____. A base do negócio jurídico e a revisão do contrato. In: REIS, Selma Negrão Pereira dos (Coord.). *Questões de direito civil e o Novo Código*. São Paulo: Ministério Público. Procuradoria-Geral da Justiça: Imprensa Oficial do Estado de São Paulo, 2004. p. 46-75.

NORONHA, Fernando. *Direito das Obrigações*. Fundamento do direito das obrigações: introdução à responsabilidade civil. São Paulo: Saraiva, 2003. v. 1.

NUCCI, Guilherme de Souza. *Prisão e liberdade*: as reformas processuais penais introduzidas pela Lei 12.403, de 4 de maio de 2011. 3. tir. São Paulo: RT, 2011.

ORGANIZAÇÃO DAS NAÇÕES UNIDAS. *A Resolução 1999/7, do Conselho Econômico e Social, expedida em julho de 1999*. Disponível em: <http://www.un.org/documents/ecosoc/res/1999/eres1999-7.htm>. Acesso em: 16 nov. 2009.

_____. *A "cartilha" contendo referidas diretrizes, expedida em 2003*. Disponível em: <www.un.org/esa/sustdev/publications/consumption_en.pdf>. Acesso em: 16 nov. 2009.

OPITZ, Oswaldo; OPITZ, Silvia. *Direito Agrário brasileiro*. São Paulo: Saraiva. 1980.

PEREIRA, Caio Mário da Silva. *Instituições de direito civil*: contratos: declaração unilateral da vontade: responsabilidade civil. 13. ed. rev. e atual. Regis Fichtner. Rio de Janeiro: Forense, 2009. v. 3.

_____. *Instituições de direito civil*: contratos: declaração unilateral da vontade: responsabilidade civil. 5. ed. Rio de Janeiro: Forense, 1981. v. 3.

_____. *Instituições de direito civil*: introdução ao direito civil: teoria geral de direito civil. 23. ed. rev. e atual. por Maria Celina Bodin de Moraes. Rio de Janeiro: Forense, 2009. v. 1.

_____. *Instituições de direito civil*: teoria geral das obrigações. 22. ed. rev. e atual. por Guilherme Calmon Nogueira da Gama. Rio de Janeiro: Forense, 2009. v. 2.

_____. *Responsabilidade civil*. 9. ed. rev. 6. tir. Rio de Janeiro: Forense, 2001.

PITOMBO, Antônio Sérgio A. de Moraes. In: SOUZA JUNIOR, Francisco Satiro de; PITOMBO, Antônio Sérgio A. de Moraes (Coords.). *Comentários à Lei de Recuperação de Empresas e Falência*: Lei 11.101/2005 – artigo por artigo. 2. ed. rev. atual. e ampl. São Paulo: RT, 2007.

PONTES DE MIRANDA, Francisco Cavalcanti. *Tratado de direito privado*. 2. ed. Rio de Janeiro: Borsoi, 1954. v. 2.

_____. *Tratado de direito privado*. Rio de Janeiro: Borsoi, 1955. v. 6 e 14.

_____. _____. Rio de Janeiro: Borsoi, 1962. v. 38.

_____. _____. 2. ed. Rio de Janeiro: Borsoi, 1958. v. 22, 23 e 26.

_____. _____. 3. ed. Rio de Janeiro: Borsoi, 1972. v. 33, 43, 44 e 47.

_____. _____. Rio de Janeiro: Borsoi, 1966. v. 53.

PRADO, Luiz Regis. *Curso de direito penal brasileiro*: parte especial (arts. 121 a 249). 7. ed. rev. atual. e ampl. 2. tir. São Paulo: RT, 2008. v. 2.

REALE, Miguel. *Diretrizes gerais sobre o projeto de Código Civil*. Estudos de filosofia e ciência do direito. São Paulo: Saraiva, 1978.

_____. *O direito como experiência*. 2. ed. São Paulo: Saraiva, 1999.

_____. *O projeto do novo Código Civil*. São Paulo: Saraiva, 1999.

_____. *O projeto de Código Civil*: situação atual e seus problemas fundamentais. São Paulo: Saraiva, 1986.

REQUIÃO, Rubens. *Curso de direito comercial*. 27. ed. rev. e atual. Rubens Edmundo Requião. São Paulo: Saraiva, 2007. v. 1.

REVISTA EPOCA. Disponível em: <http://epoca.globo.com/edic/19980831/cult6.htm>. Acesso em: 14 set. 2010.

_____. Disponível em: <http://revistaepoca.globo.com/Revista/Epoca/0,,EMI43296-15259,00.html>. Acesso em: 14 set. 2010.

RIZZARDO, Arnaldo. *Direito das coisas*. Rio de Janeiro: Forense, 2006.

_____. *Parte geral do Código Civil*: Lei 10.406, de 10.01.2002. 6. ed. Rio de Janeiro: Forense, 2008.

_____. *Responsabilidade civil*: Lei 10.406 de 10.01.2002. Rio de Janeiro: Forense, 2005.

ROCHA, Osiris. Parceria – II. In: LIMONGI FRANÇA, Rubens (Coord.). *Enciclopédia Saraiva do Direito*. São Paulo: Saraiva, 1981. v. 57, p. 86-87.

ROCHA, Silvio Luís Ferreira da. *Responsabilidade civil do fornecedor pelo fato do produto no direito brasileiro*. 2. ed. rev. atual. e ampl. São Paulo: RT, 2000.

RODRIGUES, Silvio. *Direito Civil*: parte geral das obrigações. 30 ed. atual. São Paulo: Saraiva, 2002. v. 2.

_____. *Direito Civil*: responsabilidade civil. 19. ed. atual. São Paulo: Saraiva, 2002. v. 4.

_____. Vício redibitório – II. In: LIMONGI FRANÇA, Rubens (Coord.). *Enciclopédia Saraiva do Direito*. São Paulo: Saraiva, 1982. v. 77, p. 198-204.

RODRIGUES JUNIOR, Otavio Luiz. Doutrina do terceiro cúmplice: autonomia da vontade, o princípio *res inter alios acta*, função social do contrato e a interferência alheia na execução dos negócios jurídicos. *RT*, São Paulo: RT, v. 821, ano 93, mar. 2004, p. 80-98.

ROSENVALD, Nelson. In: PELUSO, Cezar (Coord.). *Código Civil comentado*: doutrina e jurisprudência. 3. ed. rev. e atual. Barueri: Manole, 2009.

_____. *Dignidade humana e boa-fé no Código Civil*. São Paulo: Saraiva. (Coleção Prof. Agostinho Alvim), 2005.

RUGGIERO, Roberto de. *Instituições de direito civil*: introdução e parte geral. 6. ed. trad. italiana pelo Dr. Ary dos Santos. São Paulo: Saraiva, 1934. v. 1 e 3.

SAAD, Eduardo Gabriel. *Comentários ao Código de Defesa do Consumidor*: Lei 8.078, de 11.09.1990. 4. ed. São Paulo: LTr, 1999.

SANTOS, Antonio Jeová. *Dano moral indenizável*. 4. ed. São Paulo: RT, 2003.

SANTOS, J. M. Carvalho. *Código Civil brasileiro interpretado*: direito das obrigações (arts. 1.188-1.264). Rio de Janeiro: Livraria Freitas Bastos S/A, 1964. v. 17.

_____. *Código Civil brasileiro interpretado*: direito das obrigações (arts. 1.265-1.362). 2. ed. Rio de Janeiro: Livraria Freitas Bastos, 1938. v. 18.

_____. *Código Civil brasileiro interpretado*: direito das obrigações (arts. 1.363-1.504). 2. ed. Rio de Janeiro: Livraria Freitas Bastos, 1938. v. 19.

SAVATIER, René. *Traité de la responsabilité civile*. Paris: Librairie Générale de Droit et de Jurisprudence, 1939. t. 1e 2.

SIDOU, J. M. Othon. *Proteção ao consumidor*. Rio de Janeiro: Forense, 1977.

SILVA, Clóvis do Colto e. *A obrigação como processo*. Rio de Janeiro: FGV, 2006.

SILVA, Regina Beatriz Tavares da. Critérios da fixação da indenização do dano moral. In: DELGADO, Mário Luiz; ALVES, Jones Figueiredo (Coord.). *Novo Código Civil: questões controvertidas*. São Paulo: Método, 2003. p. 257-268. (Série Grandes temas de direito privado.)

SIMÃO, José Fernando. *Direito civil*: contratos. Série leituras jurídicas: provas e concursos. 2. ed. 2. reimpr. São Paulo: Atlas, 2007. v. 5.

_____. Responsabilidade civil pelos atos de terceiro e pelo fato da coisa. In: SILVA, Regina Beatriz Tavares da (Coord.). *Responsabilidade civil e sua repercussão nos tribunais*. São Paulo: Saraiva, 2008.

_____. *Vícios do produto no novo Código Civil e no Código de Defesa do Consumidor*. São Paulo: Atlas, 2003.

SODERO, Fernando Pereira. Contrato de parceria rural. In: LIMONGI FRANÇA, Rubens (Coord.). *Enciclopédia Saraiva do Direito*. São Paulo: Saraiva, 1978. v. 19, p. 447-450.

STIGLITZ, Rúben S.; STIGLITZ, Gabriel A. *Contratos*: teoría general. Buenos Aires: Ediciones Depalma, 1990.

STOCO, Rui. A responsabilidade civil. In: Martins Filho, Ives Gandra da Silva; Mendes, Gilmar Ferreira; Franciulli Netto, Domingos (Coord.). *O novo Código Civil*: estudos em homenagem ao Prof. Miguel Reale. São Paulo: LTr, 2003. p. 780-837.

_____. *Tratado de responsabilidade civil*: doutrina e jurisprudência. 7. ed. rev. atual. e ampl. São Paulo: RT, 2007.

TARTUCE, Flávio. *Direito civil*: direito das obrigações e responsabilidade civil. 4. ed. rev. e atual. Rio de Janeiro: Forense; São Paulo: Método, 2009. v. 2.

_____. *Direito civil*: teoria geral dos contratos e contratos em espécie. 3. ed. rev. e atual. São Paulo: Método, 2008. v. 3.

TEPEDINO, Gustavo. *A parte geral do novo Código Civil*: estudos na perspectiva civil-constitucional. 3. ed. Rio de Janeiro: Renovar, 2007.

_____; BARBOZA, Heloisa Helena; MORAES, Maria Celina Bodin de. *Código Civil interpretado conforme a Constituição da República*. 2. ed. rev. e atual. Rio de Janeiro: Renovar, 2007. v. 1.

_____; BARBOZA, Heloisa Helena; MORAES, Maria Celina Bodin de. *Código Civil interpretado conforme a Constituição da República*. Rio de Janeiro: Renovar, 2006. v. 2.

THEODORO JÚNIOR, Humberto. *Comentários ao novo Código Civil*: dos atos jurídicos lícitos: dos atos ilícitos: da prescrição e da decadência: da prova. Rio de Janeiro: Forense, 2008. v. 3, t. 2.

_____. *Dano moral*. 2. ed. São Paulo: Juarez de Oliveira, 1999.

_____. *Responsabilidade civil*: doutrina e jurisprudência. Rio de Janeiro: Aide, 1993. v. 2.

VARELA, Antunes. *Direito das obrigações*. Rio de Janeiro: Forense, 1977.

VARELA, João de Matos Antunes. *Das obrigações em geral*. 10. ed. Coimbra: Almedina, 2000.

VENOSA, Silvio de Salvo. *Direito civil*: teoria geral das obrigações e teoria geral dos contratos. 7. ed. São Paulo: Atlas, 2007. v. 2.

_____. *Direito civil*: contratos em espécie. 7. ed. São Paulo: Atlas, 2007. v. 3.

_____. *Direito civil*: direitos reais. 3. ed. São Paulo: Atlas, 2003. v. 5.

_____. *Direito civil*: responsabilidade civil. 3. ed. São Paulo: Atlas, 2003. v. 4.

VIANA, Rui Geraldo Camargo. A reparabilidade do dano moral. In: *Memorial*. Ref. Edital Fadusp. 15/17, 1986.

_____. In: VIANA, Rui Geraldo Camargo; NERY, Rosa Maria de Andrade (org.). *Temas atuais de direito civil na Constituição Federal*. São Paulo: RT, 2000.

VON TUHR, A. *Tratado de las obligaciones*. Traducido del alemán y concordado por W. Roces. 1. ed. Madri: Reus, 1934. t. 2.

WALD, Arnoldo. *Direito das obrigações*: teoria geral das obrigações e contratos civis e comerciais. 15. ed. rev. ampl. e atual. São Paulo: Malheiros, 2001.

www.editorametodo.com.br
metodo@grupogen.com.br

Pré-impressão, impressão e acabamento

grafica@editorasantuario.com.br
www.editorasantuario.com.br

Aparecida-SP